王蒙解读传统文化经典系列

中华玄机

王 蒙——著

江苏人民出版社

图书在版编目（CIP）数据

中华玄机 / 王蒙著. -- 南京：江苏人民出版社，
2023.6

（王蒙解读传统文化经典系列）

ISBN 978 - 7 - 214 - 28139 - 5

Ⅰ. ①中… Ⅱ. ①王… Ⅲ. ①中华文化－文集 Ⅳ.
①K203 - 53

中国国家版本馆 CIP 数据核字（2023）第 091682 号

书　　名	中华玄机
著　　者	王　蒙
责 任 编 辑	汪思琪
装 帧 设 计	刘　俊
封 面 用 图	〔宋〕赵伯驹《江山秋色图》
责 任 监 制	王　娟
出 版 发 行	江苏人民出版社
地　　址	南京市湖南路 1 号 A 楼，邮编：210009
照　　排	江苏凤凰制版有限公司
印　　刷	江苏凤凰新华印务集团有限公司
开　　本	652 毫米×960 毫米　1/16
印　　张	23.25　插页 4
字　　数	315 千字
版　　次	2023 年 6 月第 1 版
印　　次	2023 年 6 月第 1 次印刷
标 准 书 号	ISBN 978 - 7 - 214 - 28139 - 5
定　　价	78.00 元（精装）

（江苏人民出版社图书凡印装错误可向承印厂调换）

总　序

　　大体上，除非在高等学校，我不喜欢用"国学"一词。因为我不赞成把中华传统文化与外来文化、五四新文化、中国特色社会主义文化并立或分立起来，更不要说对立起来了。

　　我认为传统中包括小麦、玉米、棉花、淡巴菰（烟草）也有许多外来元素，而外来文化来到颇有特色的中华，必然发生本土化、大众化与时代化。我体会到，理论掌握了群众，就会变成物质的力量；而群众掌握了理论，就会变成历史的和本土的实践、消化与发展，乃至使原来的理论、文化面目一新。

　　文化有内在的稳定性、恒久性，又有随时调整消长、与时俱化的活性。

　　我还越来越发现，文化传统的载体不仅是各种遗址、废墟、文物与汗牛充栋的典籍，传统文化典籍之重要与力量在于它们还活在我们的人民、乡土、生活方式与集体无意识之中，例如在各种俚语与地方戏、地方曲艺的唱词之中。传统文化活在我们的灵魂、我们的习惯、我们的思路、我们的生活中。

　　二十多年前，我受到出版界的朋友刘景琳先生鼓舞，开始写《老子的帮助》。我的古汉语、哲学史等知识都不过关，但是刘先生更重视的是我的阅历、经历、敏感、悟性、理解，以及分析与表达的能力。我谈典籍，解读，靠前辈与专家；解释、分析、体悟、讲述、发挥，靠自己的人生经验与精神能为。对于我来说，孔孟老庄荀列也好，古典文学作品也好，都是来自生活，来自人民，来自实践，来自经世致用、应对生活和实践的需要的。好的后人时时用自身的生活经验激活典籍，差的后人，越研究考察经典越成了一锅糨糊。李白早就看出来了，他在《嘲鲁儒》中写道："鲁叟谈五经，白发死章句。问以经济策，茫如坠烟雾。……"连唯美型诗人李贺也说："寻章摘句老雕虫，晓月当帘挂玉弓。不见年年辽海上，文章何处哭秋风？"（《南园》其六）

对于传统典籍，第一是激活，第二是优化。古人古语，解释起来那叫"聚讼纷纭"，我只能选择相对最容易为今人理解、被当下受用的说法。我们当然是活在当下。不搞现代化，我们会被开除球籍（1956 年 8 月 30 日，毛泽东在中国共产党第八次全国代表大会预备会议第一次会议上作《增强党的团结，继承党的传统》的讲话）；而无视中国的文化传统，就是自绝于人民。

第三是努力联系当下，联系实际。例如古今都有大家大师批评老子讲什么"世人皆知美之为美，斯恶矣"，其实联系经验很容易理解。金融界人士告诉我这很好懂："都说一个股是优选股，大家都去炒，于是泡沫化，于是崩盘，一定的。"

第四是抱着平视的态度、共舞对话的心情。谈孔孟，谈老庄，谈楚辞汉赋唐诗宋词，保持敬畏，保持欣赏，保持共鸣，同时保持客观与科学态度，敢于发挥，敢于联想延伸扩张，敢于发挥时代与自身的优势并有所发展超越优化更新，才能有创造性转化与创新性发展。例如，说到天道与人道的差异，似应联系农民起义的"替天行道"；说到"天下为公""老吾老以及人之老，幼吾幼以及人之幼"，当然要联系社会主义、共产主义的向往；说到"道之以德，齐之以礼"，可以联系软实力论；而说起"见贤思齐""己欲立而立人，己欲达而达人"，我不可能不想到改革开放与人类命运共同体。

我有志于写多多少少打通一点古今四方的读典籍心得，寻觅几千年前的典籍与当今生活接轨的可能性。我立志于在讨论传统文化时保持一些诗文小说式的生动性形象性特别是生活烟火气。我希望减少人们与古代典籍的距离，使大家都能体会到孔子的亲和准确、孟子的雄辩分明、老子的惊天辩证、庄子的才华横溢、荀子的见多识广、列子的丰盈奥妙，更不用说《红楼梦》的取之不尽。

试试看吧。二十多年来，这方面的劳作，正面反馈超过预计。

当然，由于我缺少科班的知识与训练，写这一类书文也会暴露不够谨严的问题，乃至出现露怯、硬伤处，希望通过江苏人民出版社这一次十二本书的再版，通过读者的支持帮助关注，能减少偏差，更上一层哪怕是零点一、零点二层楼。

谢谢读者，谢谢出版者！

2023 年 5 月

前　言

多年前，我写过一本《中国天机》，说的是中国现当代历史规律、前因后果，可预见性与不可预见性。"天机"的意思还在于规律与必然性的谜团，说来简单，琢磨起来很费劲，操作起来更费劲。

现在，又出版一本《中华玄机》，包括了近年谈传统文化的文章与讲话记录。"玄"字含义甚多：颜色——包括黑褐色、彩色，然后是玄武神龟，再有就是天、大、高、深、奥妙、神性、姓氏、地名等释义。而"玄机"主要指道家理论，儒家也有喜用此词者。我这里取其高、大、上、深、厚、妙、神奇的含义，同时也警惕其故弄"玄虚"与中华人民共和国成立后特有的对于玄学加以贬低的负面含义。中华玄机，是谈我们的生活与头脑中的传统文化，谈我们与众不同的文化的可敬、可叹、可咀嚼与可珍惜；实际上仍然是谈你我他的日常生活，更谈我们的思路、我们的风度、我们的气派、我们的歧义。

中华文化确有其玄妙处。它源远流长，一脉相承，罕有其匹。它伟大辉煌、光照四方，却又饱经沧桑、历千灾百难、危殆一时。它屡败屡胜，屡亡屡兴，屡衰屡盛。它牵肠挂肚，爱恨交加，莫名悲喜。它目前在世界上并不处于强势与主流位置，甚至屡屡被宣布失败落伍，结果却是发展越来越快，势头越来越强，说法越来越大气，写下了新的历史篇章。西欧北美看着它陌生、诡异、古老而充满生机，各色而紧追时尚，友好而自说自话，绝对是玄妙无比、风光独异，爱之很难缩短距离，恨之又毫无作用与意义。

它的词根语（汉藏语系）大别于结构语（印欧语系）与黏着语（阿尔泰语系）。它的只此一家的文字精美绝伦，集形、声、义、结构、逻辑与其他字词关系于一身，集艺术性、暗示性、神妙性与超越性、模糊性于一体，远远超出了语言符号的范畴。它的发明被说成是引起了天雨粟、鬼夜哭，惊神动鬼，惊天动地。它的流传伴随着被崇拜、被敬畏、被占卜、被分析、被欣赏、被训练、被培养、被研究……

中国没有覆盖全民的强势教会，它的民间宗教天真质朴、灵活随意，妈祖灶王、山神土地、（天）花娘财神、岳飞关羽等，多神多祭。它的士人则用一个"道"字、一个"天"字、一个"德"字、一个"一"字，自主地、深刻地、放手地取代了西方"上帝"的含义。它把先验的天与实存的天、先验的性善与文化的善德、人性的善良与行政（古曰为政）的仁厚亲民、为政以德的标榜与得人心者得天下的权力归属规律，全部整合连贯在一起；把修身、齐家、治国、平天下合而为一，把信仰、道德、政治、学理合而为一。它的一生二、二生三、三生万物，一的一切、一切的一，把多元与一体合而为一。其他外域，多半是君权神授；在中国则是神权君授，经过皇帝或权力系统的封禅，泰山、孔子取得了类宗教神灵的地位，一些民间神才站住了脚跟。但同时中华玄机中的道、天、德、一，类似的概念神，又成为推翻无道昏君与气数已尽政权、约束国君权力运作的武器。这样的玄机，国内外并没有几个人闹得明晰。

它的一些说法确实比较稀罕，如无中生有、无为而治、有常无常、以退为进、以弱胜强、深藏不露、混沌一片、韬光养晦、卧薪尝胆、天降大任、后发制人、立于不败、内圣外王、玄圣素王、盗亦有道、养气养生、仁者乐山智者乐水、道非常道名非常名、仁者无敌、圣人无常心以百姓心为心、置之死地而后生、论万世、月盈则亏水满则溢、过犹不及、物极必反……

它的地位也很特殊。它是古老的文化，也是明确地肯定现代化与全球化的文化；它曾是相当保守的文化，但又是追新逐异的文化，共和体制、共产主义、自由平等、维新革命、民权女权、同性恋爱、民族解放、白话写作、拼音文字……它是西欧北美强势文化、主流文化的朋友和学生，但它走自己的路，绝对不接受全盘西化而处处坚持中国特色，坚持改革开放。近二百年来它经历了无数外战内战，曾丧权辱国、割地赔款，日本侵略时期更是失去了大量国土；它终于建立了截然不同的新中国，同时它仍然经历了探索与曲折。它在新文化运动中痛心疾首、反思自省，接受了来自欧美的大量新思潮，特别是接受了相当激进的马克思主义，在马克思主义指引下发动了前所未有的人民大革命，之后又与中华传统文化相结合，创立了毛泽东思想、邓小平理论、"三个代表"重要思想、科学发展观、习近平新时代中国特色社会主义思想，提出了文化自信是最根本的自信。它推动并保持中国快速发展，使中国成为世界经济发展的引擎，成为世界第二大经济体。许多难点与节点上，西方人士多次预言新中国的崩溃，却全部落空沦为笑谈。

如今，我们国家的传统文化日益引发兴趣，引起重视。四书五经、诗词歌赋、《三字经》《弟子规》、成语谚语、方言普通话、琴棋书画、戏曲曲艺、舌尖中国、堪舆风水、唐装汉服、太极少林，自成体系。而国际国内的说法反应不一，好话如潮、恶评如风，自夸如火、自贬如狂，更是令人糊涂诧异、头昏脑涨、莫衷一是。一面是危言耸听、哭闹诅咒，一面是歌舞升平、吃喝玩乐、太平盛世；一面是段子纷涌、若玄若虚、若智若愚、真伪莫辨、善恶混淆，一面是定力实力、弹性柔性、平稳和谐、永不言败、自有道理。

让我们试着接触一下中华传统文化，看看到底有多少奥妙玄机、真才实力，奋勇前进，得其时矣！或者还有什么荆棘泥泞、陷阱地雷，需要我们多加思考、小心翼翼。玄机玄奥，隽语微言，旧语新词，秦砖汉瓦，唐宋大家，桐城流派，"英格历史"，"巴罗斯基"（以上八字是说英语、俄语），思之说之，解之论之，揽月捉鳖，大而化之，雕虫雕龙，得心应之。

谈起中华传统文化，端的是谈笑风生、挥洒自如，纵横捭阖、举重若轻，悲喜交加、其乐无穷也！

目 录

魂　魄

天　下

世 道

人 心

个　性

魂
魄

博大精深，毕竟是表欣赏、赞颂、膜拜的仰视语言。而文化的中心是人，是生活，是现实的求福与免祸，是世道与人心，是品质与能力，更是实用与功效。

且说博大精深

有过这样的事，我们的教授在国外被问及："常常听到中国学人讲述中华文化的博大精深，能给我们讲讲它怎么个博大精深法吗？"

我们的教授说："既然博大精深，岂能几句话给你讲清楚？没法讲。"

我觉得未免尴尬。仔细想想吧，几乎无人不讲其博大精深，却当真说不太清晰博大精深于何处。我们还是分析分析这个博大精深吧。

一是博，意即渊博、丰盛、多样、富饶。我们是个古国、大国，郁郁乎文哉，上下五千年，纵横几万里，民族五十六，人口十几亿，文字甲骨篆隶、正楷行草，文献河图洛书，说话官话加六大南方方言体系。我们有女娲盘古、混沌倏忽、三皇五帝、共工蚩尤、西周东周、春秋战国、元亨利贞、孔孟老庄、诸子百家、秦皇汉武、秦砖汉瓦、楚辞汉赋、魏晋名士、唐宗宋祖、李白杜甫、韩柳文章、苏辛柳永、昆仑峨眉、长江黄河。毛主席的说法则是地大物博、人口众多、历史悠久，以及在文学上有部《红楼梦》。还有燕窝鱼翅、七碟八碗、满汉全席、山珍海味、煎炒烹炸、舌尖中国。还有温补缓泻、丸散膏丹、针灸拔罐、太极少林、刀枪剑戟、五行八卦、青龙白虎、堪舆风水。还有江南胜境、塞北风光、大漠孤烟、东海激浪。还有诗书礼乐、琴棋书画、焚香沐浴、气功打坐。还有戏曲曲艺、忠孝节义、变脸毯子功、四大奇书、四大名旦、四大须生、四大名医、文房四宝、三山五岳、三教九流……一言难尽。

更重要的"博"是中国人的选择空间，一面是君要臣死臣不能不死，肝脑涂地，报效朝廷；一面是"良禽择木而栖，良臣择主而事"。一面是温良恭俭让，绝不犯上作乱；一面是"王侯将相，宁有种乎？"

"舍得一身剐，敢把皇帝拉下马"。一面是循规蹈矩、谦虚谨慎；一面是"量小非君子，无毒不丈夫"。一面是"天不变道亦不变""以不变应万变"；一面是"与时俱化"，不拘一格，"不为良相，便为良医"。一面是"邦有道"则知则仕；一面是"邦无道"则愚则可卷而怀之。一面是"杀身成仁、舍生取义""知其不可而为之"；一面是"无可无不可""随机应变信如神"……

有没有不够"博"的地方呢？也有。例如五四以前各级学校的学科课程，大千世界的科目的划分与完备，不拘一格的人才的培养与使用，等等。

"天下皆知美之为美，斯恶已。"正如老子此说，皆知博之为博，也会产生杂乱、无序、良莠不齐，会产生不少的杂家、段子手、博闻强记而并无见识的书蠹。

好在我们有强大的选择与消化能力，古为今用，洋为中用，美美与共，天下大同。我们的好处更在于"学而时习之""学然后知不足""见贤思齐焉，见不贤而内自省也"。既然中华文化博而不备，我们就要好学不倦，诲人不厌，不耻下问。我们要珍惜已有的"博"，补上短板，留学游学，"海龟""土鳖"……共同携手迈向社会主义的现代化。

二是大。中华传统文化十分喜欢大，格局胸怀、时空体量、包容汲取、伸延发展，无不求大。曰道、曰天、曰朴、曰仁、曰义，中国士人视无所不包的大概念如终极神祇，认为找准了大概念，一通百通，一顺百顺。诸子百家的演绎功力远胜经验归纳。庄子的鲲鹏，一飞冲天，九万里掀动扶摇羊角。老子的道，一曰大，二曰远，三曰逝，四曰返。孔子的道，朝闻可以夕死。孟子称孔子为"集大成者"，后世则封孔子为"大成至圣先师"。孟子还鼓吹大丈夫"富贵不能淫，贫贱不能移，威武不能屈"。还有什么"论万世""为天地立心，为生民立命，为往圣继绝学，为万世开太平"，到处是高谈阔论、豪言壮语。直到今天，我们提倡的都是大格局、大思路、大气磅礴、识大体、顾全大局。叫作小道理服从大道理，大河没水小河干。叫作海纳百川，有容乃大；壁立千仞，无欲则刚。

当然中华民族也积累了丰富的经验，知道某种情况下一味求大，有可能演变成为空洞、夸张、失实等负面现象的渊薮。"大而化之"，这是最轻微温柔的质疑了。"好大喜功"，是历史人物的经验教训。"大而无当"，就是说失去了针对性与实际意义的大，全不中用。假大空、吹牛皮、放大炮，这是一种揭示，也是一种厌弃和痛苦。"大言欺世"，则一针见血地指出了一些政治骗子、文化骗子、学术骗子装腔作势，借以吓人骗人害人的丑恶与危害。

三是精。中华传统文化有两方面的"精"，引人入胜。一个是做人处世上的精明精当。包括"己所不欲，勿施于人""三人行，必有我师""夫唯不争，故天下莫能与之争""知其雄，守其雌……知其白，守其黑……知其荣，守其辱""将欲歙之，必固张之；将欲弱之，必固强之；将欲废之，必固兴之；将欲取之，必固与之""过犹不及""恰如其分""留有余地""莫为已甚"；还有民间的"先小人后君子""亲兄弟，明算账""退一步海阔天空""但行好事，莫问前程""吃一堑、长一智"等。

另一方面的精主要表现在文学、书画（主要是书法）、戏曲、烹调、园林、工艺上。

例如昆明大观楼长联：

五百里滇池，奔来眼底。披襟岸帻，喜茫茫空阔无边。看：东骧神骏，西翥灵仪，北走蜿蜒，南翔缟素。高人韵士，何妨选胜登临。趁蟹屿螺洲，梳裹就风鬟雾鬓；更蘋天苇地，点缀些翠羽丹霞。莫辜负：四围香稻，万顷晴沙，九夏芙蓉，三春杨柳。

数千年往事，注到心头。把酒凌虚，叹滚滚英雄谁在？想：汉习楼船，唐标铁柱，宋挥玉斧，元跨革囊。伟烈丰功，费尽移山心力。尽珠帘画栋，卷不及暮雨朝云；便断碣残碑，都付与苍烟落照。只赢得：几杵疏钟，半江渔火，两行秋雁，一枕清霜。

这是大而精的范例，还有小而精的：

　　鸟在笼中，恨关羽，不能张飞；

　　人处世上，要八戒，更须悟空。

　　比如中华书法，心平气和、龙飞凤舞、精神气质、风格人性、情怀志向、匠心功底、学养定力、雅俗深浅，万物皆备于我。它是无声的交响，无人的起舞，直到人间各种吉凶祸福、顺逆通蹇、血压免疫、微恙绝症……尽在其中。

　　比如中国的餐饮，就一个普普通通的宫保鸡丁已经全球不败了。美国一个诗人写诗抒发他面对中华料理的博大精深时的恐怖感，被指责为种族歧视。

　　比如宜兴陶壶、景泰蓝工艺、鼻烟壶内画，还有《核舟记》里描写的以"径寸之木，为宫室、器皿、人物，以至鸟兽、木石……"，更不要说大量生产成为产业的湘绣、苏绣、杭绣等了。

　　不够精的地方主要是现代科学与技术，但我们也正在奋起直追。例如断肢再植，早有惊人成绩。在延伸已有的技术如"互联网＋"方面，已经有了长足的进展。

　　按中国人的思路，太精了也会玩物丧志、因小失大、畸形发展、巧言令色、怪力乱神、埋头抠哧、失落方向。好极了，中华文化有一正就有一邪，有一邪就有一扶正祛邪的法门。

　　四是深。中华文化在治国理政方面强调谋略，强调藏而不露，强调"鱼不可脱于渊，国之利器不可以示人"。中国政治家喜欢搞什么"喜怒不形于色"，不露声色、变化莫测。中华文化的深刻处常常在于它的辩证思维，特别是《周易》与老庄的辩证思维：一阴一阳谓之道，有无相生，难易相成，长短相形，高下相倾；无为而无不为；殊途同归、百虑一致；柔弱胜刚强；艰难困苦，玉汝于成；哀兵必胜；无用之用，是为大用……

　　学术上，尤其是自然科学，也包括社会科学、人文科学，有待深入的空间大大地存在。所谓泥古、所谓食洋不化、所谓假洋鬼子、所谓"墙上芦苇，头重脚轻根底浅；山间竹笋，嘴尖皮厚腹中空"，还有各种起哄大呼隆，浅的人比深的人多多了。

一味深下去也许会钻牛角尖，会成为深刻的片面，过于片面的深刻或者过于深刻的片面，则可能是精神灾难。

一切事物与秉性都会有正反两面。博，大发了抓不着中心，容易开"杂货店""古玩铺""废品站"。太大了就与凡人俗人隔开了，接不上地气，联系不上实际，无的放矢，不着边际。太精了成为智巧奢靡。太深了摸不着脉络痕迹，更无法普及群众，于人世少有裨益。

博大精深的反面是陋、小、粗、浅。域内域外、古往今来，文化现象文化成品层出不穷，有博大精深的一面，也有陋小粗浅的一面，强调中国传统文化博大精深的针对性是什么呢？我们认为哪种文化是陋小粗浅的呢？有把握吗？

说到这里不妨再想一想，为什么大家都爱说博大精深，讲起博大精深来却有老虎吃天无从下口的为难。博大精深，毕竟是表欣赏、赞颂、膜拜的仰视语言。而文化的中心是人，是生活，是现实的求福与免祸，是世道与人心，是品质与能力，更是实用与功效。一种文化博不博、大不大，并不如它是否能提供更好的生活质量、更好的发展前景、更和谐的人际关系及人与社会的关系一般重要。精不精、深不深，也不比它是否能推动形成富强、民主、文明、和谐、平等、公正、法治、爱国、敬业、诚信、友善的中国更贴心。文化的意义不在于自身的观感，而在于它以人民为中心的有效性、生命力、凝聚力，包括此种文化它实现创新性发展与创造性转化的品质与能力。

我们爱自己的文化传统。我们愿意讲中华文化的博大精深。我们还可以讨论研究它怎么个博大精深法。与"博大精深"相比，如有别的词可以更具体实在亲和地描述我们的传统文化，也不妨一试。例如，我就喜欢强调中华文化的此岸性与积极性、精英性，强调中华文化的生命力与调适能力，强调中华文化经世致用、乐观柔韧、蜕变破茧、生生不已的特色。

道通为一

"道通为一"这句话来自《庄子·齐物论》:"故为是举莛与楹,厉与西施,恢诡谲怪,道通为一。"意思是说,细小的草棍和一个大柱子,一个丑陋的人与美女,宽大的、畸变的、诡诈的、怪异的等千奇百怪的各种事态,从道的意义上讲,都是相通而浑一的。与其他中国古代圣贤相比,庄子很强调"通"的概念,给人印象很深,颇值得思考。

我为何要找出这么一句话来谈呢?现在很强调传统文化,但传统文化的内容太广泛了。我曾听过一件事:一批教授去美国访问,美国的听众问,你们说中华文化博大精深,可以跟我们说说,怎么博大精深的吗?一位教授回答,博大精深,又博、又大、又精、又深,这怎么能说呢?这样的"不可说"未免令人哭笑不得。我作为一个传统文化的学习者和爱好者,一直在思考,我们中华文化能否从整体上,从宇宙观、人生观、价值观和方法论上,概括一下?我们可以从哪些角度来谈传统文化?我抱着向读者求教的态度,来试着谈一谈。

◎ 一

首先,我认为,在中华文化中,最突出的理想是"天下为公,世界大同"。《礼记》里说:"大道之行也,天下为公,选贤与能,讲信修睦。故人不独亲其亲,不独子其子,使老有所终,壮有所用,幼有所长,鳏寡孤独废疾者,皆有所养。男有分,女有归。货恶其弃于地也,不必藏于己;力恶其不出于身也,不必为己。是故谋闭而不兴,盗窃乱贼而不作，故外户而不闭，是谓大同。"无论是过去，还是现在，我们对于世界大同的理想十分坚定。

中国古代的理想追求，还有一个是"无为而治"。"无为而治"是老子的话，但孔子其实也把无为而治看作一个很高的标准。《论语》快要结束的时候，孔子说："无为而治者，其舜也与？夫何为哉？恭己正南面而已矣。"能够做到无为而治的，不就是舜吗？舜也没有做什么事情，只是端端正正坐在北面，向着太阳，各种事情就都有条理地展开了。老子说："太上，不知有之。"为什么会这样呢？因为老百姓都非常自觉，一切行为都符合公德，符合他人利益，符合社会全体的利益，就好像一个人开车完全符合交通法规，那他就根本不用考虑哪儿会有交警。而权力存在的最糟糕状态是什么呢？老子说："其次，侮之。"就是掌管权力的人和被权力管制的人相互轻蔑。所以，老子设想了这样一种理想状况："功成事遂，百姓皆谓'我自然'。"事情办好了，老百姓都认为这是他们自己做的，是自然而然的。老子还有更深刻的一句话："圣人无常心，以百姓心为心。"这强调了权力的意图应与人民的意图保持一致。

◎ 二

中华文化的理论有一个非常有意思的循环统一机制。比如治国平天下，依靠的是文化、道德、仁爱，实行的是仁政，道德上有示范作用，才能得民心、得天下。它号召用道德、仁爱、善良等来治理国家。而人的道德与善良从何而来？《孟子》里说："恻隐之心，人皆有之；羞恶之心，人皆有之；恭敬之心，人皆有之；是非之心，人皆有之。"孟子强调，人性本来就是善良的。老子也说："能婴儿乎？"这是老子对初心的提倡，要和婴儿一样天真无邪、善良纯真。古之圣贤认为，人性是善良的，都会自觉地不做危险的事情，所以执政也需要宣传仁爱的政策才能得民心，而民心就是天道；符合民心，也就是符合天道。

在中国古代文化中，天是一个笼统而复杂的存在，对于"天"这个概念，孔孟喜欢从道德伦理上总结，而老庄喜欢从哲学上总结。总的来说，天既是超人性的神性力量，又是我们整个存在的总括。天即道，道是没有名称的，既是本体，又是方法；既是精神，又是物质；既是起源，又是归宿；既至大，又至小、至微、至精；既是正面的，又是反面的。所以天的概念，既是哲学的概念，又是道德的概念，还是通向信仰的准宗教概念。这样一来，中华文化就出现了一个景观，把修身、齐家、治国、平天下统一起来了，把天性、人性、为政、道德、信仰、终极追寻统一起来了。我们可以从这一点上理解，中华文化的关键就是崇尚道德、崇尚性善，可以说这是一种理论，也可以说是一种信仰。当然历史上也有"性善"与"性恶"的争论，但在事实上，性善的观念长久以来已经为老百姓所接受，已经深入世道人心，所以某种意义上，它从思想变成一种信仰。中华文化的一个特点就是"诉诸天良"。

◎ 三

中华文化还讲求尚一、尚同。现在世界上很难找出一种文化像中华文化这样，有这个概念——通了之后要同，通就是同，同就是通。道通为一，就是多种角度说来说去，其实是同一种道理。尚一、尚同是因为中华文化追求一元论，同时追求一与多的统一。老子讲"天得一以清，地得一以宁""一生二，二生三，三生万物"。孔子说"吾道一以贯之"。孟子说"（天下）定于一"。中国人还爱讲"一即一切，一切即一"……看到了一，也看到了多，看到了一与多的转换，强调掌握一以后，什么都解决了，所谓"一通百通"。

孟子认为，实行仁义其实是很简单的，只要善良一点就可以了。实行仁义并不像挟泰山以超北海那样艰难；实行仁义就好像为长者折枝，只要把树枝撅下来就可以了。到了王阳明那里，强调知行合一，认为只要安了好心，就可以干好事。而在孙中山那里，又强调"知难行易"，这是因为他看到，很多关键问题的解决，先是需要改变观念。有些外国人不了解中华文化的背景，会得出一些偏离实际的判断，比如黑格尔对孔子的评价就比较低。他认为孔子说的事情都是常识以内的东西，甚至算是幼儿教育。但是黑格尔不知道，中国恰恰是把常识以内的事情看得很重，这也是化繁为简的思维方法。

◎ 四

中华文化很注重中庸之道。国家太大，治理需要依靠精英，这样的精英有一个特点，在孔子那里就是讲求"中庸"，孔子说："君子中庸，小人反中庸。"我称之为中庸理性主义，既不要过于峻急，也不要过于迟缓，应当恰到好处，掌握分寸，留有余地。《论语》最大的特点就是恰如其分。孔子说："不义而富且贵，于我如浮云。"他鄙弃通过不义的手段得来的富贵，但他只是说"如浮云"，像浮云那样一晃而过，并没有说其他丑恶的词，这体现了孔子语言的分寸感。在孟子的时代，认为精英就当如"富贵不能淫，贫贱不能移，威武不能屈"的大丈夫。庄子是从另外的角度说的，他强调有至人、有真人。

中华文化很早就提出"化"的观点，《周易》说"穷则变，变则通，通则久"。什么事情碰到钉子，无计可施了，这就是"穷"；穷就要变，变了才有出路，才可维持下来。到了庄子的时代，更喜欢用的字是"化"——与时俱化。"化"与"变"相比，有些悄悄发生变化的意思。所以，千万不要以为中华文化讲仁义道德、一和同、天下定于一、吾道一以贯之，似乎很呆板。其实中华文化一点儿都不呆板，比如中国人承认有多种多样的选择性。孟子说："穷则独善其身，达则兼善天下。"如果我没有条件，我就把自己管好了；如果我有条件了，我就为天下百姓与君王效劳。孙子说："故善战者，立于不败之地。"充分理解战争的人，永远不会让自己变成殉葬者。孟子评价孔子，说他是"圣之时者"，这句话是什么意思？就是说孔子生活的时代千变万化，民不聊生、国无宁日，孔子如果不随时调整自己、把握分寸，他早就灭亡了。

在中国，不同的思想理论可以想办法走通。老庄主张以退为进、以弱胜强、以无胜有。老子甚至主张：柔弱是生命的特色，坚强是死亡的特色。当然，这个说法我们是存疑的。但从侧面说明，中华文化从来都不是僵硬的文化。二十世纪后半期，当社会主义国家纷纷进入改革的时候，西方的一些政要，比如撒切尔夫人、基辛格等人都对某些国家的改革不看好；而上述这些人却说，改革唯一可能成功的是中国，原因之一是中国有独特的文化，该坚持的继续坚持，该改革的就改革，化之于无形。全世界能够迈开这么大步子进行改革开放而又保持稳定局面的，只有中国。我们当然不能无原则地自我吹捧，但中华文化适应调整、变化的能力，统筹兼顾、面面俱到的能力，世界上罕有其匹，这也是中华文化重要的特点。

中华三尚

很高兴有这个机会，就文化的问题——就我们的传统文化，还有文化自信的问题，跟大家有一个交流。这个问题不是特别好谈，因为它不太具体，说法很多。我不是这方面的专家，比如说我不是古汉语的专家，我不是中国哲学史的专家，我更多的是把文化当作一个现在还活着的存在，从我们的世道人心、国运现状，特别是从道路自信、理论自信、制度自信和文化自信的相互关系方面，来谈一些不成熟的看法。

第一个问题，我想谈谈中华传统文化的基本精神。中国历史非常长，当我们说到传统文化的时候，包含的内容很广泛，大家最喜欢的一个说法就是中华文化博大精深。我听一位主管领导讲过，他跟几个教授在国外访问，国外一个听众就问，你们整天讲中华文化的博大精深，到底怎么个博大精深法，能不能给我们说一说？出访团团长就请了一个教授，说你讲一讲。教授表示没法讲，博大精深怎么讲？博大精深就是无从讲起。这个故事使我深感忧虑：这样不行，你说了半天博大精深，到底如何博大精深，你自己也没有底。到现在为止，没看到过一个权威的讲法。这些年来我一直探讨这个问题，但还没有结论。因为很简单，有的老师是从儒家讲，有的是从儒道互补讲，有的是从阴阳五行讲，有的是从《易经》讲，有的还从中医、农历、太极拳、衣食住行等生活方式上讲，各有说法。那么我想谈什么意思呢？我要谈的是中华文化的基本精神、价值观念与思想方法。

首先，中华文化是一个"尚文"的文化，它主张以德治国，用孔子的话说就是"为政以德，譬如北辰，居其所而众星拱之"，就是讲道德，注意道德，注意以文化人；尤其是孔子以继承西周的文脉自居，"郁郁乎文哉"，就是说西周时期的文化是最发达的，丰富多彩、精致、美好。孔子说"道之以政，齐之以刑"不如"道之以德，齐之以礼"。"道"就是道路的道，和领导的"导"是相通的，就是说用行政手法来引导人民，用刑法来规范人民，不如用道德来引领人民，用礼法，用正面的、美好的、彬彬有礼的东西来规范人民。所以我们一看中国的传统文化，首先就是一大堆美好的东西，讲美德或者讲真理。先是一个字的，老子讲的最多的是"道"；庄子不但讲"道"，还讲"通"；孔子也讲"道"——孔子说"朝闻道，夕死可矣"，说明道是终极价值，比生命更重要。但是孔子更多的地方是讲"仁"，孔曰成仁，孟曰取义。义在这里不是当义气讲，是当义理讲，用现在的话就是当原则讲，义就是原则。什么叫重利轻义？就是为了一时的利益，拿原则做交易。原则、原理、义理是哪些呢？两个字的孔子讲"孝悌"，"其为人也孝弟（悌），而好犯上者，鲜矣"，就是说从小在家里对父母孝敬、对兄弟姊妹友好的人将来不会犯上作乱。由"孝悌"发展到忠义，还有一个说法叫"忠恕"。讲来讲去，最根本的道就是忠恕之道。三个字的说法也很多，孔子喜欢讲"智者不惑，仁者不忧，勇者不惧"。"智、仁、勇"这是三个字。四个字的讲"礼义廉耻"，称为"四维"。有的还把"孝悌忠信"放上，这是八个字的，称作"八纲"。五个字的也很多，最普遍最普及的是"仁义礼智信"，但孔子还喜欢讲君子的特点"温良恭俭让"，我们可以从里边看出中国人心中理想的风度，这种风度是温和的，就是不走极端，是良善，是尊敬别人的。俭不仅仅是说金钱上要俭，包括行政、说话都不要过于张扬，要爱惜财力民力，还要谦虚、谨慎。这也可以看出中国人的风度，以及中国人的文化性格的某些方面，即强调沉稳，强调低调。那么孔子还有一个说法，是针对官员的，也是五个字，叫"恭、宽、信、敏、惠"。恭就是敬业，就是尊敬他们；宽就是宽容、包容，听意见；信就是说话算数；敏就是做事有效率，头脑清醒明白；惠就是给人们带来实际的利益。

讲这么多美德，是个什么逻辑呢？很简单，人心好了，世道就会好；家庭好了，国家就会好；国家好了，天下就会好。那个时候讲的天下实际就是中国，因为当时中国不认为世界上存在任何另外一个能和中国相比较的国家。中国是什么情况呢？东边、南边都是海，西边、北边有一些少数民族。少数民族的文化和中原文化是存在很大差异的。尚文、尚善的逻辑，是文化一搞好，人心一搞好，社会上不会发生坏事，既不会发生战争，也不会发生政变。但实际上并非这样，他们碰到了东周即春秋战国时期，叫"春秋无义战"，世道人心恶化了，所以要"克己复礼"，恢复到西周的文化礼法上去，之后才能"天下归仁"，即恢复到优化的世道人心上去。

五四时期，我们就批评这种说法，认为中国说的这些美德是没有用的，甚至于批评得很严重，说是"满口的仁义道德，满肚子的男盗女娼"。但是这个话也不全面，因为文化的构成包含了理想，不是说必须百分之百做到才是文化。基督教有很多说法，讲宽恕，讲别人打你的左脸你就把右脸也伸过去让他打，这是做不到的，世界上没有几个人能做到这样，但是表达了一种理念。我们看到了中国的文化依靠道德理念的一面，但这并不能保证这个社会有非常理想的一面。那么我们还要看到，毕竟有很多人，毕竟有这样的仁人志士、仁人义士，就是讲仁义道德，就是讲忠孝节义——忠孝节义的说法是分析戏曲的主题思想而言的，就是有无数这样的惊天地泣鬼神的故事，使我们感应到中国人心里有一杆秤，有这么一个理想。我称之为"尚文""尚德"。

这里又有一个最有趣的、最有特色的思路，是什么呢？就是文化道德观念是从哪儿来的。文化道德观念，按儒家的学说是从人性来的，是天生的，叫作"恻隐之心，人皆有之"，人会同情别人，会可怜别人，有不忍之心，看到别人受苦你受不了；"羞恶之心，人皆有之"，你如果做了错事，你自己很害臊，你会感觉很惭愧，人人都有惭愧之心；"是非之心，人皆有之"，什么事情你都要判断一下是非；还有"恭敬之心，人皆有之"。"人皆有之"是什么意思呢？是天生的。所以中国古代文化很喜欢讲什么？讲"良知""良能"。"良知"

就是不需要教你，你就能知道。"良能"就是不需要你受训练、培训，你就有这个能力。"良知"和"良能"又称为"天良"，天生的对良善的趋向。你喜欢良善，不喜欢凶恶，不喜欢残暴，不喜欢坑害别人。那么什么是天？在中国古代的文化里，天地是实际的存在，是物质的存在，是自然，用老子的说法就是"道法自然"。在老子时期"自然"这两个字不是指现在我们所说的大自然，不是这个意思；自然就是自己存在、自己运动，是一个副词，是自己存在，自己就这个样，这有点唯物论的色彩。但是天同时又是什么？又是超自然的高端，我称之为中国的概念之神。因为神本身并没有形象，不是直观的，有形象就人格化了。比如说基督教，圣徒是耶稣，耶稣是上帝耶和华的儿子，耶稣是有形象的，耶稣的母亲是有形象的，但是耶和华是没有形象的。你在基督教的教堂里，可以看到圣母像、耶稣像，甚至于本地的大主教像，但是没有耶和华的像，所以上帝是一个概念。那么中国的文化呢？中国的文化非常聪明，认为不能塑造出一个形象，那么追求的就是最高的概念。天有时候就是这个概念。老子本来是讲道，但是在《道德经》里，"道"前后出现了七十八次，"天"出现了九十二次，或者老子干脆把两者结合起来——"天道"，天表现的就是道，道体现的就是天。有时候天和道，各人的理解不完全一样。中国古代的文化中，人们更喜欢的一个词是"一"。孔子说"吾道一以贯之"。孟子说"天下定于一"。老子说"天得一以清"，天得了一，天就是清的，没有雾；"地得一以宁"，地得了一，就没有比这安宁的了；"神得一以灵"，各个方面的神获得了一，它就能显灵了，就把人间的事都搞顺了；"谷得一以盈"，山谷得到了一，就是充实的，盈就是充实，盈亏的盈；"侯王得一以为天下正"，这些高级官员，乃至于王室，他们得到了一，天下就有了正路。都讲的是"一"。

中国文化喜欢从整体讨论问题，崇拜大概念，追寻大概念，一个概念越大越好。所以除了"尚文"以外，我简单地说一下，中国还"尚同"。古代的文化里讲"尚同"，就是追求共同性。"尚一"，就是追求一元性，是一元化的世界观。为什么是一元化的呢？中文里这个词叫作"一切"，在郭沫若著名的诗《凤凰涅槃》里就多次出现这个词："一切的一，更生了。一的一切，更生了。""一切的一，芬芳。一的一切，芬芳。""切"在这个地方似乎是应该当"部分"讲，就是各个部分合起来变成一个统一的世界，那么一个统一世界分离开都是世界的各个部分，所以这叫一切。但也有人说，这个不是郭沫若发明的词，这个词是佛教的词，在《华严经》上就有"一切的一、一的一切"这个说法。黑格尔的说法是"杂多的统一"，第一世界是杂多的，第二得有统一，所以也有一个"一切""一"的感觉。中国"尚同"，所以它认为最理想的社会就是大同世界。同是什么？特别接近"共产主义"这个词，就是共同主义。"共产主义"这个词的原词里没有"产"这个字，"产"这个字是日本人翻译过来的。马克思主义也很注意整体和大同，整体好了，个人才可能好，你要想解放无产阶级，先得解放全人类。而且相对来说，马克思主义也主张性善，现在西方的很多文化是从性恶论上推导出来的，今天都不能细谈。但是马克思、恩格斯他们的观点是，人的自私自利，所有不好的习惯都是由私有制造成的，一旦私有制没有了，个个都大公无私，人人都是雷锋。所以中国文化接受了马克思主义，有它的文化依据，有它的根据。还有，我大胆地在这里说一句，老子、庄子强调"无为而治"，孔子也强调"无为而治"，《论语》里面说"无为而治者，其舜也与"，就是说能做到无为而治的恐怕是虞舜吧。虞舜怎么无为而治？他向着正南面而坐——中国有一种对太阳的崇拜，所以皇帝的座位，要坐在北面，坐北朝南，眼睛看着南，端端正正地坐。因为虞舜这个人非常好，各个方面都是模范，所以在全国都是模范。"无为而治"，大家不要觉得它神奇，其实"无为而治"最像的是什么？最像的就是马克思、恩格斯他们关于国家消亡的理论，国家消亡、军队消亡、官员消亡、政府消亡。马克思、恩格斯认为到了共产主义社会应该是什么样呢？应该有一个关于生产资料和生活资料的统计研究的机构，没有一个管束性的约束性的政府。这都不细说。

从人类的理想上来看，欧洲的、现在成为主体的那种对理想国、理想社会、理想的文化的理念，有很多可以借鉴之处，之前说了"尚一"。那么还有一个，可以称之为"尚新"，或者"尚化"。中国这么大一个国家，几千年的历史，为什么它的文化能够传播下去？因为经验非常丰富，碰到过好事，也碰到过坏事。《礼记》上就有记载，商汤在沐浴用的铜盘上刻字以自警，这些字都是最重要的一些道理，"苟日新，日日新，又日新"，每天都会有新的东西出现。张岱年教授有一个解释，说"苟日新，日日新，又日新"，这个"新"代表着的是"生"，生活的生，因为中国的古典文献特别强调生的伟大。《易经》上认为最好的状态是什么呢？生生不已，不断地出现一些新的东西。但是也有死了的，老的东西死了，新的东西出现，这叫生生不已。所以国民党的理论家陈立夫、陈果夫，他们就提出一个"唯生论"，既不是唯物论，也不是唯心论，而是"唯生论"。当然在革命战争期间，我们把"唯生论"也认为是极端反动的，但是这种提法和中国的文化是有关系的。而陈立夫很早就提出来要靠中国文化来统一中国。中国的文化，它有一个特点，就是什么事都是"一颗雄心，两手准备"，我们现在提的是"一颗红心，两手准备"，孔子时期不能说是红心。什么是"两手准备"？孔子说"邦有道则知，邦无道则愚。其知可及也，其愚不可及也"。"邦有道则知"，一个邦国如果各种事搞得挺顺，有章法，这时候你可以表现得聪明一点，表现得聪明一点可以为朝廷效力，你也可以给老百姓办点好事，至少你可以参政议政，因为你聪明。"邦无道则愚"，如果说这个地方乱套了，这个地方没有章法了，不按牌理出牌了，这个时候最好的做法就是犯傻，显出你的拙笨来，这样就没你什么事了，不至于找事，可以保全自己的性命。现在最大的困难就是该犯傻的时候傻不起来。孟子的话就是"穷则独善其身，达则兼善天下"，你处在逆境当中，没有路可走，没有东西可以选择，那么你管住你自己不要干坏事。比如说你到一个单位，这个单位从上到下烂掉了，都在那儿贪腐，你管不了他们，但你自己起码做到自己多一分钱也不要，全部另外立一个账户。你看《水浒传》里就是这样，西门庆这些人厉害，潘金莲把武大郎害死了，帮助料理丧事的人留下一块骨头，另外他把该留的证据都留下了。武松来了要杀他，他马上交出来，说我当时不敢说，但是我知道，你回来会追究这个事，证据在这儿，你哥哥死得冤屈，中毒了。这也可以理解为"穷则独善其身"。"达则兼善天下"，是说如果你现在发展挺好，也有一定的地位，也有好多朋友，你要考虑多给别人做事。庄子的说法是"内圣外王"，还叫"以出世之心行入世之事"。从你个人的精神面貌来说，你是一个圣人，你很智慧，你很仁义，但是对外来说，"外王"是什么意思？你该有的地位你得有，该有的权力你也得有，地位和权力没有了怎么办？你也还要当圣人，你还要保持你自己的精神品质的优秀，什么事都有这么几面，你就有选择的空间，你就有选择的余地。所以为什么"苟日新，日日新，又日新"，因为有选择的可能，不断地要选择，我们可以说它是尚化，我们可以说它是尚新，我们可以说它是尚升，不断地要出现新的招数、新的谋略，中国人很讲谋略，谋略极多。

我举几个例子，一个是在江苏镇江，有一个美国的女作家叫赛珍珠，她在那里度过了童年和少年时代，对中国的文化很有感情，但她反共。她写过一本书叫《大地》，获得了诺贝尔文学奖，《大地》里有反共的内容，当时《人民日报》曾经大篇幅对她进行过批判。这个人在尼克松访华的时候曾经想跟着一起来，被中方拒绝，但她给美国的政要不停地写信，讲一个观点，中国人非常的优秀，为什么？因为中国人经历了别的国家、别的民族所不能想象的一切困难，没有灭亡，没有中断，保存至今，仍然在奋斗着、前进着，尤其是抗日战争时期表现出来的英勇、坚持。她就具体说，在中国，旱灾、洪灾、虫灾、瘟疫、暴政、内战、屠杀什么都经历过，那些弱的、怂的、窝囊的、笨的全淘汰了。当然这个说法也有一种感情色彩，毕竟她是写小说的人。更重要的是在二十世纪八九十年代，英国首相撒切尔夫人、美国卡特时期的国家安全顾问布热津斯基，还有基辛格，等等，他们都分析过社会主义国家的改革，认为苏联和东欧那些改革要完蛋，因为改革的路线和原来那一套东西是完全不相融的，但是唯独中国极有可能成功，因为中国经历过很多，有自己独特的文化，按自己独特的文化能找出办法来，别的国家找不出办法来，到了中国都能找出办法来。事实证明他们说的这些话是对的。

中华文化既"尚文"，又"尚一""尚同"的，"尚一""尚同""尚文"在这里有很多悖论，为什么说有悖论呢？道德是好事，但是道德不像法律那么具体，道德的灵活性太大。随便举一个例子，《红楼梦》里有一个故事。王夫人的玫瑰露是一种浓缩饮料，用水兑就可以喝。两瓶玫瑰露让人给偷走了。当时凤姐在生病，是由平儿代表凤姐来查办此事，很快就查出来是一个丫鬟叫彩云的，她把这个玫瑰露偷走给了赵姨娘的儿子贾环。本来处理彩云就行了，可是探春也是赵姨娘生的，贾环是探春的亲弟弟，投鼠忌器，怕一揭露真相，让探春脸上不好看。最喜欢帮女孩子忙的是贾宝玉，平儿就想了一个办法，跟宝玉说：干脆这两瓶玫瑰露你宝玉认下来，你拿走的就完了，王夫人是你亲妈，别说拿她两瓶玫瑰露，把她那屋里什么好东西扛起就走，她也不会说你的。贾宝玉说好。平儿有天中午开碰头会，有关人士都来了，说现在宣布关于玫瑰露失窃问题的调研情况，贾宝玉已经承认是他偷走的，此事互相不要再埋怨，再不许提这个事。彩云一听脸红了，她的道德良心，也就是羞恶之心——刚才我说"羞恶之心，人皆有之"——马上出来了。彩云说别多说了，那是我偷的，埋怨别人完全不像话，你们现在就把我捆起来，送到王夫人那儿，要打要杀我自己一个人负责。平儿是怎么处理这个问题的呢？她把眼一瞪，说刚才已经宣布完结论了，谁敢胡说八道？记住是贾宝玉偷的，散会。我当年看到这里就说这个世界上怎么有这么会办事的人，单位里要有一个平儿，什么问题都出不来。后来又发展到什么地步？据说，林彪看到此处有一段批注，意思就是平儿处理问题极佳，我今后要学习平儿。

但是最近我又研究，发现不行，光这样不行，光道德了，有了美和善，没有真。最近你们上网的肯定也看到，说于丹教授讲了一个二七十四、二七十三的故事：两人抬杠，一个傻子说如果二七十四我把脑袋割下来，另外一个抬杠说如果二七不是十四的话，我就给你磕三个头。后来两人找了大官，甚至有人说找了孔子，孔子说既然这样就二七十三，为什么？割下头来这个事问题太大，给人磕俩头损失不大，这个要当笑话说没事，要真作为一个我们美德的标准来说，全世界都傻眼了，敢情中国二七十三。我还想到，《红楼梦》里那个玫瑰露的故事要让德国人知道了非跳楼不可，哪怕说偷了东西是立功、发勋章，事实上贾宝玉也没有偷。所以德的问题也不好办，一的问题也不好办，人家立刻就会想到，中国这种高度的一元化的思想会变成一种专制独裁的根据。但是我们仔细考察一下中国的道德理想主义和文化理想主义，在客观上，它们能够成为对权力的一个监督。虽然中国没有西方的那种权力制衡的传统，但是我们有重义轻利的传统，有杀身成仁、舍生取义的传统，有谏官的传统，敢于提意见。这种文化和道德在客观上是对权力的某种监督。

我们文化部原来的清史办主任叫卜键，写过一本关于明代历史的书，叫《明世宗传》。明世宗一辈子有两件小事，在我们现在看来是小事，和治国平天下关系很小的事，就是很难办，因为和中华文化较劲。明世宗是从堂兄明武宗那里继承的皇位，因武宗无子嗣，其亲弟又幼年夭折。按礼法，明世宗应认孝宗（武宗父）为父，但明世宗继位以后，老想给自己的亲爹也弄个"皇考"的资格。他为这个，一次又一次地找有关的臣子商量，只要一商量底下就跪一片。不可能，"皇考"就一个，孝宗才是名正言顺的那个，哪来的第二个"皇考"，俩爸爸那还行！就一条线下来的，不能有第二条线。后来发展到什么程度，明世宗给臣子们送礼行贿，大家想得到吗？臣子给皇上送礼，给皇上效忠，给皇上进贡，这个可以理解，堂堂的皇上偷偷地给臣子送点这个送点那个，就想让臣子答应他，给他爸爸提个级，把坟墓修得大一点，光宗耀祖。他做得就很艰难。因为文化和传统挑战起来是很难的。第二件事是什么呢？明朝的规矩到春天的时候要求雨，而且要求两次，为什么？当年朱元璋在南京的时候求了两次，第一次求完，雨不下。这个事情很严重的，影响皇帝的威信，龙王爷都不听皇帝的，那要有坏人趁机作乱怎么办？所以有懂气象的臣子，说根据我的观察三天之内肯定要下雨，您赶紧再求一次，今天求完明天就下，证明您说话特别管事，老天爷也听您的，龙王爷也听您的。朱元璋于是又求了一次，之后这个规矩就沿袭下来了，每年春天在某日求一次，过十天再求一次。这明世宗当了皇帝以后，觉得啰唆，求雨求一次就完了还求两次，可是这一说底下一跪也是一片。改变这规矩不行，因为这是明太祖朱元璋立的规矩，你算老几，你敢改明太祖朱元璋的规定，你把我们全杀光好了。大臣们的反应就很激烈，绝不允许。

其他的还有很多，比如说《万历十五年》，黄仁宇先生写的书里，皇上跑快了也有人提意见，走路跳了一下也有人提意见。你看奥巴马每次从飞机上下来时都是小跑式，中国皇帝绝对不可能，不像样子，因为咱们要求慢，要持重。所以文化也有一种监督的作用。尤其还有一条，我借这机会要说一说，中国人提倡"中庸之道"，而且孔子说"君子中庸，小人反中庸"，小人爱走极端，小人容易极端。君子中庸。"中庸"是什么意思？"中"实际是命中的意思，准确、郑重；"庸"是正常、可持续的意思，不是一下子左的或者右的。中国为什么这么强调中庸？还有一些说法，"过犹不及"这是孔子说的，孟子说孔子"不为已甚"，做什么事不要做得太甚。因为西方的政治学理论上做到没做到是另外一个问题。理论上西方认为政治操作的核心是多元制衡，而中国呢？中国的诸子百家是在东周即春秋战国时期，而且是在春秋无义战的情况下提出各种治国理念的，在那种情况下如果还提倡多元化，这个国家就乱成一团了，国无宁日、民不聊生、血流成河，到处是阴谋诡计、争权夺利。因此中国要安定，就必须有集中统一的权力操作。有没有一个平衡的问题呢？也有。中国的平衡往往表现在时间的纵轴上，就是"三十年河东，三十年河西"。中国强调平稳，强调留有余地，就和这种"三十年河东，三十年河西"的平衡运转的态势有关。中国人讲"十年树木，百年树人"，对人的培育要比对一棵树的培育还要费更多的时间。百年树人培育的不是一代人，而是好几代。

很简单的一个道理，说人性善性恶，其实我们可以说人性有好的地方，也有坏的地方，但是你强调性善总是让人心里觉得更温暖一点；如果你强调性恶，说这人全是王八蛋，全是自私自利的，全是先己后人的，这个社会就更没希望了。所以中国文化仍然活在我们的心里，尤其是活在农村里，活在戏曲里。如果我们拒绝中国文化，我们就是自绝于历史、自绝于人民，就是自绝于我们脚下的土地。中华文化给我们提供了许多的资源；正是这些资源，使我们和人民靠拢，和人民靠近，和我们的历史靠近，和我们对社会主义的选择靠近。

下面是第二个问题，谈谈中国文化的命运和我们的历史经验。简单地说，中国文化曾经有过极大的辉煌，产生了极大的影响，不但是在中国，而且对东亚、东南亚，我们的文化都有非常巨大的影响。我们自己曾经有过空前的文化繁荣，因此这个文化成为我们的立国之本，我们是文化立国，孔子受到尊重，就是因为我们保留了我们的文化传统。虽然发生一些北方的游牧民族靠骑兵进入中原乃至入主中原的事件，但是其结果是扩大了中国的疆域，是这些少数民族吸收了中原的文化，也丰富了中原的文化，不但扩大了我们领土的疆域，也扩大了我们精神的疆域。我们的文化既有自己的连续性、特殊性，又有自己的包容性。例如我现在讲的普通话，来源于北京话。四百多年前，意大利的传教士利玛窦用当时的国际音标标注的北京话，是以苏州为代表的江浙、安徽一带的语言，但是不包括南京，不包括合肥，是另外的话，是苏州话。那么为什么后来变成现在的普通话呢？因为北京这边曾经进入过女真族的势力、蒙古族的势力，尤其是满族的势力。清朝开始以后，为了推行统治，满族人大量学习汉语。满族本来的语言是阿尔泰语系，满族人学习汉语，其发音最明显的是淘汰了所有的入声字，把很多 zi、ci、si 的音改成了 zhi、chi、shi 的音。所以我们的文化力量非常大，少数民族对文化的贡献也非常大。我们的普通话是各民族共同创造出来的，这是好事，所以我们现在各民族也都要好好学，说好普通话，否则既影响你上学，也影响你经商或升迁。但是自西方文艺复兴始，尤其是产业革命以来，我们的文化渐渐显出了滞后的征兆。一个原因是长期以来我们的文化得不到认真的挑战和突破，文化越受到挑战越能进步，否则就陈陈相因。再一个是因为我们慢慢地养成了一个教条主义、本本主义——这是毛主席的话——寻章摘句的这样一种学术。李白的诗说"鲁叟谈五经"，鲁叟就是孔孟的同乡，鲁国那边的儒生特别多，这些儒生谈经，"白发死章句"，头发都白了，还是在那一个字、一句话地抠哧。"问以经济策，茫如坠烟雾"，你问问他经济，这里的经济是经天纬地，是经国济世，实际上说的就是治国理政，你问他一点关于治国理政的事，他傻呵呵的不着边际，就好像掉到雾里头一样。李贺说"寻章摘句老雕虫"，唐朝的这些诗人，对儒家并不客气，说就是这背一句话，那摘一句话。然后说的是什么？"文章何处哭秋风"，最后你这背一句，那摘一句，写出来文章以后，只有刮起秋风来，要粮没粮、要棉没棉，一边哭去吧。

还有我们看一下明清的小说，尤其是《金瓶梅》《红楼梦》《儒林外史》《官场现形记》《二十年目睹之怪现状》，已经可以看出中华文化的这种窘态，这种尴尬的处境。为什么我要说这个话呢？现在有一种糊涂人，一提传统文化，他就认为，过去没看，现在一看《三字经》讲得那么好，《千字文》讲得挺好，《弟子规》讲得更好，一个个的多老实、多文明、多客气、多讲礼貌、多讲道德、多好领导。共产党闹什么革命，没事革什么命，一革好的文化都没了，还不如人家台湾，现在有这种糊涂人的糊涂想法。可是我们想一想，在《红楼梦》里描写的贾府里中华文化还混得下去吗？贾宝玉喜欢中华文化吗？尤其是贾敬，《红楼梦》里有一个对联："漫言不肖皆荣出；造衅开端实在宁。"你不要认为这种不像样子、不像话的事情，都是从荣国府出来的，实际上坏事、矛盾、问题都是从宁国府出来的。所谓"箕裘颓堕皆从敬"，"箕裘颓堕"就是说祖宗的基业全完蛋，都是从贾敬那儿开始的。贾敬整天炼丹，那不是中华文化的主流，炼丹是走火入魔，那是歪门邪道，所以中华的文化危机在前，五四新文化运动和革命在后。正是因为中国面临了文化危机、生存危机、民族危机、国家认同危机、政治危机，新文化运动才必然会出现，革命才必然会出现。用孙中山的说法，他认为在鸦片战争以后，中国面临的是亡国灭种的危险，中国和国际的关系是"人为刀俎，我为鱼肉"，中国人就是鱼和肉，西方列强就是厨子拿着刀，拿着木墩子，把你放在上头，该切片就切片，该切丝就切丝，把你拍烂就拍烂，太厉害了。毛泽东说当时中国是半殖民地半封建社会，孙中山比我们激烈，孙中山说中国是次殖民地，中国当时的处境还比不上殖民地，赶不上印度，赶不上伊朗，所以在这种情况下，新文化运动非常激烈，但是这种激烈使中华文化置之死地而后生，激活了中华文化，挽救了中华文化。

所以现在有人一谈文化，以为是要复古，以为是要穿上莫名其妙的袍子让娃娃们背《弟子规》《三字经》。《弟子规》和《三字经》有很好的东西，也有现在完全不能用的东西。比如说《三字经》里说"勤有功"，这句话很好，勤劳才有好处；"戏无益"，游戏没有好处，这话不对，尤其是少年儿童，少年儿童有游戏的权利，在游戏中可以受到教育，可以提高智力。《弟子规》里头也说"人有短，切莫揭"，这就是对的地方，你看到别人什么短处，比如生理上的短处，个子矮、长得黑、耳朵有点畸形，这不应该嘲笑。但什么短都不揭也不行，习近平总书记号召我们要照照镜子，就是要看看自己有什么短处，要洗洗澡，还有红红脸，红红脸就是你有些事做得不对，我得告诉你，你不高兴我也得告诉你。孝顺非常好，但是无条件宣传"二十四孝"，就是糊涂的做法。为母埋儿，这个我们怎么能够提倡呢？恰恰是五四新文化运动，使我们中华文化产生一个新的飞跃。那么人民革命，中国共产党领导的人民革命，其实也继承的是中华文化。我前面已经讲了，内容非常宽，其中也有造反有理的那一面，"王侯将相，宁有种乎？""彼可取而代之"，有的是春秋战国、楚汉相争时候的，有的是秦以后的说法。最重要的是在老子的一些观点里有革命的因素，老子讲："天之道，其犹张弓与？高者抑之，下者举之；有余者损之，不足者补之。"说天道就跟拉弓一样，高的地方让它往下一点，软的地方要增加一点力量。天之道是"损有余而补不足"，人之道则相反，是"损不足以奉有余"。简单地说，天道是什么？哪个地方太强了，太优胜了，你让他做点贡献，从他身上弄点油水帮助弱势群体。可是人之道常常相反，是"损不足以奉有余"，越穷的越要剥削他，越困难的、越弱的越要欺负他，人之道是越穷越吃亏。老子说得厉害，人之道是从被压迫的弱势者身上挤油水，来哄着大官们。他说得很激烈，所以所有农民起义的口号都是替天行道，替天行道就是劫富济贫、抑强扶弱。

毛主席对中华文化懂得多了，批评与自我批评，马上就可以想到"吾日三省吾身""闻过则喜"。毛主席讲的"三大法宝"，很多东西都可以从中国文化中找到根据。但是中华文化有了空前的这种弘扬、继承、自信的可能，是在改革开放以后。由于我们经济的发达，由于我们国力的增强，由于我们在世界上影响的扩大，正如习近平同志所说的，就是今天我们更有理由讲文化自信。虽然在这种物质生产得到迅速发展的时候，我们也产生了一些新的矛盾、新的问题，以至于令人怀疑，是不是改革开放以后世道人心更坏了，这个事情没有那么简单。但是人有这种怀疑，以至于我们开始讨论一个老太太倒在街上应不应该扶她，连这个问题都要讨论，这还了得。所以现在我们强调弘扬和继承文化的优秀果实——优秀的传统文化，而不能继承那些糟粕的东西。简单地说，我们的文化历史经验是什么？盛就有可能衰，我们的极盛时代、最辉煌的时代，酝酿了后来衰萎的种子。衰就有可能奋起，盛而衰，衰而怒，怒而革新，革新而奋斗，奋斗而胜利，胜利而沉渣泛起，泛起而推陈出新，所以我们的文化历史是一个动态的过程——既是稳定的，又要随时做出自己的调整。

第三个问题，我想谈一下，什么是文化的创造性转化与创新性发展。因为习近平同志主要是讲继承和弘扬，同时也谈我们要有转化有发展。转化是什么意思？就是要使我们的前现代的而且深受封建主义影响的、现在又受资本主义影响的这样一些文化观念、文化方式、文化习惯，能够变成具有中国特色的社会主义的现代化的文化。我们光讲人情是不行的，我们还必须有法治，有严格的依法治国；我们光有美好的心愿也是不行的，还要有一系列操作的方法。我们不但要认识到品德文化的重要，而且还要认识到科学技术的重要。孔子有一句很有名的话，叫"君子不器"，意思是君子应该关心的是"修齐治平"，即修身齐家治国平天下，而不是陷入具体的技术性的操作里。你要在道德品质上起示范的作用，而不是仅仅去当一个技工，仅仅作为一个工具。这话很有道理，这个道理在现在尤其有意义。现在所谓后现代的思想家们就提出了类似的观点，人不能成为科学技术的奴隶，这里不细说了。我是赞成这种观点的，人不能够成为网络的奴隶，人不能够成为手机的奴隶。手机发达的结果是，现在小学生、中学生的学习成绩是下降的，不是提高。但是也有另一面，我们要建设现代化的国家，我们要有工匠精神。国家提倡工匠精神，现在咱们中央电视台还特别讲大国工匠，还专门做了专题。我们要抓大事，同时要精益求精，我们要懂得细节决定一切。过去中国文化讲细节决定一切讲得少，主要讲小道理服从大道理，主要矛盾解决了，次要矛盾也就迎刃而解了。所以我们的文化要符合这个现代化的有非常强大的科学技术的实力和有社会化的大生产的这样一个社会的需要。中国传统文化里农业社会的东西多，前现代的东西多。那么什么是创造性转化、创新性发展呢？就是使我们的传统文化能和现代社会、现代文明，能和社会主义接轨。

　　这里我顺便讲一下，为什么我们要有文化自信？就是因为我们的文化是能够和社会主义的现代化接轨的。不管我们文化里有多少问题，比如说有歧视妇女的问题，有不尊重儿童的问题，即使有这些问题，我们的文化也是一个积极的文化。什么叫积极的文化？我们讲"天行健，君子以自强不息"，中国人在全世界各地的移民，起码是勤劳的，不是懒惰的，有很多人比我们懒惰这是事实，我们是肯吃苦的。又讲"地势坤，君子以厚德载物"，我们是有担当能力的，我们是有责任心的。中国人从小就被教育，既要对父母负责，又要对子女负责，做了好事可以光宗耀祖。应该要注意孩子的教育，这是一个积极的文化，不是一个消极的文化，世界上也有消极的文化。我们一定要想办法，使中国的文化能和现代化对接。举一个例子，前面讲到了虞舜怎么孝顺，《孟子》里有一段怪论，说有一个人问孟子，虞舜的爸爸脾气古怪，神经有点问题，把虞舜搞得非常狼狈。说虞舜这么伟大，他爸爸那么古怪，如果他爸爸杀了人应该怎么办？虞舜说他爸爸杀了人的话，第一要把他爸爸逮捕起来，这是作为国君的责任；第二作为儿子他有责任想办法帮他爸爸越狱，然后把他爸爸带到边疆的一个地方，伺候终老。这是孟子讲的，当然我们现在不能接受这个观念，要这么干，国家就乱套了。这个问题怎么解决呢？这就是中国文化所面临的挑战，也是中国文化所必须回答的发展的课题。我仍然坚信中国文化总会找到自己的答案，该汲取的汲取。孔子说"见贤思齐"，你看到什么东西好，要向它看齐，要学；"见不贤而内自省"，看见不好的东西，也赶紧对照，你这儿有没有这种不好的现象，有这种不好的现象赶紧纠正。

我们现在搞"一带一路"，这是最符合我们中华文化精神的，为什么？孔子说的是"己欲立而立人，己欲达而达人"，你想站住脚就要扶住别人，让别人也都站住脚；你想在快车道上发展，一定要帮助别人也快速地发展。在改革开放时期，也要把我们的传统文化弘扬起来，而费孝通的话是"各美其美，美人之美，美美与共，世界大同"，珍惜自己美好的遗产、美好的瑰宝、美好的遗存，同时也要看到别人有好地方值得我们参考，值得我们学习，这些美好的东西我们大家都要共享，人类可以共享，我们最后追求的目标是世界的大同。这是费孝通的话。钱锺书的话是"东海西海，心理攸同；南学北学，道术未裂"，不管是东方的学派还是西方的学派，不管是南半球还是北半球，在学术心理上都有共同之处。道是说它的趋向、它的追求，术是说它的方法，它的趋向、追求和方法都有互相可以参考的地方，这是事物的一个方面；但另一方面，还要回应挑战，该有的斗争也必须有，该不一样的地方就是不一样。

第四个问题，关于社会主义核心价值观的问题。现在社会主义核心价值观，目前这二十四个字，提得其实是非常精彩的，是非常及时珍贵的。第一它体现了中华的传统文化；第二它体现了世界的先进文化，尤其是社会主义的先进文化和我们的革命文化；第三它又体现了我们建设中国特色社会主义的这样一个追求，就是"中国梦"的追求。富强是一二百年以来中国的有识之士的梦想，什么时候中国能富强？过去想得太远了，积贫积弱、丧权辱国，中国上哪儿富强去。电影《鸦片战争》中，英国司令上来参观，走过关天培牺牲的炮台，说这就是你们的海防吗？对不起，你们这全是垃圾。中国人真正全都吃饱了才几年，所以富强这是我们发自心底的愿望，至于民主、自由、平等，这既是五四新文化运动带来的新的思想，又有对中华传统文化的民本思想、"国家兴亡，匹夫有责"的思想、"舍我其谁"的思想的继承与弘扬。人不应该自轻自贱，应该都对国家有治国平天下的责任。和谐，这是中国文化的特色，全世界如此讲和谐的，把和谐提到这个程度的，我所知道的只有中国。公正、诚信，这里面都有中华文化的一些优秀的部分，同时又有走向现代化，所谓五四新文化运动带来的、中华人民共和国的建立所带来的新的思想、新的观念。但是现在我们对社会主义核心价值观的学习还不深入，还没有发挥其应有的作用。中央领导非常重视这些，但我们没有发挥其应有的作用。而且正是因为我们有这样的价值观，我们才必须选择社会主义，不选择社会主义我们就达不到在最短的时间内建设一个富强、民主、文明、和谐，自由、平等、公正、法治，爱国、敬业、诚信、友善的国家。

最后一个问题，就是当前引领文化思潮与文化生态的历史任务。现在经过改革开放，中国的发展有目共睹，但同时在文化上的歧义也非常多。因为我们现在的文化更加丰富了，我们现在的文化思想与过去相比也各有侧重，比如说有前面提到的革命文化与社会主义的优秀文化，也有中华的传统文化，还有广义的现代化的文明。我们的任务是以革命和社会主义的优秀文化为引领，以中国传统文化为资源，以现代化的愿景为驱动，来整合我们的文化思潮，以避免任何一种文化思潮的片面化和极端化，什么意思？比如说认为改革开放以后世道人心越来越坏，还不如回到改革开放以前，这是片面的、极端的思想。

比如说认为中国缺少自己的文化自信，认为中国应该走欧美的路子，这也是一种片面化和极端化。还有一个文化生态的多样性。1949年以后，我们强调的是主流文化，是对人民进行社会主义、集体主义和爱国主义的文化熏陶。但现在文化生态多样，由于市场经济发展，出现了大量的市场文化、消费文化、休闲文化、娱乐文化等，我们要防止的是那种所谓搞笑的、商业性的、炒作的文化。现在有各种词，有些词我个人非常不习惯，比如说"小鲜肉"，因为这些东西实际上在证明人们的精神境界、精神选择的标准，即精神价值。所以我们不能够用简单的方法取缔。如今有旅游文化、考古文化、餐饮文化，还有酒文化，什么文化都有。为了使我们的文化生态更健康、更平衡，在关注这些大众的有市场的文化的同时，不要忘记我们应该有高端的文化。我在《人民日报》的一篇文章里特别提出来，什么叫文化强国？两个方面：一个是有足够的文化人才的阵容，一个是有足够的创造的果实。光靠人数多是不行的，所以我们在文化上的历史任务也非常重要。我今天跟大家交流的就是这些，欢迎各位提问题，提不同意见。谢谢大家。

王蒙答问

问：首先谢谢您给我们做了非常精彩的讲座，我感到很荣幸，听到您对文化的理解和态度。您刚才说到的对咱们古今中外的文化要持一个良性的态度，对好的要吸收，不好的要抛弃。刚才还提到对《弟子规》《三字经》的理解，我非常赞成。我作为一个家长，孩子上学的时候我发现有一个问题，孩子在幼儿园和小学的时候，可能有唐诗宋词的空间被《弟子规》挤占了，我就觉得特别不能理解。中国的文化里有很多优秀的宋词，有非常好的表现形式，有助于孩子的心胸开阔，有助于孩子的全面提高，而不是说《弟子规》里的"父母呼"。我觉得有点困惑，对于民众来说，没有能力改变这种现状，这方面应该做些什么来加强？

答：文化的事情我刚才谈了，不像有些物质的东西那么具体，那么清楚。一种药某人吃过病好了，大家就说这药好；吃死好几个人，这事大了，不能再吃了。那么《弟子规》《三字经》也有它的优点，首先我们得肯定。《弟子规》《三字经》很容易被接受，朗朗上口，讲的道理有很多都是对的，鼓励学习，鼓励礼貌，鼓励不要伤害别人，这都是对的。但是其中也有一些不符合当今的社会的要求，在这儿也和大家交换意见，有机会也可以把取其精华去其糟粕的思想加以推广、加以普及、加以宣传。反正我们做什么事都是有一个过程的，一开始把一个事搞得片面、简单化一点，也是可能的。但是我相信我们有头脑的人很多，上面也很重视这个，我说的《人民日报》的文章，《人民日报》的有关领导，他们是按照上边的意图来组织的，他们也特别强调继承传统文化，强调要避免这种封建主义的斑痕、坏的一面，一定要分清精华和糟粕。

问：请问您一个问题，刚才您说"苟日新，日日新，又日新"，我们也经常听到，这里面第一个字"苟"是什么含义呢？

答："苟日"就是随便哪一天，"新"包含的意思，一个是我们要有创造性，一个是我们要适应形势的变化。我们不可能陈陈相因，我们不可能只是照本宣科，我们要不断地分析情况、分析实际，所以新既有创造的因素，也有务实的因素，甚至也可以说有一个责任的因素。因为你做任何一件事情，你哪怕说的话和昨天说的意思一模一样，但是你既然是今天说，你有今天的情况，你有今天的对象，你不可能完全重复。我觉得这个还是可以理解的。

问：我们现在对于传统文化，其实大家还是有一些认识的，但是对于现当代的文化可能大家的认识会比较模糊，刚才您也提到了，包括娱乐文化、消费文化。我想问的问题是，这些算是文化吗？您觉得现当代文化究竟有哪些特征，哪些能算现当代文化？

答：从目前这个体会来说，一个是和现当代的科学技术的巨大发展、生产力的巨大发展、生活方式的巨大发展分不开的，比如说我们信息时代的信息技术，比如说航天时代的太空技术，和古代已经完全不一样了，和我们对世界的认识、对国家的认识、对土地的认识、对日月星辰的认识都不一样，这是其中非常重要的方面。这种情况之下，当然也还有许许多多的，比如刚才我讲到社会主义核心价值观，这个社会主义核心价值观与《三字经》《弟子规》里的价值观相比，可以说增添了或者转化了大量的现代意识、现代因素、现代元素，也可以说是先进的元素，还有社会主义的元素，所以这个也是不一样的。至于您说的消费文化、休闲文化，说起来复杂，分析起来也很简单。人，包括他有文化的、民主权利的问题，就是每一个公民，作为国家的一分子，都有享受文化成果的需要与权利。当然根据各人不同的情况，有健康的，有病态的；有正面的，有负面的；有有益于身心与国家和社会的，有有害于身心与国家和社会的……所以我们有需要，同样也需要有一种选择，但有选择的同时，我们的整个社会主义建设有一个总的方针，就是要解决我们先进的社会制度、先进的民族愿景、愿望和我们还不发达的生产力之间的矛盾。在文化上我们尤其提出了要满足人民的多种不同的文化需要，这里头也有一个满足人民的文化需要、让人民享受到文化果实的问题。这些东西要全面思考起来，也不复杂，也很简单，而且即使是在革命战争时期，最困难的时期，中国共产党也是非常重视文化的。我们有歌曲，有快板，有三句半，有各种各样的鼓励人的精神、满足人的精神需要的这种文化生活。

问：王老师，您刚才提到了文化这方面，我个人觉得收获很大。您提到核心价值观，我们也在学核心价值观。我有一个比较困惑的问题，前一段时间我们去参观中央党校，感觉中央党校目前对谷文昌、焦裕禄事迹的宣传展示，和现在的普遍方式很不一样：那里展现了他们在当地是怎么进行生产的，而很多宣传是侧重这个人带病坚持工作，死在岗位上。您觉得这种宣传方式应该提倡吗？谢谢。

答：宣传的重点，宣传的方式，我相信都有改善的空间，但是我们需要知道一点什么情况呢？因为中国的这些先进人物的宣传，很多有着非常艰苦的斗争背景，比如最近正在纪念长征，可以听到很多故事，那种牺牲是巨大的，是非常惊人的。前几年纪念中国人民志愿军入朝作战，那里头有许多东西也是这样。在今天，我们看待过去的历史，只能去认识到在当时那种艰苦卓绝的情况下，那些抛头颅洒热血的革命者、共产党员、战斗英雄、劳动模范，他们的那种牺牲、奉献精神，所谓为革命、为人民肝脑涂地的精神。如果说我们现在的人完全不能理解这种精神，或者完全不能接受这种精神，这也是一个麻烦的事。因为历史就是这么发展的，现在战士练兵再艰苦也不会让他在当年那种形势之下走一趟长征的道路。我们对历史只能尊重，对历史人物只能尊重，对在历史中英勇牺牲的英雄模范只能表示敬意。至于其他方面，整个的宣传思想工作怎么样能做得更好，今天暂不讨论。但是我们都有这个愿望，希望我们各种宣传思想工作，特别是价值观的宣传工作，能够更加深入人心，能够自然而然、入耳入心，能够和人民的实际思想情况结合起来。我就说这么多。

旧章与新政

关于传统文化我想谈一点自己的感想。

中国的传统文化可以说经历了非常漫长、非常曲折的过程。因为在最初的时候，从两千多年前一直到一千多年前，中国的文化在全世界是非常突出的。尤其是在具体的地理环境中，我们周围的一些国家或者地区，不同的文化体量比较小，文化的发达程度无法和中国相比较，以汉族文化为主体的中国文化显得非常突出。朝鲜、日本、越南，以及其他的一些国家都向中国的文化学习，朝、日、越都大量地吸收了汉字和很多语言要素、很多观念，然后是服装、建筑、诗歌艺术、书法、中国画，他们生活中方方面面都很明显能看到中国文化的影响。

北方一些少数民族入主中原以后，最后在文化上也跟着中原的汉族走。满族很厉害，而且大清王朝为我们国家做了很多的贡献，但是现在的满族朋友会讲满语和会写满文的已经很少了。故宫有一大批文档都要从新疆请锡伯族的知识分子来阅读，否则慢慢就没人认识了，没有人会这个语言了。中国文化如此精致，凝聚团结了一开始是几千万人，后来是上亿人，再后来是几亿、十几亿人的文化，在一定区域又处在高端的地位，这可以说是中国最大的骄傲。但是这个文化处境太好了，也有问题，因为长期以来这个文化没有受到太认真的挑战。虽然打仗打不过，但是少数民族入主中原后，往往会跟着中原的文化走。而文化这个东西又有这么几个特点，一个是长期积累的才算是文化；完全没有积累的，不见得能够成为文化，最后留不住。比如英国的《牛津英语词典》，要收入一个新词必须经过十年的考验，这个词得够十岁才能往里面收，不像我们这里收得这么快，网上一个词非常热就往里收。有时一时搞得非常热闹，转眼随着时间的变化、政治的变化，这个文化现象就无疾而终了。文化的特点就是时时在积累，同时时时在淡薄、在消失、在灭亡。因为有很多东西时间长了以后，就会有陈旧的感觉，文化也不例外。但是又不能够是一时起来，立即不停在变化，这也不叫文化，这叫胡来，这叫赶浪头。同时又不能面对长期的挑战不做回应和自我的调整，这个文化也将是一个悲剧。

一种文化太伟大了，也会产生停滞、封闭、没落的危险。任何事情都这样，都有从产生到兴旺发达，到开始显得衰老、陈旧，乃至于灭亡的过程。比如各种礼节、各种礼仪、各式礼制、各种礼法，几千年不变的很少见。孔子说："郁郁乎文哉！吾从周。"他认为西周的礼法最好。但如果不做任何改变，一直做到现在的话——设想现在跟周朝穿一样的衣服、奏一样的乐曲，那情景让人觉得恐怖。所以中国这样非常灿烂的文化长期没有受到挑战，长期没有做出重大的调整，这是它的一个弱点。

再一个弱点，这个文化从一开始提倡的就是和谐，是平和，是谦恭，对竞争一直采取一种控制的态度。控制竞争有很大的好处，因为人类的很多事情是由于竞争造成的，一竞争就可能有恶性竞争。某种意义上说，战争是竞争的一种最极端的方式。但是我们这儿缺少竞争，我们的文化表现为对竞争的控制。孔子也不赞成竞争，孔子认为争也应该是君子之争。最代表君子之争的是射箭，射箭以前有一套规矩，互相怎么行礼，等等，所以君子之争有时也很可爱，我们也希望多一点君子之争。但是太强调谦恭了，又缺少一种竞争的动力。这个过程比较长，我们主张礼让，老子说"夫唯不争，故天下莫能与之争"。这在政治策略上很棒，有些时候就是不争，为什么不争呢？因为我充满信心，你根本就不是我的对手。总体来说，那种追求强势、精益求精、取胜等一类的词在我们的经典里面相对要少一点。

还有就是很严密的逻辑少一点。美国著名的汉学家费正清认为，中国缺少那种非常严密的形式逻辑。中国的逻辑往往是推导式的，一下子推到很高。"意诚而后心正，心正而后身修，身修而后家齐，家齐而后国治，国治而后天下平。"从"意诚"开始，天下的问题全解决了。所以自古以来，诸子百家关心的是社会、权力的运作，是人的品德，是和谐、平和，但不是特别关心竞争，也不是特别关心怎么在和自然的斗争当中能够有更多的进展，国富民强这方面强调得不太够。

这样一个悠久的文化、精致的文化，长期积累，但缺少大的调整和变化，一旦到了1840年遇到了鸦片战争这样大的挑战，忽然傻了眼了。谢晋导演的《鸦片战争》中一再说一句话，就是"大清朝的克星到了"。英国军舰的肆虐，把中国打败了，中国议和、求和。英国舰队的司令上了虎门的炮台（关天培在那里牺牲了自己的生命），他说这就是你们的海防，说实话你们这都是垃圾。

鸦片战争之后，中国文化经历了太多的痛苦，那些热爱中国文化、迷醉于中国文化、拿着中国文化当自己生命的人，称之为"千年未有之变局"，不知道中国文化会怎么样，因为人都活不下去了。王国维是清朝后期最有学问的人，而且懂很多西学。他研究康德、叔本华，研究德国的哲学，还研究中国的训诂经典。他后来再也不能忍受中国文化的这种屈辱了，跳进了昆明湖把自己淹死了。用最古雅的汉语翻译《天演论》的翻译家严复从英国回来以后，见到中国的文化没有任何希望，他没事可干，学得再好也没用。他翻译《天演论》的意思就是告诉大家，自然界存在着生存竞争、优胜劣汰、适者生存。他逐渐变得保守，变成了保皇党，最后他是因为超高量吸食鸦片而死的。到了五四时期，大家的言行非常激烈，胡适的名言是"我们事事不如人"，吴稚晖说要"把线装书扔到茅厕里去"。鲁迅劝中国的青年不要读中国书，还解释说全世界所有的书除了中国书和印度书以外，都可以读。因为那些书读了以后让人警醒和奋发，但是你读了中国的书和印度的书以后你的心就会慢慢地平静，人一平静就不好办，这是鲁迅的观点。

我稍微回顾一下，中国的文化在近两百年经受了巨大的考验，焦虑、痛苦、分裂，知识分子精神分裂，爱中国文化的人当然不能容忍被称作"桐城谬种""选学妖孽"的老朽传统。巴金的小说《家》，曹禺把它改编成了剧本。《家》里面的老朽是冯乐山，他怎么个老朽法？六十多岁了，像一个妖怪和恶魔一样，居然看中十几岁的丫头鸣凤，逼得鸣凤跳湖。他招待几个客人时都是弯着腰，满嘴传统文化。他的客厅里面挂着一副对联，上联是"人之乐者山林也"，出自《醉翁亭记》；下联是"客亦知夫水月乎"，出自《前赤壁赋》，非常的工整，实字对实字，虚字对虚字，特别棒。可是当我们看到一个人客厅里挂这样的对联，六十多了还要娶小媳妇，这样的人你不把他千刀万剐，中国还能有什么希望？就是这样一种心情。

五四的口号"民主""科学"正是我们所缺少的，还有"爱国"——中国的爱国，过去我们就不承认中国之外还有国，就是讲天下。诸子百家讲的"国"是邦国、诸侯国，山那边有几个藩国，东夷西戎、南蛮北狄，所以中国传统文化里没有那么强调"爱国"。现在有一种看法认为中国文化本来特别好，好得不得了，后来共产党非要闹革命，一革命，把那么好的文化革没了。这些人纯粹是活在梦里。纵观整个中国的历史，而且不用看别的书，就看《红楼梦》，那里面有多少中国传统文化，礼行的都是旧礼，元妃省亲、上元佳节过节猜灯谜，固然很讲礼仪，但是《红楼梦》里的老少爷们已经堕落成什么样了呢？有几个顾得上礼义廉耻、仁义礼智信？有几个谦谦君子？里面只有一个人像君子，就是贾政，他对府内府外是一筹莫展。

所以正是在大讲传统文化的时候，我到处讲自己的一个观点，就是中国需要开拓、挖掘我们的精神资源，我们现在生产发展得很好，物质格局的变化非常明显，但是我们精神上的丰富还很不够。我们精神上应该有更丰富的资源，我们的精神资源首先是传统文化，其次要讲五四的新文化，再其次是革命文化——以延安精神为代表的、以毛泽东为代表的革命文化。五四新文化和革命文化对于我们的传统文化来说是一个洗礼的关系，是一个激活的关系，是一个更新的关系。通过五四新文化和革命文化给传统文化一个很了不起的洗礼，一个很大的刺激，重新激活了传统文化，也更新了传统文化，使传统文化有了千年未有之革新，使传统文化重新焕发了活力。这是我要讲的第一点，即对传统文化的回顾。

我再讲讲传统文化为什么在今天还有这么大的意义。有没有这么大的意义呢？为什么现在到处都讲传统文化？就因为在当下物质的格局、生产力的格局出现了空前新的局面的同时，我们感觉到世道人心的问题非常大。孔子两千多年前讲过，"德之不修"，仁德没有好好地培养。"学之不讲"，你不讲学习，又不讲学好。"闻义不能徙"，这个"义"在这里当大道理讲，也当正义讲，现在我们一讲"义"就是讲忠义，但是"义"在古代是作为"义理"来讲的。你知道了治国平天下、修身养性的大道理，可是你没有按照它办，没有跟着它走。"不善不能改"，你知道世界上很多坏事，你自己也有很多坏的思想、坏的行为，却不能去改变。"是吾忧也"，孔子说我最忧虑的就是这些。说明孔子那时候对世道人心非常担忧。

老子表面上看不像孔子讲那么多的道德训诫，但是他也对社会现实有许多的批评。他讲老百姓为什么饥饿呢？因为上面吃得太多。老百姓为什么那么穷苦？因为上面得到的东西太多。他为什么提出"无为而治"？他不是让老百姓"无为"，而是让掌握权力的那些人，他们的幺蛾子太多了，折腾老百姓的事情、损害老百姓利益的事情太多了，他们什么都不干就好了。不要认为只有老子讲无为而治，孔子也这样讲。他说能够做到无为而治的只有大舜，舜是南面而王，然后万物一切都好了。掌权的只要坐在那儿，大家应该干什么就去干什么，大家都做得很好。这样一些想法，虽然不可能完全实现，但是是中国文化非常可贵的一面。

文化的第一个特点是需要长期的积累；第二个特点是需要时时地回应挑战，有所调整；第三个特点是这个文化既包含了可以操作、可以兑现的各种具体的成果，也包含了我们追求的理想、我们追求的价值、我们追求的目标、我们的精神走向，这也是文化，不能说没有实现就不叫文化。我们希望的是什么？中国希望的是天下为公、世界大同。包括国民党的党歌也唱"以建民国，以进大同"，"民国"是初级阶段，"大同"才是终极目标。孙中山题字到处题"天下为公"，"天下为公"的观念非常有利于中国接受马克思主义、接受社会主义、接受共产主义。因为"共产主义"这个词是日本人翻译的。如果看原文的话，德语的 kommun，与英语里的 common 基本相同，这里没有"产"的概念，但是有"公共"的概念、"共同"的概念。老子的无为而治与马克思这样一种人类的高层理想遥相呼应。

所以中国的传统文化有一些美好的东西，有一些美好的理想，而且这些东西虽然经过了近二百年强烈的挑战、强烈的焦虑——中间还经过强烈的分裂，中国的国内革命战争打了三次，把前面的先行者辛亥革命加进来就更多了——这么艰难，但是我们还是胜利了。当然1949 年以后有历次政治运动还有"文化大革命"。但是中国传统文化在中国并没有消亡，传统的价值观念并没有消亡。"价值"这个词中国过去是不讲的，过去讲"义理"，"价值"（value）是从英语来的。我们年轻的时候学习政治经济学，"价值"完全是经济学的解释，但是不等于中国人民心里没有一杆秤。我们看待历史，喜欢忠臣，不喜欢奸臣。奸臣都是白脸的，都是挑拨是非的，都是害人的，都是背叛朝廷的，都是人前一套人后一套搞阴谋诡计的。我们对忠奸是有分别的，真正的孝子和逆子也是有区别的。比如"文革"以后到处划"三种人"，对于搞政治投机、无事生非、卖友求荣、卖主求荣这样的人我们很厌恶，这是因为传统文化的道德观一直印在我们心中。马克思的女儿问父亲最能原谅的错误是什么，马克思说是轻信；最不能原谅的恶行是什么，马克思说是卖友求荣。原来全世界都这样。

清官和贪官这样的区分对中国人来说，太清楚也太重要了。

另外就是重视人的德性。现在选拔干部要以德优先，这是传统的文化观念。别的国家公开这么提的很少见，受中国文化影响的越南也这样提，这说明传统文化在中国人的心目中仍然存在着。传统文化在哪儿？不是仅仅在典籍里，不是仅仅在国家重点文物里，不是仅仅在景区里，也不是仅仅在著名的陵墓里，实际上传统文化还在我们的人心里。我们现在面临的，既是需要也是机遇，要使我们的人心和我们的传统文化能够接轨，使新的文化的要求、现代化的要求，能够和传统的文化或者人心对接；要使我们对于价值观、对于社会主义核心价值观的提倡能够和人心对接。价值观哪儿来的？如果以为价值观就是靠领导人想出一些最好的词来，从上到下贯彻的，那就错了，那不是价值观的本质。价值观的本质应该在我们的心里，我们发掘出人心中美好的东西，经过社会精英的整理，经过中央领导仔细地整理、梳理，因此价值观最主要的作用就在于能够培育人心、优化人心。

否则我们对世道人心有时候要偏激起来。大家一看怎么贪官那么多，最近好像少点了，过去每天报纸都说今天谁谁被开除了，多得不得了，这是我们不能容忍的现象。还有社会的道德底线都不存在了，太可怕了，什么事儿都有。我也有手机，我也知道各种段子，现在什么地沟油，什么三聚氰胺，各种假冒伪劣，各种各样乱七八糟的东西，以至于媒体上甚至公开讨论，看到一个老太太摔倒了是否要扶她？以至于扶一个摔倒的老太太之前，先要用手机照相，找两个人做证，证明这不是我给她撞倒的。这种情况之下，我们要改善人心、优化人心。改善人心和优化人心的路径之一就是从人心里面挖掘出那些美好的东西来。这些美好的东西有很大一部分和传统文化有关系。

我举几个例子。比如说孔子特别重视祭奠、敬祖，重视复古。其实中国农村现在也讲祭祖、修家谱，讲自己要孝敬父母，这里有一条就是对人类已有的经验的尊重、对先人的尊重。孔子最讲"敬"字，讲究对一些事情有没有敬畏的感觉，有没有崇敬的感觉，有没有认真的感觉，有没有不敢掉以轻心、不敢玩忽职守的感觉。孔子认为有一些很好的培养方法，第一要孝敬父母；第二要重视祭奠，要重视居丧，要悲痛三年，要有这样一种对先人对祖先对人类已有经验、已有文化积淀的珍惜、珍重、热爱、继承、弘扬。一个人能做到这一步，是很好的。

再比如说强调谦恭谨慎、礼让。孔融让梨的故事几乎所有的孩子都知道。这是强调名分与秩序。孔子特别注意名分，强调"必也正名乎""君君，臣臣，父父，子子"，当国君的要有国君的样子，符合国君的规范；当臣子的要有臣子的样子、臣子的规范，要注重秩序；当父亲的要有父亲的样子，符合父亲的规范，当父亲的不应该野蛮不应该下流；当儿子的要有儿子的样子，符合儿子的规范。讲中庸之道。中庸之道的"中"，很多解释并不完全是指"中间"的意思，这个"中"还有"zhòng"的意思，就是恰到好处，就和打靶一样枪枪十环。"庸"是什么意思？是非常正常。准确正常，恰到好处，这就是"中庸"。还有一个是礼法、礼乐，"音乐"不仅指文艺，通过音乐还可以分清楚你的阶级、你的地位，要弄清楚这项活动的严肃性、郑重性。这一点现在也还有所体现，但是现在音乐的种类多得多，有流行歌曲、民歌、原生态歌曲等，孔子那个时期所强调的礼乐大概就是现在的两会开闭幕式奏国歌、党代会闭幕式奏《国际歌》这些仪式。

老子其实也有很多替老百姓说话的地方，最严重的话是"天之道，损有余而补不足"，这就是"天道"，要挤压富人，从他身上挤出油水来帮助穷人。他说人之道则相反，是"损不足以奉有余"。人之道是要挤压弱势群体，要剥削你、压迫你，苦活儿你干，挣钱先交税。老子这个话相当激烈。老子这话像社会革命党的话，像共产党的话。天之道是杀富济贫，人之道就是一到大年三十黄世仁迫害杨白劳。

我还特别喜欢传统文化的一点，不管哪个子，孟子、墨子等，都反对懒惰，提倡勤劳、勤俭、吃苦、奋斗。东方文化里面是有某些惰性，可是中国强调的是"苟日新，日日新，又日新"，有人解释说这是讲太阳也是讲白天的，但它的教化效果是让人求进步求变革。"慎终追远"也是讲祭祀的，慎终追远给人的认识是你要善始善终，前后左右你要考虑圆满。中国人强调奋斗，强调劳苦，强调生于忧患死于安乐，强调先天下之忧而忧、后天下之乐而乐，强调君子以自强不息，强调厚德载物，都有进取的精神。

我们的文化里面毕竟是有和现代化、和小康社会、和建设中国特色社会主义一致的东西。我们说一个人很懒，实际上是对一个人非常大的批评。我问一下在座的朋友，你们谁基本上从头到尾看完了电视连续剧《邓小平》？看了几集？我全看了。邓小平对他的女儿说："你就是懒！"邓小平过生日，家里人给他送礼物，他也给孩子送礼物，他写了一些字给每人送了一份，其中给他那个女儿居然写的是"戒懒"。这是传统文化。这里面有很多美好的东西。"戒懒"和现在核心价值里面讲"敬业"就有非常密切的关系。

但是中国文化还有另一面，哪一面呢？中国太大了，历史太长了，经历过战争，经历过和平，经历过富裕，经历过灾难，经历过多少次的改朝换代，经历过天下大乱，也经历过盛世，变化很大。所以中国文化并不是绝对统一的东西，有时候在价值观念上，中国人脑子里互相矛盾。一般的时候，中国人提倡奉公守法，主张一个人行事应该如临深渊、如履薄冰，要谦恭谨慎，不要作。但是中国也有造反的文化，"王侯将相，宁有种乎""马无夜草不肥，人无横财不富"。"文革"中反复讲一句话，其实那是《红楼梦》中的一句话："舍得一身剐，敢把皇帝拉下马。"这也是闹腾的文化。在通过革命夺取政权，革命的力量比较薄弱，很多地方任凭反动统治者屠杀的时候，就不好讲温良恭俭让了。你讲温良恭俭让，人家一刀就把你头割下来了。

现在又有一种解释，最近中央 9 套的节目《纪录》讲诸子百家中为什么统治者选择了儒家，因为儒家最适合让大家乖乖地听统治者的话。要这么解释，把传统文化又解释简单了。比如说和谐、太平、平衡、谦恭、诚信、敬业、礼让，这些对于统治的权力系统来说是有好处的，不过对老百姓也是有好处的。我们无法想象我们这个国家整天在那儿闹，整天在火并，整天在刺刀见红，而后老百姓会得到幸福。社会有时候需要稳定，需要太平。不知道现在的学生怎么想。我上小学的时候，七十多年前，我那时候学写字，就在米字格上写"天下太平"。所以很多理想道德化的说教，对统治者有好处，对老百姓也有好处。反过来说，这些道德的说教、这些文化的说教对于权力有一种文化的监督和道德的监督。中国很长时间是封建国家没有错，但千万不要以为中国的封建统治者他们能想干什么就干什么，那样的人很少。我们看历史学家黄仁宇写的《万历十五年》，万历皇帝想干的很多事情没有干成，他稍微有点不够文雅、不够斯文，就马上有人提意见。还有文化部卜键先生写的《明世宗传》中也是这样，明世宗有两件和治国平天下关系很小的事，一直想办但就是很难办。明世宗的皇位是从堂兄明武宗那里得来的，按礼法，他应以孝宗（武宗父）为父，但是他当了皇帝以后，想给自己的父亲也立个碑也给个称号，但是很难办，他甚至给大臣送礼。另外一件事是他要改一个求雨迎接春天的活动，本来这个活动每年搞两次，他觉得太麻烦了，想改成一次，可是他也做不到。大臣说朱元璋的时候就是分两次求雨的，不能改。具体的事儿我们不分析了，就是说文化形成的力量有时候对权力也有一种监督作用，也有一种压力。不要以为在中国当皇上有多么容易。老百姓还有一个武器，老百姓说你是"无道昏君"，那你就死无葬身之地了。中国的文化诉求，某种意义上把文化变成了一个价值核心。

我们现在讲政治文明，实际上孔子那时候已经有政治文明了。老子更厉害，干脆认为政治应该"无为"，让老百姓道法自然。我们传统文化不是没有精彩的东西，而且这些精彩的东西很容易让人接受，所以现在各个方面都很重视。

在中国的传统文化里，崇拜"一"又崇拜"多"。它认为一切的东西，"万法归一""九九归一"，一切都综合到"二"，又崇拜"多"，各行各业，可以说是"杂多的统一"。按照中国的说法就是郭沫若的诗，叫"一的一切""一切的一"，一切就能够归结成为一，这是中国式的思维方法，这个思维方法和中国的很多东西都有关系。我们整天讲中国特色，讲国情，一元化的思维方法是很重要的。但并不等于"一"是死的，中国人又特别灵活。远在孔子时期，他对每一件事都不是只有一种说法，而是有两种说法甚至有三种说法。很多弟子问他什么叫仁，他跟每个人的说法都不一样。最妙的是，孔子说人要有担当，要为社会效劳，说如果我是一块美玉，我要等别人买了去，我"待沽"。但是孔子又讲，什么样的一个人才算好呢？邦有道的时候，他不会被压制在那里，他不会隐藏在那里，不会憋屈在那里；邦无道的时候，他不会出来跳，他能够降低自己的调子。他最佩服宁武子，

"邦有道则知，邦无道则愚。其知可及也，其愚不可及也"。

崇拜"一"的结果是中国形成了长期的封建专制主义的传统，但是思想仍然有灵活性。"一"有调整的可能、变化的可能，有自我批判的可能，有反省的可能，有选择新道路的可能。

传统文化中还有很多东西，比如说强调学习，注重德行，注重世道人心。要不断学习才能改善人心，孔子理想的社会就是学习的社会，学而时习之，要举一反三、温故而知新。他认为在学习上，权力越大的人越要做榜样，权力不仅有管理的作用，更重要的是运用你的权力起到教化的作用。你不了解传统文化也就不了解国情，但是我们学习传统文化不是为了复古，是为了面向世界，面向未来，面向现代化。从这里我们要想，从人心里挖掘传统文化，从人心里挖掘我们的好恶、爱憎、明辨和现在富强、民主、文明、和谐的关系，当然这都是我们所追求的；自由、平等、公正、法治，爱国、诚信、敬业、友善，这当然也是我们所喜爱、所追求的。如果我们在这方面能够下点功夫，会不会让我们的世道人心有所改善？我上次讲到传统文化和社会主义核心价值观的时候提出几点："人心可用"，人心里还有很多美好的东西没有挖掘出来；"世道可兴""传统可取"，我们传统当中还有很多可取的东西，用不着离开这个传统，几千年到现在还有可取的东西，还有值得尊重的东西；"开拓可新"，只有开拓才能带来新的东西。

（2014 年在中国图书馆学会年会上的演讲）

温良恭俭让

大家好，我想就传统文化和价值的一些问题，谈一些自己的学习和思考的心得，和大家有所交流。现在这个价值问题讲得很多，领导也非常重视。去年 10 月 15 日，习近平同志召开文艺工作座谈会之后，我是亲耳听到总书记讲，要重视价值的宣传教育。为什么我们今天要强调价值建设？我觉得，关键就在于使价值的建设和我们老百姓也就是人民内心的对于是非、善恶、正误的判断对接起来。有时候价值建设并不是由上边发一个文件，然后你去执行的问题；它本身应该是从人民的心中得来的，是能够使仍然活在我们心里边的那种传统文化对我们的影响，在各方面发挥很大的作用。所以我想把中华传统文化和价值建设的问题放到一块儿来看。有些很古老的东西，虽然有些年我们由于各种的原因不可能讲了，但是它在人民的心中是仍然存在的。比如说我们很喜欢讲什么样的人是忠臣，什么样的人是奸臣。"文革"结束的时候，"四人帮"倒台的时候，当时老百姓心里都有一把尺子。譬如说大家经常怀念周总理，认为周总理是"忠臣"。比如痛恨贪腐，现在对贪官大家都非常痛恨，表彰廉洁、渴望清廉，赞扬仁义忠厚，反对冷酷刻薄，重然诺。"然诺"是什么意思？就是你答应的一些事，你许下的事，一定要办；尤其是领导干部，不能够老是用空话来吊别人的胃口。说过什么，你要记住，哪年哪月哪日说过这个话。三天过去了你还没有办，三十天过去了你还没有办，三年过去了你还没有办。哪怕三十年过去，只要没死，你还有义务履行承诺。中国古代还有很多重视知恩图报的故事。反过来说，那种吃谁的饭、砸谁的锅，卸磨杀驴，是为人民所不齿的。

所以如果我们讨论这些东西，我们就会感觉到所谓价值观的问题，并不是一个贯彻上级文件精神的问题，也不是一个标语口号。现在价值观问题上边非常重视，北京到处都写着标语——"富强、民主……"但真正背得下来的也有限。

中国传统文化有一个很大的特色就是重视道德。我们认为对一个人来说道德是最重要的，以至于我们非常习惯于把政治道德化。你如果想在政治上站住脚跟，你就应该是一个道德高尚的人。如果你道德不高尚，那么你的政绩再辉煌，你的业绩、绩效再好，你也仍然站不住脚。比如大家也常常议论原铁道部部长刘志军，好像他的业绩也是很不错的。高铁，在全国以至在世界搞起来，他都做了很多工作。但是他贪腐啊，他还有很多别的见不得人的事情，道德上不行，因此还得接受审判。这些东西都和中国的传统文化有非常密切的关系，可以称之为泛道德主义，一种泛善论。

中国的传统文化，尤其是儒家的思想，非常重视从最普通的、最简单的、最天然的那个道德做起，把它引申为一种价值系统。所以孔夫子说"其为人也孝弟，而好犯上者，鲜矣；不好犯上，而好作乱者，未之有也"。如果一个人在家里头，对待父母很孝敬，对待兄弟姊妹很爱惜，也很谦让、礼让——"弟"就是"悌"，"悌"的意思就是对自己的同辈的人，能够友好、礼让、爱惜。说这样的人，他将来到了工作上也不会犯上；不会犯上，他就不会作乱。但是这个说法，我们现在也必须实事求是地说，也有简单化的方面。所以这事情没有那么简单。尽管没有那么简单，但是我们说中华文化还有一个思路，这个思路是什么呢？就是要叩问人心，要呼唤人心，要优化人心。就是你的心里头有没有好的东西？能不能把你好的东西发挥出来？让它有发展，让它壮大，让它充实。这样的话你可以做好的事情，而不做坏事。你做好人，不要做坏人；做好事，不要做坏事。你要存一个好的思想认识。它就这么一个意思，仍然有这么一个善意在里头。所以性善论，它扩张和延伸了以后，把几个本来不同层次的东西连在一块儿了。就是说你修身就先做一个好人，你个人很好了，你的家里也就会变得好了，就是"齐家"，这个也有道理。

最近我在微信上看到有这种说法，说一个人的缺点往往是他这个家庭的缺点，他的家教的缺点。现在这个话题成了热点，中央电视台还组织过关于家风的讨论。你自己一个人好，就会使你的一家子都好。这其中有很多关系：你把你一家子带好了，你治一个国也会好，然后平天下，使天下太平。这个道德的问题，是可以扩张的，是可以充实的。这样的话，对中华美德就有各种说法。比如说"礼义廉耻"，这叫四维。礼，就是行为有个规范。义，这里面讲的不是义气，讲的叫义理，道理的理。义是什么？义就是原则。你的行为是符合这个礼的，符合礼法的。符合礼数，符合礼法，那么你对事情的选择是符合义礼的，是符合原则的。廉，当然不用说了，你是清廉的，不是贪婪的，不是腐败的。耻呢？耻是什么意思？就是一个人做了坏事，他有羞耻之心。而且中国古人把这个说成是"知耻近乎勇"。可我们现在对"勇敢"的理解完全不一样。我们现在一提"勇敢"首先想到的是斗争，比如遇到敌人了，跟敌人斗争，不怕死，不怕受伤，积极往前冲，我们认为是勇敢。古人眼中的勇敢，首先强调的是你要能够懂得哪些事是不可以做的，就是你要有底线，你要坚持有底线。做了不符合这个底线的事，你会觉得非常羞耻。

后来发展了一步，总结成什么呢？叫作"八纲"。就是在"礼义廉耻"前面加上"孝悌忠信"。还有对"五德"的各种不同的说法。"仁义礼智信"，这是最普通的一个说法。"恭宽信惠敏"，这也是孔子的一个说法。这里尤其是指官员，指掌权的人，指精英，指有管理经验的或者管理使命的人，用现在的话说指的是干部。还有一种，"温良恭俭让"。这是对青年的要求，这是对老百姓的要求。"温良恭俭让"是什么意思？就是你要做一个文质彬彬的人，做一个斯文的人。今年3月我出了一本书叫作《天下归仁》。书里面一直讲一个道理，叫斯文的优胜。"斯文"这个词是从孔子那儿来的。你不要以为孔子为人很谦虚，在谈到自己的使命的时候他非常牛。他说如果老天还想让斯文的传统能延续下去，他就不可能让我死在这儿。"温良恭俭让"也是孔子提出的，这五个字很有名，因为毛主席批判过。毛主席在

"文革"中说过一段话："革命不是请客吃饭，不是做文章，不是绘画绣花，不能那样雅致，那样从容不迫，文质彬彬，那样温良恭俭让。革命是暴动，是一个阶级推翻一个阶级的暴烈的行动。"毛主席批判温良恭俭让时，正处于阶级斗争的高潮、革命的高潮、发动群众的高潮。革命不是闹着玩的事情，革命是一件非常危险的事情，是一件非常尖锐的事情，是你死我活的斗争。革命遭遇的是血腥的反革命。所以那个时候毛主席说你不能那么温良恭俭让，你该起来斗。而且马克思主义认为革命离不开暴力，"暴力是每一个孕育着新社会的旧社会的助产婆"。这是马克思的原话。我们现在说温良恭俭让，是因为我们现在并没有处在那样一个阶级斗争的高潮期，更不是一个暴力革命的高潮期。我们现在在人民之间，在朋友之间，在同志之间，当然应该温良恭俭让。我们不能说动不动就是斗争，动不动就把这个矛盾尖锐化。这方面有很多传统文化的教导，对人心还是有用的。

其实不仅汉族有这样的传统，新疆的少数民族，如人数比较多、地位也非常重要的维吾尔族，也讲这个。我最近读了一个新版本的《福乐智慧》——文联的狄力木拉提·泰来提翻译的。原来郝关中、张宏超、刘宾有一个译本，他又翻译了一个。而且新疆有一家文化公司还出版了汉语本，带有朗诵，带有 CD，书也非常精美。书里面有许许多多的讲法，比如说学习要勤劳，做事要忠诚、要诚实，和好人接近，不要和坏人接近。主持政务、有行政权力的人，尤其要检点自己的言行，要讲礼貌，要尊敬老人。由此可以看出我们整个中华民族是有这样一个统一的、一体的或者说至少是非常接近的这样一种对道德的要求。而且孔子认为道德是我们进行行政管理的基础。《论语》上讲："为政以德，譬如北辰，居其所而众星拱之。"就是说你的权力的合法性在哪里？这是中国古代文化的说法，当然和现在的说法不完全一样，但是我们也需要知道这种提法。你的权力的合法性在于你的道德，因为你的道德高尚，你像北极星一样在天上，其他的星星都围绕着你。当然现在从天文学上讲，并不是其他星星都围绕着北极星。

改革开放以来，我们非常提倡依法治国，但与此同时我们党中央的文件上，曾经多次出现"以德治国"。虽然这类提法不是特别连贯，但是它没有中断过。因为我们始终有一个问题，就是要以德治国。这一点要反复强调，强调示范的作用，强调干部的教化的作用。孔子一直是这样想的。孔子曾经说，治理国家通常是"道之以政，齐之以刑"，用行政的手段来引领人民，然后用刑法来管束人民。这应该说是各国政府都免不了的一种做法。但是对于孔子来说，他不觉得这样特别好。他说"道之以政，齐之以刑"比不上什么呢？比不上"道之以德，齐之以礼"。是说用道德来引领人民，用礼数、礼法，用规矩、秩序来管束人民更好。也就是说不用行政手段和司法手段，而首先要用道德手段和文化手段。

所以中国传统文化里，带有一种道德理想主义和文化理想主义的特色，虽然并不完全做得到。要是大家都有美德，都是好人，这个国家当然什么事都没有。事实上说起来容易，做起来非常难。但是作为文化和价值，它又必须具有某种理想的色彩。不要光认为中国传统文化只是说得好听，实际根本没做到，甚至觉得很失望。可是我们想一想，古希腊时期柏拉图提出来的理想国，他们做到了吗？《圣经》上提出来的那些问题都做到了吗？有的东西并没有做到，这不足为奇。但是它起码帮助你建立一个价值观，让你能分辨出一个讲道理、彬彬有礼的人是好的，而一个蛮不讲礼、肮脏、粗鲁的人是不好的。有了这方面的价值观，是好事，不是坏事。

另外有一些说法，有人说中国的传统文化很腐朽。为什么很腐朽呢？因为那些言论都是管束老百姓的。让老百姓在家里要孝顺，见了领导要服从、要听话，见了同事都叫大哥，批评你了要虚心接受、要顺从，这样一来当然好统治了，然后君王可以胡作非为，想杀谁就杀谁，想干什么就干什么，并且很坏。但是我们要讨论一个什么问题呢？就是中国这种传统的文化理想主义与道德理想主义，在客观上形成了对权力的文化监督与道德监督。因为我们现在也还在为这个问题感到苦恼，什么问题？就是怎么样监督权力。习近平同志也提出来，要用法治，要用法律把权力关到笼子里。因为权力不是可以随便使用的，权力不是可以任性胡来的。你有那权力，你就胡来，那可不行；你胡扣帽子，那可不行。你乱罚钱是不行的，你乱放枪也是不行的，要有法律的管束。

中国古代的权力是不是就不受任何的监督呢？是不是可以任意而为呢？是不是当了皇帝想干什么就干什么呢？完全不是。我建议你们读两本书，没事可以翻来看看。一本是历史学家黄仁宇写的《万历十五年》，还有一本是卜键先生（他就是文化部的）写的《明世宗传》。

当然更严重的就是要造反了。如果一个皇帝欠的债太多了，叫作什么？无道昏君。老子曾说，道就好像是拉弓射箭。天道是什么？"损有余而补不足"。拉弓射箭的时候，四个手指头拉着弦，劲太大了，它就歪了，所以你就要放松一点。他说天道就是损有余来补不足。他说人道是什么？"损不足以奉有余"，你越穷、越弱，你受的剥削压迫就越大。老子这话太厉害了，像社会革命党的言论，像共产党的言论。说是人道，人道是什么？谁穷谁受欺负。所以自古以来中国的农民起义都有一个口号，叫作"替天行道"。替天行道是什么意思？杀富济贫，阶级斗争。所以说对中华文化的影响，我们需要有一个很全面的认识。它不像我们说的或者像五四时候人们说的那么虚伪，它起了很大的作用，它对于调整这个社会有很大的作用。

第三个问题，孔子相信世道人心是决定一切的。"德之不修，学之不讲，闻义不能徙，不善不能改，是吾忧也。"也就是说，孔子最忧愁的是什么？世道人心出了问题。这句话对我们今天来说仍然非常有意义。今天在行政干部里面有没有根本不对自己进行道德约束的人？有没有从来不会学习也不好好学习的人？肯定都是有的。

孔子说这句话是什么意思呢？他是对世道人心发出了呼吁，因为孔子处在一个什么样的环境里面呢？西周时期，国家充满希望，一个朝代刚刚开始的时候，它充满了信心、乐观、新鲜、有朝气这样一种现象。这完全是可以理解可以想象的，所以为什么说孔子有复古的思想，就是他老想着周朝初始时期，国家那么兴旺，那么朝气蓬勃，呈现出那样一种完美一种完善的形象，按孔子的话叫"郁郁乎文哉"。

"郁郁乎"就是说它非常的丰满、非常的丰富、非常的充实，但是后来慢慢地就不行了，这个是很自然的。因为任何一个东西，如果没有长足的发展，都会慢慢地变得平庸。它会受到污染，会丧失它当初刚出来时的那种新鲜感，丧失魅力，丧失说服力。

孔子担忧的这个东西，恰恰是我们今天所要强调的价值观的建设，是为了优化我们的世道人心。当然我们现在好人也很多，好事也很多，但是在报刊上，尤其是在网络上报道的那些恶劣的事情也是越来越多。

孔子提出来，"见贤思齐焉，见不贤而内自省也"。你见到贤明的人，就要学他的样。你见到坏人，要想想你有没有他的那些问题，比如说他爱胡乱吹牛，那么你就没有吗？比如说他说话不算话，那么你就没有吗？比如说他占公家的便宜，你就没有吗？孔子提出了这么一个问题。孔子所说的学习，不光是读书念报，或者背书背诗。他讲的学习，是指首先要你从生活中学，从人当中学。

曾子还提出来一个"吾日三省吾身"，就是你每天都要有多次的反省，想想今天过得怎么样，耽误了时间没有，在与朋友、同事的相处当中有没有说不合适的话、做不合适的事。他提出这个有一点批评与自我批评的意思，到了中国共产党那里我们就明确提出来"批评与自我批评"。像这种对世道人心的关怀，在中国来说是一贯的，诸葛亮曾在《三国志》中说过，"勿以恶小而为之，勿以善小而不为"。你不要认为这个坏事不大，干不干无所谓；不要认为说一点假话，问题也不是特别严重，就可以说，其实不能这样。诸葛亮在《出师表》中提出来说先帝为什么能够兴盛，是因为他亲贤臣而远小人，他和真正的好干部在一块儿亲近，而对那些小人和说谎的人，对于那些假公济私的人，他离得远远的，所以才能兴盛。那么东汉的皇帝，为什么搞得那么惨？势力慢慢地衰微了，甚至于被董卓、曹操等人迫害，都是因为他们亲小人而远贤臣。诸葛亮从世道人心的角度来考虑问题，这里面有一种对道德、为人、价值观的重视。还有一个问题是君子和小人的区别，如果我们把它看成是地位的区别、出身的区别，那就是完全反动的；但是如果把它看成是教养的区别、道德的区别，就比较恰当。朱熹说君子和小人就跟白天和黑夜一样，处处都是针锋相对的。孔子在《论语》中近两百处提到君子与小人，而且分析了君子与小人的不同。孔子看问题看得非常深刻。"君子周而不比"，君子做什么事都很周到，他不会互相计较来计较去；"小人比而不周"，小人永远跟这个比完了跟那个比，他永远考虑不全面。

"小人之过也必文。"《论语》中的这一句很重要，是说小人有什么过错，他一定要文饰，他一定要遮掩、要掩饰，他绝不承认自己有过错。而"君子之过也，如日月之食焉"，说君子有什么过错就跟日食月食一样，大家都看得见，然后过一段时间他自己改了，这个日食就过去了，月食就过去了。有许许多多这样的说法。另外还有中国自古对中庸之道的说法，"中"不是中间的意思，而是中（zhòng）的意思，就是准确；"庸"就是正常，就是办什么事要准确、要正常，不要夸张，用孔子的话来说，就是"过犹不及"，你过了和达不到是一样的，而且比达不到还糟糕，因为过了以后损失更大。所以中国传统文化讲的这些道德，以此来治理国家，这里有它做不到的地方，有不完全的地方，尤其是对法治讲得不那么多，但是它也有深入人心的地方，而且已经为广大老百姓所接受。所以在中国，现在党的干部政策，仍然提倡的是德才兼备、以德优先。

接下来我要谈谈中华文化的历史命运。中华文化曾经具有一种优越感，具体到历史地理环境，中国的东边和南边是海，西边和北边是高原，所以过去的中国人根本没有"世界"的概念。它所说的天下是什么呢？说的就是自己，它认为自己就是天下，或者叫四海之内，最发达、最文明、人口最多、生活条件最好的就是中国，就是中央之国、中原之国。确实，几千年来中华文明没有受到过严峻的挑战，中国在衣食住行、文化礼法、政治官员、政府衙门、家庭等方面都有自己的一套理论，这对于一种文化来说是非常危险的。好比一个物件，它没有毛病，可是放在那儿，放上一千年，放上两千年，它就腐烂了。

文化也是这样，其实中国的先贤明白这一点，庄子就强调"与时俱化"，就是说这个世界上的一切东西，随着时间的变化，它是要变化的，它不可能老保持原样。本来那东西很好，问题在于一开始它有新鲜感，后来就没有新鲜感了；一开始它看起来欣欣向荣，后来就不是了。汉武帝以来，大家都尊崇儒家，尊崇孔子。孔子的学说有很多宝贵的地方，孔子非常明白，非常讲哲理，而且非常讲分寸，他做什么事都是恰到好处。但是即使是这样，如果你把他捧成了一个高高在上的圣人，什么至圣先师，什么文宣王，下面一堆人都来跟着讲孔子，其结果必然是把孔子庸俗化。所以这是很大的一个矛盾。一种学问、一种思想，它普及化、大众化，才能成功，才能发挥作用。但是普及化和大众化不一定是这个学问提升了，也可能是把这个学问通俗化了，这一类的例子很多。各位都有一定的工作经验，都有自己所熟悉的环境，我们会发现，一个东西普及的时候，它就已经改变了，已经走形了。有时候中央提出来的一个口号，讲得非常之好，中央的权威就在于它提出来以后，一下子全国十几亿人都跟着行动，十几亿人都能和中央的思想水平一样吗？认识问题的高度一样吗？这个话不容易说清楚，我只是点到这里。所以中国文化几千年来缺少特别的挑战，然后又是你听我的、我听你的，你抄我的、我抄你的，就容易变成陈陈相因，变成空话套话，变成教条戒律，从而丧失了它原有的那种生动性、那种活力。所以庄子很厉害，庄子曾经说，书是什么？书就是糟粕，为什么呢？书就好比人走过去以后留下的脚印，脚印并不等于鞋，鞋并不等于脚，脚并不等于人。人厉害，因为人当然比脚印厉害。庄子还讲齐宣王在那儿读书，一个做轮子的人名叫扁，阿扁说你在干什么呢？王说我在看圣贤之书。阿扁说那是糟粕。齐宣王大怒，说你说话怎么没大没小，你敢说这个是糟粕？阿扁说，这怎么不是糟粕？就拿我做一个轮子来说，我劲使大了，木头削去太多了，车轴和车轮之间的距离就大、就不坚固；我劲使小了，车轴插不到车轮里头，就没法转。阿扁说这个话你写多少书也写不清楚，得自己慢慢摸索，你以为书就能解决问题？其实书说不清楚。庄子太厉害了。

到了鸦片战争以后，我们的传统文化遭遇了一个大的洗礼、大的危机，整个中国进入了一种文化焦虑的状态，陷入了文化危机。

所以孙中山曾经用既煽情又严肃的语言讲中国的命运，说中国的命运是"亡国灭种"，是"人为刀俎，我为鱼肉"，说西方列强拿着刀和木头墩子来了，然后把中国人往上面一摆，切片剁馅，想怎样就怎样。当然他这是夸张了。他还说中国是次殖民地——毛主席还说中国是半殖民地半封建，孙中山说次殖民地。次殖民地是什么意思？赶不上人家殖民地，殖民地都是规规矩矩的，虽然西方人在那里颐指气使的，但是不像中国那么乱。

所以在这种情况之下有了五四运动，五四运动提出了一些非常激烈的说法：打倒孔家店；把线装书扔到茅厕里去；不读中国书，而且这是鲁迅说的；当然更厉害的是学者钱玄同提出来的，废除汉语。我到现在没弄清楚，废除汉语以后说什么话？都说维吾尔语也不可能。说英文？中国人一律说英文？他甚至提出中国人年过四十一律枪毙，中国人个个腐朽，像我八十一了够枪毙两回了。我们现在听着是笑话，但是想一想，我们的先人提出这些问题的时候，是多么痛苦。正因为有了五四运动，有了对中华传统文化那种痛彻的反思和自我批判——尽管有过分的地方，才将中华传统文化置之死地而后生，给中华文化进行了一次现代化的洗礼。中华传统文化不走向现代，就只能灭亡，只能进博物馆。

而在这个时候，中华文化显示了它的灵活性、容受性，显示出自我调整、自我反思和自我更新的能力，所以中华文化能吸收的各种东西非常多。中华文化从来不是一个单面的东西，不是一个单维的东西，它是一个多维的东西，吸收了很多各种各样的东西。中国自古以来就吸收了很多外来的东西，譬如说我刚才提到的新疆，吸收什么了？咱们词牌里有一个叫《苏幕遮》，现在阿克苏地区还有乞寒节，说阿克苏每年下第一场大雪的时候，会有一个歌舞的活动，唱一首歌，这个歌的调子就是《苏幕遮》。而这个《苏幕遮》是谁总结出来的？是唐明皇总结出来的，唐明皇对文艺的兴趣特别高，他治国不行，搞文艺行。后来宋朝的时候，范仲淹、周邦彦都用《苏幕遮》这个词牌写过很有名的词。

中国传统文化，不要以为只有礼义廉耻的文化，它也有反过来的文化，比如说造反的文化，"舍得一身剐，敢把皇帝拉下马"。我们还有"马无夜草不肥，人无横财不富"这种让人步入歧途的煽动性俗语。中国文化本身就包含了很多互相冲突的因素，"君要臣死，臣不敢不死；父要子亡，子不敢不亡"，这是一种。但是同样的，"贤臣择主而事，良禽择木而栖"，一只好鸟，看这棵树好才停下来睡一觉，树不好就不停；一个好的臣子，如果碰到一个混蛋皇帝，就不给这个皇帝当差。所以中国文化调剂的可能非常大，有各种不同的文化，就是孔子本身也留了供人选择的余地，孔子实在是不简单。

由此可见，中国文化的容受性和灵活性无与伦比，所以恰恰是在改革开放这么多年之后，大家忽然明白过来了，中国文化并没有灭亡。面对着现代化，中国文化并不是在衰亡，而是获得了新生，有了更新，用习近平同志的话就是要有创造性转化、创新性发展。习近平同志讲传统文化，他讲到了"二创"，就是说我们不要照搬传统文化。顺便说一下，我非常反对现在有些人一谈传统文化，就搞得皮毛化、庸俗化，弄一帮小孩穿上戏装，在那一块儿背《三字经》，甚至让领导干部也穿上这种汉服背《三字经》，出尽洋相。

我们的目的仍然是实现中国特色社会主义现代化，我们不能够忘记邓小平同志所说的"三个面向"，即面向现代化、面向世界、面向未来，我们也恰恰是由于这方面的成功发展，得到了世界的好评。我们今天大谈中华传统文化，就是因为它焕发了新的生命力，能够和现代化接轨；它能够给我们带来更好的世道人心，带来更好的精神面貌。

我为什么讲这么一段话？因为现在还有这么一种糊涂人，有一种别有用心的人，说中国文化很好，但共产党闹革命，把那么好的中国文化革没了。这个道理也非常简单，大家不用看《万历十五年》，也不用看《明世宗传》，你只需要看一下《红楼梦》就行了。《红楼梦》

的作者曹雪芹没有受"左"倾思想的影响，也没有经历过五四运动，更不知道共产主义，但是曹雪芹告诉我们，中国文化混不下去了。你看看荣国府、宁国府里头有一个认真执行中国文化的吗？只有一个贾政，口头上还在那儿没完没了地讲中国文化、孔子、"四书五经"。整个社会道德堕落、政治腐败，嘴里说的一套，实际做的又一套。所以五四运动对于中国文化有极痛切的批评，所谓"满口的仁义道德，满肚子的男盗女娼"，所谓字里行间只有"吃人"两个字（这是鲁迅的说法）。所以我们今天讲传统文化，讲的是经过了五四的洗礼，经过了革命文化的洗礼，面貌一新的传统文化，而不是说要回到清朝、回到民国。

最后一个问题，我想谈一下核心价值建设的目的在于优化世道人心。这里边要讲一个问题，就是我们对核心价值内在的联系要有一个清晰的认识，否则你都讲不清楚的，词儿这么多：富强、民主、文明、和谐，自由、平等、公正、法治，爱国、敬业、诚信、友善。背起来都很难。我们研究的核心价值是一个整体。首先讲富强，富强是中国进入近代以来的梦想，这是为什么？鸦片战争使中国进入了近代史时期，暴露了中国的贫弱，中国在西方列强面前不堪一击，所以追求富强成为几代中国人的梦想。要富强，这个社会就必须有活力，这个社会就必须有平稳的和谐，有能够调动人民的力量，所以要富强你就必须民主、文明、和谐。你又不民主，又不文明，又不和谐，能不能富强？你是一个文盲遍地走的国家，能富强吗？你是一个粗鲁、野蛮、停滞不前的国家，能富强吗？你是一个整天搞内乱搞动乱的国家，能富强吗？因此，富强是我们国家所追求的一个目标，民主、文明、和谐是使我们实现富强、调动人民活力的基本保证。

在一个富强的现代化国家里，人民以及社会的构建，应该自由、平等、公正、法治。不自由，就调动不起来人的积极性；没有平等就没有社会的和谐，谁愿意被压迫？你一心想着压迫人，还能够和谐吗？你一直被压迫，还能和谐吗？公正也是这样，不公正，人才能出来吗？不公正，科学能发展吗？不公正，社会能稳定吗？如果大家都充满着仇恨，如果大家都充满着不平，社会还能够走向繁荣进步吗？

核心价值与爱国也是分不开的，爱国的首要表现就是我们做的一切事情应该有利于国家的富强，应该有利于国家的民主、文明、和谐、自由、平等、公正、法治。这是爱国，不是让你光嘴上说爱国就完了，不是一说爱国就砸日本车，人家开着日本车碍你什么事了？爱国离不开现代化，以及对现代文明的认识，爱国离不开对富强、民主、文明、和谐、自由、平等、公正、法治的这种认知和坚守。敬业当然也是这样，我们不能变成空谈家。胡耀邦同志最喜欢讲这几句话：空谈误国，实干兴邦。空谈误国，"文革"时期形成了一种高调空谈的东西，那时候都说一些什么？宁要资本主义的草，不要社会主义的苗。这样对农业，你还能吃饱肚子吗？

不好好发展市场经济也是不行的，社会主义的市场经济，没有诚信就没有市场经济。友善更不用说了，如果我们不处在一个友善的环境里面，而是处在一个彼此敌对、互相倾轧的环境里面，那怎么行？所以我们要认真分析分析、讨论讨论，能不能把价值建设搞得更好？现在中央很重视，领导也非常重视，社会主义的核心价值在其实际起作用的方面仍然有待于我们大家共同努力。如果大家都来讨论这个问题，而且和我们的文化传统结合起来，和我们实际的人生经验、生活经验、行政经验结合起来，就会改善我们的状况，人心就会改变。为什么？因为事实证明，大家从不盼望我们的社会变成一个流氓社会、骗子社会和刑事犯罪增多的社会、贪腐的社会。现在信息传播得很快，微信上、报纸上，负面消息非常多，但实际上，大家千万不要以为中国现在已经变成恶意国家了，变成豺狼国家了，变成腐烂国家了，不要相信那些东西。就像新疆发生了一些我们非常不愿意看到的暴恐事件，但是我仍然坚信新疆的各族人民能团结一致。我年年都去新疆，有的时候一年去两次，那里好人多且能团结一致。哪有那么多坏人呢？各民族都有亲切的人、善良的人、有成就的人。库尔班江出版了《我从新疆来》，我非常支持他，还帮了他的忙。俞正声主席亲自批示，在各方面的帮助下出版了。最近俞正声主席又批示了要帮助他拍电视纪录片，拍什么呢？就是新疆的各族人民，尤其是其中的维吾尔族人，在内地的各个地方事业有成、学业有成，像阿里巴巴的高管就有咱们新疆的维吾尔族人，学者中也有维吾尔族人。哪怕只是在某个城市开了一个烤羊肉串的饭馆，他也取得了很多成就，为大家提供了餐饮服务，北京的新疆饭馆很受欢迎。库尔班江到处讲，不能把维吾尔族污名化，不能认为维吾尔族人就一定带着刀子，那不开玩笑吗？中国好人多、好心多，大家要求现代化，要求社会有序，要求好好地过日子，要求团结，要求和谐。

世道可兴。随着经济的发展，如果我们的文化工作跟得上去，这个世道应该越来越兴旺。传统可取。我们要增加我们的文化自信与文化定力，我们的传统文化当中仍然有很多东西可以和人心对接，可以和我们的现代化对接，可以和生活对接，可以和世界对接，可以和未来对接。我觉得我们从这样一个积极的方面进一步地研究、讨论、学习、切磋，我们的核心价值建设可以做得更好。

我今天就给大家谈到这儿，下面我非常欢迎大家提问、互动，再聊聊，再切磋一下。谢谢大家。

王蒙答问

问：王老师您好，我是来自宁夏回族自治区的，我有一个问题，就是我们现在处在一个现代化的时期，我们也知道任何一个民族都不可能排斥现代化，我想您也经常关注新疆，那么边疆地区的少数民族在现代化这样一个背景下，如何实现民族文化的现代化？

答：谢谢。现代化对于一个民族来说，不是一件非常轻松愉快的事情，因为它随时会碰到一些新的问题。生活方式在不断地变化，比如说我是1963年去的新疆，1979年回到北京，1979年到现在又过了三十六年，这三十六年当中，新疆发生的有些变化我也不知道，我也不是全部都能够很顺利就接受的。比如说那里的生活方式就在发生变化，房屋也在发生变化，原来乌鲁木齐的建筑是色彩斑斓的，粉红色的、天蓝色的到处都有，现在这种颜色就非常少了。新疆人喜欢用坎土曼，那个是万能工具，但是现在据说铁锹越来越多了。新疆人过去抬东西是用抬把子，用抬把子其实比较轻松，用肩少，但是现在抬把子据说用得也少了。我听了尤其遗憾的是水磨少了，过去推面是用水磨。在伊犁，水磨经常是俄罗斯人在管理，在开水磨的，不是维吾尔族人，也不是哈萨克族人。哈萨克族也在变化，哈萨克族人过去是住在山上，你要去了那里，不管认识不认识，都能有吃有喝，受到热情招待，现在不可能了。因为他们也知道商品经济了，知道牛奶可以卖，还可以做奶粉，做奶酪，做奶疙瘩、干酪。这些东西都在发生变化。

市场统一了以后，也提出新的挑战。例如过去在伊犁，很多人做坎土曼式的帽子、俄式帽子，还有人做大皮靴。这些曾是伊犁拿手的产业，现在基本上都不行了。很简单，做皮靴的话，温州人做起来又快又好又便宜，式样又好，又软。帽子的话，上海的工厂做得更好。伊犁原来的产业需要调整，因此它会产生很多新的问题。所以除了敌对势力的破坏以外，我们还面临着一个问题，就是要让我们的各民族兄弟都能够搭上现代化的快车，享受现代化的利好，这个问题很重要。北京大学的教授马戎，他是一名回族的学者，他做过一个统计，改革开放以后，许多民族的农业人口的比例都明显地下降了，下降得最多的是朝鲜族，朝鲜族现在农业人口占比是 50%～60%，略多于非农业人口，汉族的农业人口占比现在是 30% 以上，但是维吾尔族现在农业人口占比是 80%，只有 20% 的非农业人口。这些事实提醒我们，在现代化的过程中，一定要让各民族都能搭上这趟快车。

有些地方存在对现代化的抵触，这也是有的，全世界都有。在新疆农村的时候，我从《参考消息》上看到美国人上了月球，我就跟我的房东阿不都热合曼说，美国人上了月亮。他说老王你可千万别信这个，这不可能的，阿訇说过要上月亮，起码要走四十九年才能到，根本不可能，那完全是骗人的。他不接受，有时候要接受一个现代化观点，是很难的。天主教也一样，哥白尼宣布地球是转的，太阳相对而言是不转的，是不动的，这把教会激怒了，他们把哥白尼烧死了。现代化需要一个过程。所以我们要用最恰当的方式，使我们各族同胞能够接受现代化，接受新文明。

新疆有众多少数民族，情况也非常多样，有些接受现代化接受得非常好。前不久，我在北京的一个维吾尔族的朋友——名叫艾斯卡尔，艺名叫"灰狼"，他是一个歌星，唱摇滚乐的，在北京很成功。他们一家子都太厉害了，他的一个哥哥是学经济管理的，现在在一个外贸公司担任管理人员，专门进口各国葡萄酒。他另外一个哥哥是印象派画家，已经在欧洲举行了多次画展了，倒是中国人不太了解不太接受他的画，因为他画抽象画。我曾经告诉他为什么维吾尔族人容易画抽象画，因为伊斯兰教不准搞偶像崇拜，上清真寺，里面都是图案，都是标志，没有人物形象，所以他对于抽象的东西，有一种特殊的感觉，他听了非常高兴。而那位卖葡萄酒的新疆小伙，娶的老婆是日本人，他完全 international，现代化了，比我还现代化。所以，我们新疆一定要随着现代化的脚步前进，情况会越来越好，我们要粉碎谣言，要使新疆的各族人民和汉族人民携起手来共奔现代化，共享中国梦的一切成果。

问：王老，您能不能谈谈《道德经》里面辩证法与搞行政领导的关系。

答：《道德经》主要是辩证法，而且这个辩证法太深刻了，所以它有很多说法跟领导都有关系，比如它说当政者一等的是"不知有之"，就是你在不在百姓都不知道。二等的是对你歌功颂德，"亲而誉之"。三等的是"畏之"，就是怕你。最糟的是"侮之"，就是互相侮辱，你看不起老百姓，老百姓也骂你。他说最好的情况是什么？"功成事遂，百姓皆谓'我自然'"，当事办完了以后，老百姓说这是我办的，这是我自己办的。就是说让群众自己解放自己，让群众发挥起他的作用来，自己去搞建设，自然去做事情。

《道德经》里面还有各种各样的说法，比如说"将欲取之，必固与之"，就是你想要去拿点什么东西，你要先给对方一些东西。这个和毛主席的《关心群众生活，注意工作方法》里的说法一致，毛主席在老苏区时写了一篇文章，提出的是什么呢？就是我们苏区的干部要用90％的力量帮助群众，就是你要关心群众。毛主席讲得非常具体，房子不好了，吃的东西不好了，水不好了，我们干部都要组织群众去改善；然后你用10％的力量向他提要求，比如要求他交粮，要求他参军，让老百姓确实认识到你是为他服务的，不是一到这儿来先抓着他、掐着他脖子让他给你干活，这是很有启发性的。再就是庄子提出一个上无为而下有为，这个无为不是说什么都不干，而是不要包办代替，越到上边越不要包办代替。简单地说就是你官越大，越不能管得太具体，你掌握大的方向就好，不能替人家把各种事都干完了，自己累死了，最后是顾此失彼、捉襟见肘。比如说我当文化部部长那三年半的时间，我从来不管分房子，有些人就是专门管分房子的，我要是管分房子，就变成房产科科长了。房产科科长干得不好，我可以撤他的职，可以换人，但是我不管分房子，你们该谁管谁管。有必要在这个"无"字上狠下功夫，要琢磨琢磨哪些不该干的事你干了，不该说的话你说了。很多人做事情不成功，失败，甚至于某件事情给自己找了麻烦，带来了后患，并不是因为你没干，而是因为你干了你不该干的事。老子太厉害了。

再比如说老子讲祸兮福所倚、福兮祸所伏，就是好事会变成坏事、坏事能变成好事。其他像老子讲的高下相倾、音声相和、前后相随，就是讲各种东西都是以它的对立面的存在为条件的，这些东西，如果我们慢慢地加以研究的话，确实使我们的智慧能够高人一筹。

老子还有一个说法叫"道法自然"。什么叫道？就是自然，"自然"不是名词，老子那时候的"自然"跟我们现在说"自然界""自然科学"的"自然"不是一个意思。自然，"然"是动词，就是自己运动、自己变化、自己成为这个样子，这一点上就非常好。

有一次，中央开一个座谈会，让我谈谈从老子的观点如何看咱们的工作方法。我就用老子的观点给建设部提了一点意见，因为当时咱们国家提出来要建设新农村，建设部公布了十种房屋设计，我认为这不是最好的办法，全中国就十种房子？现在咱们全国有一些新农村就是这么建设的，全村都盖一样的房子，这样看着很整齐，但它像兵营，无论如何都不像农村。农村还得"道法自然"，让农民自己去盖。你给他提一些原则也是可以的，否则中国这么大的地方，只能盖这十种？一百种也不够，而且各个地区的自然条件也不一样。所以我要说，不能由乡干部替农民建设新农村，还是得让农民自己建设新农村。类似这样的道理老子讲得可多了，我们可以参考，可以讨论，可以研究。

（2015 年的一次讲话）

传统文化问答（提要）

问：何谓文化？

答：广义地说，文化就是人化。是人类的创造、经验、成果、积累、存留，而非自然的原生态。人类带来的一切物质与精神存在，都是文化。

马克思喜欢讲"自然的人化"和"人的本质力量对象化"（《1844年经济学哲学手稿》），这是马克思的文化观。

中国传统的说法是"以文化人"，强调圣人以自身的先知先觉、所言所行教化百姓，为民立极。

毛泽东强调的是奴隶创造历史，卑贱者最聪明，高贵者最愚蠢，人民创造文化。

问：为什么说"文化是民族的血脉，是人民的精神家园"？

答：文化的内容博大精深，无所不包，与时俱化，与时俱进。同时它的基本精神、基本价值认同与思想方法、生活方式、风度韵味又是相当恒久的。虽然我们与港澳台的社会制度、行政运作如此不同，但仍然有文化的统一性不容置疑。中华文化至今活在中国人民的心里，如忠奸的分野观念、德才的观念、沧桑的观念、盛衰聚散的观念等。

特别是中华文化的为政以德——"修齐治平"的思想，性善论、天性论、天良论、良知良能论的思想，"道之以政，齐之以刑"不若"道之以德，齐之以礼"（孔子）的思想，"圣人无常心，以百姓心为心"（老子）的思想，使"天命—人性—民心—道德—政治—大势"串联混一。中华文化把政治理念、哲学理念、道德伦理理念、终极信仰理念、唯物与唯心理念、文化理念、天人合一理念、一而多同时多而一理念、变与不变理念化为矛盾的统一，精神自足并且颠扑不破。同时中华文化又强调"与时俱化"，穷则变、变则通、通则久（《周易》），尚化、尚通、尚机变。它给人以稳定感与足够的应变能力、选择空间、适应调整的智慧。

中华文化寄托于、建立于汉语汉字的形象性、综合性与混一或浑一性，有它特殊的感染力乃至感情性。中原文化的包容性与各兄弟民族文化的多元性，推动中华文化不断扩容、发展变化、绵延不绝。

中华文化形成了中华风度，融入中华精英（圣贤、君子、士、大丈夫）的生活方式。穷则独善其身，达则兼善天下；儒道互补，三教（儒释道）合一；阴阳五行，四象八卦；琴棋书画，诗书礼乐；入山出山，方圆内外。这些，都是至今充满活力的东西。中华文化的魅力令人迷醉。

问：这些东西就足够优秀了吗？

答：不是的。我们所说的自信，不是说只有中华文化是优秀的，《礼记·学记》早就告诉我们："学然后知不足。"《尚书·虞书·大禹谟》的说法则是"满招损，谦受益，时乃天道"。我们不认为自身足够完满。我们对全球各国各地的文化只能是"各美其美，美人之美，美美与共，世界大同"（费孝通）。但是我们必须重视珍惜中华文化的感人的巨大与长久存在的历史事实。越是全球化，越是西欧北美显然取得了人类文化的某些优势乃至主流地位，我们越要加倍珍惜或异其趣的中华文化对人类的重要参照作用。我常说，拒绝现代化，就是自绝于地球；而拒绝传统，就是自绝于中华本土，自绝于中国国情，自绝于人民，自绝于"修齐治平"的事功。

问：传统文化是否也有明显的不足、短板？

答：当然有不足，所以一百多年以来，各界优秀人士、中华文化精英与广大民众前仆后继，以极大的紧迫感来追赶改善，力求补上科学技术、民主法治、市场商贸、社会化工农业大生产、国防自卫、经济发展、改革开放的课，提出全面现代化、全面小康、全面富国富民……这些都是在补课。同时要对传统文化中封建迷信愚昧的糟粕痛加针砭洗刷。看看百余年来规模巨大的出国留学热潮，这恰恰说明了中华文化是怎样以空前的热情扩容图强、奋勇前进、发展创新的。

问：近二百年来中华文化出现了极大的危机感、焦虑感，这是怎么回事？

答：不管多么好的文化传统，如果陈陈相因，"白发死章句"（李白）、"寻章摘句老雕虫"（李贺），就必然会出现老化、僵化、酱缸化的病变。唐代天才诗人已经感到了这个问题。元明以后文化势头显然不济。到清代《红楼梦》中，从荣宁二府的状况看来，主流文化已经捉襟见肘，难以应对堂堂贾府的多方危难了。

而到了 1840 年的鸦片战争，面对列强，中华文化出现了全面深重的危机感。

问：是啊，所以 1919 年的新文化运动对于传统中华文化痛加针砭，反思批判得不亦乐乎，那为什么现在还要强调文化自信？

答：我们今天所说的传统，既有孔孟老庄的古老传统，也有农民起义的造反传统，还有五四新文化运动的传统，还有以毛泽东为代表的革命文化传统，还有以邓小平为代表的改革开放通向社会主义现代化的正在完善成熟起来的传统。

正是五四运动，表现了中华文化的苟日新、日日新、又日新的精神，表现了中华文化的自省能力，使中华文化传统经受了置之死地而后生的激扬试炼，挽救了中华传统文化，激活了中华传统文化。

中华文化的生命力不仅在于它的古色古香、奇葩异彩、自成经纬，更在于它的自强不息、厚德载物、生生不息的普适性，它的闻过则喜的反思能力，它的在多灾多难中锻炼出来的应变调适能力，它的见贤思齐、见不贤而内自省精神，它的不惧推倒重来的坚韧担当，它的好学与识时务者为俊杰的求新求变精神。

问：百年来，衣食住行、声光化电、生产生活、名词观念，我们吸取了那么多外来的文化，我们做到了那么多的"它信"，为什么还要强调自信呢？

答：文化不是物资也不是货币，文化首先是精神、智慧、品质、能力，它不是用一个少一个，花一个减一个，而是越用越发达，越用越进步，越用越本土化、时代化、大众化。它的特点是任何一种文化品质与文化能力谁学到手就为谁所用，也必然会随之调整变化。任何一种文化都无须追求来源的单一性、唯一性、纯洁性。如果用来源定义传统与内涵，国人吃的小麦、玉米、菠菜、土豆……显然都是舶来品，连中餐都不是绝对地"中"。而日本，先学中国，后学欧美，我们似乎可以无视日本文化存在。美国更是移民国家，我们似乎也可以否认美国文化的概念。但日本文化与美国文化都不容小觑。好学不倦，他山之石可以攻玉，这样的态度正是中华文化历久不衰不亡的原因所在。二十世纪，当社会主义国家掀起改革浪潮的时候，西方政要如撒切尔夫人、布热津斯基等都唱衰苏联、东欧的改革，却唯独看好中国的改革，他们都强调中国的独特文化的包容与应变康复能力。难道我们却反过来嘲笑我们百余年来东奔西闯、惨淡经营、改革开放、旧邦维新的大手笔吗？

文化一经吸收采用，必然与本土文化结合，实现洋为中用、古为今用。马克思主义到了中国，发展为毛泽东思想、邓小平理论、"三个代表"重要思想、科学发展观、习近平新时代中国特色社会主义思想。它们当然首先是中华文化，而不可能被认为是欧洲文化，更不是德意志文化或英吉利（《资本论》是马克思在伦敦的大英图书馆写就的）文化。我党的指导思想体现了文化的碰撞交流与共享分享。而中国火药发展成了枪炮，也当然是西式武器。孔子早就明白，"己欲立而立人，己欲达而达人""三人行，必有我师""十室之邑，必有忠信"；甚至孔子宣告，他与伯夷、叔齐、柳下惠、少连等人不同，叫作"我则异于是，无可无不可"。而孟子干脆明确孔子是"集大成"者，是"圣之时者也"。"圣之时者"，说明圣人也要追求时代化、现代化、当代化。

同时中华文化从来是人类文化的重要组成部分。

强调文化自信的同时，我们不会忘记，中国目前兴起的文化热不是汉唐明清的人在讲文化自信，而是二十一世纪的中华人民共和国人民讲文化自信；不是孔孟也不是秦皇、汉武、道光、光绪讲自信，而是中国共产党人讲自信。

我们的文化自信，包括了对自己的文化的吸收消化更新能力、从善如流的能力、适应全球化大势的能力、进行最佳选择与为我所用的能力、时时既要坚持又要发展的能力的自信。

我们的文化传统是活的传统，是与现代世界接轨的传统，是以天下为己任的传统，是不耻下问与每事必问的传统，又是百折不挠、历久弥新、不信邪、敢走自己的路的传统。我们无须自我较劲与妄自菲薄。

自信是自立与独立的基础。

问：强调传统文化的创造性转化与创新性发展的要点何在？

答：一是不能亦步亦趋地跟随爬行。二是不是泥古复古。三是必须与现代化全球化大生产大格局接轨。例如"一带一路"的提出，既是传统的复活，又是全新的开辟。

问：有人说文化的精华与糟粕难分难解，难以做到取其精华去其糟粕，您是怎样看这个问题的？

答：难以做到，但是必须做到，这叫继承弘扬，也叫扬弃创新发展。中华文化百余年来，天天操心的、实行的、苦斗的正是这个活计，中国共产党近百年来也在干这个活计，包括港澳台等地区同胞与一些华侨华裔，同样也无法置身事外。例如"二十四孝"，绝对不可以不加区别地宣扬，为母埋儿，发生在今天不但不是孝而且是刑事犯罪。毛主席等都强调过对于传统文化要剔除其封建性糟粕，吸收其民主性精华。而习近平同志也多次强调传统文化的创造性转化与创新性发展。

顺便说一下，文化建设问题有它的重要性，也有它复杂与细腻的方面，不能简单化，也不能掉以轻心。现在除精华糟粕问题外，我们还面对着将传统文化的弘扬形式化皮毛化、市场化消费化、口号化表演化、煽情化卖点化的问题。我们期待的是针对文化课题的认真分析、讨论、推敲。我们期待的是文化自信与加强学习、提高我们的文化学养结合起来。我们相信，现在大谈文化课题，正当其时。

中国人与中国文化

现在，我想谈谈中国人和中国文化。

我首先要说的是，中国人、中国文化和外国人、外国文化是一样的，没有根本的差别。千万不要以为中国人是另外一种人，我们都是一样的人，我有一个鼻子、两个鼻孔，我是一个男人。但是底下就不一样了，我有点老了，如果是美国人绝对不会说 I am an old man，但是中国人会说我已经老了，这样说是说明我有很多经验，我是一个成熟的人。说我老了还有一个意思，就是请在座的年轻妇女放心，我不会对你们有别的想法，我不会留下什么麻烦。

中国人很热爱生活，很喜爱吃，对中国来说，好像吃是生活很重要的一个内容。中国人说什么事情都要和吃联系起来，比如说中国的领导人做了一个很重要的讲话，大家就说"要吃透他的精神"。别的国家不一定会这么说。你写的一首诗，中国人会说"这首诗非常耐得住咀嚼"。中国人有几千年饥饿的历史，历史上不知道有过多少次大的饥荒。中国人也很重视性，孟子又说"食色性也"。人活着，第一，就是吃。第二就是要有性，要有自己性的需要。但是中国人把这个性又弄得非常复杂化、非常道德化，性变成一个人文的、道德的事情，给自己找了很多麻烦，但是中国人对性的兴趣非常大。当了皇帝很重要的一条就是他有很多的妃子，有很多性爱的对象，所以中国的皇帝多数阳痿。

在今天也是一样的，希望现代化，但是中国只能用自己的方式走向现代化，不可能用别人的方法。希望现代化，希望有先进的生产，希望有先进的教育，希望人和人之间有更美好的关系，希望过更好的日子，这些都是一样的。你们知道得越多，就越会感觉到这一点，不知道的时候以为中国人多么奇怪。

我在美国看过一本给小学生读的课本，里面有这样一句话：中国比月亮远。因为抬头就可以看得见月亮，但是却看不见中国。这是玩笑话，当然中国比月亮近，在座的汉学家都来中国了，但是各位都没有去过月亮。

中国和非中国又有很大的不同，我个人认为最大的不同是语言和文字的不同。我不是文化学家，我不知道我的话有多少专家能够赞成，我认为语言和文字是文化的基础。语言和文字表达了一个民族、一个国家人们的集体思路，即思想的方法。别的国家也是一样的，我1980年自学英语，那个时候我买了一个盒式的磁带，香港出版的，磁带上说："学英语的目的不单纯是学语言，而是要学西方人的思路。"

我现在稍微说一点不同的语言文字如何造成不同的思想方法。

中国文字是一种综合的文字，它的信息非常复杂。东汉的许慎在《说文解字》中将汉字构成概括为六书：象形、指事、会意、形声、转注、假借。一个字就像一个小的图画一样，既要表达声音，又要表达含义，又要表达它的逻辑关系，又要表达某种形状。这些信号是综合在一起的，这里就表现了一个很有意思的问题，中国的语言和文字最注意的是世界上各种事物的关系，它认为世界上所有的事物都是有关联的，非常注意这个世界的统一性。中国有一个词叫作"一切"，all，一切首先是一，一积累发展下去就变成了一切。one 就是 all，all 就是 one。中国五四时期有一个大诗人郭沫若，也是全世界著名的。郭沫若有一句很有名的诗：一切的一（the one of all），一的一切（all of one）。一的一切就是一切的一，一就是一切，不管这个世界多么复杂，最后你把它总结起来就是一。总要找到一，没有比找到这个一更重要的。一就是西方文化里的上帝，就是 God，God 不是一个具体的概念。我在新疆待过比较长的时间，新疆不讲 God，新疆讲"胡大"，"胡大"是主。有一次我和一个五岁的新疆小女孩交谈，她话都不能完全说清楚。我用手指着天空说，神在天上。小女孩告诉我，不，胡大不在天上，胡大在我们的心里。这就是一，我们每个人心里都有一个一。一的说法不一样。

孔子认为这个一就是"仁"，杀身成仁，为仁可以不要自己的生命，但是要维护完成这样一种仁爱，所以仁就是上帝。基督教也有这个问题，我们到教堂里面去，有耶稣像，有圣母像，有耶稣的十二个大弟子，圣约翰、圣彼得等，但是基督教堂里面没有也不可能有上帝的像。上帝是 God，God 本身没有形象，你不能画出一个 God 的像出来。孟子的一是"义"，舍生取义。义在这里当作"根本的道理、原则"讲。老子的一是"道"。神学是终极的关注，终极的追寻，终极的辨识。美国人说中国人没有宗教，其实中国人是拿着一个概念当宗教，就是一。这个一到了孔子那儿就是"仁"，到了孟子那儿就是"义"，到了老子那儿就是"道"。

中国文化表现在语言和文字上，是特别注意事物的关系，而且最注意的是大的概念——一个概念越大越伟大，越大越好。中国文化追求的是最高最大的概念。比如说花草树木这都是很具体的，但是更大一点的概念就会说是植物，对中国人来说植物的概念就比花草树木更大。植物的概念再上去是生物，生物的概念更大。生物再上去是万物，所有的物质，新疆维吾尔语里面叫作"马蹄尔阿"，它是从俄语来的，在英语里就是 material。在中国存在的类似概念叫作"有"，中国人认为比有更大的概念是无，因为所有的有都来自无。又有一种东西能够使无变成有，能够使有变成无，对老子来说就是"道"。道就是既能够从无中产生有，又能够从有中产生无。对于孔子来说，在所有的关系中最重要的是"仁"，实际上就是 love。对于孟子来说，所有的一切都是"义"，义的含义非常多，忠诚也可以叫义，但是孟子更常用的是将义当作原则。有人说中国人很可怕，他们没有信仰，他们没有上帝。有，是一种概念，上帝本来就也是一种概念，不是一个具体的存在，没有具象。中国的思想方法就是一种关系性的思维。

我常常举这个例子，比如说中国人很重视物体间的关系。皮革、牛皮英语叫作 leather，牛排、牛肉又是 beef，英语里没有一个专门的"牛"这个词。你说是 cattle 吧，cattle 又作为"大牲畜"解。在英文里面，人要么说 man，要么就是 woman，英文是分类的。但是中国人就说"人"，忽略具体性别。这可能会造成很多麻烦，但是它重视整体又有一套相应的思想方法。牛身上长的毛是牛毛，从牛奶或者从牛的肥肉里面得出来牛的 fat 是牛油，但是到英文里面叫 butter（黄油）就行了。如果是羊身上的就是羊油，如果是鸡身上的就是鸡油。牛本身又分多少类——小牛，中国人的思路小牛也是牛，但是英文里面小牛肉是 veal。

这种统一性在非中国人听起来是不可思议的事情。比如战国时期，中国人很注意挑选马，因为战国时期是骑兵竞争，有好的马才能打胜仗。当时很多人认为好的马是千里马，一天可以跑一千里，那个时候的里比现在还大，一千里比五百公里还要多一点，应该是七八百公里的样子。怎么样挑选千里马？有一个叫九方皋的人，他说他最会挑选千里马。他给国王挑选千里马，国王问这个千里马是什么颜色的？本来千里马是黄色的，他说是黑色的。国王问，千里马是公马还是母马？他说是母马吧。国王说把这个马带过来。一看，是黄色的，又是公马。国王说你走吧。但是相马权威伯乐说，你给他的任务是挑选千里马，不是挑选公马或是母马，你不是要用马毛做装饰，管毛色干吗，公马还是母马重要吗？马的颜色什么样，他不知道。但用眼睛一看，它的整个身体的结构，它的四条腿，再看看它的形状，他就断定这匹马是千里马。正因为他是一个伟大的相马人，所以他才能挑选出千里马。何必要弄清楚是公马还是母马，是黄色还是黑色呢？故事有点夸张，但是它反映了一个思想方法，重要的是 this one，不是 another one。

孔子在中国的影响非常大，他讲修身、齐家、治国、平天下。这个天下，在当时的中国人看来，就是中国本身。他们的观念里，西边有一些番邦，东边就是大海，这就是天下。要平天下就得治国，要治国就得齐家，每一个家庭都变好。要齐家就要修身，每一个个人也要变好。要修身就要正心，你的心、你的思想、你的判断要端正，要正心就得有诚意，你得有诚恳的态度、真诚的态度。你有诚意就能够正心，正心了就能修身。修身了就能齐家，你的家庭会很和睦。齐家了就能够治国，治国了就能平天下。具有世界影响力的美国汉学家费正清说，中国有一个大的问题，不太讲逻辑，没有很严密的逻辑，中国有一个自己特殊的大逻辑：意诚而后心正，心正而后身修，身修而后家齐，家齐而后国治，国治而后天下平。费正清对中国研究得非常透彻，他认为中国的这个逻辑影响了中国的科学发达，影响了生产，影响了中国几千年的发展。

但是对不起，我发现这种逻辑不仅中国有。我看了奥巴马的竞选演说。比如奥巴马总统也使用这样的言语，他在竞选时说："One voice can change a room. If it can change a room, it can change a family. If it can change a family, it can change a city. If it can change a city, it can change a state. If it can change a state, it can change a nation. If it can change a nation, it can change the world. Let's go to change the world."这样的话很容易就把人们都动员起来了。但是欧美人又不是到处都这么煽动，他们有不煽动的时候，那个时候他们又很具体、很清晰。

中国人长期形成了"道德最重要"的观念，认为政治的基础是道德。孔子说："为政以德，譬如北辰，居其所而众星拱之。"你做政治的事情靠的是德，就像天上的北极星一样，众星拱之。因为看起来好像所有的星星都在转，但是北极星不转，这些星星围绕着北极星转，所以权力就像北极星一样，大家围着它转，因为它有道德。

我们很容易就可以看出这话靠不住，因为中国历史上有很多没有道德的有权人。一个皇帝也许很残忍，也许很腐败，大官里面也有这样的人。但是孔子这种解释无论如何有让人民心里舒服一点，为什么他要管理你？因为他有道德，比说他力气比你大、武器比你强、钱比你多要好得多。对中国人来说，道德讲究听得进去，听得很舒服。所以在中国形成了一种很注意说话的传统，说话的时候要加强自我约束，不要流露出对道德的不尊重、不敬。所以中国到现在，其干部、领导、官员的选择标准都说是以道德为第一，以才能为第二。外国的政治家和中国的政治家不完全一样，意大利原总理贝卢斯科尼很开放，他说：我的女朋友很多，因为我又帅，地位又高，能力又强，我还有钱，追求我的女人排成长队。中国如果有这样一个人，发表了类似的言论以后，第二天他所有的官职将被撤掉，共产党员的党籍将被开除。俄罗斯的日里诺夫斯基说：如果你们选我当总统，俄国所有的男人免费发放伏特加。法国的勒庞，他说：我当了总统，各个大学的楼道上都摆着避孕套。其实社会已经很开放了，你不摆在楼道，摆在别处用起来也很方便。

中国人还有一个特点，就是非常善于变化。两千多年前的《尚书》里面说"苟日新，日日新，又日新"。每天都会有一些新的东西出现，第二天还会继续有新的东西出现，天天都会有新的东西出现。两千多年前的庄子，是一个有学识的聪明人，他提出"与时俱化"，即随着时间的逝去不断变化。所以中国人认为变来变去是非常合理的。中国人还强调自强不息，你自己永远要努力，不能停下来，你要不停地前进，"天行健，君子以自强不息"。中国文化是东方文化的一部分，但是这种东方文化和强调不着急、强调慢慢地、强调休息、强调一切随便的文化不完全一样。因为我在三个不同的国家听到过、看到过一个相同的故事，一个是德国非常著名的作家海因里希·伯尔写的小说。他写了一个故事，说一个渔民打鱼，那天鱼非常多，他自己一个人忙不过来。他一看河边上有一个小伙子正在树下面睡觉，就把他叫起来："起来，帮我捞鱼。"小伙子说我为什么要帮助你捞鱼？渔民说我给你钱，你有了钱就可以旅游、过幸福的生活。小伙子说我现在就在过幸福的生活，我为什么还要等帮助你捞鱼获得钱之后呢？后来我有一次到印度，印度有一个人给我讲了完全相同的故事。又有一次我到喀麦隆，喀麦隆的人又给我讲他们那儿有跟这完全一样的故事。不管德国是不是真有这样一个故事，或者印度人是不是这样，印度现在发展非常快，进步也非常快，喀麦隆怎么样我们也不管。但是，不管怎么说，中国没有这样的故事。中国是主张人要勤劳，要工作，要不断地前进。

1998年我到美国，美国人跟我说，现在中国发展起来了，十亿人都在工作，多可怕。我说如果十亿人都不工作，那不更可怕了吗？饿死了。十亿人工作总是比不工作要好一点。中国人主张人要干活，还主张变化。这又有一个不谋而合的观点，一个是撒切尔夫人，一个是卡特时期美国的安全事务顾问布热津斯基，他们两个人都讲过同样的话。因为那个时候社会主义国家阵营在改革，他们说苏联要这么改革下去，要出事，东欧那些国家这样改革下去更要出事，因为东欧那些国家本来就不是本国人民选择了共产党、劳动党或者是社会主义；他们说苏联的文化是以俄罗斯文化为主的文化，也没有办法和改革协调起来。但是撒切尔夫人和布热津斯基说中国有可能成功，因为中国有独特的文化。中国一直讲相反相成，相反的东西才能够互相合作，相辅相成、互相合作也能够成功。中国人的脑筋不是很死板，这样做不行了，可以换另一种办法。

我曾经讲中华文化的特色：第一是泛道德论，简称泛善论，善是最重要的；第二是泛整体论，简单说就是泛一论；第三是泛机变论，或称泛化论。

所以五四以后中国有新文化运动，对自己的文化有很多反省，也有很多自我批评，实际上中国人非常注意向全世界学习，提高自己科学、求真的精神，提高自己国家的竞争力。

王蒙答问

王蒙： 大家还有哪些有兴趣的话题，或者想跟我交换意见的？

茅笃亮： 王老师您好，我是来自印度的茅笃亮，我们常常在报纸上看到关于新疆的新闻，老师在新疆住了很长时间，我想知道您对新疆的印象，因为按我们现在的理解，在新疆发生了跟宗教有关系的问题，您怎么看现在新疆的情况和您在新疆生活时候的事情？

王蒙： 一个星期之前我刚刚去过新疆，中国政治动乱最严重的时候我是在新疆度过的。我和新疆维吾尔族的农民一起生活过很多年，我到现在还能讲维吾尔语。新疆各个民族是非常善良的，新疆绝对是一个世俗社会，不是一个神权社会，我在新疆的时候从来没有觉得民族问题、宗教问题会成为安全的一个威胁。现在的问题是从哪儿来的呢？一个现象是，社会主义阵营解体以后，意识形态和社会制度的摩擦比较少了，民族、宗教的事情反倒比较多。在亚洲，在车臣，在阿拉伯，在利比亚，在埃及，在也门，这些地方这一类的问题越来越严重。这种极端的思潮如今也进入了新疆。

比如说法蒂玛女士在这里，这是我早就认识的哈萨克斯坦的朋友，哈萨克斯坦和中国的关系是非常好的，没有任何问题的，但是就在新疆霍尔果斯口岸从哈萨克斯坦运来的东西里面也检查到枪支、弹药等武器，这种极端的问题对新疆是一个威胁，对哈萨克斯坦也是一个很大的威胁。我们有共同的像上海合作组织所说的三股势力——极端的宗教主义、分裂主义和恐怖分子——这种麻烦。还有一个问题，在中国急剧走向现代化的时候，并不是每一个民族、每一个地区都是用同样的速度、同样的节奏走入现代化。新疆有一些比较偏僻的地方，他们走向现代化慢一点，现代化的好处、现代化的利好他们得到的少一点。并且，随着这个市场化，新疆原有的一些生活方式、生产方式碰到了困难。我在伊犁待的时间最长，伊犁过去的手工业是很发达的，那个地方受俄罗斯的影响，不戴花帽，戴头巾，但现在头巾差不多都是上海做的——上海的纺织工业发达，做的头巾又漂亮又好。伊犁的男人戴一种帽子，当地人叫遮阳帽，或叫坎土曼帽子，这个帽子现在也做不下去了，因为沿海城市的工人做得更好。伊犁人还喜欢穿着长靴子，浙江做的比本地做得更好：这样的话，当地的生产也需要调整。在这种情况下就会碰到一个问题，走向现代化的过程不见得是人人都愉快的过程，有的人会遇到困难，有的人会失业，会下岗。碰到这些问题以后，如果再有极端的势力一挑拨，就会产生问题。但是我同样也相信随着现代化的实现，这些问题会慢慢解决。因为从长久的历史来说，汉民族和维吾尔族、哈萨克族、乌孜别克族、俄罗斯族（中国也有俄罗斯族）、柯尔克孜族、塔吉克族等都相处得很好。我个人非常喜欢新疆的这些民族，尤其是维吾尔族。我喜欢他们的文化，喜欢他们的语言，喜欢他们的诗歌，尤其喜欢他们的歌曲和舞蹈。所以我尽我的一切努力，希望新疆的情况有所改善，希望新疆的各个民族能够和睦相处。因为如果发生问题，只会使新疆的生产越来越坏，社会秩序越来越坏。我最近听说了一件令人非常高兴的事情，在北京工作的一个新疆维吾尔族的小伙子，很帅，名字叫库尔班江，他会摄影、摄像。他采访了一百多个来自新疆的，在北京、上海、浙江、河南、山东等地方工作的人，写了一本书叫《我从新疆来》，讲在国内各地的现代化的快车上，他们的奋斗和取得的成绩。他的书也被翻译成英语出版，在美国由崔天凯大使主持了发布会，在世界上取得了很大的反响。他本人被美国卡特基金会邀请参加了最近一次会议。这说明维吾尔族人里面也会出现很多有文化的、心胸宽广的、能够跟得上现代化步伐的人，这样的人越多，新疆的形势就会越好。

裴则男：我是裴则男，来自以色列。我有从事一些翻译工作，包括中文的翻译。我发现有一些词没有办法用中文翻译，因为中国没有这个概念。西方有一个古希腊蔑视别人的态度，我开始找翻译，以前老的翻译是"愤世嫉俗"，但是愤世嫉俗也不是一个概念，它是后来的翻译。好像中国文化没有这个概念，这跟中国的政治和传统有没有关系？

王蒙：他指的是一种什么态度？不要管别人，自己来，还是蔑视别人？

裴则男：是看轻别人，看轻别人的文化价值，我想知道是不是跟中国的政治文化有关系？

王蒙：您刚才说的那个词我脑子里完全没有这个概念，但是类似的说法也有，比如说"自以为是""孤芳自赏""自我封闭""目空一切"。但是我可以给您介绍一个情况，中国文化地理有一个特点，数千年来，中国文化是这个地区的最高最发达的文化，这既带来了中国人的某种自信，也带来了文化的最大危机，因为任何一种文化都需要不断地自我调整、自我变化、有所突破。如果一个文化放在那儿几千年都没有变化，会出很大问题，就像一朵花放在那儿几千年早就枯萎了，一件衣服放在那儿几千年也早就烂掉了。中国文化长期以来得不到挑战，也就没有巨大的变化。你不能说它没有发展，当然有发展，但是这种发展缺少了一种巨大的变化、巨大的挑战。相反，中国历史上，北方的少数民族数次入主中原，虽然他们的文化不如中原文明，但是他们的武力很强，他们的马非常强壮，所以蒙古人当过中国的皇帝，满人当过中国的皇帝，更早的时候鲜卑人也到内地来过，女真人也到北京来过，女真、鲜卑、蒙古、满族都是阿尔泰语系的，不是汉藏语系的，他们对中国的语言也有很大的影响。但是他们到了北京以后，掌握了中国的统治权以后，就必须学习汉语、必须学习汉族的文化。因为他们到了北京以后，面对这么大的一个中国，看到建筑，而这些建筑他的老家那里原来是没有的，他问这个叫什么，那个叫什么，问的结果就是学会了汉语。他们原有的官员制度也很简单，他们是住在帐篷里面的游牧民族，到这儿有很多的官员，他也不知道叫什么，一切一切都从头学习汉文化，要融入其中。但是你也不要认为这个少数民族就完全没有了，他仍然有自己的语言，还有很大一部分人有自己的语言，有自己的风俗，有自己的宗教，有自己的特点。整体来说，中华文化长久以来没有受到过严峻的挑战。但是后来来了西方国家的挑战，原来中国根本不知道还有一个强大的西方。

清朝的时候，英国派人表示希望和中国通商。清政府回答说，你那儿的商品我都不需要，我这儿的商品多得不得了，根本用不着你那儿的，对你那个没有兴趣，我们不必通商。英国的官员要见清朝的皇帝，清朝的皇帝说，见可以，必须跪下磕头。英国人当然认为这是一种侮辱，皇帝在这儿坐着，他跪下去给他磕头，不可能，所以见不了，一年见不了，两年见不了。后来中国人不知道谁想了一个办法，给皇帝打了一个报告，说英国人的膝盖长得和中国人不一样，他不会弯，所以让他跪着是不可能的，鞠躬可以，但是膝盖不会动。清朝的皇帝说既然这样我宽大处理，让他来给我鞠两个躬就可以了。现在听着简直像开玩笑一样。这种心态是过去的。后来的一二百年，情况又反过来了，有些中国人觉得自己什么都不行。

五四运动的时候，钱玄同甚至主张废除汉语、废除中文、废除汉字，认为中国的一切都没有用途，都是失败的。当然这也根本不可能，因为这么大一个国家，文化是很顽强的，你不可能消灭它，但是它可以慢慢有调整、有变化，同样也可以用自己的方式走向现代化。

莫加南：我是来自加拿大的莫加南，我要问一个有关现代化的问题：您的报告中套用了五四运动时期出现的自我批判，五四运动时期对中国现代化的过程有什么样的影响？因为他们需要白话文，他们改变了中国现代的语言，改变了中国两千多年的语言，要创造一种白话的书面语。这个自我批判的过程是不是对的？

王蒙：五四新文化运动对中国非常重要，1919 年，中华民国八年发生了这样一个运动，它反思了中国文化的落后、滞后，针对长期以来停滞不前的东西，认为中国文化要引入新概念。五四运动强调要引用德先生和赛先生，德先生是"democracy"，意为"民主"；赛先生是"science"，是要有科学的概念。五四运动爆发源于第一次世界大战中德国失败了，德国原来管理的青岛交给了日本人，这下学生们不干了，他们把北洋军阀外交部长的住宅（北京的赵家楼，现在这个地方还有）给烧了，所以这个运动还有爱国的概念。五四时期还有一个重要的结果，社会主义、共产主义、马克思主义的概念也开始传到中国来，李大钊和陈独秀一起在五四前后主办《新青年》杂志，这都起了很重大的作用。五四时期有一些激烈的口号，包括鲁迅回答青年人读书的问题时就说"不读中国书"。他指的是中国的古书。胡适他们和鲁迅虽然在政治上不是一个派别，但胡适说中国的特点是"事事不如人"，所有的事情中国都比不上欧洲，比不上美国。国民党的元老吴稚晖提出把线装书丢到茅厕里去。但是从另一方面来说，我认为五四时期挽救了中国的文化，使中国文化一下子面对那么多新的概念、新的思想，看到自己的不足，所以中国文化到现在仍然是一个活的文化，它不是博物馆的文化。它不仅仅是文物，而且是活的文化。如果没有五四运动，就不可能有后来的这些发展。

至于白话，不是新创造，而是指中国人的尤其是汉人的口语，自古就有白话，即口头语言，文言是书面语言。白话文运动是提高口头语言的地位，不是另创语言。

现在中国很重视传统文化，同时也提出来这种传统文化需要有一种创造性转化、创新性发展。我们并不是希望中国回到清朝那个时候去，或者回到明朝那个时候去，或者回到宋朝那个时候去，而是要有自己新的发展。至于为什么我们还要强调中华文化，原因很简单，因为中国有十三亿人，这十三亿人接受的当然是中华文化，他们说的当然是汉语或者是各个少数民族的语言。香港曾受英国殖民统治上百年，但是在香港也不是人人都讲英语，很多大知识分子的英语还是比较好的，可他们同样要讲中文，讲汉语，讲广东话，他们的生活习惯仍然是中国式的。很多有美国国籍、欧洲国籍的华人他们吃饭还要吃中餐，他们甚至跟我说，我可以有美国的舌头，我可以讲美国的语言，但是我无法有美国人的胃。中国文化是一个活的文化，是一个有自己特点的文化。你如果背弃这个文化，就脱离了整个中国人民，所以我们现在要讲传统文化，除非你不想在中国干了，你不想在中国存活了。对于文化本身，我们不能随便说这种文化就比那种文化好，但是一些具体的事情你可以说。

比如说意大利服装做得很好，皮鞋做得很好，意大利人很骄傲。中国人也很骄傲，认为自己的饭做得很好吃，但是法国人认为法国人的饭菜是世界第一的。美国某电视台对各国美食的排名，法国菜第一，意大利菜第二，中国菜第三。但是中国人不信，中国人全都认为中餐是世界第一。你到墨西哥去，也有墨西哥人告诉你，墨西哥餐才是全世界第一的。大家各做各的饭，免得大家都做出一个味道，全世界只有一种餐厅了，那就要命了。

翁鸿鸣：我是来自印度尼西亚的翁鸿鸣，我是印度尼西亚的华人，在印度尼西亚的时候不停地去问自己中国的身份是什么，我也经常来到中国。我观察中国人的心态是，中国人比较喜欢强调自己的好，同时也喜欢看别人的不好，中国人喜欢同情别人，在同情别人的过程中喜欢肯定自己，中国人也有自立和忍耐。我所在的印度尼西亚是以穆斯林人口为主的地方。您也在新疆待了很长时间。我在阿富汗和巴基斯坦感觉到，在那边人们虽然穷，但是他们会善意地帮助别人，自己没有饭吃，还是会想办法招待客人，非常好客。跟这些民族比起来，中国人比较重视自己，不管别人。您怎么看？您认为这是危机的基础还是稳定的基础？

王蒙：中国人数量太大，中国文化历史太长，你说中国人是怎么样怎么样，肯定会有这样的人，如果你看到了不文明的自私的中国人，绝对是有的。但是也有很多中国人非常善良、非常礼貌，而且中国自古以来非常讲礼貌。可是中国人不照顾别人、不考虑别人，这样说也很对，因为从清朝戊戌变法的时候谭嗣同就提出来，中国人很注意私德，但是不够注意公德。对待自己的父母、自己的同事、自己的朋友、自己的孩子，会非常注意，但是在街上碰到一个不相识的人，应不应该有礼貌，应不应该有善意，应不应该有好心，很多中国人不注意。谭嗣同说的这个也很令人反省。

我到国外去早上起来随便碰到一个人，他会跟你说 Good morning，但是中国人和中国人见面不说这个话，中国人和外国人见面也不说这个话。这里面又有一点原因，中国人口太多了，到处是人，你早上去上班如果见一个人就喊一声 Morning，你还没有到上班的地方嗓子都哑了。

我在美国自己走路的时候，那边有一个汽车过来，汽车停下来让我先过去，我说美国人真是文明。但是纽约做不到，因为纽约人太多，车也太多，如果他停下车来等人，他从早晨六点可以停到晚上十二点。中国也是一样，中国如果一个人过来，车就马上停下，你就永远不要再开了。这里有一些非常复杂的情况、非常复杂的问题，不能简单说这就是中国人心不好，或者不文明。中国人自我反省，从五四一直到今天，从来没有中断过。现在中国的媒体也报道了很多中国的游客在国外有不好的行为，说话的声音太大，不注意公共秩序，中国人比较急躁，我也有这个感觉。在机场做 check in 的时候，很不耐烦地一会儿这儿看一下，一会儿那儿看一下。我一开始也是这样，后来我比较注意改正自己的缺点了。甚至中国的旅游局现在还搞了一个黑名单制度，你在国外旅游有不良的表现，比如和人吵架，随地吐痰，跑到人家的文物古迹上签上自己的名字，这样的人就进入黑名单，以后想去哪儿旅游，所有的旅行社都会给吃闭门羹。但也不是所有中国人都是这样的，也有很多在外面表现得比较好的人。

我认识一个女士，她说最痛恨的是华人在美国碰到红灯不停下来，她说我一定要坚决停下来，我要改善中国人的形象。这是玩笑话。但是当这位女士这么做的时候，听到后面两个人说，这个人是中国人吗？她为什么在红灯时停下，没有车她也不走啊？那个人说，她不是中国人，她肯定是日本人。中国人对于更文明、更礼貌、更守规则、更守法还是认识到了，还是在追求。

法蒂玛：早在 2004 年我在我们国家图书馆就听过您的演讲，还当过翻译，并且采访过您。2005 年我出了一本书《中国传说与现象》，也对您做过采访，题目为《遇见王蒙》，您是我们七零后汉学家的偶像，而且是我们学生的偶像。从您的作品里我们可以找到很多有关中国文化的信息。这几年我发现一个现象，很多华人移民到国外，包括华人作家、华人科学家在内的一些移民，他们开始骂中国。我四月份去莫斯科，在一家很大的莫斯科书店，五分钟内买到两本书，《十个词汇里的中国》和《中国传说》，都是骂中国的，您对这些作家、这些作品是怎么看的？您认为我们想了解中国文化的人以及学习汉语的学生、科学家，要不要看或参考类似的作品？

第二个问题，您刚才提到道德为一，才能为二，您还提到中国人善于变化，很多人认为中国人不善于变化，而且中国文化不善于变化。您说的变化是哪一方面的变化，是精神文化的变化还是物质文化的变化？

王蒙：离开中国国境以后大骂中国的人，我相信是有的。您提的那两本书我都没有看过，我不了解。但是我觉得也可以理解，因为有些人在国内可能和中国的政府、中国的社会有某些摩擦，这些摩擦他觉得没有很痛快地说出来，这是一个原因。还有一个原因是，也存在着某种迎合的现象，对于有些人来说，你讲中国怎么好，他不相信，他也不愿意相信，他愿意看到你对中国加以抨击的、妖魔化的、抹黑的书。这样的书容易得奖，这样的人容易被说成是一个独立的思想家。因为中国的制度，国外意识形态上会有一种看法，有一种了解，有一种反面的印象。因为中国的社会制度跟美国是不一样的，跟英国、法国也是不一样的。现在存在着一种现象，要迎合西方的知识分子，你一定要骂中国。当然有很多人不骂，但是也有很多人无所谓，只不过是讲中国的社会也有黑暗的东西，也有阴暗的东西，也有荒谬的东西，同时认为这些东西我们希望他有所改变。

反过来说，国外的一些知识分子骂自己国家的也不少。德国的大作家海因里希·伯尔把德国写得一塌糊涂，二十世纪八十年代德国驻华大使叫魏克德，我们有一次谈起海因里希·伯尔，他说：这个人我们非常头疼，我们拿他没有办法。因为我曾住过他那个别墅，位于朗根布鲁赫。那里的村民跟我讲起海因里希·伯尔，他说海因里希·伯尔很讨厌德国总理，德国总理也很讨厌他。但是伯尔得了诺贝尔奖，德国总理来给他祝贺。伯尔在一个很小的村子，德国是要在一个村子前面写上归哪个省管，他写了一个"自由邦"。村长找海因里希·伯尔说，明天总理要来给你祝贺，可是自由邦政府不批准。海因里希·伯尔过来说，那把这个牌子先拿下去，等他走以后再插上。德国人也很灵活，也很善于变化。他们就把那个牌子拿掉了，然后总理就来了，热烈地祝贺，说你是我们伟大的作家。海因里希·伯尔说，感谢你在百忙中来给我祝贺，我们喝什么？咖啡？茶？待上十分钟以后走了，走了以后总理想，这个人真讨厌，没事老骂德国。海因里希·伯尔也想，总理真讨厌，然后把那个牌子又给插上了。这种事不足为奇，世界上有人说你好，有人说你坏，有人说你搞得比原来还要坏，是到了最坏的时候，甚至你很快就要完蛋了。说中国马上就要完蛋了的人很多，以至于澳大利亚前总理陆克文后来还说，别再胡说八道，中国不会马上完蛋。中国本身也有血流成河说，说中国马上要完蛋了，要打内战了，打起来以后血流成河。怎么办呢？你不妨出国看看。还有一个办法，你可以自杀，那样就看不到中国最坏的情况了。

但是我们不相信这一切，我们中国虽说没有做得非常好，也不像有些人说的那么坏，而且我们看到了中国的巨大发展进步。中国只能靠自己的人民慢慢发展。中国没有那么好，但也没有那么让人悲哀。

何娜：我叫何娜，我是津巴布韦的。您刚才讲的宗教的事情，一般中国人很喜欢说"我的天啊"，宗教跟"我的天啊"这句话有没有关系？

王蒙：当然，"天"被认为是超人间的力量。颜回是孔子最喜欢的学生，颜回死了，孔子就说："天丧予，天丧予。"意思就是老天爷要杀了我啊。他认为有一种力量，这种力量是人自己无法控制的。秦朝末年，楚汉相争的时候，刘邦和项羽打仗打得非常激烈，最后项羽失败了，但是项羽不承认自己的失败，因为他本人力气又大，块头又大，他一个人拿起武器来几百个人都打不过他，所以他说"天亡我也，非战之罪也"。意思是我打仗没有缺点、没有错误、没有罪过，但是老天爷不给我机会。这是对一种类似宗教的超人间的力量的崇拜和畏惧。

贝山：我是匈牙利的贝山。既然今天我们碰到中国文化，我的问题也是跟文化相关的。很多人说全球化会使文化与文化之间的冲突越来越厉害，文化与文化之间的矛盾越来越尖锐，甚至会导致战争和非常悲惨的事情发生。王老师您认为中国文化和西方文化到底是互相协调、互相补充的文化还是互相冲突的文化？第二个问题是西方和中国之间存在一些矛盾、争论，存在一些不同的看法，您认为是属于文化差异还是属于别的原因？

王蒙：第一，全球化和现代化是不可避免的，你喜欢它，会全球化；你不喜欢它，也会全球化；你抗议，它也会全球化。第二，全球化和多元化又是并行的，越是全球化人们越是知道得多了，越明白世界上的文化是多种多样的。你不能简单地把它统一起来，你不可能把它变成一个文化，变成了一个文化是一个大的悲剧。甚至中国自己也不一样，二十世纪五十年代的时候，中华人民共和国刚刚成立的时候，当时最注意的是推广普通话。现在人们越来越重视方言，感到方言也是非常重要的，苏州评弹如果不讲苏州话，是没有意思的。广州人如果不讲广州话，红线女唱的粤剧也没有意思了。一方面要讲全球化，另一方面也要抢救一些小的民族的文化，要不断地申请、强调有民族特色的文化是世界的文化遗产。第三，虽然文化之间会有冲突，但是文化之间也有很多的融合，也有很多一致的地方。在 1986 年我担任文化部部长的时候，碰到一个问题，当时中国的女干部们都纷纷批示，深圳要搞变相的选美，这是封建社会、资本主义社会将妇女当作玩物，是对妇女的侮辱，一定要坚决地制止。我也执行了，让深圳停止。现在呢？中国三亚已经变成一个选美的中心了，连续两次全球小姐都是在那儿选出来的。这是自己变化的，没有人专门让它变化，中共中央绝对没有讨论过能不能选美的问题，中共中央要讨论的事多了，没有时间再讨论选美的问题。这件事情很自然地就成功了，没有什么大不了，原来选美并不是对女人的侮辱，原来选美时流氓是进不去的，出席选美的所有男士都打着领结，都是真正的绅士。这件事也有融合的、和谐的一面。

我想起来刚才忘记回答法蒂玛小姐讲的变化的问题，这一类的变化有时候很多，有时候有变化，有时候没有变化。1982 年我到墨西哥去，墨西哥有一个我很熟悉的汉学家叫白佩兰。我讲中国很大，历史很悠久，中国的变化会非常缓慢。她说我不同意你的说法，你的说法和当年李鸿章见伊藤博文的时候说法完全一样。中国人非常善于变化。钱锺书先生有一句很有名的话："东海西海，心理攸同；南学北学，道术未裂。"意思是东方的学术与西方的学术，在治学道理与方法上是一样的，南半球和北半球的人的精神规律是相同的。

我认为全球化不能消灭多样性，文化的多样性也不能阻碍全球化。

记者：二十多年前，当代中国最顶尖的小说家到美国参加书展，签名赠书，但到了那边以后，发现门可罗雀，没有什么人来参观。中国的文学作品走出去，我们已经有了莫言，但是据我所知莫言的作品在欧美、西方卖得也不太好。我想问一下中国的作家走出去还需要在哪些方面努力？中国文学奖的评选，每一次评选出来以后都会有一些存在争议的作品。您对这个事情怎么看？

王蒙：第一，我觉得签名赠书本身就是一个愚蠢的行为，我凭什么要赠送给你书？我又不是宣传品，你愿意看就看，你花钱买。我特别反感为了让中国的文学作品被很多人看，就放弃版税、稿费，难道有些人不看中国文学作品是因为中国文学作品的书价太贵了吗？但是与此同时，中国有一位女作家残雪的作品在美国又得到了好评，还得到了奖励，也有这一面。签名赠书是我不能接受的，我认为这是中国作家自我的侮辱，不是文化冲突。

第二，改革开放以来是中国的文学作品往国外翻译、输出最多的时期，虽然阅读量有的大，有的小。莫言比较成功，我七八年前做过统计，莫言的作品在国外被翻译的一共有四百多种名目。其次就是王蒙，我也没有办法，中国有句老话叫"老子天下第一"，我只能是"老子天下第二"，我有二百多种。即使是五四时期的大作家，他们也没有几百种名目的作品被翻译到国外去。这些东西在国外出现的情况是没有什么不正常的。文化相距也比较远，翻译也有好有坏。现在书出得非常多，不仅仅中国这样，全世界都是这样。现在有互联网，还有手机，看手机的人比看书的人多得多，所以没有什么特殊的情况，都是正常的。有的作品翻译过去了，虽然只卖了五百本，也不错了。

谢里夫：你走进来的时候，从你的穿戴和你的声音看不出来你是越南人还是中国人，但是你一说话就听出来了。

王蒙：中国人和印度人的区别比较清楚，和哈萨克斯坦人的长相也不太一样，但是中国人、日本人、韩国人、越南人的差别有些时候让人看不出来。其实也有点不同，韩国人颧骨高一点，但是中国也有颧骨高的。越南从血统上来说，那里也有很多华裔，马来西亚、新加坡更多，越南、菲律宾等很多东南亚国家都有这样的情形。至于认为我不是中国人的，这种事情也有。中国刚刚改革开放的时候，我在美国经常被人认错，第一被认为是日本人，第二被认为是韩国人。1984年我到苏联去，在塔什干，那里有一批朝鲜裔人，他们见到我高兴极了，马上过来跟我讲朝鲜话，热情得不得了。他们在卖朝鲜泡菜。我给他们解释，我是中国人。他们非常热情，他们看到亚洲人的脸了。他说是中国人也没有关系，我这瓶子泡菜送给你了。太可爱了。我没有拿他的泡菜，但是我仍然记住了这些人。第二次世界大战前后，一批朝鲜人到了苏联的城市。如果你们看着我像你们那个国家的人也很好啊，不是更亲切吗？我也希望你们看着我像你们国家的人，因为咱们都是朋友。

（2015 年在北京青年汉学家研修班上的讲话）

天 下

老子的"不敢为天下先"的意思不是说不搞技术性的发明创造，不登记专利，而是说执政者不要提出百姓暂时接受不了的先锋性口号与任务，不要勉强百姓去做什么或者不准做什么，一切听任自然。

万世师表

《论语》里边，最重要的是"天下归仁"四字。原话是说"一日克己复礼，天下归仁焉"，说你有一天能够做到约束自己，能够恢复到礼——指的是《周礼》，就是西周时代的那些礼法、那些规矩。现在不是要讲规矩吗？就是你要符合最早的、最好的那个规矩。这时候呢，天下人就会承认你是一个仁德之人、仁爱之人，这是一般的解释。但是老百姓阅读这个，从字面上，它也可以从另一面来解释，"天下归仁"的意思就是仁归天下，就是整个社会能够按仁爱的原则、仁德的原则运转起来。整个的国家能够顺着仁爱这样一个核心的价值，发展变化得更美好，我们也可以从这个角度来理解这句话。

这里我要讲的重点，是中国传统文化尤其是儒学文化的以德治国的思想。孔子说："为政以德，譬如北辰，居其所而众星拱之。"如果你是靠德行、靠道德来治理天下，你就是北辰星，也就是北极星——小熊座 α 星。古人认为它是最稳定的一个星星，老是在正北，然后其他星星围着它转。北极星在中国还称为紫微星，就是最高级、最明亮、最稳定、最恒久的一颗星。你有了道德，你这个北极星的位置就坐稳了，然后其他的星星呢，围着你旋转，心向着你。

孔子还说"道之以政"，这个"道"，一般解释成引导的"导"。"道之以政，齐之以刑，民免而无耻"，就是你治国理政啊，有两个思路，一个思路是用行政的手段来引领，一个思路是用惩罚的手段来管理，这都很有效，行政引领加惩罚管理，老百姓会躲开这些，不做那些会受惩罚的事情。但是他没有自觉，他并不觉得违反你的这些规矩、这些法律，违反你这个掌权的人的意志是可耻的事情。虽然他尽量避免受惩罚，尽量避免受制裁，但是他没有一种羞耻之心，没有一种自觉性。"道之以德，齐之以礼，有耻且格"，你如果是用道德来引领，如果是用礼法、用礼的文化、用礼数（有的地方把礼称为礼数，因为它都是有规则的，这个规则就像数学一样的清晰），用这些东西来约束他，来管着他；如果你不守礼法礼数，你就是不守规矩，你不守规矩就很丢面子，很丢人。孔子说如果这样的话，那就是"有耻且格"，老百姓就会知道，如果做了无礼的事情，不讲礼貌，不合礼仪，就是很丢人的，是可耻的。而且"格"，一般古代的专家认为"格"是认可的意思，就是心悦诚服的意思。什么叫"有耻且格"呢？就是说你给我提倡的这些正面的礼貌的东西，我如果按这个做，就会受到各方面的称赞，说这是一个彬彬有礼的人，这是一个有教养的人；这样一来，你不但有羞耻心，而且能够使大家、使世人对你心悦诚服。但是"格"现在也还有另外的意思，就是说它是一种规范，它是一种风度，它是一种品级，我们也可以这么解释。因为一个名言出来以后，已经是社会之公器，我们有解释的权利，他有说的权利。至于孔子的原意，天知道，就是包括所有的那些专家，他们说的就一定是孔子的原意吗？不好说。但是我们要追求孔子的原意，我们更要追求这种文化资源的最大化。这种说法对我们启发最大，所以"有耻且格"，你把它理解成他有羞耻之心，而且能达到一定的规范，能达到一定的格调，能够达到一定的品级，也是完全正确的。这是我个人的看法。

孔子是有使命感的，因为他处在一个乱世，中央政权式微，各诸侯国互相争权夺利，血腥厮杀，老百姓想过日子，当顺民亦不可得。孟子的说法是"春秋无义战"，春秋时期的战争都是为了争权夺利，父子反目、兄弟相杀。在这种情况下，孔子能够用什么东西来救这个国家呢？用什么东西来救这个世道人心呢？他靠的是道德和文化。

这样的一种以德治国的理念，是古代中国的道德理想主义、文化理想主义，也可以说是古代中国的中国梦。孔子要挽狂澜于既倒，把这个社会从互相争夺厮杀的状态，挽救成一个讲文化、讲道德、讲礼法的社会。孔子在匡地遇到了危险，他就说："文王既没，文不在兹乎？"就是说这个文化的最高理想在周文王时期存在过，那是好久以前了，好多代以前了；周文王死了以后，我们这个文脉还有没有，我们这个文化传统还有没有呢？文化是不是就没了呢？"天之将丧斯文也，后死者不得与于斯文也"，意思是如果老天爷就是要灭咱们这个中原地区，灭这个中国地区的这种文化的遗产、文化的传统，或者用一个词叫"文脉"的话，这样一来，后人就甭想再明白什么叫文化了；那样的话，我孔子就会遇到大危难而被灭掉。周文王的时候国家治理得很好，周公的时期治理得很好，西周的时候国家治理得很好，可是现在乱成一团了，怎么办呢？孔子又说："天之未丧斯文也，匡人其如予何？"当时孔子在匡地受难被包围，饭都吃不上了，而且有人扬言要杀掉孔子，孔子的弟子都很惊慌。孔子说，如果老天爷要杀我，就是说从此咱们这个文化的种子绝种了——他自信他孔子本人是文化的唯一的火种了——如果老天爷都没想灭中国的文化，那么匡地的这些对我抱不友好态度的人，他不能拿我怎么样。这个话里头说明了孔子的一种使命感，他要用文来救世，我称之为"斯文济世"啊，"斯文"这个词是从这儿来的。"不得与于斯文也""天之将丧斯文也""天之未丧斯文也"，这叫斯文。"斯文"现在已经是汉语里面一个很重要的词，其使命感在这里。

顺便说一下，以德治国在我的有限的学习当中，我的印象是至少在改革开放以来，有三次出现在中央的文件里边。一次应该是2001年，在中央宣传工作会议上，江泽民同志提出要把依法治国与以德治国结合起来。以后有几年没有提。但是在中共十七届六中全会关于文化体制的决议中，又提出了要把以德治国和依法治国相结合。最近刚刚开过的中共十八届四中全会，关于加强法治这个问题的中央公报中，又提出了以德治国。综上所述，可见以德治国是我们继承自传统文化的一个重要的提法。但是现在这个以德治国到底应该怎么提倡，也有各种的讨论，各种不同的说法。说法归说法，我个人的体会是，中央日益采纳了这样一个以德治国的提法。

关于以德治国的问题，我下面再接着阐述，分几个小问题来讲。

第一就讲斯文。孔子提倡斯文，反对野蛮、反对粗暴，主张要文质彬彬，要彬彬有礼。孔子提倡什么呢？提倡尚文。当然你不可能不尚武，因为一个国家，尤其那个时候的一个诸侯国家，如果没有武备，没有军队，没有计谋，没有对自己的权力的巩固，这是不可思议的。但是至少它首先要强调的是文，强调的是软实力，不是硬实力，强调的不是镇压。不是说政权就是镇压之权，这是林彪的名言。那么孔子强调的政权首先是教化之权，是引领之权，是制定规则之权——制定的就是现在习近平总书记讲的"规矩"，在当时来说讲的就是"礼法"——制定礼法之权。到了孟子时期就更明确地区分，我们提倡的是仁政不是暴政，我们提倡的是王道。王道是什么意思呢？就是道之以德，齐之以礼。用现代语言来说，我们提倡的是软实力，我们首先要注意的是软实力，不能把动硬的放在前头。

孔子认为这是人性的需要，这是人性的自然，因为人性本身就是美好的。"其为人也孝弟（悌），而好犯上者，鲜矣。"他从最简单的事情说起，你在家里对你的父母有孝的心，父母对你有慈爱之心，那么你对你的兄弟姊妹，有悌的心，就是爱护、谨让、友善之心。这些东西慢慢发展起来，随着学习长大，自然就发展成各方面的美德。孝的心到了社会上发展了，它就变，延伸成忠的心。对长上，对国君，对皇帝，就是忠。悌的心就延伸为义的心，延伸为友善之心，这些东西都发展起来，就铸就了一颗仁爱之心。所以孝悌的人，就不会犯上作乱。当然对于这一点，我这里要说一句扫兴的话，事实没有那么简单，因为就是中纪委处理的那些大贪官里头，据说也有以孝著称的；历史上的大汉奸里头也有以孝著称的，殷汝耕、周佛海都是孝子。但是孔子的这个愿望，是一个美好的愿望。你既然在家里头能孝顺你爹你妈，那你为什么在社会上对这个国家主事的人，对这个君王，不能够很忠诚地来对待呢？

孔子有这么一个美好的思想。然后这些就发展成一批如习近平总书记所说的中华美德：礼义廉耻叫四维；加上孝悌忠信，孝悌忠信礼义廉耻叫八纲；仁义礼智信叫五德，这是汉以后总结出来的，但是也是从儒家的这些教导里头来的。另外，孔子自己总结的也有五个字，是针对当政者，即主要掌权的人。这五个字没有"仁义礼智信"普及，但是对于掌握一定权力的人来说，也许是非常重要的，即"恭宽信敏惠"。恭就是你要敬业，你要敬重和你的工作有关的每一个人。宽就是你要宽容，你要容得下不同的意见，要容得下不同的风格。信就是诚信，你要说话算话。敏，对人民有好处的事，你得立刻干，你得有效率。惠，你得务实，你做的事，对老百姓得有好处。所以他又总结出这个来。然后在其他的地方呢，有的人把它称为又一种四德，叫恭敬惠义，由此引申出很多好东西。

中国文化的这样一种道德理想和文化理想，能产生怎样的影响呢？我在《新华文摘》上看到一篇文章，我觉得讲得有道理。这篇文章说的是什么呢？就是为什么中国人容易接受马克思主义。因为相对来说，西方的基督教思想，它在客观上是性恶论，它认为人是有原罪的，所以它很多制度都是从人的自私心（人是有自私心的，人是有贪欲的，人是有原罪的）方面来设计的。但是马克思认为人基本上是性善的，他认为人的自私心是私有财产造成的，人本来并不自私，而是这种不合理的私有财产制度造成了人的自私心。所以马克思、恩格斯说，等实现了共产主义，大家就会明白，阶级社会、私有财产社会是人类的史前时期，就是说人类的真正的文明史还没开始，人类的真正的文明史得始于实现了社会主义，乃至于实现了共产主义。

孔子的一些想法，能够和马克思主义的对于未来的那个愿景相衔接。孟子讲"老吾老以及人之老，幼吾幼以及人之幼"。头一个"老"字应该念第四声，是当及物动词来用的。"老吾老以及人之老"，就是说你不但要爱你自己的父母，你也应以与对待自己的父母一样的心情、一样的态度对待他人的父母；"幼吾幼以及人之幼"，你不但要爱你自己的子女，你也应用同样的心情照顾天下的儿童。这是什么啊？我小的时候接受的共产主义思想，我认为就是"老吾老以及人之老，幼吾幼以及人之幼"，就是世界大同，就是"大道之行也，天下为公，选贤与能，讲信修睦。故人不独亲其亲，不独子其子……"。所以中华传统文化里头有这样一种积极的美好的对人类社会生活的愿望。

　　第二，孔子还提倡君子之道。整部《论语》里，他上百次讲君子和小人，而且都是对比着讲，以至于朱熹说"君子小人所为不同，如阴阳昼夜"，君子、小人之所为，就像阴和阳、昼和夜这样都是相对着的，每每相反。孔子讲了很多话，说"君子喻于义"，君子讲究的是义，这个义也不是说义气，说的是义理。用现在的话说君子讲的是原则，讲的是核心价值，讲的是道理。"小人喻于利"，小人就是斤斤计较于对自己有利没利。孔子说小人是"群居终日，言不及义，好行小慧，难矣哉"。他们在一块呢从来不考虑原则，不考虑道理，而只是动点小心眼，办点眼皮子底下的鸡毛蒜皮的事情。毛主席在二十世纪五十年代初讲社会主义总路线的时候，也用过这个话。毛主席说，什么叫言不及义？言不及社会主义，就叫言不及义。毛主席是最善于古为今用的。

　　孔子讲"君子固穷，小人穷斯滥矣"。君子始终穷困，容易贫困，因为君子讲原则、坚持原则，他不考虑自己的利益，所以君子常常会碰到困境，碰到困境他仍然是君子。但是小人穷斯滥矣，小人一贫穷，就会不择手段，什么狗彘之事都干得出来，什么洋相都敢出。

　　"君子求诸己，小人求诸人。"这话很有意思，君子的特点是有什么事都从自己这儿找原因，从自己这儿想办法。小人的特点是什么？是碰到什么事他都赖别人，碰到什么事他都埋怨，怨天尤人，牢骚满腹。"君子不党"，就是君子不拉帮结派，这个"党"不是现在这个"党"，和我们现在讲的"党"完全不是一个意思。"君子不器"，君子不给人家当枪使，君子这个器的问题很值得好好研究，你可以研究几年。不当工具，不当枪使，不陷入一个具体的技术层面的考虑，照顾大局，有责任感，有使命感，所谓"君子不器"，大概是这个意思。

　　"君子和而不同，小人同而不和。"这个话特别厉害，什么叫"君子和而不同"呢？君子都是有头脑的，他们之间的关系非常的正常、非常的和美，但是他不同，因为各人有各人的见解，他是有头脑的，他不跟着起哄。"小人同而不和"，小人抱团，因为小人没别的办法，他有什么别的办法啊？要学问没学问，要资源没资源，要道德没道德，要文化没文化，要经验没经验，他的精神能力非常贫乏，但是能抱团能起哄，所以小人同，但是不和。为什么不和呢？因为都是为自己的私利，一边在那儿抱着团、拜着把兄弟，说着不愿同年同月同日生，但愿同年同月同日死；一边背后突然翻脸，一枪打过去，把同伴干掉，这是小人。

孔子这个话太厉害了，但他自己"申申如也，夭夭如也"，就是说他是一个很文雅的人。对此我始终想象不出来，因为所有的专家都说，孔子个子很高，两米多，仅仅比姚明矮一点点。这么一个大个子，非常文雅，但是他对小人的这一套也完全明白，小人实际上不和，说不定什么时候一火并，树倒猢狲散，互相白刀子进红刀子出。孔子接地气，他知道小人的这些事。

"君子坦荡荡，小人长戚戚。"君子一脑袋的阳光，一身的正气，所以他坦荡荡；小人则嘀嘀咕咕，对别人呢，除了害人，就是嘲笑人，因此他认为别人不是想害他的就是想嘲笑他，认为世界上只有两种人，一种看不起他的，一种看得起他但是要害他的，所以小人长戚戚。关于君子的坦荡荡，孔子有很多说法，如"发愤忘食，乐以忘忧，不知老之将至""知者乐水，仁者乐山"。"乐水""乐山"的"乐"，有人说应该念 yào，有人说你念 lè 也没关系。君子谦恭，叫"戒慎恐惧""哀矜勿喜"。这个马英九最爱说。我不知道你们知道不知道，周总理也爱说这个话，而且周总理早年间写过一篇文章叫《怎样做一个好的领导者》。文章中就曾写过，做一个领导者要戒慎恐惧地工作，小心谨慎，你随时要知道责任重大，要知道你的责任重如泰山，因此你不能犯错误，要力避自己说错话、做错事。"哀矜勿喜"，是说看到别人失败了，你别高兴，不要幸灾乐祸。这也是周总理常说的。

另外孔子反对和警惕"怪力乱神，巧言令色"。他反对瞎忽悠，反对嘴皮子上的功夫。刚才忘了说了，《论语》一上来就讲："人不知而不愠，不亦君子乎？"君子不爱生气，你不了解他，或者是在不知道的情况下，做了他不希望你做的事，他也不会因为这个而生气。

这一大套君子和小人的议论，我们可以讨论一下。从负面来说，它不符合我们提倡平等这方面的信念，我们相信人人生而平等，但是孔子也好，后代的朱熹也好，都认为君子和小人完全是两路人，这是他们这方面理论中负面的东西。但是，这中间也有一定的道理存在。中国在古代就是一个大国，而且中国从秦朝开始，一直追求的是集权的治理。

顺便说一下，集权的集是集中的集，不是极端的极。集权和极权是两个完全不同的概念。集权只是一种行政管理的方式，一种集中管理的行政方式，这个词没有任何贬义。中国一直追求集中管理，很难想象中国被分成几部分，因为诸侯国家并存的东周时期，给了中国人足够的教训，那样一种分散、互争互斗，情况是不好的。学者们有各种说法，有一种说法是说由于中国的水利问题特别严重，它不可能分散管理，只能集中管理。这样集中管理的一个大国，它必然会先依靠一部分精英——用现在的语言就是"精英"，用古代的语言就是"君子"，所以君子是什么呢？君子就是一个有担当、有责任、受过教育、有文化的人。对这样的一些人，要求应该高一些，应该有更高的标准；他们保持较高的道德水平，应该保持示范的作用。翻译成现在的话——当然情况不完全一样，就是你得保持先进性。作为有志于，也有可能进入治国平天下的权力系统的人，你得先进。你要和一般人一样，也是整天讲那点小利益，吃喝玩乐；或者你整天也是叽叽咕咕、嘀嘀咕咕；或者你今天和这个好了，明天和那个臭了，不行。所以孔子对于君子的这一套要求就变成了什么呢？变成了对政治精英、文化精英的一种劝勉，一种劝告和一种勉励，也变成了有志于为社会多做点事情的、成为社会精英的人对自我的一种更高的要求。

客观上就是这样。不是没有这样的人，这样的人对自己要求非常高，非常严格。我的原籍是河北省沧州市南皮县，南皮最有名的人就是张之洞，张之洞的洋务运动发展现代冶金工业，他是有贡献的，毛主席对他也有好的评价。但是张之洞死了以后，他的同僚们到他家里去，都吓了一跳，因为他家里头真正做到了四个字，叫"家徒四壁"，只有墙，连点家具都没有，人睡觉都在地上。君子的要求张之洞做到了。当然张之洞也不是完美无缺的人，有人揭露说他的私生活也有问题，那要另说。他喝过酒没有，两性关系上怎么样，那是另外的问题，但是他确实不往家里拿东西，他家徒四壁，所以这是一个积极作用。

　　还有一个积极作用是什么呢？我们现在查《辞海》《辞源》，那上边都解释，君子和小人的区别有两种，一种是从社会身份上说，一种是从文化教养上说。要光从社会身份上说，这就是一个消极的说法，等于你是官员出身，是教授出身，你算君子；我是临时工出身，或者是我的父亲因故劳改过，那我就算小人。但是还有一条，就是它是一个文化教养的概念，这就鼓励你去学习上进。实际上自隋唐首开科举以来，尤其是宋代以后，朝廷非常注意通过科举考试，让农商之家的子弟——这些人，就跟蚂蚁一样的，让这些蚁民们都有上进的机会。所以我们现在温习一下孔子关于君子和小人的教导，这里有进步的东西，也有落后的东西。还有一条，孔子关于君子和小人的这套说法，人民已经接受。我们现在完全可以这么议论，说某某是个小人，底下话就不用说了。我们还可以说某某那可真是个君子，意思是说他彬彬有礼，很谦虚，有什么事不责备别人，先责备自己。党内也有这么说的，不是没有。

　　然后第三部分呢，孔子还非常强调以德治国的中庸之道。为什么要强调中庸之道呢？我前边讲了中国文化中的尚文，崇尚文明文化。中国文化还有一个特点就是尚一，就是希望把这个国家统一起来，希望把各种事情能够归结成一个东西。用老子的说法，就是"天得一以清"，天如果得到了这个一，符合了这个大道，这天就是清的，没有尘雾；"地得一以宁"，地得到了这个一，没有地震；"神得一以灵"，神获得了这个一，它就能发挥作用，能显灵；"谷得一以盈"，谷得到了这个一，它就能够有水分，就能够充盈；"万物得一以生"，万物能够出现在这个世界上，生存在这个世界上，是因为它符合这个一，当然有人解释这个一就是道；"侯王得一以为天下贞"，这个"贞"应该读成"正"，正邪的那个正，端正的正。而孟子的说法是"天下定于一"。中国认为，甭管这个世界多大，你要解决问题，你抓住这个一就全解决了。这是中国的一种尚一的思想。中国至少从理论上没有那种多元制衡的传统。它有的是什么呢？是在一里边有多，而多中有一。

郭沫若的诗《凤凰涅槃》里，喜欢用"一的一切"与"一切的一"，一个是一的一切，一个是一切的一，一切都可以变成一，但是一当中又有一切。西方政治学的一个基本原则（我说的是理论，它实际做得怎么样另当别论）就是"多元制衡"。人既然是有弱点的，有天生的弱点，那么人和人之间互相掐着最好，在一定的规则下边，你掐着我我掐着你，就坏不到哪儿去。二十世纪八十年代，咱们这儿出过一本书，是讲美国政治理念的，叫作《总统是靠不住的》。里面反复讲的就是既要各个方面都顾虑到，又要在给总统极大的权力的同时处处限制他。当然到底怎么做，那里边有更深的问题，我这里不讲。我们不讲美国，今天讲的是我们中国。而中国的这个平衡呢，很难表现为在一个时期几种不同的势力，合理合法地在那儿互相牵扯、互相牵制、互相平衡。中国的平衡常常表现在时间的纵轴上，叫作"三十年河东，三十年河西"。所以中国就要强调中庸之道，中就是准确，庸就是正常。注意，庸不是平庸而是正常的意思。现在庸有时候听着不好听，说这是个庸人，这是个庸才，不好听，但中庸里面的庸是正常的意思。中庸之道要强调什么呢？强调"不为已甚"，你不要做得太过了，因为三十年以后还河西呢，你别以为老是这个河东啊，河东有变成河西的时候。"过犹不及"，你做过了那就不好了，要留有余地，厚德包容。话不要讲得太满，做什么事留点余地，讲分寸。

《论语》也很讲分寸，我觉得有的地方很有意思，比如孔子说"不义而富且贵，于我如浮云"，对这个"不义而富且贵"，他并没有痛骂。你要让咱们谈起来，那咱们要批判说"不义而富且贵，于我如臭狗屎"。而孔子他顶多说"于我如浮云"，浮云还有几分美好呢，但是它不中用啊，它不管用啊。所以孔子对于不义而富且贵的人的态度并不是特别的仇视，孔子既不仇富也不仇官，即使看着你不怎么义，不怎么讲原则，不怎么讲正理，但是你有了富贵了，孔子远远看着你，也就跟一块浮云似的，既不值得羡慕，也不值得痛恨。他这样对不对另说，但是对不义的反应也是有分寸的，因为它没有达到伤天害理那个程度。

另外讨论"以德报怨"。以德报怨是老子的主张，"报怨以德"是老子的话。但是孔子说不用以德报怨，"以直报怨"就行了，就是说他对你搞阴谋，他做伤害你的事情，你用不着反过来还要做团结他帮助他的事，用不着，但是你对他呢仍然很正直，你不搞歪的邪的就行了。孔子在这些地方都非常讲究分寸。

"三十年河东，三十年河西"，这个话也很有意思。我在这里跟大家说个笑话。一是中国和欧洲都是以三十年为一代，一代是河东，一代是河西；二是有水文学家认为，中国的河流一般三十年改一次道，所以说"三十年河东，三十年河西"是一个比喻，符合水文学的这个总结。还有，1956年我列席中国作协召开的批判"丁陈反党集团"的大会。丁玲发言的时候说，我在延安的时候，毛主席跟我说，看一个人要看几十年。我当时一听吓一跳，因为我当时才二十二岁。这个要看我的话，还没开始看呢！我现在明白了，要看一个干部至少要看三十二年，为什么呢？前三十年他河东的时候表现挺好，后来两年河西了他先把你卖了，那他是无耻小人，政治投机、卸磨杀驴、害人害己、卖主求荣、卖友求荣，这些毛病他都有，你哪儿看得出来啊，所以你得再看两年，看三十二年。这是玩笑话，但是说明了中国对于中庸之道的理解。

关于中庸之道，孔子还有很有意思的阐述，我称之为"一颗仁心，两手准备"。咱们高考不就是说要"一颗红心，两手准备"吗？孔子认为既要考虑进，还要考虑退。孔子说有这么一个人，宁武子，"邦有道则知"，他所在的那个邦国、那个地区，做事很有章法时，他表现得很有智慧；"邦无道则愚"，没有章法了怎么办呢？他一下子就变傻了。"其知可及也，其愚不可及也"，像他一样的聪明你能办到，但像他一样的傻你学不着。这太厉害了！就是说你别老机灵，你什么事都机灵，你什么事都往上凑，上了贼船怎么办啊？所以你一看这事不对，你就俩眼一发直，傻了，真傻也不是假傻，自然没人找你了，你也不用出风头了，一边待着去吧，混两顿饭得了。孔子还说："邦有道，危言危行；邦无道，危行言孙。"这个"孙"是"逊"的古代写法，就是谦逊的逊。说邦有道的时候，危言危行，就是我敢于说尖锐的话，敢说真话，我敢于办冒风险的事。可是这个地方无道了，你再尖锐先把你给干掉了，怎么办呢？危行言逊，你该办的事你还得办，但是你说话小心点，北京话叫什么？您悠着点。孔子又说，"用之则行，舍之则藏"，可以行，也可以藏。孟子说"穷则独善其身，达则兼善天下"。还有"内圣外王"这些，我就不往下细说了。他这个思路也是非常有趣的一个思路，就是要讲知进退，您别什么都往前挤。

第四，就是孔子认为世道人心决定一切。孔子最关心的是一个侯国、一个家族的世道人心。孔子说："德之不修，学之不讲，闻义不能徙，不善不能改，是吾忧也。"他说我现在最发愁的是什么呢？大家不注意自己的道德修养，不注意好好学习，给他树立了榜样，他也不能够学着做；给他指出了要纠正的东西，他也不改，这是我所忧愁的。这个话让人听着太亲切了，两千五百多年了，这话今天仍然有效。今天，我们的中央也在考虑，尤其是党的十八大以来，就是这个世道人心，有些问题非常令人关注。注重世道人心，在客观上起一个什么作用呢？一个是让老百姓少干坏事，还有一个是对于君王、对于权力形成一种道德监督和文化监督。我们都讨论中国的传统文化对权力的监督问题，那种多元制衡的权力监督在中国作用有限，但是道德和文化的监督作用很厉害。大家看看中国的古书，看看黄仁宇写的《万历十五年》，卜键写的《明世宗传》，就会知道皇帝不是想干什么就能干什么的。皇帝想干一件事，底下一跪一片老臣，不行，就是不许你干，有时候能把皇帝活活气死。他没辙，因为老臣说你不符合先例，甚至于说你不符合道德文化的标准。所以以德治国的这一套理论，对中国人的影响还是非常大的。

今天重点讲的就是关于为政以德和以德治国的问题，下面还有三个问题，一是关于无为而治和礼治，二是关于孔子对学习和教化的提倡，三是谈一下中国传统文化的命运与当前对传统文化提倡的一些认识。

我们都知道，无为而治是道家（老子和庄子，尤其是老子）讲得最多的一个话，是道家政治思想的核心。老子说"为学日益，为道日损"，就是说你的学问，你掌握的这些知识的信息，一天比一天多——益是增益，就是增加；但是你掌握这个道了，是一天比一天更简单更单纯，你的头脑越活越单纯。"损之又损，以至于无为"，减少到什么程度呢？减少到你不必去刻意做什么事情。老子又说"无为而无不为"，只有你做到无为，整个天下、整个社会才能充分运作起来，才能够该做的都做到了。可是我们常常忽略一点，无为而治是古代中国人一个最高的治国理政的理想，孔子也是提倡无为而治的。《论语》里面说："无为而治者，其舜也与？"就是说能做到无为而治的那是虞舜吧？"夫何为哉？"舜当了领袖以后干了些什么呢？"恭己正南面而已矣。"他树立了一个恭恭敬敬、兢兢业业的形象，洗得干干净净的，穿着正装，然后正好坐在面向南面的位置，古代以面向南为尊位嘛，代表这是王者。他往那儿一坐，天下太平了。这个说法也有点让人费解。说得玄乎一点，就是只要这个统治者，弄干净了头发，理整齐了，样子也比较郑重，然后穿上正装，往那儿端端正正一坐，就得了。

这里顺便说一下小赫胥黎，就是赫胥黎的儿子，他就论述过，说沙发为什么发明得非常晚？这个很简单，因为沙发人坐着很舒服，他说封建社会，坐在沙发上谁都不好看，当官的坐在沙发上，**窝窝囊囊**往那儿一靠，显得挺懒，没有威风；为民的坐在沙发上那更不行了，领导进来了，你个小老百姓在沙发上这么坐也不行。欧洲好像也很讲究坐姿。所以孔子说虞舜一正坐就行，这有点玄乎。在这里谈一点我个人的读书心得。无为而治，要是真是什么都不干，那么还有一条罪状呢，叫不作为啊。不作为这是可以起诉你的，我们无法接受。但是不要扰民，就是我们现在讲的要简政放权，这是可以接受的，而且是必须接受的。延安时期，毛主席根据李鼎铭先生提的建议，提出来要精兵简政，这也是可以接受的。还有一点我不知道大家想到没有，这也是我个人胆大敢想。马恩对共产主义的最高理想是什么？阶级消灭，国家消灭，一切国家机器的消灭，法院消灭，军队消灭，公安消灭，政党消灭。然后他们所设想的最高理想是什么呢？就是社会上需要一批统计员，因为这批统计员呢，需要知道哪些东西生产得过多了，需要减产一点；哪些东西生产得过少了，需要增加一点。这批统计员就是为了调节商品生产，统计生活资料、生产资料的情况。所以我认为，孔子和老子所设想的无为而治，实际上和马恩的某些说法遥相呼应。所以中国人接受马克思主义绝对不是偶然的。

那么除了无为而治以外，儒家还有一个理想，就是用礼来代表法，礼貌的礼。下边一段话，不是《论语》上的，是《礼记》上的，说"夫礼，先王以承天之道，以治人之情，故失之者死，得之者生"。这里边还引用《诗经》上的一段诗，"相鼠有体，人而无礼。"相是看的意思，你看着一只老鼠，这个老鼠有肢体，连一只老鼠都有挺像样的肢体，人却没有礼。"人而无礼，胡不遄死？"那没有礼的人还不如死了呢。连自己的一点仪表都没有，一点规矩都没有，一点礼貌不讲，一副野蛮无礼的样子，这样的人还不如死了。

这很有意思。《诗经》记载了我们先民的思想情感与人生体悟，因为《诗经》里好多都是民谣。我们的先民，认为一个人不讲礼貌，不讲规矩，这样的人还不如死了好。

《论语》里头讲了很多的规矩，怎么吃饭有规矩，怎么上朝有规矩，怎么见人有规矩，怎么待客有规矩。而且这个规矩不光是讲你的行为、举止，用英语来说就是讲你的 manner（做某事的方式；举止；态度）。不光讲你的 manner，那还讲什么呢？还讲你的表情。子曰"色难"，说最难办、最要注意的是人的表情，最让人敏感的是人的表情。这个和我们现在说的也是一样的，我们过去说"去某些政府机关，事难办，脸难看”，说的就是这个。

中国有一个说法，就是说一个人，或者一个人办的事，甚至于说这个人写的不讲道理的文章，说什么呢？说面目可憎。尤其是当领导的，你千万别搞出个面目可憎来，人家轮不上跟你说话，人家一瞅你那表情，就觉得可憎。两千五百多年以前，孔子就给我们的国人提出了消除面目可憎的掌权人这样一个任务。我希望我们这一代，在中央的领导下，千万不要做面目可憎的掌权者，而要做和颜悦色的、和老百姓打成一片的掌权者。

礼还和正名有关系，“觚哉！觚哉！”这是孔子有名的正名之叹。汉字本身的信息量特别大，它既包含着形也包含着声，还包含着意，包含着结构，所以命名在中国的政治生活中极其重要。但是有时候反过来我们又被名束缚，被姓社姓资的话束缚。但是中国为什么有这个问题？因为命名太重要，是人民内部矛盾还是敌我矛盾非常重要。“文革”以后我碰到一些老同志，都是“一二·九”时候的党员、民族先锋队时候的党员，原来都是省委书记副书记这一类的。我去看望他们，他们跟我说，现在自己的这个历史问题还没做结论呢，就等一个人民内部矛盾的结论了，这样死也放心。我觉得难以理解。我说您是老革命，您是“一二·九”时期参加革命的，您担任过北京市委副书记，您还等人民内部矛盾的结论？事实的确如此，中国很重视名。“戴帽子”“摘帽子”，这都牵扯到命名问题，所以孔子非常重视名实相符。

然后我们要指出：正因为孔子有这样一套以德治国、斯文济世的观点体系，所以他重视劝学示范和教化。一般的专家解释孔子是一个教育家，我认为孔子不是一般的教育家，而是把教育政治化、把政治教育化的一个理论家。他对教育的重视和他的政治学说是分不开的。为什么他那么重视学习、重视教育呢？因为他主张以德治国，主张君子之道，主张斯文之道，主张中庸之道，主张彬彬有礼，这些东西都是需要经过教化、经过学习才能达到的，不是天生就能达到的。

孔子认为对一个掌权的人来说，他本身的示范作用和教化作用，比他的具体管理还重要。这里当然有很多理想化的成分，我下面还会说。但是他说的确实有一定的道理，我们到现在也仍然是继承了这样一个传统，就是说我们在选拔干部时，强调的是德才兼备、以德优先，首先考虑德的问题。

孔子关于学习讲了一些非常好的话，比如说"温故而知新"，注重历史的经验。比如说"见贤思齐焉，见不贤而内自省也"，就是说你不光要从书本中学，还要拿活人当教材，这个人比你强，你就应该向他学；这个人很差，你就应该想想你身上有没有这种差的东西，这太不容易了。"见贤思齐"还算得上容易（当然也有人是见贤思嫉、见贤思妒、见贤思害，这样的人也有，那是很坏的人），但是"见不贤而内自省"，这种自我批评精神很难得。我感觉毛主席所提倡的自我批评精神，和儒家的这个学说也有很密切的关系，和"吾日三省吾身"的说法也密不可分。

还有，像"举一反三""三人行必有我师""十室之邑，必有忠信"，这都告诉你要在生活中学习。而且他说"学而不思则罔，思而不学则殆"。你光学不思，会迷惘。"学而不思则罔"的例子就是浏览。罔是什么？我这里又要说玩笑话了，罔就是上网上的，学而不思的人就是那些网虫、那些网瘾患者。为什么罔啊？他满脑子垃圾信息，没有思辨辨析的能力。为什么他上网以后看东西的速度非常快啊，什么八卦他都知道，真的假的没有他不知道的事，因为网络根本没有给他留、他自己也没有给自己留思考分辨的时间，所以"学而不思则罔"。因此一定要认真读书、认真学习，不能用上网浏览来代替一切。"思而不学则殆"是什么呢？就是故意雷人、想用雷言雷语把自己推出去的那种人。殆就是危险、危险分子，就是网络语言说的那种 die，就是英语的"死"。no 作 no die，就是说你不胡作非为，你就死不了。而思而不学呢，就"殆"了，就"die"了，当然这就很危险了。好，供大家一笑。

孔子对学习的提倡，最精彩的、使我最受感动的是他的"反求诸己"的思想，就是什么事你先求你自己。他引用《诗经》的诗，和

《诗经》的原文有区别："唐棣之华，偏其反而。岂不尔思？室是远而！""唐棣之华"，那个地方的那个花，有人说唐棣之华是海棠花，有人说不是。甭管是什么吧，反正挺好看的一种花。"偏其反而"，在风中刮偏了，它自己又回来了，在风中飘荡，它的枝叶、它的花在风中飘荡。"岂不尔思"，我哪能不想念你呢？"室是远而"，可是我离你太远了。孔子听了以后说，不对，"未之思也，夫何远之有？"你根本就不对，你就没好好想它，你想它你就无所谓远不远了。孔子说的是什么意思？是美德。孔子认为"唐棣之华"所代表的，不光是一朵海棠花，或者是别的花，它代表的是人间一切美好的东西。美好的东西怎么会远呢？美好是一种心性，你天天想这个美好的东西，美好的东西已经在你的心里扎根、发芽、长叶、开花了。今天也是一样啊，大家坐在一起，一起骂这个社会、道德、世道人心不像话，食品造假，助人反倒遭了灾祸，等等。你要说这一类的事，可以从早到晚说个没完，你往邪里想吧，中国那么大，什么事都可能有。但是孔子告诉你，你要想做好事，你要想让这个社会变好，就从你自己做起，你不能"未之思"，而要"为之思"也。你只要想学好，你就能把它变成好事，就是使这块国土上多一个好人，他讲得非常感动人。孔子也说"仁远乎哉？"说距离做一个仁爱的人很遥远吗？"我欲仁，斯仁至矣"，说我想仁爱，仁不就来了吗。你就有了爱心了，有了担当了，有了美好的思想感情灵魂了，你的灵魂就不是一团肮脏了。所以为什么王阳明要讲知行合一，知就是行，你能够接受这个价值观，说明世界上已经多了一个好人。孙中山甚至讲知难行易，这都和中国人重视心性之学、重视道德、重视文化、重视礼仪有关。

接下来，我想谈一谈传统文化的命运与未来。孔孟在世的时候，他们治国平天下——用我们现在的话来说是治国理政——的一套理论，实践得不算成功。孔子是到处跑，他甚至于嘲笑自己戚戚如丧家之犬，他没家啊！那些诸侯不接受他的这套理论。为什么不接受他的理论呢？当时斗红了眼了，各个诸侯国家之间都是急茬啊，今天 A 包围了 B，明天 B 跟 C 会盟了，又过两天 C 跟 B 又翻了脸了，这叫什么？"急惊风撞着慢郎中"。孔子讲得是好，但按他那个办法实行，得起码实行二十年才有效。等不了二十年，楚国可能被齐国给灭了，晋国可能被赵国给灭了，所以那些人不接受。孔子常常不被接受，以至于还有人嘲笑孔子。譬如说有位楚国的狂人嘲笑孔子，说您那是瞎掰，您净说那些好听的话，一个仁就治了国了，您治什么国啊？这当然是后来的事了。CCTV‐9上播过《激变玄武门》，你看看夺起权来，全红了眼啊，李世民喤喤两箭，把他一个哥哥一个弟弟全灭了。那个时候你给他去讲仁义道德，就变成了毛主席说的那个蠢猪式的仁义道德。宋襄公与敌人对峙，敌军过河。过到一半的时候他手下的人说，赶快打，这个机会最好。宋襄公说这样不符合仁义道德，人家还没过来，过来再打。结果最后人家过来把他给宰了。

　　但是又有另一面。孔子的这些理论，礼失求诸野，老百姓爱听。说一个成功的诸侯，为什么他能当君王呢？因为他有德，跟北极星一样，他追求的是无为而治，追求的是恭宽惠敏，追求的是民为贵、社稷次之、君为轻。这些话，老百姓多爱听啊！如果你要反过来说，为什么他当了君王了？他牛啊，胳膊粗，还有枪、有刀，你不听他的，他宰了你。这种话老百姓当然不爱听。所以孔子的这些东西，老百姓接受。那么后来呢，天下稳定一些了。汉代以后，历代的统治者都觉得孔子的学说是一个好东西，有利于社会的稳定，有利于世道人心——现在的语言就是社会风气向善，同时还能形成一个处于不同的阶级、不同的处境的我们中国人的一个最大公约数。因为孔子讲的不是光让老百姓对统治者要唯唯诺诺，而是让老百姓奉公守法、忠君爱国。他还讲这个执政的人要行仁政，对老百姓要好，布置什么任务要符合农时，要爱惜民力，不要轻易动武，不要轻易打仗。君君臣臣，就是当国君有当国君的规范，当臣子有当臣子的规范；父父子子，就是当爹的得有爹的样，当儿的得有儿的样，所以他对这个东西又有所调节。孔子死后，他的学说是越来越吃得开。汉武帝时更是罢黜百家，独尊儒术。之后，孔子被封为"大成至圣先师"，被封为"文宣王"，被视作"玄圣""素王"。"玄"是什么？就是最根本性的、终极性的、抽象性的道德道理，他是大道的圣人。"素王"是没有权力的王，他不带兵，也不带警卫，也没有军队。然后各地修孔庙、孔林、文庙，一直修到韩国，一直修到越南。我去越南访问的时候，听说西贡（今胡志明市）有一个很好的文庙。孔子一直影响东南亚，影响许多的地方。而且孔子变成了中国的一个文化基因，变成了中国的一个文化符号，他有他的生命力和凝聚力，使几千年来中国在文化上充满自信。

你有孔子，就有个定心丸，有个主心骨。蒙古民族入主中原，不怕，入主完了以后你也变成了孔子一派了，也讲孔子的那一套了。满族入主中原，我也不在乎，留长辫子就留长辫子，到时候念的还是"子曰，学而时习之"，因为你没别的货色啊，货色起码有限啊，你比不上孔子这一套，孔子这一套多棒啊，所以给中国增加了自信。

但是，孔子思想也碰到了一个空前的危机。什么危机？就是两千多年来，孔子的学说没有受到过认真的挑战，没有决定性的突破和发展。因为你没法跟它挑战。你怎么挑战啊，它地位这么高，一种学说被权力系统封到不可比肩、不可动摇、不受挑战的这个地位，好处是我刚才说的，使中国有了主心骨，使中国文化有了自信；坏处是这个学说它没法往前发展了。这一点古人就已经看出来了，李贺的诗说："寻章摘句老雕虫，晓月当帘挂玉弓。不见年年辽海上，文章何处哭秋风？"这些老的读书人都变成了书呆子，变成了教条主义者。唐玄宗李隆基也说，虽然我是歌颂孔子的，但是你们想想，"夫子何为者，栖栖一代中"。这个孔夫子他干了些什么呢？一生都在东跑西颠。"地犹鄹氏邑"，鄹就是孟子的家乡，那个时候曲阜也在鄹的管辖之下，有点类似鄹市，可能是地级专区吧，曲阜是一个县。"叹凤嗟身否"，孔子听到楚国的人在那儿，这个人叫接舆，在那儿叹息"凤兮凤兮"，实际上是嘲笑孔子。孔子知道自己的处境，否就是倒霉，是处在厄运。"伤麟怨道穷"，听说一个麟被抓住了，而且受了伤，孔子认为天下的正道已经行不通了。"今看两楹奠，当与梦时同"。可是现在一看，到处都是对他的祭奠，孔子的梦算是实现了。

李白后来也还说："鲁叟谈五经，白发死章句。"说你把头发都读白了，就死在东背一句、西背一句上。"问以经济策，茫如坠烟雾"。你问他一点真正和实际的生活——经济是指经国济世，实际讲的是政治——你问他一点政策上的事、民生上的事、人民之间的事、社会治理之事，他就跟掉到雾里头一样，这是李白说那些学孔子的人。李白的另一首诗里说："我本楚狂人，凤歌笑孔丘。"李白并不怎么特别地在乎孔丘，他有这一面。这里面有这么一条，任何一种文化、一种学说，都必须与时俱进，不断地有所调整、有所突破、有所变化，否则不管是多么好的东西，都会暴露弱点。哪儿有两千多年了大家还念同样一个句子的道理啊，你总得有点变化，你没有变化不行。

万物万事万理万说，可能一开始是很好的，很多东西一开始都很好。孔子最喜欢的是西周，喜欢的是文王、武王、周公，什么原因呢？因为西周是一个新生的政权，周武王是靠革命——汤武革命——推翻了殷纣王。那么周能代替殷商，武王能代替纣，当然有它的道理，它的各项政策受到了老百姓的欢呼和欢迎。它一上来时欣欣向荣，但到了东周的时候，国家乱成一团了。当然孔子就想着过去，他还没看到更好的，他也不会有别的想法，他认为西周就是理想，所以这个保守主义，它是有道理的。当然因为我们曾处在一个革命的高潮中，保守成了一个坏话。

保守本身并不是坏话，英语里边保守是什么啊，保守就是 keep。keep 就是坚持，就是保存，就是坚守，那是好话啊。另外保守还有一个词是 conservation，是指保持，环保人士是 conservationist。环保当然是好话啊，环保的保和保守的保是一个保，在国际事务、国际语言当中，保守有保守的道理。所以孔子有一种保守，有一种对起初的周朝、起初的那个欣欣向荣的气象的永远的向往与怀念。这对我们了解今天的很多事都有帮助。今天我们也碰到了这种问题，尽管我们的改革开放、我们的生产发展取得这么大的成就，但在农民中间，我听到过这样的议论，说毛主席那个时代的干部才是为人民服务呢，现在哪儿有为人民服务的啊！农民把现在的干部全否了，当然他们说的也不准确。我们要理解孔子的这套思路，但这套思路如果长期不变化、长期没有发展，它就会出现很多问题。

出现什么呢？一个是前边说的"白发死章句"的问题，一个是还会出现逆反心理。中国是一个大国，我们在讲儒学的时候，必须看到中国同样有反儒的种种说法。比如老子就说"失道而后德，失德而后仁"。你掌握不了大道了你才讲道德，然后道德你也没有了，你才讲仁爱，讲爱心。庄子说"诸侯之门而仁义存焉"。说什么叫仁义？你当了诸侯了，你说谁是仁义，谁就是仁义，都是你定的。庄子不信，老子、庄子都有不信仁义道德的理论。而中国的俗话"马无夜草不肥，人无横财不富"，贪污分子绝对信仰这个。我们看到孔子希望道德之间实现一致和整合，但偏偏有的人在道德观念上、价值观上，是不一致的、相互分裂的。有个中纪委的领导同志问我，说他们办案子真的碰到这种情况：贪官，再一查，孝子。这不稀奇，汉奸也有孝子啊！道德有些东西是统一的，有些东西又不统一。一个人私德好，但公德不好，这一类的事很多，历史上都有。一个凡·高一个狄更斯，一个是伟大的艺术家，一个是伟大的作家，但他们私德问题非常多。凡·高对周围的女性邻居进行骚扰，以至于他的邻居三十多个人联名要求警方把他带走，但是你现在提起凡·高，都说是伟大的艺术家。所以这个世界上的事是非常复杂的，这一面好，不见得那一面也好。所以就又出现了一些相反的东西。

到了"文革"时提倡"舍得一身剐，敢把皇帝拉下马"，这岂止要犯上作乱啊，他要把皇帝拉下马。但这也是有道理的，不能说没有道理。孔子很少讲革命、讲斗争、讲批判，但是其他人的学说里头有过。这样到了 1840 年以后，中华传统文化陷入了文化焦虑和文化危机。有人甚至于觉得我们原来那一套什么都不行，用胡适的话就是我们事事不如人，用鲁迅的话就是青年人不要读中国书，用吴稚晖的话就是把线装书扔到茅厕里去，用钱玄同的话就是人过四十干脆枪毙……总之中国的这老一套，已经没有希望了，一切都是最坏的。

那么现在这里头又碰到一个问题，就是我们今天提倡的弘扬传统文化。我个人认为，你一定要注意它不是摒弃五四的新文化。因为现在有这种说法，好像中国文化本来好得不得了，弄一个五四，又出来一个共产党，一闹革命把这个文化给弄没了，文脉已经没了。这是胡说八道。

不用说别的，您就光看看《红楼梦》就行了，那里头有几个人还继承儒家的传统？口头上继承儒家传统的只有一个人：贾政。贾政的特点就是废物一个，没有一件事他处理得了，儿子他处理不了，弟弟他处理不了，哥哥他处理不了，家里没有一件事他处理得了，一点用处都没有。《红楼梦》里面，不但写了贾家的经济危机，也写了这个家族里的文化危机，因为文化上他们是离心离德的。《红楼梦》那时候跟五四没有关系啊，跟鲁迅没有关系，跟胡适也没有关系，跟李大钊也没有关系，跟陈独秀也没有关系，跟共产党也没有关系，跟国民党也没有关系。就是我们的传统文化越来越混不下去了，我们必须正视这个事实。但是一面是混不下去了，一面我们的传统文化仍然深入人心。比如说我们讲忠奸之辨，在中国大家仍然是接受这个的。我记得"四人帮"倒台的时候，有多少人在那儿议论啊，周总理代表的是忠，"四人帮"代表的是奸，那态度非常的明确。我们到现在，"文革"结束以后，我们既收拾也批评那些什么"风派""震派"——"风派"，就是政治投机分子；"震派"，就是爱捅娄子的人。我们批评、责备那些做坏事的人，地方戏里也惯于表现忠孝节义，这些都和我们的传统文化有密切的关系。所以我个人认为，五四新文化运动，正是中国的传统文化极其需要的一次洗礼，但是洗礼有时候气势大了会用力过猛，在那个洗礼期间，像搓澡搓厉害了，搓出血来了，这都有可能。这是一次洗礼，给了我们传统文化一个新生的机会。我们可以设想一下，如果没有五四运动，没有马克思主义的引进，没有共产党领导的人民革命运动，我们还停留在清末那样一个时代，停留在八国联军侵华的时代，停留在甲午战争失败以后，这时候如果再提倡大家弘扬传统文化，我感觉会被当作汉奸。当时要对付八国联军，对付日本的侵略，如果不去搞点洋务，不去发展洋枪洋炮，不就等于是自甘堕落、自甘灭亡吗？

毛泽东思想是马克思列宁主义基本原理与中国革命的具体实践的结合，我认为也是和中国传统文化的结合。毛泽东思想里面对人民的重视，民本的思想、统一战线的思想、批评与自我批评的思想、艰苦奋斗的思想、团结一致的思想、顾全大局的思想、军民一致的思想，尤其是拒绝腐化、拒绝糖衣炮弹的思想，都凝聚传统文化的精华。当然在一个革命的高潮当中，不能什么东西都照搬，温良恭俭让曾受到毛主席的否定，因为那个时候能跟蒋介石玩温良恭俭让吗？能跟日本侵略军玩温良恭俭让吗？所以这个也不足为奇。我们今天谈传统文化，正是要让传统文化接受新文化的洗礼，让传统文化与以毛泽东和延安为代表的革命文化统一起来、结合起来。那么按习近平总书记的说法，就是要推动中华优秀传统文化创造性转化、创新性发展，就是要创造、创新，不是要复古。

我是很不接受那种做法的，弄一帮小孩，穿上戏装，说是汉服。我也不知道那算什么服装，是清朝的还是明朝的，还是哪个朝代的。甚至于领导干部也穿上那种汉服，那不闹笑话吗？那是很皮毛的东西，很肤浅的东西。我们现在要的是优化世道人心，不是说要走回头路。现在社会上还有一些无知的人在那儿大谈什么中华民国，中华民国我有发言权吧？我在中华民国生活了十五年呢，我知道什么叫中华民国，我最近就有这方面的言论发表。中华民国我还不知道？中华民国混得下去，共产党能成立？能成功？中华人民共和国能成立吗？所以我们在今天谈传统文化的时候，既要充分肯定传统文化在中华民族的生存繁衍中，不断帮助我们克服困难、克服困境，一直到今天的改革开放，它所起的正面作用，又要使它得到创造，得到更新。我曾经说过，拒绝传统文化，就是自绝于历史，自绝于人民。拒绝现代化，拒绝改革，拒绝转变我们的传统文化，就是自绝于地球，就等着被开除球籍。

最后我引用一个说法，这个说法共十六个字：启沃君心，恪守臣节，力行新政，不悖旧章。清朝有一个官，他的官运并不很顺利，有所起伏，他叫鹿传霖。他对张之洞讲，我们现在的任务是什么呢？启沃君心，简单地说就是你对上要做宣传，要使上边的思想信息越丰富越好。沃，就是丰富、肥沃、厚重。恪守臣节，同时你必须守纪律，不能自己想干什么就干什么，你得守规矩、守纪律。力行新政，你要全力推行改革。不悖旧章，对那些老的东西，你不要随便把它打破，因为打破会伤害很多人，会造成很多的问题。尽管这是清朝的说法，今天用不着这样。今天我们很多旧的东西在不断地被打破的过程中，但是你又不能全打破。孔子就不能打破，孔子打破了，我们的精神资源一下子少了一大块。老子也不能打破，老子的辩证法，毛主席是最喜欢用的，他讲"祸兮福所倚，福兮祸所伏"，等等。所以，新的东西、旧的东西，自上而下的、自下而上的，都要掌握得很好，这样我们谈传统文化，才会是一个积极的、正面的东西。

（2015 年）

斯文济世　天下归仁

　　一种文化，一种文明，多有对于幸福与美好生活的追求。当然也会有禁欲、压制与更多的强调牺牲、把美好梦想寄托彼岸的讲求，还有宣扬颠覆、仇恨、"圣战"的激越。前者压制，是为了精神纯洁与神圣化，是道德完满的代价，或是为了死后在另一个世界的无限幸福；后者颠覆，则是由于对现存秩序与文化主流的否定与绝望。归根结底，文化的追求在于光明、幸福、美好、正义、"天国"。孔子说颜回："惜乎！吾见其进也，未见其止也。"这也是夫子自道。尼采的说法则是"理想主义者是不可救药的：如果他被扔出了他的天堂，他会再制造出一个理想的地狱"。

　　中华传统文化的形成离不开孔子，离不开儒学，离不开与儒学共生互争互补的先秦诸子百家，以及数千年来没有停止过的对于儒学的陈陈相因的、时有闪光的解读与论争。优于斯，劣于斯，疑于斯，习于斯，安于斯，欣欣于斯，凝聚于斯。中华传统文化的格局奠定于东周时期，之后两千多年，到鸦片战争发生，没有根本性的变化。

　　孔子的年代，天下大乱，中央政权式微，五霸相争、七雄并起，国家间纵横捭阖、血腥争斗，计谋策略、阴阳虚实、会盟火拼，令人眼花缭乱。各侯国的权力系统、思想战线，都围绕着争权夺利打转。失范状态造成了民不聊生的痛苦，但群雄并起、百家争鸣的局面也造成了政治、军事、思想、文化上的竞相争奇，碰撞出无比热烈的火花。

　　国家不幸百家幸，国家多难英雄出，自古已然。

　　孔子生活在这个争斗时期，他宣扬的不是自己主张的必胜性、强力性、面貌一新性、卒成大业平天下性，而是斯文性、君子性、复古性。

孔子、老子，都是逆潮流而动，意欲挽狂澜于既倒。

"文王既没，文不在兹乎？天之将丧斯文也，后死者不得与于斯文也；天之未丧斯文也，匡人其如予何？"孔子在匡地遇到危难，他相信只要上苍无意灭绝斯文，只要上苍还要延续文脉，就不会让他罹难；他是斯文的"救主"，是斯文最后的几近唯一的火种，他活着的使命在于延续与重建斯文，从而"兴灭国，继绝世，举逸民"，从而"为天地立心，为生民立命，为往圣继绝学，为万世开太平"（张载）。

他认为能够带来幸福与光明的只有道德文化。可能因为当时人口问题尚未过分地困扰着先人，其痛苦不在于生产力满足不了人民温饱的需要，而在于人间血腥丑陋阴险危殆的纷争，在于天下大乱，在于礼崩乐坏，在于贪欲膨胀，在于"觚不觚"：名实相悖、观念混乱、是非不分、秩序与好传统荡然无存。

孔子也认为关键在于人心，人的事情，心决定物，人心大治，自然物阜民丰、温饱无虞。孔子说："德之不修，学之不讲，闻义不能徙，不善不能改，是吾忧也。"他忧的是这个。不幸的是，或者说可巧的是，这话好像也适用于说两千多年后的今天。

就是说，孔子认为天下大乱的状态属于世道，世道凶险因于人心，心性随社会发展而复杂化、邪恶化、失范失衡化与歧义化：贪欲、乖戾、怨毒、争利、暴力、嗜杀、阴谋、诡计、不仁不义、不忠不孝……正在毒化我们的生活与身心。扭转乾坤、解决这些问题的抓手是文化：权力系统要懂得从民人的心灵深处挖掘美好善良，将之提升，依靠人性自有的美好本能，从孝悌亲情入手，推己及人，及于恕道，用仁心统率与提升孝悌忠恕、礼义廉耻、诚信宽厚、勤俭谦让、恭敬惠义、好学敏求……从而取得认同，取得道义优势，占领仁德高地，缘人性民心坐稳天下；而后乃教化天下，首先是教化君子，教化权力系统自身。权力系统内部的君王、大臣们接受了孔子的学说，则会因掌权而痛感仁德的重要性，因认识到仁德的重要而受到教化，而成为全民的道德榜样，从而取得统治的合法性与说服力。

孔子认为权力的根基在于仁德，仁德的来源在于天地的榜样与启示。"天行健，君子以自强不息；地势坤，君子以厚德载物。"权力首先不是如林彪所说的"镇压之权"，而是教化之权、示范之力；叫作"为政以德，譬如北辰，居其所而众星拱之"，叫作"道之以政，齐之以刑"（用政策与行政治理来引领民人，用刑罚来管束民人）远不如"道之以德，齐之以礼"（用道德教化引领民人，用礼法管束民人）。前者"民免而无耻"，能让民人躲避惩罚，却不能培育民人的是非羞恶之心性；后者"有耻且格"，才能让民人培育廉耻，克服不端，心服口服，优化心性。

如此这般，孔子的理念是斯文救世，救国救民：用仁德代替凶恶，用仁政代替暴政，用王道代替霸道，用博大仁爱之心代替狭隘争拗之心，用善良、坦荡、规矩、温文尔雅代替邪恶、放肆、忤逆、野蛮诡诈。

这放在今天大概就是软实力与巧实力，然而远不止如此，软与巧不过是人的聪明心计，而孔子的路线是天命，"天命之谓性，率性之谓道，修道之谓教"（《中庸》）。仁德来自天命，天，才是终极的"高大上"，乃能"行健"，乃"自强不息"，能"厚德载物"，具"好生之德"，使"四时行焉，百物生焉"。仁德的典范则属"无为而治者，其舜也与?"

老子、孔子都向往"无为而治"，这与千载后的马克思主义共产主义社会国家消亡说，与现代社会小政府大社会说、简政放权说等遥相呼应。

仁德首先是心性，又不仅仅是心性。它们外化并强化为礼，即行为范式、社会秩序、尊卑长幼规矩；外化为君子的斯文风范，君子的彬彬有礼、文质彬彬。这就叫以文化人，这就叫尚文之道，这就叫以德治国、以文治国、以礼治国、政治文明、斯文济世。

"诚于中形于外"：伦常哺育孝悌，孝悌升华为仁德，仁德是核心。构建文化，文化表现为礼法，做事、举止、进退，直到容貌、面色、身体姿势与表情，都有章可循、有法可依、中规中矩、一丝不苟。尤其是君臣父子，恭谨诚敬，慎独慎微，没有给放肆混乱、倒行逆施留下余地。

在礼的推行上，孔子十分重视面容表情，提出"色难"命题。他重视苦练内功，他要抓灵魂，要培育"无违礼""三月不违仁"的喜怒哀乐与面部表情。直到当代，我们讲到人们一些不喜欢的人、说法与文字的时候仍称之为"面目可憎"。中华民族某些家伙的"面目可憎"问题，已经存在至少两千五百年。消除可憎面目，是我们至今仍在奋斗的历史重任！

孝发展而为忠，其理自明。悌发展而为恕："推己及人""己所不欲，勿施于人""己欲立而立人，己欲达而达人"，顺理成章，不由得你不喝彩。由小及大，由近及远，由内及外，"郁郁乎文哉！"（本是孔子称颂周礼语）

孔子说："吾道一以贯之。"这个"一"就是道，这个道就是仁，这个仁就是德—仁义—文化—仁政—礼治。这个道是诚意也是正心，是修身也是齐家，是治国也是平天下，是忠恕也是仁义礼智信，是恭宽信敏惠，是温良恭俭让，是四维八纲——"礼义廉耻"和"礼义廉耻"加上"孝悌忠信"，是四德"恭敬惠义"，是克己复礼，是忠孝节义也是浩然正气，还可以加上一切中华美德，一通百通，一美俱美。

从这个"一"出发，孔子乃有如下的一些重要主张：

第一，正名。基于汉字的综合信息量，培育了中华民族看重整合、不喜条分缕析的方法论。除少量外来语外，命名就是定义、定位，就是期待，就是价值宣示。命名代表了人们对于世界诸人诸事诸物的认识与把握，命名就是认识世界，命名就是治理、安排、拿捏。名中有义，名中有理，名中有礼，名中有分。正名就是整顿纲纪，就是名实相符，就是政策待遇确定，就是君君臣臣父父子子，就是有道，就是有章法、有秩序、有规律、有整顿，无乱象。

不仅孔子如此，老子同样强调命名的重要性，他说的是"无名万物之始，有名万物之母"。不命名等于无万物之母，即无万物。

中华人民共和国成立后，我们仍然极其重视命名，例如人民国民之辨，例如敌我友区分，例如姓社姓资，例如"地富反坏右""戴帽子""摘帽子"，例如敌我与人民内部矛盾结论，例如左中右区分。有的人干了一辈子革命还在苦苦地等候一个人民内部矛盾的"名"——"结论"。有的人为了争当"左派"而不惜兵戎相见。此种思路，外国人怎么琢磨也琢磨不透，学学《论语》就会明白得多。

第二，君子与小人之区别，这也是一个大命名工程。孔子对社会大体上是两分法，一部分人是治人，即权力体制中人；一部分是治于人，即被管理者。君子从社会地位来说是权力中人或候补权力中人。对于权力中人的文化要求与道德要求，当然要比从事生产劳动等"鄙事"的人众要高。"君子不器""君子喻于义""君子周而不比"，即君子讲究的是义理，是原则，是大局，是世道人心，不陷于教条与具体行业。而"小人喻于利"，小人看得见的只有实打实的眼前利益。"君子和而不同"，是真和；"小人同而不和"，是假抱团的宗派、山头、黑手党之类，终必土崩瓦解、树倒猢狲散。"君子之争"，争起来彬彬有礼；小人之争，无所不用其极，坚如磐石的团结假象，一朝败露。"君子坦荡荡"，正如故宫里皇上题的字，到处是"正大光明"，透明度100%。皇上最痛恨的就是底下的臣子与他斗心眼耍诡计。"小人长戚戚"，小人鼠目寸光，不会自我调节。他们多是低级性恶论者，感觉到的永远是轻蔑、妒恨、阴谋，不是他嫉妒坑害或轻蔑旁人就是旁人嫉妒坑害或轻蔑他。

孔子对君子的期待既务实又理想，"学而不思则罔，思而不学则殆""邦有道则知，邦无道则愚""邦有道，危言危行；邦无道，危行言孙""用之则行，舍之则藏""敬鬼神而远之""不语怪力乱神"……都很老到，堪称精明入化。他的斯文救国论，他的克己复礼、天下归仁，不但理想，而且纯正、天真、大气。

而孔子对于小人的论述，称得上人情练达、世事洞明："同而不和"啦，"言不及义"啦，"巧言令色"啦，"小人穷斯滥矣"啦，"小人之过必文（掩饰）"啦，"小人不可大受（承担大事）"啦，"小人比而不周"啦，"不仁者不可以久处约，不可以长处乐"啦……甚接地气，眼里不掺沙子。读之甚奇，"申申如也，夭夭如也"，一副士绅派头的孔圣人从哪里了解那么多小人的世情洋相？孔子不火不温，不"道学"，不冬烘，绝对不书呆子。

这样，"君子小人所为不同，如阴阳昼夜，每每相反"（朱熹）。绘出了君子的道德文化风范与小人的低俗可悲，君子与小人之辨就不是社会地位问题，而是文化教养问题了。孔子的君子小人之说不利于民权平等观念的形成，但有利于保持权力系统中人精神面貌的精英性、示范性、先进性，对于古代中国这样一个超大且发展极不平衡的国家，对于实行精英政治、集中权力治国理政，其实有相当实惠的劝勉性与可操作性。

这样的君子小人之说，还有被民人服膺的便利处。一是，你的权力来自道德文化，而不仅仅来自世袭、血统、异兆、武力，老百姓听着舒坦，好接受。二是，你的道德文化记录太差，你就成了无道昏君、独夫民贼，民人就有权不承"载"你而颠"覆"你，老百姓就有权替天行道，造你的反，灭你的朝廷。三是，强调道德文化修为，开通君子与小人的交通路径，缓解疏通君子与小人间的阶级对立，为后世科举制度打下思想基础。四是，推动教育，增强读书好学上进风气。

第三，孔子十分重视劝学，认为只有通过教化与学习，才能培养出文质彬彬、继承斯文的高尚一脉，才能继绝学，才有望于开太平。

孔子提倡的是学习型社会，是"温故而知新"，是举一反三，是"见贤思齐焉，见不贤而内自省也"。内自省比思齐还重要，还难做到，还伟大。《论语》中多次讲到了自我反省的重要性，如"吾日三省吾身"，有一点点像基督教所提倡的忏悔，比忏悔的说法温和中庸一些，不那么刺激煽情咋呼施压。后世则将"自省"发展为高尚的"自我批评"。

孔子还讲"三人行必有我师焉"，讲"十室之邑，必有忠信"。孔子主张在生活中学习，向活人、高人学习，联系自己的实际学习。他与死记硬背、生吞活剥、"寻章摘句老雕虫……文章何处哭秋风"（李贺）毫不相干。后人在尊儒敬孔中出现"白发死章句""茫如堕烟雾"（李白）的呆鸟，是后人没出息，孔子没责任。

第四，孔子提倡中庸之道，提出各种事情各种场合，所言所行都要恰到好处，"过犹不及"。这个中庸之道，是对于中华文化与孔子的尚一、尚同的重要补充。

孔子讲"一以贯之"，孟子讲"天下定于一"，老子讲"天得一以清，地得一以宁，神得一以灵，谷得一以盈，侯王得一以为天下贞（正）"。一了，同了，不争了，自然天下太平，幸福指数飙升。

中国过去没有西方所谓"多元制衡"的传统。中国的平衡往往表现于时间的纵轴上：三十年河东，三十年河西。

这种尚一的传统可能与汉字的魅力有关，汉字表达的是形、声、义，尤其是义。一个字可以涵盖天地、包容宇宙、吞吐古今、囊括兴亡，并且具有精妙的结构。汉字是口语的书面化，而且有时是文字的精粹化、神圣化、终极化、"宗教化"。越是大人物越愿意用一个字或词来表达一切真理。字越单一，解释起来就越无限。更重要的是，一元化、简约化才能去除纷乱、阴谋、颠覆、争夺、花花肠子。

长久以来，人们没有看得太清的是，只有"一"却缺少"多"的合理合法地位，也不是好事，它会使矛盾潜伏，负能量积蓄，酝酿更大的灾难。

除了尚一则是尚同，古代政治的最高理想是世界大同，是共产主义式的"大道之行也，天下为公"，是不分你我他，共享"一切的一""一的一切"（郭沫若）。

也许圣人、亚圣们多少看到了"一"化的危殆，看到"同"的困苦，所以才强调中庸，强调不为已甚、适可而止、恰到好处，一直到留有余地。和而不同，已经是很漂亮的中庸之道了。

中庸之道的另一个方面就是"一颗仁心，两手准备"：可以知（智）可以愚，可以进可以退，可以用可以藏，可以显可以隐，可以独善其身，也可以兼善天下，可以怀大志"修齐治平"，也可以带着友朋学生春游沐浴、舞蹈吟唱（"莫春者，春服既成，冠者五六人，童子六七人，浴乎沂，风乎舞雩，咏而归"）。这就是对立统一，是中庸之道的进一步发展。我们多半知道老庄的精通辩证法，同时也应该知道孔子的中庸之道的辩证法。

同时我们不能不为孔子"知其不可而为之"的悲壮所感动。到了孟子那里，"舍生而取义"，更成为理想主义的弥赛亚（救星）了。

清末以来，社会矛盾高度尖锐化严重化，几乎没有给充满危机感的国人留下中庸、中和、中道的空间。五四以降，人们对中庸之道更感厌烦，甚至认为那是一种不阴不阳不男不女的乡愿嘴脸。"乡愿，德之贼也"，尤其是在革命发动、抗敌惨烈的年代，你大讲中道给人的感觉是逃避责任，狡猾市侩。

自孔子以来，《论语》流传了两千多年，这之间谁能保证孔学不走样、不歪曲、不被利用？被接受被膜拜被高唱入云到那个程度，如果不是孔子而是别的"子"，弄不好会变成邪教。这是孔子的成功也是孔子的灾难。一种学说发达到儒家那个份儿上，全民皆君子、全民皆儒难以做到，儒降低成全民的口头禅与旗号，去精英化、去君子化、去学理化成为可能。现成的"文革"的例子，毛泽东思想大普及的结果是大歪曲。儒家虽然是精神的瑰宝源泉，但也可能被庸俗化、极端化、烦琐化、教条化、僵尸化、狗血化。

天下滔滔，到处讲"舍得一身剐，敢把皇帝拉下马"，人们斗红了眼的时候，敢于提倡斯文的中庸，需要怎样的勇气和智慧！

以色列总理拉宾，不是在战斗中死于敌手，而是在和平努力中死于本国的"志士"。呜呼痛哉！

只有承认中间状态与多种选择的存在，才能理解中庸之道的意义。中庸之道，恰恰是非专制主义、非独断、具备一定的灵活性松动性的一个标志。孔子一方面尚一，两分世界；一方面强调中庸，强调和而不同，强调和为贵，强调"我则异于是，无可无不可"，承认在改朝换代大变动中多样选择的可能性。"不降其志，不辱其身，伯夷、叔齐与……柳下惠、少连，降志辱身矣，言中伦，行中虑，其斯而已矣……虞仲、夷逸，隐居放言，身中清，废中权。"以上情况，他都予以理解；而说到他自己，则余地更加宽阔。

可惜的是，以他的门徒自诩的人当中，呆滞者太多了。例如明代的著名清官海瑞。

第五，除了尚一、尚同，还必须尚文。文质彬彬的人方能中庸，急赤白脸、心浮气躁的人不具备彬彬的文质，也就中不了庸，或者只会中出一个令人恶心的无耻无勇的低俗之庸来。

为何尚文？因为心性需要文明、文化、文艺、文学的滋养、陶冶、调理。"不学诗无以言""诗三百，一言以蔽之，曰：'思无邪'""怨而不怒""乐而不淫，哀而不伤""诗可以兴、可以观、可以群、可以怨"，孔子认为，要"修齐治平"、治国理政，就要抓文艺。

中国国情，只有好好读《论语》等古代经典，才能拎得清。

第六，再进一步，使文化成为行为的规范，即礼。"礼之用，和为贵。"这是以和统礼。不是用法去惩罚暴力，而是用和气的礼貌的文化来熏陶来规范民人行为，这听起来多么优雅、多么理想、多么高明与可心。想想看，人人或者绝大多数人都斯斯文文、彬彬有礼了，还要严刑峻法打板子砍脑壳做啥？法治不能不苦不威不恐吓，礼治却温馨喜悦甘之若饴也。

礼法中最重要的是祭礼与丧礼，表达了对先人、对祖宗、对天地、对生死、对生命链、对历史和传统、对久远的以往，以及对亡灵与彼岸世界、形而上世界的敬畏崇拜、深情重意。祭祀培养的是"慎终追远"的厚德与担当。这里已经饱含了宗教情愫，却又延伸为当下做人做事的道德规范。

尚一、尚同、尚文、尚古、尚中（庸或和），这五"尚"构成了中国君子之道德斯文—宗教崇敬体系。

第七，孔子强调的是周礼。一个朝代，一个政权，一种体制，在它最初建立的时候往往颇有动人之好处，否则西周如何取殷商、武王如何取纣王而代之？谚云"新盖的茅房三天香"，话糙理不糙。但世上压根没有完美无缺的体制运作与王权管理，时间长了都难免暴露出缺陷问题，渐显言行不一、口是心非、走形式过场、陈旧呆板、虚与委蛇之类弱点，让人渐失新鲜感、敬畏感、认真感。《红楼梦》里的贾府，虽礼数不缺，却已腐烂透顶、摇摇欲坠。伟大中华，从孔子时代到现今，动辄叹息世风日下、人心不古，盖有年矣。与其说国人的复古保守观念是从胎里就带过来的，不如说是理念与制度缺少民主多元的挑战与时俱进的发展所致。

那么孔学主张在我国实践得如何呢？遭遇又如何呢？

想想看，只要不觉得孝亲与悌兄有多么艰难遥远，恕道也就近在咫尺，忠也离我们不远，宽厚自然而然地造就，知耻之勇油然而生，恭谨礼让理所当然，廉洁与高尚成为风气，道义之心压缩逐利之心，君子坦荡荡的斯文抵挡得住所有的卑俗、凶恶、敌意与乖戾。

顺着这个思路想下去，不免心花怒放，三呼"圣人大哉！"：世道人心化险为夷，政治秩序化逆为顺，世道风气化浇薄为厚朴，处处谦谦君子，在在温良恭俭，权力惠民，百姓忠顺，君臣相得，邻里相助，阴阳调和，这就叫作天下归仁、斯文济世。

这样的天下归仁的理想国并不会现成摆放，任你享用讴歌，而是要经过努力学习、长进、切磋、琢磨，才能成真成形成事：读书明理、温故知新、举一反三，见贤思齐、见不贤思改、学而思、思而学，学而时习之，克己复礼……

这干脆可以说是古代的、以孔子为代表的"中国梦"。

可惜的是，这样的梦实现的时候少，望尘莫及的时候多，背道而驰的也不少。鲁迅指出："《二十四史》而多至二十四，就是可悲的铁证。"鲁迅这里说的"可悲"，确实是中华之悲，也是孔子之悲。人人尊孔学孔，却硬是出现不了天下归仁、为政以德、万世太平的美好局面。而到了近现代，遇到强力霸道的"外夷"，儒家孔学，更是狼狈慌乱，无以自处。

孔子的"中国梦"美丽、善良、单纯、精彩、雄辩、适宜，却不无天真。他可能还没有来得及去探讨推敲家国天下政治社会生活中的非斯文方面、权力与暴力方面、管理与匡正方面、利益与竞争方面、生产与财富方面、科学技艺方面。他也可能远远没有顾得上去认知民人（首先是被他确实发现了许多弱点的小人们）在历史上的作用。他不可能像二十世纪的毛泽东那样提出："人民，只有人民，才是创造世界历史的动力。"

对于生活中的非斯文因素与众"小人"，再来一句"非礼勿视，非礼勿听，非礼勿言，非礼勿动"，可就成了自欺欺人喽。

子贡问孔子：有美玉是珍藏在匣子里好还是卖个好价钱好？孔子马上回答："沽之哉！沽之哉！我待贾者也。"（卖掉呀，卖掉呀，我就是等待着好价钱的呀！）孔子的热烈与直率跃然纸上。他完全没有作秀清高、想吃怕烫的尴尬。子贡的提问点到了孔子穴位上，他毫不含糊。他的待价而沽的声明不是为了自己的立身扬名，像苏秦、张仪等所说的那样，而是为了他传承斯文、救亡斯文，以斯文一脉济世救国的天命。他心地干净高尚，所以不怕说他"官迷"。

同样，他的斯文理念，不是为了写论文、卖弄学问、评职称。他屡败屡战，硬是要孜孜矻矻地建立一个斯文新世界。

孔子的斯文理念，说起来合情合理、正中民人下怀，而且堪称善良、忠厚、简明、通俗，但实现起来却颇不顺遂。热衷于政治与军事斗争的各侯国权力系统，看得见的是兵强马壮、克敌制胜，看得见的是粮丰草厚、武备充足，才能凭实力逞强；看得见的是计谋多端、占得先手，看得见的是赏罚分明、心狠手辣，才能八面威风……孔子的主张对于急功近利的权力中人来说，实在是"急惊风撞着慢郎中"，谁有那个耐心烦儿陪着他玩呢？

不足为奇。文化文化，既来自现实需要，又来自理念理想之梦。做得到是因为它的务实性，例如"节用而爱人，使民以时"，正常情况下多半可行。没有做到是因为它的某些理想性，高不可攀，例如"其为人也孝弟（悌），而好犯上者，鲜矣"。其实不见得，如今的贪官中，也有孝子。至于"克己复礼，天下归仁"，似乎压根没兑现过。

没有全面兑现不要紧，只要一个文化主张它能在价值层面上被认同，只要它能唤起道德、理性、良知、良能，正面地影响精神走向，就算是取得了伟大成就。孔子、老子如此，佛陀、基督、苏格拉底、柏拉图、伏尔泰、卢梭、马克思与萨特也是如此。没有百分之百地兑现过的文化理念，仍然对人心有普遍的积极影响，功莫大焉。有了普遍的积极影响，至少应该算是实现了一半。这就是孔子所说的"求仁得仁""我欲仁，斯仁至矣""人能弘道，非道弘人"。做得好不好，与其说是学理问题，不如说是信奉者的实践问题。

中国历史上仁人志士不少见，少见的是仁政。对于仁心的呼吁与提倡，完全正确也颇有成效，如今吾辈也还要呼吁提倡下去。推行仁政难，则说明为政的问题复杂得多，要斯文也要魄力，要德治也要法治，要中国特色也要面向世界，要自由民主平等富强也要爱国敬业法治友善……时至二十一世纪，一个"仁"字，不够用。

简单地说一句，从孔子那边学做人，至今很棒；读读《论语》，保君击节赞赏，获益良多，无效保退。它有《处世奇术》（美国一本畅销书名）的精良，更有正心箴言的博雅，它是中华士子的"圣经"。

"唐棣之华，偏其反而。岂不尔思？室是远而！"说的是美丽的花摇曳多姿，不是我不想念，是离它太远。可是孔子说："未之思也，夫何远之有？"你没有去思念啊，如果思念，就不会觉得远了，他以此比喻对美德应持的态度。这一段给我的感觉是中华赞美诗，是天启，是阳光，是甘霖，是感动中国的温暖与鼓励。

"仁远乎哉？我欲仁，斯仁至矣！"就算世上的事情没有这样简单，难道我们能不为孔子的真挚而感动？难道我们能不听孔子的话瘝瘝以求地去思念天命仁德美好幸福，而是同流合污、堕入邪恶卑下丑陋肮脏吗？说心性之德"知行合一"（王阳明），乃至"知难行易"（孙中山），也出自这样的理解。

以《论语》治国，虽有美意，但不完全灵。以"半部《论语》治天下"，则是故作惊人之语，是宋初宰相赵普向皇上"推销耗子药"的作秀姿态。

"礼失求诸野"。虽然中国历代统治者与士人并没有足够当真并按孔子的教导治国理政——这一点读读四大才子书与各种"演义"便自然清楚，但孔子的教导仍然可爱得紧，恰恰是老百姓喜欢孔子的忠孝节义，地方戏、说书、民间故事大致都认同孔子培育美德、匡正世道人心的努力。人们极其重视分辨忠奸，直到追悼周总理、粉碎"四人帮"的时候，我们仍然感觉得到这样一种忠奸之辨的舆论如火如荼。人们厌弃卖友求荣、卖主求荣的投机分子——风派，认同和为贵乃至大事化小、小事化无，不赞成煽情折腾的政治讹诈"三种人"。人们不喜欢花言巧语、假大空的佞人，而是高看有一说一、实事求是的"老黄牛"。人们时时提倡孝道、仁义、糟糠之妻不下堂，厌弃翻脸不认人的暴发户。人们喜爱谦虚斯文，不喜欢咄咄逼人、仗势欺人。人们喜欢知书明理的君子，不喜欢蛮不讲理的流氓。人们赞扬勤俭刻苦，厌恶懒惰奢靡。人们赞扬清廉，蔑视贪腐，渴望包公，诅咒赃官。人们赞扬"涓滴之恩，当以涌泉相报"，深恶"卸磨杀驴""吃谁的饭砸谁的锅"……街谈巷议、网络语言中常有古道热肠的舆论出现。

海峡两岸，数十年来政治体制与发展进程相距甚远，但在传承认同传统文化基因方面，仍然是亲如兄弟。孔学对中华的影响，有一种超稳定性。

历史上，权力系统也渐渐品味到了孔子学说对于培养孝悌忠信与礼义廉耻、维护尊卑长幼秩序、维护天下太平的好处，意识到高举仁义为先的旗帜比高举任何其他旗帜更能感动中国。于是"大成至圣先师""文宣王""玄圣""素王""孔圣人"等称号加诸其身，于是孔林孔庙文庙从中国一直修到了越南、韩国。现在的孔子学院一直办到了欧美澳、亚非拉。

把孔子搞得光照太强，太普及了，容易出现紧跟化、俚俗化、寻章摘句化、皮毛化、人云亦云化的毛病。庸才遇到至圣，头晕眼花，只有诚惶诚恐、三跪九叩、不懂装懂的份儿，却不能有所发展、有所创造、有所更新、有所前进。坏人遇到至圣，立马巧为利用，却根本不信、不行、不诚。其结果是抬了孔子，害了孔子。但这也只能问责于后人而非孔子本人，孔子本人一再声明他不是圣人，"若圣与仁，则吾岂敢？"他说他不是"生而知之"。《论语》丝毫没有遮掩孔子吃瘝与被嘲笑指摘的经验。唐玄宗咏叹孔子"叹凤嗟身否，伤麟怨道穷"，而李白干脆宣称"我本楚狂人，凤歌笑孔丘"。他们都不是跪在巨人面前的侏儒。

孔子当年，或有栖栖惶惶的丧家狗自嘲，但从更长远的历史来看，他毕竟是巨大的成功者，他的续斯文之余脉的历史使命其实是胜利完成了的，辉煌至今。前无古人，好；后无来者，可惜。这可能与他提倡冲劲闯劲、创新不够有关。他的斯文使命的完成仍然只是在当下完成，不是永远无虞，不是万能神药。

他为万世开太平的理想虽远未实现，但他为中华民族文化的构建、凝聚与延续打下了基础。没有孔子所代表的斯文一脉，我们能过得去北方游牧民族入主中原的一关又一关吗？我们能过得去 1840 年后"人为刀俎，我为鱼肉"（孙中山语）的生死存亡的考验吗？他的遗教当然不足以对付八国联军，但是他留下的理念与智慧，令悲观者也念念不忘中华文明的伟大美好，即使经"数千年未有之变局"（李鸿章）也还有不变的中国心。"夫子言之，于我心有戚戚焉"（孟子）。什么是这个"戚戚"呢？答：中国人的文化爱国主义！

一直到了二十一世纪，在经历了那么多质疑、反思、批判、攻击、嘲笑、抹黑之后，孔子仍然屹立着，美好着，可爱着，被关注着与被发挥着。而他并没有什么特殊的超人事功，只因为他坚持不懈、奔波劳碌，给了天地以心灵的爱憎美丑，给了一代代中国民人以价值向往，或有小疵，仍大可取。他扮演了几千年中国文明道统代表人物的角色，成为中华文化的首要基因，固然其中某些元素难免发展成了有争议的转基因，但他仍是今天要继续发掘汲取的重要民心民智资源。他生前身后，屡经危殆，形象仍然纯粹干净，语言仍然精辟动人乃至精彩绝伦。谁能与他相比较呢？他靠的是人格和智慧，还有他的七十二位弟子。如果你用二十一世纪的 CT 机照准孔丘进行体检，找出来他的诸多令人痛心疾首的病灶，这又有什么可说的呢？难道不是他的历经两千多年没有褪色的教益更令人惊喜吗？

我们在 1919 年有过振聋发聩的五四新文化运动。我们痛心于国家的积贫积弱、愚昧无知。我们迁怒祖宗，痛批中华传统文化满口仁义道德、一肚子男盗女娼的虚伪性。我们揭露过"二十四史"的"吃人"本质，提出过"打倒孔家店"的革命口号。我们投身铁与血的革命。以毛泽东与延安为代表的革命文化在艰苦奋斗、英勇牺牲、壮怀激烈、勤俭节约、以民为本、自我批评、谦虚谨慎、顾全大局、忠诚老实等多方面继承并空前地发扬了传统文化的精华，而在阶级斗争的高潮中我们曾视"温良恭俭让"如草芥，视儒家为反动。正是狂飙突进的新潮，使我们的传统文化受到数千年来从未受到过的、从而是最最迫切需要的挑战与冲击，受到了一次次脱胎换骨的洗礼，孔子等诸子百家的学说置之死地而后生。艰难困苦、玉汝于成，我们的国家历经艰辛曲折坎坷，改革开放后发展进步，迈开了社会主义现代化建设的大步。

新文化运动与革命文化，也使人们看到了仅仅一个孔子的学说不足以完成提供中国现代化征程所需的精神支撑的任务，我们必须汲取数千年历史上的一切精华，更新完善我们的民主、自由、平等、法治、科学、真理、价值等诸种观念，必须汲取人类历史上一切先进文化成果，必须汲取历史唯物主义与科学社会主义并使之本土化。不了解传统文化就不了解国情民心，脱离国情民心就必然碰壁。不改革开放发展现代化，中国就只能向隅而泣乃至被开除球籍。

只有实现传统与现代对接，我们才能从容自信地面向世界、面向未来、面向现代化，从而熬过百年的磕磕绊绊，做好中华民族的现代化转型，从而更好地传承、激活、革新与弘扬我们的传统文化、五四新文化与革命文化，拯救与优化我们无法不为之忧心忡忡的世道人心，创造建设生机勃勃的当代中华文化。

我们今天仍然提出以德治国与依法治国相结合的历史任务，我们越来越将弘扬中华传统文化的使命唱响。我们拥有五四新文化运动的成果，在走过不少弯路后，我们珍惜人民革命的胜利，骄傲于改革开放、中国特色社会主义现代化的长足进展，乃有信心大谈博大精深的中华传统文化，虽然中华传统文化曾经困难重重。这是中华民族的胜利，也是人类一切科学文化成果洋为中用的胜利，还是以孔子为代表的中华传统古为今用的胜利，是我们的古老文化实现创造性转化、创新性发展的胜利。

我们提倡传承与弘扬传统文化精华，不是为了复古或复"民国"，不是穿上戏装似的背诵《三字经》开蒙，不是为了贬低新文化与人民革命文化，不是敝帚自珍、闭目塞听，不是只为了给儿童们、弟子们立百依百顺的规矩，却忘记了更重要的是要让老板与家长们提高自身。我们要做的是充分发掘我们这样一个大国古国的精神资源，匡正与充实世道人心，使我们在物质层面和精神层面上全面丰饶、自信、心心连通，创造新的历史，实现中华民族的伟大复兴，这当然也包括文化复兴与文艺复兴。

（2014 年）

温温恭人　如集于木

　　今年四月，我在台北参加文学讨论会，有机会听到了马英九先生与刘兆玄会长的讲话，他们对于台湾的文化发展有很好的期许，这是令人高兴的。今天，兆玄兄又提出了要在中华文化的建设、发展与交流上发挥尖兵的作用、催化剂的作用。他的这种自诩，真太棒了！多么好啊！我好像看到了两岸携起手来，共同传承、发展与弘扬中华传统文化的前景，这太令人欣慰了。

　　我们的古代文化传统对于政治体制、权力制衡、法制系统的想象力实在有限。同时，我们的圣贤君相很喜欢讲政治的理想、道德、人格、风尚与文明。这些我愿意称之为是一种政治情怀，更准确地说，是一种政治、社会生活中的精英（君相圣贤等）文化情怀。

　　个中原因在于中华文化的泛道德论传统。我们的先人认为，掌权者的道德修养，是统治的合法性的基础。我们坚信：天下，唯有德者居之。把政治生活道德化，可能无助于法治操作的完备，偏于理想主义。不论是老庄韩非，还是近现代的革命者，都抨击儒家理想的脱离实际，最严厉的批评叫作"满口仁义道德，满肚子男盗女娼"，按鲁迅的说法则是史书里字里行间都有"吃人"的字样。

　　但正因为儒家的理想难以百分之百地兑现，有道德的政治乃成为一种永远的理想、一种约束、一种监督，我还要说，这是一种压力。我们常常议论封建集权缺少监督机制，但我们的泛道德论在不能完全实现的同时，又起着一种文化监督、礼义监督的作用，这也是事实。我们的封建社会对于君权缺少体制上的制衡，但是我们有"唯有德者居之"的命题，反过来说，就是承认无道昏君的败亡是必然的规律。我们有"文死谏"的气节，有对于帝王之道的讲究与挑剔，有宁死不屈的"春秋笔"。我们强调水能载舟也能覆舟，覆舟也是合乎大道的。中国的权力必须接受道德监督、文化监督。中国的掌权者必须符合一定的德与礼，即道德原则与风度举止的标准。

对于泛道德论可以做许多反省与批评，但它在中国民间根深蒂固，你不可能对它一笔抹杀。泛道德论富有正义感、凝聚力与煽情性，现在还有一种通俗性。人们看人看事，先要辨忠奸、义利、清浊、正邪，人们首先要讲仁义、情义，一直普泛化为讲情面，而相对忽视了事实的核查与举证。对此，我们既要正视与充分理解尊重，又要在现代化的过程中有所提升匡正。

文化与情怀，是一个比社会制度与意识形态更宽泛的范畴。海峡两岸，这方面有许多共同的经验与困扰。

中华民族的政治理想集中表现在《礼记·礼运》中："大道之行也，天下为公。选贤与能，讲信修睦。故人不独亲其亲，不独子其子，使老有所终，壮有所用，幼有所长，矜寡孤独废疾者，皆有所养。男有分，女有归。货恶其弃于地也，不必藏于己；力恶其不出于身也，不必为己。是故谋闭而不兴，盗窃乱贼而不作，故外户而不闭。是谓大同。"这是一个带有高峰性、终极性的政治理想，至少对于我个人而言，它充溢着原始的"天真社会主义"的美好与伟大色彩。它鼓励着一种政治上的使命感与献身精神，它提出了难以企及的标杆，它推动了二十世纪中国大陆接受社会主义，叫作"赤化"。我个人就是在"老吾老以及人之老，幼吾幼以及人之幼"的情怀下，早在少年时期，就选择了社会主义与共产主义的。

受到两岸人民的共同尊敬与爱戴的孙中山先生的理念，突出地表现在他对于"天下为公"的言传倡导与身体力行之中。我在国民政府统治下上中学时背诵下来的中国国民党党歌中也强调："以建民国，以进大同。"可以说，建民国是第一步目标，进大同是终极目标。同样，中国共产党强调的是公有、公心、大公无私，废除私有制也是大同。这说明，大同，是国共两党与中华民族的共同理想。

孙中山先生的另一提法，至今深深地激励着中国共产党与大陆的人民，胡耀邦同志尤其喜欢讲这一点：那就是"振兴中华"。我相信中山先生的在天之灵，会为"振兴中华"至今是中国大陆十三亿人民的口号与正在实现的现实而感到欣慰。

怎么样才能振兴中华，改变中华民族"人为刀俎、我为鱼肉"的悲惨境遇呢？只有像邓小平同志那样坚持实事求是的思想路线，压缩意识形态的抽象争论，不进行"姓'社'姓'资'的抽象争论"，主张"白猫黑猫，抓住老鼠就是好猫"，把发展当成硬道理，中华民族才有希望。

九十年前，胡适博士曾经提出了"多研究些问题，少谈些'主义'"的命题，他说早啦！那时，中华民族正处于内忧外患、风雨飘摇之中，是不可能实现他的幻想的。他的提法受到了激进知识分子的猛烈抵制。近百年过去了，两极对立的世界格局已经不再，中国大陆正在坚决地走向务实、开放、包容、进步。胡适博士的在天之灵，也应该有所欣慰了吧。

中华民族的古圣先贤与明君贤相都强调有志于"修齐治平"的人的道德境界与人格成色，强调政治精英的自律即自我道德监督。国共两党虽然有过极其严重的政治斗争乃至军事斗争，但双方的文化大背景却相当接近，故而在政治人格与精英文化情怀的追求上，时有相通处。

蒋中正喜欢讲"庄敬自强（语出《礼记》），处变不惊"。毛主席喜欢讲"自力更生，艰苦奋斗"。不难看到二者的相近。毛主席对艰苦奋斗的强调，还包含着创业维艰，生于忧患、死于安乐，先天下之忧而忧、后天下之乐而乐的忧患意识，与孟子所强调的"故天将降大任于是人也，必先苦其心志，劳其筋骨，饿其体肤，空乏其身，行拂乱其所为，所以动心忍性，曾益其所不能。人恒过，然后能改；困于心，衡于虑，而后作；征于色，发于声，而后喻。入则无法家拂士，出则无敌国外患者，国恒亡。然后知生于忧患而死于安乐也"等思想非常一致。同样，中国国民党党歌中高唱"夙夜匪懈，主义是从"与"矢勤矢勇，必信必忠"。这里边都体现着"天行健，君子以自强不息"的精神。这就与某些东方哲学的消极退让的价值取向不同。我们的自强不息与"苟日新，日日新，又日新"的精神，比较易于与全球化、现代化的世界形势对接，而不会与日新月异、突飞猛进的世界格格不入。

在德国诺贝尔文学奖得主海因利希·伯尔的作品中，在印度与喀麦隆的民间故事中，我都听到过完全同样的渔夫辛劳而一位懒汉睡大觉的故事。懒汉认为，通过劳动获取幸福的生活是没有意义的，偷懒才是幸福的根源。地处三个大洲的三个国家的故事如出一辙，少有其例。但这样的故事在中国没有市场。我们讲的是"业精于勤，荒于嬉"。我们讲的是"书山有路勤为径，学海无涯苦作舟"。我们讲的是"吃得苦中苦，方为人上人"。我们的民间也是最看不起懒汉的。

马英九先生喜欢引用的《论语》中关于"哀矜勿喜"的说法、《中庸》中关于"戒慎恐惧"的说法，与毛泽东喜欢讲的"谦虚谨慎、戒骄戒躁""谦虚使人进步，骄傲使人落后"是相通的。这是中华传统文化的精华。这些说法与古代的"温温恭人，如集于木"的诗句也是相连接着的。《诗经·小宛》："温温恭人，如集于木。惴惴小心，如临于谷。战战兢兢，如履薄冰。"这是何等好啊。

一大批大陆学者，强调周总理的风格与人格特色正是"戒慎恐惧"。周总理在《怎样做一个好的领导者》一文中强调，要"戒慎恐惧地工作"。周总理最喜欢讲的话是"不可掉以轻心"，是"××无小事。"胡锦涛同志喜欢讲的也是"人民（群众）利益无小事"。马英九先生谦谦君子与文质彬彬、爱惜羽毛的形象给大陆人民正留下深刻的印象。而周总理温文尔雅、缜密周到、艰苦卓绝、鞠躬尽瘁的一生也已经彪炳史册。

以文会友，我相信在台湾与大陆都是"三人行，必有我师焉"，"十室之邑，必有忠信"。同时，我也觉出某些野蛮的胡说八道的可怜与可笑。我们中华文化是讲究饮水思源，讲究"问渠哪得清如许，为有源头活水来"的。而一些不学无术的人搞的"去中国化"，就是饮水塞源、饮水断源，那其实是去文化化、去常识化、去理性化。正如连战先生讲的，那是正在进行的台湾版"文化革命。"

老子讲"豫兮若冬涉川，犹兮若畏四邻"，这其实也是戒慎恐惧的意思。如《诗经》上"温温恭人，如集于木"的说法，这样的诗十分可爱而且美丽。一群鸟儿停息在一根树枝或一株大树上，应该互相照顾，互相礼让，互相做好的伙伴。现在是一大批中华的生灵集于海峡两岸，同时，数十亿不同肤色、信仰与发展程度的生灵集中在我们小小的蓝色行星之上。怎么办呢？是"时日曷丧，予及汝偕亡"（语出《尚书》，说明我们的传统中也有极端暴烈与自毁的程序驱动，我们漫长的历史中确实埋伏了太多的不义、压迫、仇恨与乖戾，对于我们的文化传统中的某些破坏性因素，同样需要我们的反思），还是"温温恭人"好呢？当然是后者。我有时反思，例如，项羽攻占了秦都，然后放火烧毁阿房宫。这太极端、太情绪化了，这等于是先占领后轰炸啊，这是匪夷所思的自毁程序启动了啊。有一次在纽约谈起这个话题，我说到此事。哥伦比亚大学的唐德刚兄比我学问大，他说，古罗马帝国也发生过先占领后焚烧破坏的事，令我震惊。

所以，在传统文化的讨论上，我赞成我的小学同学、美国威斯康星大学林毓生教授的见解，中国的文化传统需要一种创造性的转化。我认为，正是狂飙突进的五四运动，创造了这种转化的契机，挽救了中华文化。如果没有五四与此后的巨大变革，如果我们还处在八国联军侵华或者甲午海战失败的状况下，如果我们处在如孙中山先生所言的亡国灭种的危亡中，还谈得到什么弘扬传统？

所以，虽然我们弘扬传统文化，但绝对不可以借此否定五四开始的新文化运动。

我在汶川大地震后一年，去到了一片废墟的北川市。专家说，那是数万年地壳运动的盲目的力量蓄积与冲突的结果。我脱下帽子站在那里，深感我们这一辈人有责任化解、调节、疏导中华民族内外的各种冲突纠纷争拗，不要蓄积非理性的、不计后果的破坏性能量，不要把大陆、台湾与美丽的海峡变成不可控的核反应堆，不要给子孙后代留下毁灭性的政治、军事、社会地震的种子。

人间有很多歧义与不平，怎么办呢？不能因此大家就都变成人体炸弹。我们还是要"温温恭人，如集于木"。这是中华文化贡献给深受恐怖、极端、分裂势力与各种恶性竞争困扰的二十一世纪的地球村的最好忠告，或者说礼物。

（2011 年在海峡论坛上的发言）

老子的哲学

读一点《老子》，对我们有什么好处呢？我从小就读《老子》，有一个感觉，就是读了《老子》好像变得聪明了一点，变得比别人深刻了一点，而且看事情看得要远了一点。比如说下象棋，别人看三步、五步、十步，你如果读了《老子》，就能看到三十步、四十步、五十步。

读《老子》，分析老子，好事也可能是坏事，坏事也可能是好事，好词也可能是坏词。比如说，一般认为"知"和"智"是好词，但在《老子》里，"知"和"智"常常是作为贬义词来说的，老子不赞成知和智。"愚"是一个坏词，但是《老子》常常把这个"愚"当成一个正面的词来讲。比如"上"和"下"，我们一般讲尊卑上下，上是好的，下是不好的。但老子主张大国对小国要谦下，大国在下面，这是最好的。柔弱和刚强，一般情况下我们认为刚强是好的，但是《老子》又常常把柔弱说成是好的，把刚强说成是不好的。所以，他知道怎么让你比较踏实。

学了《老子》以后，就有点打不倒的那个劲。别人说你怎么这么笨？是的，我愚、不智，但大智若愚；说你智，却是智者不辩。学了《老子》，就不会那么浮躁，不用什么事情都急急忙忙、急于求成、急于成就。"夫唯不争，故天下莫能与之争"，我怎么跟人争呢？我的方法就是不争，我以不争来和人争，然后别人就没法跟我争了。我不争，别人怎么和我争啊？别人争钱，给他；争名，给他；争利，给他；争地位，给他；争地盘，也给他。除了老婆，别人争什么都可以给。这样，他就没辙了，这是"柔弱胜坚强"。所以，《老子》对我们处理生活的事情也可能有直接的指导作用。因为我们现在面临的问题很多，读《老子》会得到一点启示。但是，它更多的应是一种精神营养和精神上的一种抗生素、维生素，使我们的精神更加强大、更加深邃。

学了《老子》，好的事情里面能看出危险来；坏的事情里面能看出转机来。倒霉的时候能看出"塞翁失马，焉知非福"；得意的时候知道这事很危险，赶紧把各种荣誉、各种地位、各种称号让给别人，别再走向自己的反面。这是一种意志、一种品质，他比别人高一层、深一层，而且能够纯化心灵和品质，享受一种思辨的快乐。

我读《老子》有种快乐，来自它的实用性。比如，我们为个人的一些得失而感到不愉快，读读《老子》"贵大患若身"，就会发现人不能只考虑自己，"吾所以有大患者，为吾有身，及吾无身，吾有何患"，这有很大的帮助。也就是说，我们喝牛奶，身上不会长牛肉；吃鸡蛋，身上不会长鸡毛。但吃了很舒服，消化得很好，这说明我们消化它、吸收它，本身就是一种正常的生理反应。

我们看老子的东西不能完全理解，但总这么有意思。我不反对任何人从趣味出发来读《老子》、学《老子》，不要认为所有的学问都立马适用。数学开始时发展很快，主要是出于趣味性，到后来才发觉它有用。所以，我们读老谈庄是一种精神享受，是一种思辨的快乐。我们够紧张的了，又要开会，又要经商，又要汇报总结，又要处理各种人际关系的复杂问题。这时候，如果我们找出老子的一两句话吟咏再三，却又意犹未尽，觉得其中滋味无穷，这就是快乐。这种快乐比消费性的快乐更充实，它是一种更高级的快乐。所以，我们要享受《老子》，我们要享受智慧，我们要享受这种创造性的思想，我们要享受哲理。

下面我就说说《老子》里面表达的另外一种学问——战略哲学。

战略哲学是什么意思呢？自古以来有很多界定，不用我下定义。很多人说《老子》是一部兵书，它讲的很多东西和兵法是相通的。但我个人不接受说《老子》是兵书，因为《老子》有更多的终极关怀，有更多综合的、整合的、根本的思考，对本体、对世界的起源和归宿和对过程、规律、概念等的思考。它不限于兵法，但可以用于兵法，同时可以用于政治、用于人生，乃至于用于养生。《老子》中讲养生，但它不说"养"，说"摄"，是"摄生"，"摄"有保护、汲取、珍视几个方面的意思。因此，我说它是战略哲学，最后归结为一种哲学的思辨，归结为哲学的命题。它不是跟人家打仗，当然把它用在军事方面也可以，《老子》对军事不是没有兴趣，很多章节都和军事有关，很多命题是直接讲军事的，但更多的是哲学，是一个涵盖面非常广的，对社会、对人生尤其是对治国平天下、对治国理政的一些思考。

我谈四点：一是"无为而无不为"，二是"知白守黑，知雄守雌，知荣守辱"，三是"道法自然"，四是"治大国若烹小鲜"。

◎ 无为而无不为

这是自古以来，研究者，或有志于、有兴趣读《老子》的人最喜欢讨论的一个问题。许多先贤，我相信他们讲得非常有道理。还有许多现代同好，包括台湾学者陈鼓应先生，还有已经去世的任继愈先生。这些海峡两岸的学者都强调，"无为"的意思是不要刻意地为，并不是让你什么都不要干。还有的专家提出来说，"无为"就是不妄为。妄为就是胡作非为，想怎么干就怎么干，主观脱离了客观实际。

如果说无为是不妄为，就说不要妄为就行了，干吗把"为"都无了，直接说无妄、不要妄想、不要妄言、不要妄行、不要妄为、不要妄举，这比说"无为"清楚多了。如果无为就是不要刻意而为的话，那不要刻意就好了。刻意干什么呢，刻意为也不见得好，刻意说也不见得好听。我现在怕那种朗诵式的发言。2011年9月，我被邀请参加阔别已久的母校——西四北四条小学的开学典礼。在开学典礼上孩子们那种正儿八经的发言很严肃，特别是当朗诵到"各位领导"的时候，刻意得不行。

　　但是，老子也不至于因此说无为。为什么他说的是无为呢？不要随意给老子的思想贴标识。他说无为就是不要刻意而为，说愚不是说要愚民而是让人民质朴，这都是一些好的专家、前辈看到老子说的话有漏洞了，就赶紧打补丁，但征求老子同意了吗？怎么总是喜欢往老子身上贴金呢？我对这些说法不是很满意，现在还在研究，提出来与朋友们切磋。

　　第一个原因，我觉得老子是这么一个人，他充分认识到了"无"的重要性。到现在为止，我没有看见谁像老子那么重视"无"。他把对"无"的理解作为一种终极的领悟、终极的知识。他首先从发生学上说"万物生于有，有生于无"，概括得太好了。世界这么复杂，岂止是万物，要把每一个具体名称都说出来的话，十万物、百万物都不止。昆虫有多少种，草有多少种，石头有多少种，矿物质有多少种；变化过以后有多少种，遗迹有多少种；人制造的东西又有多少种，但这些东西都是"有"。"有"，就是西文中的"存在"，"万物生于有"。如果什么东西都没有，你还说什么万物呢？万物又叫"万有"，旧中国很喜欢用"万有"这个词，商务印书馆出的一套书就叫"万有文库"。"有生于无"，但是所有的"有"它原来都是"无"。如果原来就有，就不存在"有"这个概念；如果有"无"没"有"，它也不存在"有"这个概念。若一个东西，原来有，过了一万年、一亿年还有，永恒的有，原来什么样现在还是什么样，那还有什么，没"有"就行了。有"有"就必然有"无"。懂得寻找反义词，这是人的理性非常伟大的一个方面。如果有了，就会想没有了怎么办呢，那就是无。正像我们所看到的、我们所接触到的都是具体的，抽象是看不见、摸不着的。但是我们能理解抽象，因为我们看到那么多具体，我们看到的一切都是暂时、局部、有限的，但我们的智性、我们的语言法则告诉我们，有暂时就有永恒，有具象就有抽象，有局部就有全体，有有限就有无限。

　　所以有了"有"，我们就要考虑"无"这个概念。这个概念太伟大了，老子那时还不可能懂得地球物理学或者天体学、宇宙史、银河系、星云说，但他知道无，"有生于无"。在这个意义上，无就是道，道本身就是无，而且无就是中国人，尤其是老子的概念神，就是上帝，就是中国人的上帝。因为"上帝"也是一个概念。基督教语境中，上帝的儿子是耶稣，我们在基督教堂里面看见有耶稣像、圣母像、十二大弟子像，还有些圣人像。但是，没有上帝像，既没有它的照片，也没有它的油画和雕塑。它也是一个概念，一个无所不包、无所不有、无所不能的概念。

中国古书上讲"无非无"，什么意思呢？无非无，就是讲它从有变成无，它从无变成有、有变成无，能变成有和曾经变成有的无不是没有。无非非无，这是一个逻辑学的问题。

我很喜欢老子的一句话："有之以为利，无之以为用。"全国政协成立五十周年时，领导要我在大会上发言，发言时我就讲政协在中国存在，就是因为中国有这种思想——"有之以为利，无之以为用"。政协有什么？有地位，有坚强的领导，有各界的代表人物——很多社会精英，有强大的影响，有参政议政、民主监督等各个方面的职能。但是，它的另一面就是无，它没有行政权，没有立法权，恰恰是既有"有"又有"无"才形成了政协的特点。所以，老子创造了一种否定性的思维，就是你在想干什么的时候，先想想别干什么。比如说你想功课学得好，你别从早到晚都钻在电脑里头，也不要做很多耽误你宝贵光阴的事情；你想在工作上能有所成就，那你就别把你的心思用在那些歪门邪道上。西方的政治学也喜欢讲这个，其中一派学说讲国家的主要任务不是让你去干什么，而是要你明确不能干什么。无为是无不为的前提，如果你什么都为、无所不为了，谁还能去为真正的为呀，谁还能为得了啊？

第二个原因，我要强调的是，老子说的这个无为而治，它有一定的针对性，有一定的语境。他的语境是什么？就是春秋战国时期，中央权力系统衰微、失效，各个诸侯国秣马厉兵、争权夺利，这是当时的政治格局。另外，诸子百家到处"兜售""促销"他们的学说。所以，当时老子、庄子有些话说得相当的极端、相当的刺激。没办法，说得不刺激就没人听他们的，必须一说就让人一下子愣住，怎么说呢，跟打雷似的。诸子百家处在这样一个氛围中，都很活跃，个个都是如簧之舌，个个学问都深不可测，怎么说话的都有。《史记》记载，像苏秦、张仪、范蠡，走到哪里都是一样，跟君王说话都是先把君王吓蒙了再说。只有先忽悠得君王心跳、脉搏都产生了异常的时候，君王才有可能听他的，要不君王怎么可能听他的呢？

在这种情况下，老子讲无为。他确实看到了那些妄为、妄言、妄议、妄论，看到了那些根本实现不了的，只能折腾老百姓、让老百姓活不下去的主张、学说、政令、措施。所以，老子强调无为。针对当时那种让老百姓活不下去的现实，无为就是让他们别折腾了。无为不是给老百姓提出来的，而是给治国理政者、给那些与权力沾边的人提出来的。

第三个原因，老子的学说和庄子的学说，带有一种后现代文化批判主义的色彩。因为我们知道，现代性的发展、全球化的发展，一方面给世界带来了巨大的进展和利益，一方面也带来了许多问题，比如说众所周知的环境恶化、幸福感变得脆弱等。如今，生产力发展得与过去相比快很多，但是人的幸福感降低了。总之，人生活得要简单一点、朴素一点。

无为还有一个意思，就是要我们学会做减法、学会压缩，《老子》里有些话是很深的。"为学日益，为道日损，损之又损，以至于无为"。学问在逐渐增加，因为它是知识，知识越积累越多。可道是最单纯、最根本的一个原则，所以《老子》里面提出了许多概念，比如无欲，因为欲望带来许多的烦恼，欲望是深渊，无欲则刚。无咎，你没有什么过失，因为你自己并没有为你自己谋算，你自己并没有为你整天争取这个、争取那个，算这个、谋那个。你无咎，你没有过失，一个人活在世界上能无咎那可太伟大了。无智，你也用不着动心眼儿。无身，人之大患在吾有身，否则你用不着考虑自己。他还讲无执、无失、无私。无执，这是佛教的思想，就是你不用执着于某个东西，你不要自己跟自己较劲，也不要和别人较劲。无失，你不会失去什么。无私，老子的话是"非以其无私耶？故能成其私"。这话说得很直率、很直白，怎么理解这句话呢？其实很简单，你不争这个私利，你的品德比别人高尚，老百姓喜欢你，同事也喜欢你，大家都喜欢你，那你就更容易成功。如果你只看到成其私，那么无私就只是你成其私的手段，表面上无私，整天在算计要如何对你有好处；如果你立足于无私，那么成其私就是自然形成的一个副产品，你做事按自己的底线、原则，做完以后受到喝彩、鼓掌、提拔，得到效益，这是一个附带的产品，就看你自己怎么处理。

所以有人说，老子是阴谋家，因为"非以其无私耶？故能成其私"，他实际上是在成自己的私。大家都在抢房子，我不抢，最后房子归我了。"夫唯不争，故天下莫能与之争"，很多事情我不争，那些眼皮底下的小利益，争个什么劲啊？这样，别人反倒不与你争了。他的这个思路，有他高明之处。

如果你懂得"无为而无不为"，如果你懂得"夫唯不争，故天下莫能与之争"，那么这"无为"里面还有一个老子对治国理政者的理念，你最好也懂得。"太上，下知有之"，有的版本是"不知有之"，有的版本是"下知有之"。老百姓或者不知道，或者仅仅知道它存在就行了。"其次亲而誉之"，是什么意思呢？作为执政者来说，不要求老百姓到处唱颂歌，颂歌唱多了起码有两方面的坏处，一是不了解真实情况，二是期望值过高。1954 年，陈毅元帅就写诗说"颂歌盈耳神仙乐"，他已经看到了过分地歌功颂德不见得是好事。"其次畏之"，意思是我怕你，这个很实在。开车的人都害怕交警，原因很简单，你不怕他，他管不住你。权力的意思就是只要你不服从它，它就可以伤害你。另外就是"其次侮之"，侮辱他，有权力的人侮辱没权力的人，反过来没权力的人他也会侮辱有权力的人，他会想各种的招来骂你。

所以，这种无为更重要的是"功成事遂，百姓皆谓'我自然'"，一件事办好以后老百姓认识到、认为是自己干出来的。这个符合中共七大的时候刘少奇同志在延安讲的共产党的群众路线，他讲什么是群众路线，就是一切依靠群众，一切为了群众，其中还有一条就是群众自己解放自己，就是让老百姓认识到这一切是自己的利益，按照自己的利益去做。所以，老子能够在这个"无"字上狠下功夫，能够从否定的思维得出一些战略的思想，告诉你要少干点什么事，要精简点什么事，以至于无为。

当然，我们可以明确地说，老子在有些方面讲得少了。比如，没有讲勤政，没讲励精图治，也没讲精益求精，他没讲细节决定成败，没讲不允许有任何的差失，没有讲问责制、要奖惩分明。但老子讲的这一面，很有趣，而且看完了以后让人很松快、豁达。读《老子》读多了人就会变得豁达。

◎ 知白守黑，知雄守雌，知荣守辱

这话是什么意思呢？就是老子的辩证法，就是物极必反，逆向思维，逆向对策，低调做事。

"知白守黑"，就是什么时候都看得明明白白，心里都像明镜似的，但宁愿把自己看作是在一种蒙昧的状态、一种无知的状态。但要对"知白守黑"认真加以解释，你可以做几年的学问。这是黑格尔最欣赏老子的地方——他不懂中文却读德语翻译的《老子》。黑格尔解释这一句说，把自己沉浸在无边的黑暗中，但两眼注视着光明，有点像中国现代派诗人顾城的诗："黑夜给了我黑色的眼睛，我却用它寻找光明。""知白守黑"常常让我联想起人不要事事太聪明。

"知雄守雌"，意思是我知道我怎么样英武、雄强，我知道怎么样摆强势、显威风，我知道但不那么干，我保持低调、保持普通、保持一般。

"知荣守辱"，我也知道怎么样出风头，但我宁愿忍辱负重，这个太不容易了。说得简单，荣华富贵的事莫往前钻，宁愿在后面做普通人，能保持谦卑，谁能做得到啊。老子和孔子讲的许多东西是一致的。老子还有些比较厉害的话："将欲歙之，必固张之；将欲弱之，必固强之；将欲废之，必固兴之；将欲取之，必固与之。是谓微明。柔弱胜刚强。鱼不可脱于渊，国之利器不可以示人。"你想要把人关住，先给他打开；你想削弱他，先让他发展、强势起来；你要消灭他，先让他兴旺起来；你想要从他那里拿走什么东西，你先给他东西。这叫微明。有些事你得反着来才行。他这个说得挺绝，但也不是绝对的，有时候确实是这样。看到这一段，我就想到毛主席关于中国革命战争的战略问题，讲的就是这个后发制人。毛主席讲"敌进我退，敌驻我扰，敌疲我打，敌退我追"，你越是强盛的时候我越往后退。毛主席举了一个例子，说林冲到了小旋风柴进那儿，有个教头，要跟林冲比武。他一上来气势汹汹，一直进攻。林冲就一直往后退，退到实在忍无可忍，而且教头越来越轻敌、越来越放肆，于是林冲就抓住他的毛病一招制胜。老子认为，任何一种力量、一种势力、一个人，如果过于自信、过分的强势，如果他咄咄逼人，他就肯定要犯错误、漏空子，到一定时候肯定会失败。

而且老子是从宇宙的本体、终极上来探讨问题。老子说"将欲歙之，必固张之；将欲弱之，必固强之；将欲废之，必固兴之；将欲取之，必固与之"，这一套对阴谋家也可以用，或者把它作为一种手段也可以用。但是，老子看到了这一点：在各种斗争中，强变弱、弱变强的事非常多。比如说刘邦和项羽之争，项羽一直胜，刘邦一直败，但最后一仗刘邦就胜了。项羽就是在不断获胜的过程中实际上不断地被削弱。中国的革命战争也有这个特点，所以毛主席总结的时候说："捣乱，失败，再捣乱，再失败，直至灭亡——这就是帝国主义和世界上一切反动派对待人民事业的逻辑"；"斗争，失败，再斗争，再失败，再斗争，直至胜利——这就是人民的逻辑"。帝国主义和反动派不会违背这个逻辑，人民也不会违背这个逻辑。如果我们读中国革命史，就会发现，毛主席英明。比如大革命时期，革命力量弱，闹革命失败了；苏区搞了十年土地革命战争，可王明"左"倾错误造成的失败，使革命成果几乎毁于一旦。好多都失败了，但是失败、失败，最终就胜利了，这就是老子说的"柔弱胜坚强"。

"坚强"本来是一个好话，我为"坚强"这两个字查《辞源》、查《辞海》、查《英汉词典》，有一个发现，《辞源》对古代"坚强"的含义列举了几个意思：它首先包括坚强，还有一个意思是固执，中国古代"坚强"里面有固执的意思。而现代汉语里"坚强"绝对是好话，是完全正面的，为什么呢？因为现代的阶级斗争、民族斗争，斗争中我们强调的就是坚强。日本人打过来了，共产党员被反动派给抓到宪兵队里去了，要是软弱了不就当叛徒了吗？所以，这时候要的就是坚强，宁死不屈。实际上，坚强既有正面的意思，也包含某种负面的意思。老子还有一些比较绝门的说法，他说柔弱是生的象征，坚强是死的象征。拿一根树枝来说，软的一握就弯了，这是生的象征；一掰"嘎吱"断了，这是死的象征。老子在这些地方从反面下功夫，另辟蹊径，甚至于倒着来的思考。当然，这样的思路也只能是参考。

◎ 道法自然

道法自然的意思，用现代语言来理解就是要符合客观规律。这个"自然"不是现代讲的大自然，这个"自然"实际上是一个副词，自然而然、自己运动、自己变化、自行发展。就是避免过多的干预，避免做不符合客观规律的事情，避免做不符合老百姓愿望的事情。所以，老子有一种奇怪的思路，他不是整天提倡这个、赞美这个。他觉得，越赞美、表扬，就越适得其反。他的思路很怪，他说"天下皆知美之为美，斯恶已；皆知善之为善，斯不善已"。这话是什么意思呢？就是说你知道什么是美了，你就知道丑了。有人美，有人丑，你见着美的挺高兴，见着丑的就挺恶心的。

老子认为，只要有人生的经验，"皆知美之为美，斯恶已"这句话就很容易理解。第一，"皆知美之为美"打破了生而平等的神话，平等指的是政治权利、公民权利、就业机会的平等。你的模样比不上章子怡，你怎么跟她平等呢？你的个儿比不上姚明，一块儿打篮球，你能跟他平等吗？做不到。所以"皆知美之为美"就是说，首先你得知道两个人是不平等的。第二，互相争。如果你不服这口气，不服巩俐长得好，觉得自己就是比巩俐长得好看，那你就要争。第三，要作为。知道一种美好的东西以后，就假装自己是这种美好的东西的代表。这样的事情多得不得了。我们喜欢看《官场现形记》，它里面有一个故事，讲一个大官到基层视察。县里官员打听到这个大官最痛恨的就是穿名牌好衣服，认为不廉洁、不朴素。他最喜欢穿破衣服、带补丁的衣服。县里的官员吓坏了，他们身上穿的都是名牌好衣服。于是，赶紧到旧货市场去买旧衣服。但清朝的官服不是随便什么地方都能买的，一下子破旧的官服价钱变得奇高。这位大官接见县里所有的官员时，一看大家不是打着大补丁的，就是漏肩膀的，要不就是黑得冒了烟的，打心里头觉得这是一模范县，可以奖励，于是便出了这么个笑话。

有一次，我说"皆知美之为美"，北京金融界的一个朋友说你不用讲了，他们最懂得什么叫"皆知美之为美"。比如，有一只股票看起来前景好，大家都来买这股票，这只股票马上造成泡沫，最后崩盘完事，这就叫"皆知美之为美，斯恶已"。所以，老子反对定性，这种反对有道理。他认为，不能做得太绝对，不要过分地把自己的意志强加给别人。他说："大道废，有仁义；慧智出，有大伪；六亲不和，有孝慈；国家昏乱，有忠臣。"他喜欢的是"不言之教"，说那么多干什么，越是反复强调越是靠不住。

◎举重若轻

说治大国如拼命、治大国如负山、治大国如临陷阱、治大国如角力等都好理解，说"治大国若烹小鲜"，乍一听起来还真让人费解。"治大国若烹小鲜"，用天津话来说，就是治大国如贴饽饽、熬小鱼。由此看来，说"治大国若烹小鲜"不仅可以增加人们的创造力和想象力，还能培养大家的一种风格与气度。

话说回来，"治大国若烹小鲜"自古以来的解释，一是说不要加工得太过、不要折腾；二是说要掌握好火候，火太大了，三千度或八千度的火的温度，熬一个钟头，什么都找不着了，所以要注意火候；三是说要举重若轻，就是说把这个东西掌握好了，也不是什么了不起的事情。二十世纪八十年代，有位法国总统来中国访问，他说法国有六七千万人口，管这六七千万人都没有一天能睡好觉。一想到中国有十一二亿人口，他就更担心不知道该怎么管理了。这就像"小鲜被烹"，把它在锅里小火一烧，谁也不知道它什么时候会被"啪"一铲子翻下来摔个粉身碎骨，因为"水能载舟、亦能覆舟"。可是，老子却很淡定地说了一句"治大国若烹小鲜"。就是说，治国还要有那么一点儿气度，要从容。这话不但极有想象力，而且极有审美的情趣。我们可以把它当作文学语言来思考、来欣赏，它听起来很舒服、很滋润。

其实，能经常听到这样优美、舒服的语言，也不枉活一辈子了。

（2013 年的一次讲话记录）

老庄的治国理政

西洋的思潮从某种意义上说带有一种性恶论的因素，在政治上有一个基本命题叫作"多元制衡"，即互相牵制，争取维持到一个谁也不能为所欲为的程度。

我们中国基本上是性善论，起作用最大的还是以德治国。中国的封建社会没有"多元制衡"观念，靠德行的自我掌控和约束。另外，还靠"三十年河东，三十年河西"的纵向平衡。在这种情况下，对于知识分子，对于读书人，一个中庸之道一个儒道互补，都有它的积极意义。

儒家承认人和人之间是不平等的，社会必须有秩序，有主从上下之分，有君臣父子夫妻之分。要给这个不平等、这个主从的关系树立一个合情合理的规范，不能胡来。儒家思想之所以成为主流，原因有二。第一，对于读书人来说，儒家治国平天下是有理念的，不是光为了乌纱帽，这个理念就是德。第二，对于掌权者来说，孔子的这一套有助于社会实现有序、和谐、平衡，不会失控。

老子、庄子不是以德来治国，是以"道"，也就是自然而然地治国，以人的天性来治国。老庄的这种思想有两个作用：首先有启发的作用。让你知道世界上的事儿还有这么想的，还有这么做的，不无道理，哪怕是片面的理。其次有补充的作用。整天学孔子，谦恭有礼、忠贞不贰、杀身成仁，这样有时候太累，碰到挫折的时候——君主不让你尽忠，把你废为庶人，老庄的思想能起到补充的作用。下面，我主要从四个方面谈谈老庄他们在治国理政方面的一些思想。

◎无为而治

第一个思想我称之为"无主题治国","无为"的"无主题治国"。老子、庄子他们都主张"清静无为"。这个"无为",主要是针对诸侯、君王、大臣和士人讲的,不是说让老百姓无为。老百姓该种地的种地,该做生意的做生意。他说的"无为"不是说什么都别干,主要是说掌权的人不要先给自己立一个主题,"不要刻意为之"。办什么事儿都应该走着瞧,别处心积虑的。事情还没办呢,就一定要如何如何,事先都规定好了,这就是主观主义。这种情况下就会和老百姓发生矛盾。所以为政不要先确定主题。老子说:"圣人无常心,以百姓心为心。""常心"就是永恒不变的,圣人没有永恒不变的看法,一切跟着老百姓走。他又说:"天之道,其犹张弓与?高者抑之,下者举之;有余者损之,不足者补之。天之道,损有余而补不足。人之道,损不足以奉有余。"他的意思是,无论办什么事儿都要符合天道,天道就跟拉弓一样,高的地方要往下压一压,低的地方往上举一举,劲使得不匀的地方调整一下,这就是天道。老子还说执政的人头脑不要太复杂,老百姓住在那儿别给他捣乱,别逗他玩儿,"无狎其所居,无厌其所生"。这个"厌"在古文里就是现在的"讨厌"的意思,也可以当施加压力的"压"讲。"无厌其所生",打鱼的你让他打鱼,做豆腐的你让他做豆腐,你别捣乱,用咱们现在的话来说就是别折腾。"夫唯不厌,是以不厌",就是掌权的人不给老百姓添乱,不扰民,老百姓也就不会给掌权的人添乱。他认为最好的领导、最好的权力运作是根本就不运作,该干吗干吗,这是一种乌托邦思想,但不是无政府主义的乌托邦,而是无运作、有政府的乌托邦。

老子讲的这个又有点儿道理。比如今天掌权的人,或者说在国家公务部门占一定位置的人,很容易以创造政绩为刻意追求的目标。很简单,既然接受了任务,就必须得有政绩。没有政绩,怎么接受考核，怎么提拔，怎么防止对立面的批评、攻击？所以一定要有政绩。那么，你究竟是把政绩放在前面还是把人民的利益放在前面？要把"民心"放在前面，这就是老子所说的"圣人无常心，以百姓心为心"的含义。庄子说，刻意地去治理天下是"欺德也"，就是说侵犯了大道的功能。"欺德"的含义在于，刻意作为，是假政绩；刻意表现表演，是自欺欺人的伪德伪善。他说治国的人不需要涉海凿河，那儿本来是大海，你跳到海底下再凿一条运河，这么做有什么意义呢？庄子还说，"鸟高飞以避矰弋之害"，鸟都知道高飞躲避短箭；"鼹鼠深穴乎神丘之下，以避熏凿之患"，老鼠要想安全就要往深处躲。庄子的意思是老百姓什么事儿能干，什么事儿不能干，自己知道，你儒家就不要再啰唆了，不要对老百姓耳提面命。历史上的亡国之君有一类是彻底昏聩的，但还有一种亡国之君，是非常勤政的，是事必躬亲的，是极其有为的。比如崇祯皇帝朱由检，他辛苦得不得了，又多疑，对大臣不放心，也不许外戚参与政事。这样的勤政皇帝由于刻意有为最后也造成了自己的失败。这样的例子也多得很。老庄所提倡的"无为而治"，无主题而治，多少有一点"小政府大社会"思想的萌芽。就是政府做的事儿有限，你尽量让老百姓按照他自己的天性，按照他自己的利益追求做事，略加引导即可。他的说法就算是乌托邦，也能给我们作为参考。

　　"无为"的思想除了无主题治国以外，还有一个想法也挺好。《庄子》里讲得比较清楚，就是"上无为，下有为""上必无为而用天下，下必有为为天下用，此不易之道也"。意思就是说你的权力越大，你的地位越高，你越得少说话、少做事、少折腾，你让底下干。这种情况下，"无为而用天下"，就是你没有说很多话，你也没有下多少命令，但是天下都听你的。那么"下"呢？"有为为天下用"。下边的老老实实干活去，该加班加点就加班加点，你为我所用就是为天下所用，为国家所用。老庄那个时期的书写得比较简单，很多话只是点到为止。今天我们讲他的话，也不是说让大家简单地照搬，是启发大家去琢磨其中的智慧。所谓"上无为，下有为"，你们琢磨琢磨，它是一个非常精明的说法。从"上无为，下有为"这个话里我还想到西方管理上的一个观念，就是纵向分权。就是说权不但有横向的分，即不同的部门、不同的地区分别由相应的部门、单位负责；还有纵向的分，简单地说部长有部长的权，局长有局长的权，处长有处长的权，别互相掺和。"无为"里面还有一层意思。庄子说："闻在宥天下，不闻治天下也。在之也者，恐天下之淫其性也；宥之也者，恐天下之迁其德也。天下不淫其性，不迁其德，有治天下者哉？"什么意思呢？这又和现代的法治思想有关，当然这是西方的观念。我们不能照搬，但是我们可以参考，我们可以把它当一个学术问题来讨论。国家法律的主要作用在于防止你干坏事，而不是组织你干好事，因为这个好事每个人的要求不同。庄子的话恰恰是这个意思。为什么掌权者必须保持这个权力的存在？为的是"恐天下之淫其性也""恐天下之迁其德也"。"淫其性"是什么意思呢？就是失控。"迁其德"是什么意思呢？就是德行的偏差。就是说我必须保持我这个权力的存在，而不能让社会失控，让社会道德混乱。就是说，权力的存在主要用于防止坏人坏事，至于该做什么，应该主要让老百姓自己搞，上边不要掺和得太多。在古代中国，有这种思想观念也挺有意思的。

◎ 保持距离

第二个方面，老子和庄子还主张权力的运作要和老百姓保持一点距离。老子提出一个很有趣的思想，首先是"太上，下知有之"。"太上"就是最佳，是说最佳的状况是老百姓知道有这么一个国君，知道有朝廷，这就够了。谁是国王，跟我没关系。谁也不妨碍谁的事儿，老子认为这是最好的状态。其次，"亲而誉之"。最值得人掂量的就是这四个字。"亲而誉之"怎么会成了二等？老百姓一见着你说你真英明，你是我们永远的榜样，我们一见你就热泪盈眶，这不是很好吗？"亲而誉之"的结果就是建立了一种高调的权力运作的关系。你不但能够高效地运作权力，而且是精神的导师，是德行的代表。这种高调的运作有极大的动员力，但也容易引起过高的期望值。期望值过高就会引起失望。儒学是很好的学问，为什么到后来尤其到了五四时期，被人家骂成那个样子呢？就是因为说得太好了，但做不到。所以说，权力和百姓的关系"下知有之"就行了，各干各该干的事，不要弄得太漂亮，不要"亲而誉之"。"亲而誉之"后面是"畏之"，是说要让人怕这个权力。老子也很实在，一点儿不畏是不行的。这种"下知有之"的说法，使我想到了近现代的一个观念，"虚君共和"。现在世界上有相当数量国家的元首是虚的，没有实权的，但是它又是不可更迭、不可改变的。比如说英国女王、日本天皇、荷兰女王，还有瑞典、丹麦等君主立宪制王国的元首。1987 年我去泰国进行访问，和泰国的教育部部长聊天，他说："我们泰国的制度有一个好处就是谁也别争第一把手，第一把手是国王，你乱不起来，最后是国王说了算。他平常什么也不管，只管人道主义事业。"当然泰国也有泰国的问题，现在我们也看到了，但这是另外的问题。这是君主制国家的情况。不过，非君主制国家也有这种思路。比如说德国总理是默克尔，它的总统是谁你们说得清楚吗？反正我不知道是谁。以色列也是这样一种情况。所以它也是一种虚君共和、虚位共和，也是在权力使用上加以平衡的一种方法。这些方法我们显然不能照搬，但是我们应该知道世界上对治国理政、对权力运作、对权力的转移交接有各种各样的思路。我们多知道点儿没害处。

◎ 低调治国

　　老子和庄子都主张低调治国，这是我概括出来的。老子有一句有名的话，"知其雄，守其雌"，就是我知道该怎么样才能牛，但是我表现出来的不是一个牛气冲天的形象，而是温柔、低调、和善的形象。"为天下溪"，就好像地下流的小溪一样，不是洪水滔滔，不是泰山巍峨，也不是青松入云，只是一条小溪流。"知其白，守其黑，为天下式"，就是虽然什么事儿都很明白，但是，千万不要摆出一副什么都明白的样子，而是应该把自己摆在一个难得糊涂的位置，把自己摆在一个韬光养晦的位置，但同时我要尽量地知道世界上的各种说法。当然这个"知其白，守其黑"，老子解释得不详细，后来有人就说这里有阴谋的味道，说老子是阴谋家。朱熹就说过"老子心最毒"。我个人并不认为是这样，俄国作家克雷洛夫的一句话可以帮助我们理解："鹰可以和鸡飞得一样低，但是鸡不能像鹰飞得一样高。"老子本意是考虑世界的本源，考虑万物运作的规律，考虑天下的大事，考虑怎么样结束老百姓的灾难。所以他主张治国应该把自己放在下位。老子说："上善若水。水善利万物而不争，处众人之所恶，故几于道。"他认为这是水的本性。水不争，碰到有阻拦的地方就拐弯，碰到低的地方就流。老子更提倡谦让，提倡节俭，甚至提倡后退。所以他以水作例子。作为文学的一个理念，"上善若水"这四个字非常好，非常美。谁不喜欢水啊？生命是离不开水的，水确实是居善地、心善渊，都是跟善在一起的。老子讲"大国者下流""大者宜为下"，就是权力越大、地位越高，越应该把自己放在下边，不要高高在上，不要盛气凌人，不要以大压小。这种非常东方式的观念是有它的参考价值的。这里面有一些精兵简政的味道，把复杂的事情简单化，是要花工夫的。求学即是这个道理，一方面要复杂化，要扩充知识；另一方面在充实的过程中要概括、提炼，要把它简单化。为政也是一样，复杂化是一个本事，简单化更是一个本事。老子还有很多类似的说法，比如"其在民上也，以言下之"，想统治老百姓，必须先向老百姓学习。"在民前也，以身后之"，想领导老百姓做一件什么事，应该先跟上老百姓，看看老百姓现在关心什么。

老子反对、批评过分强势的权力与从政者。他的主张是柔弱胜刚强。他说，草木柔弱，是生的象征；草木刚强，是死的表现。枯枝子才是坚强的，而软软的枝条，是有生命力的表现。老子还说："物壮则老，是谓不道，不道早已。"你太强势就走下坡路了。中国人自易经时期就相信物极必反，一阴一阳谓之道。《红楼梦》里也讲，"月满则亏，水满则溢"。"荣辱自古周而复始"。就是说，为政，越是盛极了，越要小心谨慎，要随时做好衰的准备，以防不测。老子主张，治国理政者要给自己留下调整进退的空间，不要说得太满、做得太绝，要给自己留下回旋余地。

老子还有一个说法，"我有三宝，持而保之：一曰慈，二曰俭，三曰不敢为天下先"。这话我们今天是不能接受的，尤其是"不敢为天下先"，因为我们现在提倡的是要"敢为天下先"。但是老子这个说法有他的道理，我们也姑且作为一个参考。"一曰慈"，就是说要保持善意，尤其是要对老百姓保持善意，体恤民情、体恤民艰。"二曰俭"，俭的意思不是指现在理解的物质方面的节约，而是说要给自己留下选择和行动的空间，不要把什么招都用上。按老子的想法，招多，可以留着，别一下子全都用出来，就是要"蓄"。老子还说过"蓄其德"，就是说要积蓄你的德行，要积蓄你的智慧。"不敢为天下先"，是指君王不要太超前，把老百姓抛在后面。

◎治大国若烹小鲜

"治大国若烹小鲜，以道莅天下，其鬼不神。"这是老子《道德经》当中最神奇、最美丽、最充满魅力的一句话。"小鲜"就是小鱼。老子认为治大国就跟熬小鱼一样。其实不光老子有这个说法，法家的韩非子把这个道理用到权力斗争上，也说："烹小鲜而数挠之，则贼其泽；治大国而数变法，则民苦之。是以有道之君贵静，不重变法。故曰'治大国者若烹小鲜'。""挠"是什么？就是别老抓挠小鱼，小鱼本来用水一煮已经烂了，你再一抓它就变成烂泥了。后来隐士河上公解释这句话说："烹小鲜不去肠，不去鳞，不敢挠，恐其糜也。"河上公说"治国烦则下乱"，就是你治国治得非常烦琐就会引起混乱，所以不要烦琐，不要折腾。

治大国你怎么治？老子说跟熬小鱼差不多，但我不告诉你怎么个熬法。它让人感觉到举重若轻、举止有定，胸有成竹、自有把握，不急不躁、不温不火。

在讨论老庄的治国理政观念时，我们要注意到一点，老庄也罢，孔孟也罢，他们的思想并非凭空而来，他们针对的是春秋战国时期的政治形势：天下大乱，中央政权失势，国家间无义战，所有的掌权诸侯，都野心勃勃、急于求成、追求实力，大搞阴谋诡计，使得民不聊生；而诸子百家趁机自由发展，像走江湖、卖野药的小贩一样，都在那里吆喝兜售自己的观念。在这种情况下，孔孟希望的是结束混乱，树立规范、秩序；老庄想的是结束纷争、结束折腾，还老百姓以生存权、自主权，还百姓以平平常常的日子。两方都事出有因，也都心有余而力不足。理念有余，而操作困难。

总之，老子与庄子在治国理政方面有自己的思路，有自己与众不同的理念，有自己的光辉的智慧，有堪称另类的补充作用。从历史上看，老庄这方面的理念，被采用得不是很多。有学者说，中国历史上堪称无为而治的，只有西汉的文景之治。汉文帝、汉景帝时期，与民休养生息，与周边少数民族的关系也比较平稳，国家也比较太平。汉高祖是开国之君，但是他斗得太厉害，政治氛围紧张，老百姓也过不稳踏实日子。汉武帝是有为之君，但他对外连年征战，对内宫廷斗争也搞得一惊一乍，人民幸福指数很低。另外，学者们又从儒家的观念上善评文景之治，说他们搞了仁政，是唯一唯二以德治国的。

这说明，说到底，儒道的治国理政观念有很大的一致性，就是以民为本，以君为纲，以百姓的感受衡量国君的作为。儒家强调的是国君要讲仁义道德。道家强调的是国君不要扰民，要给老百姓更多自己创造简单朴实的幸福生活的可能。

与儒道两家对立的要数法家，法家以权力的争夺、保持与运用为中心，思考治国理政的诸问题。法家的思想很实惠，也很真切，为政，就必须有权。用"文革"中的说法，叫作"权、权、权，命相连"。按毛主席的说法，中国的历代君王，口头上讲儒家，实际上行的是法家的一套，即实际上是围绕着权力转的。这样讲是说出了中国历史的一个事实，很重要。

但事实也有另一方面，就是说，不管皇帝老子怎样地治国理政，老百姓希望的是有道德的政治，是以德治国，是仁政，是权力运用上的适当，是实行损有余而补不足的天道。用今天的话说，即要照顾弱势群体，要让强势者多尽点义务，如多纳点税，千万不要与强势者站在一起压榨弱势者。就是说，中国老百姓，包括中国的读书人，接受的不是法家，而是儒家，尤其是儒道互补。

老庄还有一个有趣的作用，这一点没有人可以与老庄相比拟。就是一个士人，仕途受挫，搞不成什么治国理政了，甚至在自己协助辅佐治国理政的过程中获罪了，被权力中心驱逐出境了，怎么办呢？老子，尤其是庄子，有自己的一套，什么"宠辱无惊"啦，什么"夫唯不争，故天下莫能与之争"啦，什么"逍遥游"啦，什么"无用之用，方为大用"啦，什么"道枢"啦，非常棒，能给又辛苦又傻乎乎的封建中国的士人们指出一条精神上自我救赎的出路。

（2011 年）

孟子的启示

◎ 亚圣孟轲

秦始皇统一天下后，"焚书坑儒"，表现了他对儒家的厌恶。那是由于，儒家的泛道德论、泛善论、为政以德论、齐之以礼（用礼法规范天下）论、君子—士—精英主义、中庸理性主义、圣人乃百世之师论、民贵君轻论……客观上形成了对于君王权力的文化监督、道德监督。儒家的摇唇鼓舌、指手画脚、自命优越、用理想修理现实，令沉迷于大一统权力与事业的嬴政皇帝反感万分。

但后来的皇帝、朝廷、儒生、乡绅，一直到百姓，都渐渐接受了儒家的优显地位。因为儒家自好学孝悌始，到治国平天下终，说法正当、顺耳、简明、容易接受，即使不完全做得到也比没有这样一个美好通俗的学说好。而且，用这样的学说还能吹吹民心、民本、性善、仁政，用别的学说就更无法让百姓们听着舒心、放心。法家学说是君王听着舒服，百姓听着肝颤。道家学说是抽象思维的胜利，通向宗教，玄而又玄、众妙之门，伟大而涉嫌玄虚与故作逆反。墨家投合志士，名家投合思辨"拔河"，都没有儒家的广博、平易、诚恳、善良、可喜。今天的学界对于董仲舒是否原汁原味地提出过"罢黜百家，独尊儒术"有不同看法，汉武帝以来儒家学说地位飙升，渐渐达到了"罢黜百家，独尊儒术"的局面则是事实。而儒家的代表人物自然是大成至圣先师孔丘，后世又加上了活跃在孔子死后百年的战国时期的亚圣孟轲。

亚圣的地位有难处。一概拷贝孔子，失去存在必要；与至圣各说各的，平分秋色的可能性不大，被攻讦为标新立异与"机会主义""修正主义"的危险则大为增加。

首先从文风话风上看，孔子各方面的论述恰到好处，春风化雨，亲切自然。一上来就是"学而时习之""有朋自远方来"，何等安稳熨帖。而孟子一起头就选择了"何必曰利？亦有仁义而已矣"，确立了利与义两大阵营，而且他使二者不可得兼，一直发展到后来，达到生与义的不可得兼、达到舍生取义的壮烈。孟子的不妥协性与尖锐性、彻底性振聋发聩。

◎ 义利分明

孟子的义主要是指义理，即大道理、大原则。用今天的话来说就是不能用原则做交易，小道理必须服从大道理。孟子的话是"上下交征利而国危矣"，此话值得回味：一个权力系统，如果追求的是具体的形而下的利益，后果不堪设想。原因很简单，利与利有时相悖，不同的人、家、国、天下各有其私利，争利的结果会是天下大乱。

但今天的人们明白，除了私利，还有国家、人民的利益，利益是有最大公约数的，大道理与大功利是分不开的。过分强调义与利势不两立，其后果是给人以孟子"迂远而阔于事情"（司马迁）的评价。

孟子突出了以圣贤为己任的亚圣贤准圣贤人格的坚强、浩大与光耀，叫作"我善养吾浩然之气""至大至刚"，这是那个时代的修身——苦练内功。可以理解，亚圣往往会比至圣多一点锋芒，这才可能使自己在既非新出锅，而且仍然百家争鸣、莫衷一是的局面下坚持响当当的气概。斯大林比列宁更严厉，切·格瓦拉比卡斯特罗更彻底。

《孟子》一书中，"王"字出现凡 237 次，"天"289 次，"民"200次，"君子"一词 82 次，"士"67 次。"王"字较多，是因为孟子致力于为王者师，谈王论王。他也见过、教训批评过很多侯王，获得过或拒绝过他们的馈赠，"后车数十乘，从者数百人"，其社会地位、政治地位与生活待遇不低。虽然有过与齐王如何见面之争，有过"既然您称病不过来，我也干脆称病不去"等躲来藏去的捉迷藏游戏，但孟子未曾遭遇过类似孔子厄于陈、蔡的窘态。从境遇来说，孟子比孔子牛气很多。

而且孟子自有理论，他引用曾子言曰："晋楚之富，不可及也。彼以其富，我以吾仁；彼以其爵，我以吾义，吾何慊乎哉?"也就是说，以自己的文化资源、道德资源，向权力资源与财富资源叫板逞雄，没什么不可以的。义行天下，不畏权与利。

◎ 从民本到精英

不仅仅是为自己应得的礼遇，而且是为了圣贤、大人、君子、士、大丈夫直到臣等说法不一的社会精英、社会贤达（此四字头衔一直用到民国）的地位与使命。

孟子的观点，不能是权力至上、君王至上，而是在天与民至上的前提下，表现出来的可操作的抓手——精英至上。

除"君"外，《孟子》中讲得最多的是天，天是自然的存在，也是至高至上至大的巅峰——神性的终极。孟子认为"民为贵，社稷次之，君为轻"，原因是"天视自我民视，天听自我民听"，到了小说《李自成》那里，便是李的智囊牛金星所言的"民心即是天心"，在民与天之间画了一个等号。

这里的"天民合一"可能比"天人合一"更富挑战性。天民合一挑战的是不行使仁政的君王的权力；天人合一针对的则是人类面对天道与自然时的异类感，包含着怨仇、畏惧、悲叹、匍匐与胡作非为。

然而天无言，民是无序乃至无端（头绪）的，对于天与民的高度尊重，只能体现在君子、精英、士的贤明与品德上。"君子所以异于人者，以其存心也。君子以仁存心，以礼存心。仁者爱人，有礼者敬人。爱人者，人恒爱之；敬人者，人恒敬之。"《孟子·离娄下》中的这句话，告诉我们，还是要从君子之心中探寻仁、礼、爱、敬的天道天威与民心民意消息。

孟子认为圣贤谱系大致是"由尧舜至于汤，五百有余岁……由汤至于文王，五百有余岁……由文王至于孔子，五百有余岁"。孔子不是天子君王，但是与唐尧、虞舜、夏禹、成汤、文王平起平坐，而且，孟子说："孔子之谓集大成。集大成也者，金声而玉振之也。金声也者，始条理也；玉振之也者，终条理也。始条理者，智之事也；终条理者，圣之事也。"孔子最伟大，圣贤最伟大，仁义爱敬智圣最伟大，王道最伟大。孔孟虽然没有机会王天下，但他们提出了可以"王天下"的王道："乐以天下，忧以天下，然而不王者，未之有也。"还有"仁者无敌"与"保民而王，莫之能御也"。

◎ 仁者无敌

孟子说："桀纣之失天下也，失其民也；失其民者，失其心也。得天下有道：得其民，斯得天下矣。得其民有道：得其心，斯得民矣。得其心有道：所欲与之聚之，所恶勿施，尔也。"

这一类的命题，你会觉得孟子正道得简约得相当纯洁，他的文化理想主义与道德理想主义，讲得到家。人性向善，人心思善，君王为善，就是仁政，就能建成人间乐园，直到"与民同乐""俊杰在位""省刑罚，薄税敛，深耕易耨"，还有"市，廛而不征，法而不廛，则天下之商皆悦，而愿藏于其市矣。关，讥而不征，则天下之旅皆悦，而愿出于其路矣。耕者，助而不税，则天下之农皆悦，而愿耕于其野矣"……一方面是春秋无义战，到处是争权夺利、阴谋诡计、血腥屠戮、枉费心机、国无宁日；一方面是仁者无敌、莫之能御、天下归心、轻而易举。孟子的名言："老吾老以及人之老，幼吾幼以及人之幼，天下可运于掌。"我少年时代一接触到"共产主义"四个字，脑子里出现的就是"老吾老以及人之老，幼吾幼以及人之幼"这十六字真言。这十六个字如能做到，万国一家，万民一体，不是人间乐园还能是什么？

孟子认为实行王道而不是霸道，恩被百姓而不是祸害百姓，其实很容易做到，犹如"为长者折枝"，绝对不是"挟太山以超北海"。君王们没有去做，完全是"不为也，非不能也"，关键只在一念间。

孟子引用孔子的话说："道二，仁与不仁而已矣。"此说干脆利落、简明浅显。只是，虽然说得极其便利，但实际上没有这样明白。帝王将相、名公大臣，都重视争权夺利，都认为有权才能实施仁政、造福百姓，有利才能爱民如子，使民人"仰之若父母"。但实际上呢，争得尸横遍野、民不聊生，根本没有了义战，咋办？他提了许多争取人心的建议，首先是反战。他说："故善战者服上刑，连诸侯者次之，辟草莱、任土地者次之。"主张对善打仗、"外交"、开疆拓土的能人们施以刑罚。他还建议，对王者修园林这样的事情，应采取开放态度，"与民偕乐，故能乐也"，他说当年文王的灵台鹿苑就是这样的。他提出了做好农民土地的经界、不违农时、捕鱼时数罟（细密的网）不入洿池（大水池）、保养资源环境、伐木也要遵守时序的要求，说是这样做了就可能丰衣足食。换句话说，百姓之所以不能温饱，正是由于权力系统的营作不端，破坏了生产的正常时序与环境。他还提出薄赋税，乃至免税。

这些话说得很中听，但实际难以做到。孟子的愿景是由某个侯王建立一个人间天堂、人间乐园，然后百姓们载歌载舞、欢呼雀跃而来。问题在于，是先建乐园，然后"王天下"即把握天下权柄呢？还是先把握了权柄、"王"了天下，才能修建出一个人间乐园来呢？这也是先生蛋抑或先生鸡的扯皮问题。

这里有中华文化的思想方法，尚同、尚一、尚朴、尚整合，我称之为"泛一论"，即认定千万概念中有一个最基本的概念，主宰一切，一通百通。它是中华的概念神祇，是中华宗教情怀的文化化与道德化。泛善论、泛一论与泛"化"论，是中华文化的"三泛"特色。对于孟子来说，泛一就是泛善，必须加上随时调整变化的泛"化"才能解释大千世界的种种变通与不一。

◎ 孔孟是不是复古

　　孟子是言必称尧舜——仁政，孔子是梦欲见周公——重建郁郁乎文哉的礼乐之邦。这与其说是复古，不如说是怀念中华文明的奠基（启蒙）阶段，恰如一个人在躁动焦虑、哭哭闹闹的青年时期回忆向往自己单纯快乐的童年。草创阶段，百废俱兴、百事最美、人情天理、中规中矩、新鲜活泼，正是尧舜文王时期的特殊魅力。然后日复一日、年复一年，文明使生活规范，规范渐渐引起逆反，英雄（枭雄）不畏也不全信规范，他们懂得了使规范为己所用。文明使生活文化雅化，也使生活变得啰唆、形式主义，直到某种文明成为桎梏，文明异化成为幸福与人性的对立面。美好的语言与意向温暖人心，但时间长了美言变成套话空话，好心变成作秀，礼仪变成虚与委蛇，仁义道德变成幌子（到了后世，鲁迅揭露说传统文化在仁义道德字样的夹缝里写的是"杀人"二字）。一种文明、一种体制、一个朝代，在它的初始阶段大多生气勃勃、引人入胜、万民欢呼。而过了一定时期，各种僵化、老化、空化、异化、腐败与病毒入侵的现象渐渐滋生，甚至成为痼疾。于是不失其赤子之心的孔孟竭力要求回到尧舜时代，而庄子要求干脆回到更古老得多的神农时代，老子的希望则是人人回到婴儿时期。老子要问的是，你们还"能婴儿乎"？

　　这里复古怀旧是现象，批评现实，要求调整变化、因应挑战、恢复活力、重新从零开始做起才是实质。哪怕二位圣人加上太上老君（道德天尊）——老子与南华真人——庄子并未意识到这一点也罢。

　　孔子认为自己是西周文脉最后的唯一代表，他如果遇难，就是"天丧斯文"。孟子则深深意识到他是孔子后的文化—政治—救世—天命的担当人。

◎ 对精英的期许

孟子要鼓励自己和自己的门徒，以及与自己一类的、大体上是以自己为带头人的社会精英群。

这样的精英，"故天将降大任于是人也，必先苦其心志，劳其筋骨，饿其体肤，空乏其身，行拂乱其所为，所以动心忍性，曾益其所不能"——不是一般人。

这样的精英，"说大人，则藐之，勿视其巍巍然。堂高数仞，榱题数尺……食前方丈，侍妾数百人……般乐饮酒，驱骋田猎，后车千乘，我得志，弗为也。在彼者，皆我所不为也；在我者，皆古之制也。吾何畏彼哉?"——干脆要藐视权贵，自身牛气。

孟子还发明了天爵人爵之说："有天爵者，有人爵者。仁义忠信，乐善不倦，此天爵也；公卿大夫，此人爵也。古之人修其天爵，而人爵从之……"用今天的话说，一个人本身的精神境界与能力是天给你的级别，闹个什么职衔，则是人事部门定的级别。人应该努力去修养自己的境界能力，级别待遇则是捎带手的事，不能反过来，靠级别树威信，靠级别显品德与才能。这话对于今天的中国，太合适也太必需了。

他说："如欲平治天下，当今之世，舍我其谁也?"认识与担当，毫不含糊。他说："万物皆备于我矣。反身而诚，乐莫大焉。强恕而行，求仁莫近焉。""皆备于我"，与其说是主观唯心，不如说是对于天人合一的信仰。善德即是人性，人性即是天性，人心即是天心，人道即是天道，只要不受后天的异化与"非人""非仁"的恶劣影响，推己及人，推己及物，推己及天下，其乐莫大，求仁莫近。一个仁一个乐，便是天道，便是人性的根本。

这样的精英不但不是白吃饭的，而且是起着大作用的。孟子曰：

"君子居是国也，其君用之，则安富尊荣；其子弟从之，则孝悌忠信。'不素餐兮！'孰大于是？"

这样的精英要求尊重礼遇，高看自己。"古之贤王好善而忘势。古之贤士何独不然？乐其道而忘人之势。故王公不致敬尽礼，则不得亟见之。见且由不得亟，而况得而臣之乎？"——要乐而忘势，"乐"是满足与自信，"势"是权贵乃至君王。孟子的理论很有力，但在中国，后世精英们的处境与自我感觉是每况愈下。尤其是，"君之视臣如手足，则臣视君如腹心；君之视臣如犬马，则臣视君如国人；君之视臣如土芥，则臣视君如寇仇"。孟子此言，带几分狠劲！

精英们做了君王的臣子，仍然要求双向的尊重与忠诚，而不是单方面己方的"罪该万死"与君王方的"口含天宪"。孟子甚至提出来，"贵戚之卿""君有大过则谏，反复之而不听，则易位"。他认为贵族精英圈子，可以因君王的过失而更换之，搞得"王勃然变乎色"。

◎ 中国特色的权力与意识形态平衡

看来，孟子希望能用文化、道德，在文化、道德的体现者圣贤、君子、士与掌大权却又无义战的诸侯君王之间取得某种平衡。

孟子这个希冀很难说做得怎么样，但是比没有好。即使传说朱元璋读《孟子》时说过"'臣视君如寇仇'之说不宜"。孟子的狠话还是传了下来，没有谁敢在上朝的时候念这个狠语，但是臣子会没事偷着说。自古以来，有伯夷、叔齐这样的不与统治者合作的人，有比干、海瑞这样的坚持批评意见的臣子，有一次又一次的改朝换代。孟子的思想为中国古代的政治生活保留了活气、正气，也承认了封建专制之中仍然存在的缝隙。

泛一中仍然存在着二：义与利，彼与我，君与臣，仁与不仁，敬与不敬，礼与非礼。

孟子是讲天下定于一的："'天下恶乎定？'吾对曰：'定于一。'

'孰能一之？'对曰：'不嗜杀人者能一之。'"然而万事万物，不是定于一就终结（如所谓"历史的终结"）了，定于一必然就有二有三有多，有一生二、二生三、三生万物（老子），有一的一切、一切的一（郭沫若、《华严经》），有杂多、差别、统一（黑格尔）。你不嗜杀人了，意即"总是要杀一点人"，并不是根本不杀人，只是不嗜杀忒多的人，你与那个被杀的人仍然"一"不到哪里去。还有，你不嗜杀人了，有嗜杀的怎么办，嗜杀者恰恰要杀你怎么办？民、社稷、君的贵与轻的说法也不是绝对定于一而恰是同时分为三的。

◎ 性善论的根本性与信仰性

这样坚决主张与高度自信，靠的是什么？曰性善。性是人的根本，是人与兽的区别所在，是天意天命，性就是天。"天命之谓性，率性之谓道，修道之谓教"（《中庸》），这是儒学的根基所在。孟子将之发展提升到新的高度。孟子性善论的基本逻辑是，人心向善、邦国天下天然应该走向以善为核心的仁义之道，因为人性已经具备了善的元素与基因——良知良能。良知良能是与生俱来的，是天生的，是先验的，是至高至上的天命与天意。人只有性善才能走近天的伟大，只有符合天意才够资格为人性善；为人性善只有被理解为天意，才能够成为善化德化的至高律令那颠扑不破的前提。

就是说，人性善，同时人必须性善，没有讨论余地，这是超人间的人性源头——天所决定的。

善是天定。天是善证。性是天赋。善是性生。

不仅个人天性如此，万民的政治趋向更是如此。孟子引用《诗经》与孔子的评论，说是"天生蒸民，有物有则；民之秉彝，好是懿德"。

这既是文化信仰、道德信仰，又是人生信仰、终极信仰、类宗教信仰。为什么说终极？因为把天抬出来了。孟子时代，有没有比天更终极更高端更根本的概念呢？老子有——道。孟子没有。有没有善的本性，是人的基本特点，而善性来自至高无上的天。善来自天，天子的地位与权威来自天，天是一切权威与信仰的根本，也是一切政治权力的正当性（如今天所讲的合法性）的根本。人性、道德、仁政、天命、自然就这样浑然统一，儿童品德、政论、哲学、伦理学、中华神学、教育学、公共管理学就这样浑然无间。在孝悌—仁义—道德之间，在自然、素"朴"（这里有老子的概念）、人性—天性—神性之间，孟子代表的中华文化画了一个等号。性则善，善则天，天则义，义则无敌于天下。

孟子认为，你从哪儿体悟天命天意天机呢？没有比从人性之善上来悟天、悟终极、悟根本更好的了。恻隐之心、羞恶之心、恭敬之心（或辞让之心）、是非之心是何等美好动人，它们既有人间性，又有崇高性即神性或终极性。人性善性，这是源起，这是仁义的根据，这是归根到底，这是统一的度量衡，这是无敌的万能钥匙，这是核心价值，这是比生命更宝贵的瑰宝，这是人生社会最大的凝聚力、吸引力与足堪为之献身的精神高端，这是孟子的"上帝"范儿的概念。

既是"上帝"范儿，又是婴儿般的浅显平易亲切日常。而且既是百姓梦："民望之，若大旱之望云霓也。"也是帝王梦："得天下有道：得其民，斯得天下矣。"

◎ 圣贤垂范天下

"君子有三乐，而王天下不与存焉。父母俱存，兄弟无故，一乐也。仰不愧于天，俯不怍于人，二乐也。得天下英才而教育之，三乐也。"这是绝对的世俗与庸常的快乐，又是高尚与纯朴的最最符合天性自然的快乐，而且应该说是不分君臣、上下、君子小人的最普泛的快乐。它既是自然又超自然的天所能给予、所愿给予、所可能给予的快乐，又是针对斯时急功近利、称王称霸的追求的一服清醒剂。为什么"王天下"不属于君子之乐的范畴呢？因为那里面包含了权力争夺的因素，因为那不是快乐而是责任，还因为天并不可能助所有的君子获得王天下的成功。孔孟的天与老子的（天）道差不多，是不言的天，是"生而不有，为而不恃，长而不宰，是谓玄德"（老子）的天，是"有大美而不言"（庄子）的天，这是中国的终极关怀、终极信仰的一个极不凡的智慧：不将概念神意志化、人格化。老子那里甚至于提出了"天地不仁"的惊人命题，这一点与儒家相去甚远。老子的命题在于承认天超然于人文观念之外。孔孟则强调人文观念最终是天命的产物，不但是天命的产物，也是后天培育教化的成果。孔孟把先天与后天进一步统一起来了，因为彼时性恶的现实比比皆是。孟子费了老大劲论述是由于环境与后天的失常才发生了糟践善因的痛心事态。

是故孟子推崇的大丈夫——精英中的超级成功人士"富贵不能淫，贫贱不能移，威武不能屈"，凸显了信仰坚定的特色。关键在品质，在内心追求——志，不在事功，具有信仰主义的某些特征。信了就能做，做了就能胜能好，略费了点口舌，事功的事捎带手也做到了。

孟子引用曾子的话说："子好勇乎？吾尝闻大勇于夫子矣：自反而不缩，虽褐宽博，吾不惴焉；自反而缩，虽千万人，吾往矣。"就是说，只要自己认定了仁德正义、理直气壮之事，谁也不必害怕，一往无前也就能百战百胜；只要自己并不那么理直气壮，谁对谁也不可大意任性。古今中外的勇士，其勇多半是与实力结合在一起的，到了孟子这里，更看重的则是义理，有了义理天下无敌，输了义理就休要逞雄。

人性、民心、天意、圣贤主义即古代的精英主义，集中表现为王天下亦即平天下的无敌仁政，这是孟子的四位一体的道德政治宏论。

◎ 孟子的为学可取

由于注重义理，孟子在阅读、文学接受、文学批评上也有迄今不可动摇的重要说法："不以文害辞，不以辞害志，以意逆志，是为得之。"还有被称作"知人论世"的"颂其诗，读其书，不知其人，可乎？是以论其世也"。

孟子还说："耳目之官不思，而蔽于物。物交物，则引之而已矣。心之官则思，思则得之，不思则不得也。"这对于今天网络与多媒体时代的人恰中要害。多媒体等的发达使一些糊涂人作出文学式微、小说灭亡的预言，就是说以为用不会思索的"耳目之官"的"视听"可以代替用"心之官"去"思"与"得"的"阅读"。这一类问题，孟子早就讲明白了。

孟子说："博学而详说之，将以反说约也。"由简入繁，再由繁入简；由约入博，再由博入约；由略入详，再由详入略；由地面高入云天，再由云天稳稳落到地面；由平淡进入高亢激昂，再从高亢激昂回到"放其心"——踏踏实实、淡定安详……这是做人做文之道，为政为学之门。善矣哉，孟夫子的独特体悟！

在义理问题上，孟子的坚决与认真让人感动，也许可以说孟子这方面的调子很高亢。在现实生活问题上，孟子的说法相当灵活。同样是圣人，有"圣之清者也"伯夷、叔齐，有"圣之任者也"伊尹，"有圣之和者也"柳下惠，更有"圣之时者也"孔子。"可以仕则仕，可以止则止，可以久则久，可以速则速，孔子也。"不同的时势，不同的应对，这就是"圣之时者也"的含义，同时也说明了孔子所处环境的复杂多变。但也有针对此"时"字讥笑孔学者，例如鲁迅就因孟子此语称孔子为"摩登圣人"，语含不敬，令人无奈。

孟子承认人生路径选择上的多样性。像他母亲的丧事、离开一地时的快慢、接受与不接受馈赠、会见或者不会见什么人，还有即使有了一定地位是不是就真有了说话的机会与必要（他为卿于齐，出吊于滕，与实权派副使王驩不谈公事），他都一一根据具体情况灵活处理，并不生硬较劲。

他还谈到一些具体问题，如"居移气，养移体""有恒产者有恒心，无恒产者无恒心"；他承认"口之于味也，目之于色也，耳之于声也，鼻之于臭也，四肢之于安逸也，性也"；他还说过"富岁，子弟多赖；凶岁，子弟多暴"；还有就是他理想中的小康社会是"七十者衣帛食肉，黎民不饥不寒，然而不王者，未之有也"，另一处则是说"五亩之宅，树之以桑，五十者可以衣帛矣"。在一些实际问题上，他也是接地气的。

孟子立论的特点是，事关义理，事关根本性大概念，事关仁义、道德、天意、民心、王或霸或贼、义或利，他高调强势地分析表达，体现了宏大概念的坚决性、绝对性与神性（信仰性）。而面对并未提高到这方面原则高度的具体事务处理，他灵活机动、不拘一格。他既善于上纲上线，又务实机变，影响了从古至今国人的思想方法、论辩方法与操作思路。好处是拎得清矛盾性质，正名定性、决定政策明快、疏朗、简约，原则性与灵活性兼顾。坏处是气胜于理（逻辑），概念胜于本体实在，主体心志情怀胜于调查取证，千差万别的具体情况从属于分类学，结论取决于帽子；固然是天网恢恢大矣哉，终归是疏而难免失、漏也。

两千多年前的孟子，对今天仍然是有启发有意义。他很有个性，善于辩论，文思纵横而且大义凛然，将修身齐家治国平天下诸问题讲得通透贯穿，同时表达了足够的处世的聪明与应对的机敏。初读孟子，对他的大言、雄辩、夸张、横空举例不无隔膜感，再读三读，渐渐感觉到了孟子的智慧与可爱。善哉《孟子》，甚可读也。

（2016 年）

中国心与中国腹

1993 年，我在纽约 China Institute 讲演，一位绅士问："为什么中国人那么爱国？"

我半开玩笑地回答："第一，中国人喜欢唐诗宋词，叫作中国心；第二，喜欢中华料理，叫作中国腹。"

后来没有想到，上海复旦大学附属中学有一年招收高中生，其作文题目便是我的两条"心腹"爱国论。其中较好的文章，还集结成书编辑出版了。

诗词，关键在于中国语言，尤其是文字。中文汉字表达的是声音、形状、含义、结构、价值、逻辑。相传五千年前黄帝委托大臣仓颉造字的时候，吓得天雨粟、鬼夜哭，因为这样含义丰富的文字，透露了超人间的终极智慧，乃至永恒真理的含义。没有这样的语言文字，就没有统一的古老中国，就没有独具特色的中华文化，就没有中国式的重视整体，重视一切的一、一的一切，重视万物共同点（叫作尚同）的思维方式。

有人说中国人没有宗教，我告诉你们，文化，尤其是汉字，就是中国人的宗教。中国人崇拜的是概念之神，孔子称之为"名"。孔子说："朝闻道，夕死可矣。"说明"道"是终极价值、终极追求、终极关怀。道是哲学概念，是伦理概念，也是神学概念。

这个道用在修身、齐家、治国、平天下上，就是仁爱；就是尚文；就是从小孝顺父母、亲敬兄弟姐妹，长大了彬彬有礼、尊敬师长、尊敬老板、忠于朝廷、忠于国家，当了大官，就要亲民爱民，叫作爱民如子。

中国古代思想家的逻辑很简单：好孩子就能成为好学生、好人、好官，就能起示范作用；大家都是好人，世道人心就好，坏事就不会发生。或者，换成老庄的逻辑，就是说，每个人都自然纯朴，清静平安，不竞争，知足常乐，不给自己也不给旁人制造麻烦，就会天下太平，生活幸福。

这就是中国式的天下大同、为政以德的理想。"为政以德，譬如北辰，居其所而众星拱之"，这是孔子的话。而老子的话是"一曰慈，二曰俭，三曰不敢为天下先"。老子的"不敢为天下先"的意思不是说不搞技术性的发明创造，不登记专利，而是说执政者不要提出百姓暂时接受不了的先锋性口号与任务，不勉强百姓去做什么或者不准做什么，一切听任自然。这样的理想，虽然不易做到，但是非常美好，容易为古代农业文明人群所接受。而且，这样的一些说法，与共产主义的天下为公、国家消亡的学说遥相呼应。"大同"与共产主义的想法高度一致。不仅共产党谋求大同，中国国民党的党歌也唱："以建民国，以进大同。"二十世纪的中国接受共产主义、社会主义、马克思主义，不是偶然的。

为什么能够为政以德，即以德治国呢？孔孟说因为人性本身就是善良美好的，人变坏是由于受到后天不良条件的影响。人性就是天性，天性即是自性、自然性，又是先验的神性，叫作天良、良知、良能，人心就是天心。对于执政者来说，民心就是天心。而天在古代中国，就是终极崇拜的神祇。老子的说法是"圣人无常心，以百姓心为心"。老子又说"太上，下知有之；其次，亲而誉之；其次，畏之；其次，侮之。……功成事遂，百姓皆谓'我自然'"。就是说，老子虽然不喜欢儒家关于德行的各种烦琐规定，但是他们也坚信人心自然向着道（根本）德（功用），婴儿的天真是人类的理想境界。

孔孟老庄，他们学说的特点在于，政治需要道德，虽然儒家与道家对于道德的解释不一样，儒家强调的是仁义伦理，道家强调的是哲学根本与功用。道德来自天良，来自自然，来自超自然的先验的终极；同时，道德表现为风俗、习惯尤其是礼法。这样，古代中国，政治学、文化学、伦理学、哲学、神学、教育学、民俗学七者是一体的。个人、家庭、社会、国家、天下、主观（我）、客观（物）也都是一体的。

这里顺便说一下，中华膳食也是"一的一切"与"一切的一"。1998 年我应邀作为 Presidential Fellow 去康州三一学院，惊喜地发现教工食堂里有中国菜。后来我发现，所谓中国菜，就是不同的菜呀肉呀混合在一起，中餐的特点是一边吃一边研究，我们今天吃的究竟是什么。而西餐，不同的配料与主料放在一起，该是哪个还是哪个，该是什么颜色还是什么颜色，该是什么味道还是什么味道。

一位美国朋友与我谈起他们在中国旅行的印象，他们说中国是 all mixed。这就是庄子所讲的"混沌"：有一个神叫混沌，他没有眼睛、耳朵、鼻子、嘴巴，他的两个朋友倏与忽帮助他做手术，凿开眼耳鼻口，手术做完了，也就把他杀死了。这是中国的创世故事，与《圣经》开篇讲的大异其趣，圣经的神创造并区分了天地、水陆、日、月、星、菜、草、鱼、虫、兽、人，大功告成。而中国的混沌一经区分感觉器官就灭亡了。

中华文化在面对世界工业文明的时候，曾经陷入危机与焦虑。但同时它具有"苟日新、日日新、又日新"的求新求变精神，它具有自强不息的精神，它相信与时俱化与不进则退的法则，它有积极进取、发愤图强的一面。而它的强调道德、强调仁政、强调文明化育、强调万物相互关联相反相成的思想方法，有利于高端思维与整体布局，甚至具有"后现代"的意义。

"东海西海，心理攸同；南学北学，道术未裂。"钱锺书此语说明了人类共同体、世界共同体的各方交流、理解、互补的必要与可能。中华文化有过早期的辉煌，也有过由于缺少与异质文化的认真交流和相互挑战回应而停滞的悲哀，现在我们面临着极好的机遇，使我们能够继承、弘扬，创造性转化、创新性发展我们的中华文化，将中华文化贡献给自身，贡献给人类。

（2016 年在洛杉矶尼山国际论坛上的发言）

世

道

封建主义文化，资本主义文化，社会主义文化……主义虽然不同，毕竟还是文化，毕竟还都有一种或曾有过或可能有过的规范的作用，协调的作用，凝聚的作用，提高人类的生存质量、引导人类去进一步认识世界和自身的作用，以至升华的作用。

呼唤经典

我们的文化、文艺生活正呈现出空前的繁荣和蓬勃生机。思想的解放，体制的改革，经济的增长，教育事业的发展与人民文化程度的提高，文化设施的全面建设，相对稳定的生活与工作环境，传播手段的突飞猛进，群众的积极与日益普遍的参与，对外文化交流的渐趋畅达，使我们的文艺作品与群众的文化生活在数量上、品类上、规模上、参与程度上、选择的个性化上都是以往完全不能相比的。例如过去，1949 年至 1966 年，全国新出版的长篇小说只有二百多种，而现在一年的长篇小说书目就达千种，加上网络上的新作，更是数不胜数。再如目前国内观众能够接触到的广播电视节目的丰富多彩以及广播电视的覆盖面，还有上网人数的扩大速度，都令人叹为观止。

传媒在文化生活中影响越来越大，传媒似乎是轻而易举地捧红了大量文化与文艺明星，制造了各种畅销文化产品。明星与畅销作品意味着大量的纸币。网络新媒体的出现，改变了人们的许多习惯与观念。被西方思想家称为"沉默的多数"的大众，尤其是其中的低龄大众，正在网络上发出声音、兴起波澜，越来越成气候。网络还影响着舆论与社情民意的表达。

与此同时，也有大量的批评与责难的声音，认为现在到处是文化与文艺的垃圾——包括谩骂、造谣、生硬搞笑与各式胡说八道；认为我们这里缺少力透纸背的经典力作，缺少振聋发聩的文艺高潮，缺少学术创新与文化发现，缺少大师式、精神火炬式的文化权威。有些人甚至认为，这一时期还不如"文革"前的十七年间，当时人们尚能够举出一些轰动全国、耳熟能详的名作名人来。

确实，人们的担忧是有道理的。市场的发达与大众的参与，传媒的发展与文化的多层次化是公民的文化民主权利得到落实的体现，也是实现现代化与小康社会的必然，它标志着有些过去无缘"染指"文化的群体——例如打工仔、打工妹——有了自己的文化诉求与文化享受，这首先是好事，我们不能怀疑与蔑视这样一个方向。但我们又不能不承认，文化的经典的产生有赖于个别的精英人才。人多势众的文化是热气腾腾的文化，也是泛漫汪洋的文化，它们必然包含着大量低俗伪劣浅薄的货色。民族的文化瑰宝有赖于孔、孟、老、庄、屈原、司马迁、李白、杜甫、曹雪芹这样的少量天才人物。人才当然离不开人民，人民是艺术与思想的母亲。同时人众不等于人才，数量在文化经典的诞生上所起的作用，相当有限。文艺的泛漫化与经典的出现常常不是一回事，越是泛漫人们越是容易痛感到经典的缺失。当然二者并非势不两立，淘尽黄沙应是金，四大奇书既是最普及的也是同样优秀的。淹没在泛漫的文化与文艺生活中的智慧奇葩与天才成果，终将永垂史册，成为我们民族的经典与骄傲。我们无须对泛漫的大众文化产业痛心疾首，但也不能对文艺生活的泛漫化所带来的问题视而不见。

对于市场的力量的片面接受正在使人们变得浮躁，一些从事文化产业事业的人追求的只限于印数、票房、收视率、点击率，一些作品正在通过拳头枕头、陈腐迷信、八卦奇闻来促销谋利，使文艺日益消费化、空心（即无内涵）化乃至低俗化，失去了思想与艺术的追求与积累。一些艺术从业人员甚至声称这才是为人民服务。

传媒的炒作与炒作背后的资本正在使文艺高下不分，真伪不辨，黄钟喑哑，瓦釜轰鸣。急功近利的风气使本来大有希望的文艺人也在走捷径，宁要无知的起哄与强捧的、速成的明星，也不要伟大的经典，不要文学艺术与学术的深刻性、郑重性与创造性，更不要说文化创造上的艰苦卓绝与不应逃避的付出代价。低级趣味、思想品位上的零度化、牵强附会、互相模仿（如前几年的帝王戏与近大半年来所谓间谍剧的突然走红），各种强编胡凑、不合情理、信口开河的作品越来越多。相形之下，常常产生这样的印象：似乎好作品越来越少。

甚至学术上也令人担心，传播上的巧言令色会不会冲击真正的学问修养与功底？抄袭、枪手、拼凑、交易……学风的腐败为什么屡有传闻？在某种文化的幌子下，迷信巫术会不会借尸还魂？假冒伪劣的文物与民俗会不会大行其道？跟着发行量与收视率走的传媒手段应该怎么样负起对于人民的责任？

商品经济的发展在给了文化生活以有益的启发的同时，也带来了急功近利与浅薄浮躁的风气。一些营商名词正在使一些出版人、传媒人、制作人、投资人，以及旅游公司与有关地区和部门的相关人员头脑发热，例如包装、炒作、品牌、名片、时尚、热销元素等成为某些地方发展文化事业的首要思考对象，而思想、艺术、真实、深邃、完美、智慧、才学、责任、激动人心与精益求精等"古典"的说法似乎正在被人忘却。各地拼命寻找与争抢自己的历史文化名人、名著、名事迹，为此不惜以一充十，以编造充根据，夸大吹嘘，制造假象。有的地方领导甚至称之为"先造谣，后造庙"。而在打起名家、名作、名事迹这个招牌后，用热销商品与尚待论证的所谓本地文化古迹互相命名，新建一批可靠性与文化内涵近于乌有的人造文物，然后用殿堂、寺庙、公园、生态园、景点、纪念馆、祠堂的名义，搞餐饮游乐等三产，人们在先秦诸子的名义下吃喝洗浴按摩，请问这究竟是弘扬了还是亵渎了我们的文化呢？究竟是推崇了还是滥用了文化的名义呢？现在，甚至连新兴办的大学也以当地的热销商品命名。这样下去，粗鄙的营销手段是可能吞噬真正的文化品位的。

也许这一类的问题有一定的普遍性，放眼欧美，我们也会有其人文成果不如达·芬奇、伏尔泰、巴尔扎克、托尔斯泰、惠特曼时期的感慨。历史与社会生活的逐渐正常化，使人们不再期待着文艺与学术的呼风唤雨、电闪雷鸣、天翻地覆。在一些人痛砭当今缺少鲁迅式的大家的同时，我们不能不正视产生鲁迅的年代与当今的时代已大不相同。雄辩的悲情的旗手式的文化艺术也许正在向亲和的良师益友式的文化发展。我们难以期待历史的重复上演。

再者，一个时期的文艺生活有无经典、有无大师巨匠，有待于历史与时间的淘洗与沉淀，谁能急得？不论是《哈姆雷特》还是《红楼梦》，不论是《对话录》还是《论语》，其经典地位都是在著者死后许多年才确立的。满足人民的文化需求——包括学习探索的需求与休闲消费的需求——的方针是不应该被怀疑的。在经济发展的时期，会有一个比较浮躁与嘈杂的过程，我们也不能够完全避免。我们对于当代的文艺生活不应该妄自菲薄，更无须痛骂诅咒——痛骂诅咒也未必有用。同时，我们必须保持头脑的清醒。

文化、文艺，不仅是品牌名片，甚至其首要意义也还不是软实力，虽然软实力的提法意义重大，获得了普遍认同，值得认真面对与部署。文化、文艺，首先是对于人类的物质与精神需要的满足，是对于人类生活质量的提高，是民族人心的寄托与凝聚，是心智与人性的拓展、积累、结晶与升华，是对于真理的接近与拥抱，是真理的火炬与花朵，是人生的魅力、生活的多彩，是历史的庄严和世界的光明与温暖的源泉。一个有志于文化、文艺的人，尤其是一个文化文艺从业者，应该有自己的品位与追求，有自己的境界与底线，有自己的志向与抱负，不能停留在市场与传媒炒作的层面，不能停止在招牌与名片的层面。招牌、名片与效益，可能有助于文化生活的发展前进，也可能尚距离真正的文化传承与积淀十万八千里，甚至可能成为对于文化传统的歪曲与贬低。问题在于你能不能有对于文化的真正认识与敬爱。

即使是从事大众文艺、通俗与民间文化、科教普及等事业的朋友，也应该明白，要力图使自己的作品中包括更多更有意义的内容、更美好的形式，而不是相反。同样的，大片《泰坦尼克号》与《阿凡达》展演的，即"秀"出来的是爱、尊严、环境保护与对于大自然与生命的尊重，而某些拙劣的作品表现的是空无一物，是拼凑一堆热销元素，展演愚昧与无知。我们不满意思想与艺术的趋零化，这是当然的。

我们的社会需要逐渐培养与建立权威的、强有力的思想、学术、艺术评价体系，靠的是参与者的道德良心、学术良心与艺术良心，靠的是评价者对于历史、祖国、人民的责任感与独立思考，靠的是评价者物质上的自足与精神上的直得起腰来。一些学术与文艺团体，一些高等学校，一些研究机构，一批境界高蹈的专家，应该迎难而上，挺起胸膛，敢于好处说好、坏处说坏，拒绝一切实利的诱惑与干扰，应该将学术与文艺上的黑金作业视为最大的丑闻与耻辱。

文章千古事，得失寸心知。历史证明，文化与艺术需要实践与时间的淘洗，大浪淘沙，真金火炼，文艺如水，自有清浊；文化如金，自有成色。任何人为的吹捧或贬低、哄闹与造势，在历史的长河面前，都显得对于真正的文化无能为力，不管这种人为的折腾表现为什么形式。正因为人文领域的高下优劣不像体育或者实用技术那样好判断，所以良莠不分的现象就更加令人痛心。现在的文艺一片泛漫，网络上更是嘈杂一片，山寨、搞笑、恶搞、人肉……既暴露着我们的不足，也保留着争鸣与齐放的空间。这主要是好事，但同时也完全可能搞得黑白颠倒，吠影吠声，一会儿东倒，一会儿西歪。

而我们的社会舆论应该有自己的判断，自己的主见。我们的国家、我们的执政党也必然会有、要有且尽到自己的责任，要心中有数，要有主心骨。尤其是对于那些确实具有重大学术与艺术价值，值得留给后世子孙的学术与艺术成果；对于那些成就卓越、实绩斐然，但并不能"急功近利"地成功创收的学术、艺术大师，要有更多的表彰、提倡与支持。市场再好，只是市场，传媒再炒作往往也不过一时对人民币有效，对文化仍然无效。只有有了专家与社会的负责的与郑重的声音，传达出深刻与高远的思考，我们的文化文艺生活的价值认知才能得到校正与平衡。

党的十七大提出了建立国家荣誉制度的问题，这太重要了。我们热烈地期待着。世界各国，包括那些号称不管文化、连文化部门也不设立的国家，都有这样那样的由国家元首颁发的奖项。这一制度的建立会大大地冲淡市场与传媒的主导作用，改变但知泛漫不知经典为何物的有缺陷的现状。

中国是一个历史悠久的文化艺术大国、古国，我们潜力极大，我们任重道远，我们需要填补的空白太多太多。我们不但要考虑到现时，还要考虑到怎样向后世子孙交代。让我们在泛漫的文化高潮中，为给中华民族的文化经典添光增色而奋斗而殚精竭虑吧！

（2010 年，原载《人民日报》）

文风与话风

工农兵学商，人人都要写文说话。尤其是领导干部，要说更多的话。

这么多人说话，为什么有时有人会出现千篇一律、了无新意、装腔作势、缺少公信力、照本宣科、打动不了人、空洞抽象、与实际不沾边，乃至于出现文理不通、名词生硬、浮夸张扬、叫人反感、令人昏昏欲睡的情况？

第一，文与话，怕的是只会照本宣科。我们说话著文，一定要从实际出发，要务实，要唯实。文与话的力量在于针对实际情况，解决实际问题。文与话的价值在于从中得到对于实际事物的认识、体会、对策。

第二，我们的文与话应该有新意。是的，真理是稳定的，你不能老是搞花样翻新。但同样一个真理，对于不同时间、地点条件下的不同实际状况，必然会作出不同的挑战回应，强调不同的侧重点，引发出不同的对待与思路。有同，有不同；有变，有不变。我们不可能只是照抄照转就把事情办好。

第三，在发表大量的文字与话语的同时，我们更需要的是倾听，不但倾听我们喜欢听的东西，或我们认为是正确的东西，还要倾听我们不那么喜欢的东西，或我们很容易地判断为不正确的东西。不正确，不爱听，为什么还会屡屡浮出水面？这里头会有深层次的问题，包括实际问题与思想理论问题。我们的一切说法，只能面对，只能接触这些深层次的问题，而不是回避、躲闪这种深层次的、不无尖锐性的问题。我们各行各业有许多好的骨干、精英、领军人物，他们勤奋踏实、忠诚可靠、敬业钻研，这太好了，但仅仅这样可能还不够，他们能不能敢不敢面对挑战、迎接风浪、回应干扰，能不能保持头脑清醒、坚强屹立？只有能够面对与解决难题的有思想有头脑的人，才能成为真正的骨干。

第四，话语与文字要有个性，要联系自身，要现身说法、出现你的"真身"。共性是寓于个性之中的。不论什么样的共识、大道理、全民族的与全体人民的共同目标，都离不开一时再一时、一地再一地、一事又一事、一人又一人的具体情况。修辞立其诚，我们之所以要修辞，要讲究文风话风，不是为了形式上的漂亮与红火，而是为了最真诚准确地表达我们的思想观念。话语文字有了个性，才有了最真诚、最动人的共性，才能发挥凝聚人心、推动事业的作用。

顺便说一下，一些重要的场合，认真准备文稿，做到一丝不苟、一字一标点无差错是必要的也是可能的，这是我们的责任心的表现。但在另一些联欢活动、学术活动、团聚活动乃至学生活动、少年儿童活动中，也都把讲话稿、主持词写出来，到处是秘书腔调、公文风格，或不伦不类的媒体腔调、推销腔调、港台腔调……实在不是最好的办法。让我们提倡一种更亲切、更淳朴、更简练、更活泼也更真实的会风、文风、话风吧。这对于构建创新型社会、创新型政党也是颇有意义的。

（2010 年）

要"大众化"，更要"化大众"

"坚决抵制庸俗、低俗、媚俗之风。"日前，胡锦涛的讲话，让文化的"价值问题"，再次成为公众关注的焦点。

大众文化是一种面向普罗大众的文化形态，受众面广，影响较大。尤其是在当前社会中，一些群众喜闻乐见的大众文化形式，既有新鲜活泼通俗的特质，也存在庸俗低俗媚俗的因素。

因此，在大众文化实现公众文化权利、满足公众文化需求的同时，也应该思考：如何让文化在实现更广泛传播（"大众化"）的同时，承担起思想启蒙、价值引导的"化大众"功能？

◎"大众化"是否应该成为文化发展的主流

问：公众都享有"文化权利"，文化的"大众化"可说是实现公众文化权利的一个途径。那么，应该如何理解文化的大众性？这样的"大众化"是否应该是文化发展的方向？

答：当然，大众化是文化的发展方向之一，但不是全部。按毛主席的提法，要做到民族的科学的大众的文化，大众化居"三化"之一。什么叫大众化呢？首先是代表大众的利益与心声，满足大众的需要与喜爱，符合大众的审美习惯与价值标准，吸引大众的注意与参与。同时还需要的是民族化与科学化，就是说我们的文化内容、文化产品，应该能够代表民族文化传统的高度与特色，能够吸纳与体现现代科学的成果，能够攀登民族文化的高峰，能够体现科学进步的前沿。仅仅讲一个大众化，又是不够的了。

这里边还有一个问题，除了共产主义运动中普罗大众的文化诉求之外，还有西方世界的所谓波普潮流。波普（大众或公众）的含义，既标榜了民主性，也迎合了市场化的利润规则。我国今天大众化旗号下的某些文化产品与文化经营，未必是普罗主义的，倒很可能是波普与流行文化的影响在起作用。

再有，大众化不等于大众文化，而很可能是指精英、高端文化的普及，革命意识形态的普及与宣扬。而大众文化的说法，却主要指迎合市场口味的畅销追求。对于不同的大众化，对于大众文化与文化的大众化，我们必须分析清楚。

问："民众就是革命文化的无限丰富的源泉"，大众的文化使文化获得了可贵的独创性、差异性、多元性；同时，文化也应该是"为一般平民所共有的"。在此基础上，如何认识大众文化与所谓"高雅文化""主流文化"的联系？

答：不错，民众就是革命文化的源泉。同时我们还必须看到，源泉还不就是文化的成果。尤其是一切文化的精品，都不仅是、不限于源泉的原生态。源泉需要大师大家、需要文化人才乃至天才人物的挖掘、提炼、加工与创造、再创造；也需要付出一定的努力，甚至是极大的努力去传播、去普及。仅仅有源泉不等于有了革命文化，而且今天的文化更广泛更深刻。文化不仅是革命的动员令，而且是我们的人生智慧、历史积淀、学术精华、生活质量、提升阶梯、审美与思辨的魅力所在。北京故宫博物院当然不是革命文化的果实，但仍然是中华文化的瑰宝，可以被普罗大众所利用汲取，也仍然有利于对于反封建的革命使命的理解。

◎ "大众化" 过程中为何会出现 "三俗"

问：当前大众文化中，确实包含着一些"三俗"的内容。电视、出版物、网络等，都可能成为"三俗"的载体。您认为当前大众文化有哪些"三俗"的表现？

答：文化要为大众服务，但如果一个国家的文化水准就是全部人口的平均水准，那么这个国家的文化将会降低乃至瓦解。一个国家的文化水准是由这个国家的文化精英所定位的，我们不能不正视这一点。

现在的问题首先是浅薄、空心（无思想内涵）与低俗的文化产品频出。拳头加枕头、陈陈相因的视听与阅读作品。替代了认真的文化批评的炒作、谩骂、小团体的门户之争。封建迷信残渣的泛起。打着文化开发的幌子圈地捞钱（所谓"文化搭台、经济唱戏"的低俗说法）。文化事业上的假冒伪劣，如假文物的出现。文化旗帜下的起哄与花架子，如小学生穿上古装读经。传媒制造速成的明星，传媒文化评估的公信力丧失。文化、艺术、学术领域的不正之风，如抄袭、枪手、红包交易等。

问：可以说，大众文化是受众选择的文化，以实际的、消遣的、娱乐的、世俗的精神为主旨，追求的是感性愉悦。这是不是意味着大众文化中天然有"俗"的因素？

答：俗的因素并不可怕，"通俗""流行""娱乐""休闲""时尚""世俗""俗文化"都不一定是贬义词，它们甚至常常是有利于构建和谐社会的。可怕的是与俗在一起，没有或缺少高端的文化成果与文化评估，搞得只剩下了俗，俗的东西猖狂蛮横，占领一切平台；高端的东西则边缘化到喘不过气来，或者干脆被排挤殆尽。

问：大众文化是直接面向大众的文化，在某种程度上说是为消费而生产的文化，正如马克思所说的"生产直接是消费，消费直接是生产，每一方直接是它的对方"。所以，大众文化作品的创作首先考虑的是如何吸引人们的眼球、如何增加"性价比"。"市场"在大众文化变"俗"的过程中，起到了什么样的作用？

答：从短平快的畅销的角度看，消费性的文化远优于高端文化。从长销的角度看，短平快的文化热得快冷得也快，趋时快过时也快。何况，一个社会完全放开手让市场去决定文化资源的配置，是不可取的。领导、专家、高校、研究机构、负责任的传媒，在这方面要做的事情太多太多了。

◎ 如何实现文化的"化大众"功能

问：大众文化可以说有"双重属性"：一方面是公众的需求，另一方面又是市场的选择。如何对这种双重性加以引导，既坚持文化价值表达的理性方向，又兼顾人的感官表达需要？既坚持理想文化的鲜活性，又顾及人的世俗文化需要？

答：这里有一个文化生态的平衡问题。满足世俗需要的文化成品可以有很多。真正代表一个时代、一个民族的文化成就却只能是，至少主要是高端的文化成果与文化人才。从人类与民族的文化发展上来看，一个李白胜过一千个三四流的写诗者，一本《红楼梦》胜过一千本二三流的长篇小说。毛泽东甚至在《论十大关系》中将《红楼梦》视为我国的立国柱石之一，别的书做得到吗？很明显，我们不能只看得到市场，而看不到真正的高端文化。

有深入浅出的文化精品，如《红楼梦》；有深入"深"出、只能满足小众需要的高端成果，如爱因斯坦与霍金的著作。有短平快的畅销书，时过境迁之后不过尔尔；有东拼西凑、模仿跟潮的赝品，不过是文化中的"三鹿奶粉"。有这些纷纷杂杂毫不奇怪，问题是我们有没有鉴别的能力与机制，有没有打捞与支持高端文化成果的魄力与眼光。

我还要强调，同样以追求票房为目的，仍然有高下深浅的区别，《泰坦尼克号》与《阿凡达》都是商业大片，但它们的思想文化含量是令人满意的。我们的某些大片，却更像是白痴之作。

问：文化是价值观的载体，如何利用在大众中有广泛影响的大众文化，承载起主流文化的社会价值？精英文化、主流文化如何充分利用大众文化的表现手法，把社会责任感、人文关怀等以群众喜闻乐见、易于接受的形式表现出来？

答：想让在大众中有广泛影响的大众文化，承载起主流文化的社会价值：第一，如党的十七大报告所言，要加强主流意识形态的吸引力与凝聚力，将理论创新、技术创新、制度创新搞得更好，建成创新型国家、学习型政党。第二，关键在传媒，传媒如果实际上在向金钱挂帅与迎合强势发展，如果在公众中缺少公信力，我们的宏伟目标就难以实现。

问：在对大众文化进行合理引导和吸纳的过程中，文化工作者有什么样的责任？

答：首先是建立起认真的、负责的、专业的与有公信力的评估体系，敢于好处说好、坏处说坏，提高整个社会的文化评估能力与水准，使公众、专家、领导能够在文化的大格局与发展建设方向上取得越来越深入的共识。

（2012 年答媒体问）

顺其自然

◎先贤智慧让我学会乐观面对人生

我出生于 1934 年，经历了必须给日本兵鞠躬的屈辱时代，走过了中华民族最危难的岁月。《孟子》中的名言："天将降大任于是人也，必先苦其心志，劳其筋骨，饿其体肤，空乏其身，行拂乱其所为。"你以为天不降大任你就不吃苦了吗？没那个事！人想生存下去就要吃苦，吃苦可以说是人生的常态，只有享不了的福，没有受不了的罪。先贤的智慧让我学会积极乐观地面对人生，在有限的生命里去做更多有意义的事情。

"书中自有黄金屋，书中自有颜如玉。"虽然这句古语有庸俗的地方，但也有积极的一面，能激励人奋发读书。传统文化的确不能带来房子、车子，但是它可以优化我们的心灵，教给我们怎样做人，怎样对待朋友、长辈，怎样对待顺境和逆境。我打包票，如果有年轻人学习传统文化而一无所获，我愿意"赔偿"。

现在的"国学热"应重在吸收"传统文化中美好的东西"，而不是仅仅注重表面形式。传统文化中文学、戏曲、书法以及中医药理等内容，可能很难用当前常用的"国学"这一名词去涵盖。没人会认为梅兰芳是国学家，但是从大的范围来说，梅兰芳则可以算得上是"国学家"。所以，我很少用"国学"这个词，更喜欢用"中华传统文化"。

弘扬传统文化，要从人心中开始。典籍、孔庙孔林等建筑都是传统文化的载体，但是传统文化的载体首先在于人心，孔子最重视的就是世道人心。谈传统文化的目的正是为了世道人心，让行为和权力系统符合人心，才能和谐发展。世道人心对今天树立正确的价值观念仍然有意义，世道可兴、传统可取，中国人要对自己的传统文化充满信心，挖掘出对世道人心有益的东西，予以继承、弘扬和发展。

现在人们仍然提倡勤俭奋斗，不喜欢纨绔子弟；仍然主张人的忠厚朴实，反对投机取巧。这充分说明中国传统文化至今仍沉淀在中国人心中，影响价值观念、是非观念的形成，影响对人的评价和看法。

◎ 小说《灭亡》激发我对生命的思考

1941 年，我上小学二年级，那时看到一本《小学生模范作文选》，第一篇的题目是《月亮》，第一行字是"皎洁的月儿在天边升起"。原来我对月亮也有一点感受，那时北京的天还没有雾霾，月亮是白白的、亮亮的，但直到看到"皎洁的月儿"，我才忽然发现月亮真的是皎洁的，兴奋极了。虽然这个词后来很少用，但当时感触特别大。

后来，看到《战争与和平》里男主角受伤时的一段描写。他看到蓝天白云的感觉，对天也是一种告别。如果没有文学，可能他对天的感受不会那么强烈和向往，对世界的认知也无法达到这个程度。经过语言文字、符号的组合，世界的档次提高了。某种意义上说，压根儿不读书的人，对文学和世界的发现都少得可怜。

上初中时，读巴金写的第一部长篇小说《灭亡》，写的是想象中的工人大罢工的故事。扉页上印着《圣经》中的一段话："一粒种子只是一粒种子，但是如果把它放到泥土里，它自身死了，却会结出无数颗种子。"这句话让我不仅看到工人的痛苦，也看到对社会黑暗的痛恨、对弱者的同情，以及献身给社会解放事业的激情，同时意识到人最宝贵的是生命。而巴金提到的革命和死亡，也激发了我对生命的思考。

我最喜爱的鲁迅作品是《野草》，它让人感受到人的内心世界可以非常深。

◎ 年轻人别觉得自己最倒霉

1956 年 9 月 7 日我发表了短篇小说《组织部来了个年轻人》，由此被错划为右派。1963 年 12 月下旬，我和妻子崔瑞芳卖掉了北京的笨重家具，带着两个孩子——一个三岁一个五岁，出发去了乌鲁木齐。在那里我受到了不同民族不同文化宗教的影响，更懂得了求同好异、党同喜异的道理，更包容也更理解与自身不那么完全一致的东西，懂得了不同的参考和比照、容受能力与理解能力对于一个人的重要。

我年轻的时候容易冲动和偏激，但随着年纪的增长，经历的事情越多，就越感觉到，偏激是没有用的，要尽量把事情做到准确。庞朴的说法是"一分为三"，就是不要把世界看成只有对立的两个面，还要有第三种选择，要吸收两面的优点，尽量避免两个极端的缺点。世上许多事，你得搁到一个较长的历史周期里去看。除了真理，好和坏、对和错的判断，都受到时间空间的限制；真也有生、坏、住、灭的过程，不是一成不变的。快八十年了，我经历了许多变革，只有一条没大变，就是人永远得干活、吃饭。

我不同意把现在年轻人归成八零后、九零后，并贴上各种标签。现在年轻人掌握的信息量比当时的我们不知多多少。其实现在生活条件越好，麻烦也越多。比如结婚，我们那时候多简单，请十来个朋友坐下，抓一把花生脆枣，称一斤散白酒、半斤猪头肉，就是一场非常豪华的婚礼了。现在又是房子，又要专业的婚庆公司，忒麻烦。

不同时代的人各有各的困惑。所以，年轻人别光想享福，也别觉得自己最倒霉。

◎ 我是性情中人，心太软

从我二十世纪三十年代出生到现在八十多年，没有哪个国家像中国这般的起起落落。与大时代的起落比较起来，我那算是小起小落。我最大的变化无非是担任了文化部部长，然后又不担任了。这个对于我自己的处境来说，对我的社会生活、写作生活都没有太大的变化。

我是个性情中人，心太软，比较容易动感情。我向往的境界——顺其自然、行云流水。当文化部部长期间，我有一次看李世济演出《哭塔》这场戏，居然哭了。我很感动，哭得很厉害，涕泗横流，纸巾都不够用了，几近失态，太丢人了。我那时就下定决心，这个部长再不能当了。

我妻子最喜欢的词就是"平常"和"自然"，她喜爱平常的生活，希望能活得自然活得自在。而妻子这种豁达淡然的生活态度对我影响也颇深。妻子对我的所谓仕途毫无野心，这使得我也没有压力，反而越发享受仕途之外能够拥有的自由时间。也正因如此，反右这样几乎"没顶"的痛苦，我们也觉得"没什么特别了不起"。"文革"中被批斗的许多人，若能有相对美好的家庭情况，也许不会被最终压垮。

文化的期待

大家好，我今天跟各位做一些交流，讲"文化的期待"。"文化的期待"就是说我对传媒、对文艺，乃至于对我们的社会生活，特别是文化生活当中目前所包含的文化的水准和文化的含量有点困惑，有点不完全满足。所以，提出来跟各位做一些交流、沟通。完全是一个内部的讲话，有些东西我自己也还没有想好、没有想成熟，有些东西还有待于进一步观察和研究。所以，我也很可能有些话说得冒失、不妥，欢迎各位及时地提出来。

◎讨论整个社会特别是有些传媒的语文水平 是不是有点降低

因为最近连续碰到一些事，把我自个儿都弄糊涂了。有一次我看山西台的戏曲节目，我很爱看戏曲节目，尤其是央视十一频道播的。山西台和河南台联合举办晋剧和豫剧的演唱会，有一个人上来唱得很好，咱们的节目主持人——山西的还是河南的，我不知道——上来夸他唱得很好，说"唱得真好，冰冻三尺，非一日之寒"。这我又别扭了，怎么夸歌唱得好是用"冰冻三尺，非一日之寒"？"冰冻三尺，非一日之寒"常常是说反面的事情。想要夸一个人的功夫深，可以说"你是台上一分钟，台下十年功"，说成"冰冻三尺，非一日之寒"就使我对戏曲很美好的感受一下子打了一个折扣，跟在好汤里发现一个苍蝇的感觉差不多。

中央一台播的《汉武大帝》，里面没完没了地说汉武大帝主张要进攻，不能够固守，说"我们不能守株待兔"。军事上采取防御方针和守株待兔相类比这也是一个奇葩性的用法。守株待兔是希图侥幸的意思，不是军事上固守的意思。而且没完没了地说，统计一下他前前后后说了有十几二十次。

我在网上看到一则新闻："意大利拍卖失业工人"。我就不懂，要怎么拍卖失业工人。一个失业工人搁在这儿大家给个价——意大利是用里拉的，里拉贬值得厉害——这个给八十万，那个给八百万，最后给八百零一万的人把这个失业工人买到家里去了，这叫拍卖失业工人。后来我仔细一看它是反拍卖，以低价竞争一个职位。现在有一个职位，比如需要一名打字员，应征的人要满足年龄、学历、工作经历等条件，符合这些条件的应征者开始报价，这个人说一个月工资只要一万里拉，那个人说九千九，又有人说要九千八，要的最低的那个人就可以上岗。这不是拍卖失业工人，这仍然是拍卖一个职位，只不过是负拍卖而已，或者叫竞标，但不是拍卖失业工人。

凤凰卫视有一个节目，介绍咱们国家导弹的研制，叫作"导弹走出世界"。这个节目是介绍导弹怎么制造出来的，但是"走出世界"这个说法是不通的，出世不是走出世界，出世是出现在世界上，不能叫"走出世界"。比如说我姓王，王蒙生于 1934 年 10 月 15 日。如果你说王蒙在 1934 年 10 月 15 日走出了世界，那就是逝世，就是 1934 年 10 月 15 日逝世。所以，出世不能叫"走出世界"，怎么这个他们也不明白呢？可能凤凰卫视的朋友英文太好了，一个东西出现了 come out，不能 come in。凤凰卫视没完没了地播"走出世界"。还有一次，说我们的人到了印度尼西亚那里，结果发生了海啸，我们和印度尼西亚人"身同感受"。这个词明明叫"感同身受"，怎么"身同感受"？它给了我启发。"身同感受"是身子相同的感受？不能说不通。"走出世界"是不通，这个是别扭，它没有不通。又是凤凰卫视报："英国最近这次议会的选举，由于候选人强差人意，所以大家选他们都不积极。"两个错，第一，不叫"强差人意"，是叫"差强人意"。第二，

"差强人意"的意思是还行，是 not too bad，还不错，是往好里说；说差强人意，就是还过得去，及格，还能接受。主持节目的人纠正了一下说，你说"强差人意"，你以为"强差人意"说的是不好，实际上它不是说不好。当然约定俗成，如果以后大家都这么说也可以当不好的讲。他说得也对，以讹传讹，如果最后大家都讹的话。但"差强人意"读成了"强差人意"当坏的讲，起码也是五百年后的事了。一天两天、一个人两个人念错了，就认为领导世界新潮流，可以改变一个文字的组成，这个接近于闹笑话。

对不起，我来到中央电视台，说中央台的事，感到非常抱歉，但要不然也没这机会啊。这还不是语文问题，有两次最重要的访问使我有些别扭，我向大家汇报一下。一个是访问十一世班禅。访问人就位，一脸的笑容，笑容可掬、笑容灿烂地说："你才那么小，看到那么多人崇拜你、尊敬你，你想到什么呢？"真够呛！你如果拿着十一世班禅当儿童来对待的话，就不要进行这个访问。你可以给中央建议，是不是先送他上幼儿园。早在七八年以前中央就正式接见过十一世班禅，也被报道过，怎么能这么问呢？你不了解喇嘛教吗？不了解西藏的民族风俗吗？不懂得尊敬一个佛教的代表吗？他不是儿童，不是少年，这是很严肃的问题。

还有一位访问者，访问宋楚瑜的母亲，说："您这么老了，怎么还自己亲自来长沙呢？"有这么说话的吗？"您这么老了"，就是你们对我也不能这么说话。我不是统战人士，我也不是亲民党主席的爸爸，你们能这么说话吗？"您这么老了，还跑到我们电视台这儿随便说话？"咱们的文化都哪儿去了？

我举这么一些例子，不是故意找别扭，我是你们最忠实的观众。因为我现在都这么老了，我晚上的很多活动都谢绝了，一吃完晚饭除了看电视就是睡觉，没有别的。所以，我每天看电视的时间都在一个半小时到两个小时，感谢你们给我增加了许多的知识，我也喜欢看音乐台，我也喜欢看《法治在线》。但对《法治在线》我也有一个意见，因为《法治在线》写的是治理的治，可是上面播的都是刑事犯罪。什么是法治？法治和法制，用英文来表达，法治是 rule by law，法制是 law system。可是我们这里只有刑事案件，没有说我们的行政机关怎么按照法律来解决社会上的一些问题，没有这方面的内容，让你感觉对"法治"起码宣传得相当片面。

◎ 讨论一下以张艺谋为代表的电影商业化的问题

　　电影面向市场是一个进步，我从来都认为文艺和市场并不是注定势不两立的。文艺界有一些精英意识比较强的同行、朋友，他们提起市场来往往悲愤、痛苦，有一种悲愤莫名的感觉，认为市场已经把文艺都糟蹋了。我并不这么看，我认为广大老百姓有权利学习文化，也有权利进行文化的消费。各种不同层次的作品都有它存在的价值，就像需要填充一下肚子时有快餐，有速食面，有果丹皮，有金施尔康（多维元素片），也有垃圾食品，我看这个原则上并没有任何的问题。我认为张艺谋是咱们国家最优秀的、最富有想象力的、最富有电影镜头感觉的导演，他的想象达到了出神入化的程度。而且我不赞成有些人、有些学者、有些学院派的批评家把《英雄》说得是一塌糊涂。一个很有名的杂志曾经出过一个专栏，叫"说破《英雄》羞煞人"，说《英雄》美化封建专制、讨好封建专制，甚至有人分析《英雄》还讨好美国的单边主义，等等。我也不赞成。为什么？要这么分析问题有点较劲，有点自个儿跟自个儿过不去，所以我都不赞成。但是张艺谋后来到了《十面埋伏》以后，他还大讲一套理论：电影就是让人看的。思想是什么？另外有一个导演在正式公开出版的刊物上说：对于电影来说，思想就是垃圾。这个发展得有点过，让人有理由感到一种担忧。我们这些最优秀的作家、最优秀的导演、最优秀的演员在那儿制造一批没有灵魂的、空壳性的东西，就会出现我们文艺作品的一种空心现象，跟萝卜糠了一样，心儿空了，看着仍然是红红绿绿的。而张艺谋是一位非常高级的导演，如果他是一般的导演，玩点儿花活儿、追求点票房也就可以了；但是如果我们最优秀的导演追求这种空心的文艺作品，那么更好的文艺作品由谁去做呢？一个大导演，比如他也出产一些没有太深刻意义但是票房很好的作品，这也不错，也是可以的；但是他应该有一个目标，即制作生产出更高级、更能够给人一种精神的启迪、一种愉悦，也给人一种震动的这样的东西来。

冯小刚这人我很熟悉，也算是我的一个年轻的朋友。我们在一块儿也吃过饭，也聊过天，见面都很熟悉。冯小刚的许多作品非常成功，我觉得冯小刚是一个天才，因为他没有正规地学习过拍电影，但是他拍得却这么成功。有意思的是，他用一种非常不屑的语气，可能是故意这么宣传："《天下无贼》完全是瞎编的，无非就是利用观众的那一点点善良，就编造这么一个神话，一个贼良心发现，非要做好人不可，这根本就是骗观众、蒙善良的人，哪像《手机》，我的《手机》拍得才叫好。"他为什么要这样说？可能有他的商业目的，也可能有他的弦外之音。作家、艺术家、学者有时候会放烟幕弹，他对人家公认他有成就的东西故意贬低，显得更高不可攀。比如爱因斯坦，这位了不起吧，比冯小刚、张艺谋的地位都要高。爱因斯坦喜欢说什么？他说："我一生的主要成就是小提琴，可惜你们这些人听不懂我的小提琴，都在那儿捧我的相对论，我的相对论算什么？"爱因斯坦来这一手，他来这一手你一听就震了。为什么？他的相对论咱们已经是五体投地了，你想他的小提琴要是拉出来，比帕格尼尼，比梅纽因还不定强多少呢。齐白石毫无疑问也是大家，他说我是画不如书，就是我的画没有字好；书不如诗，我写的字没有我做的诗好；诗不如金石，我做的诗不如我刻的印好。可是现在老百姓买张画舍得花钱，买书法就次之，买诗更次之，买印更更次之，老百姓不懂行你有什么办法？

名人这么说话，请注意这是名人说话的一个特点，他故意跟你拧着说，故意往"葛"了说。你已经接受了的那部分东西，他把它贬得一钱不值，好像回过头来他有更深奥、更高超的东西，让你丈二和尚摸不着头脑。你觉得他太伟大了，感觉深不可测。

所以冯小刚也可能有这方面的原因。但是我提这个问题是为什么呢？绝对不能低估听众、观众、读者向善的那一点点愿望。如果我们的听众，如果我们的观众，如果我们的读者连最后一点点在电影院里向善几十分钟的东西都没有了，那我们的国家就惨了，就麻烦了。因此，冯小刚朋友没有权力嘲笑观众的这点向善的愿望，不能拿出这么一个高高在上的、玩弄观众的态度。

我们的文艺作品不管怎么样走向市场，不管怎么样迎合市场，不管怎么样满足各种不同层次的需要，我们都应该有一种对人类基本价值的尊重、对人类基本价值的珍惜。比如一个小偷不想当小偷，这是一件可喜的事，这是一件动人的事情，就算现实生活中还没有这样的例子，你在电影里制造这么一个例子也是好的，要有这样一种基本的价值，避免我们的文艺作品的这种"空心现象"。

◎谈谈关于帝王戏的问题

我在全国政协大会上的发言，各处也都有报道，其中最突出的一个报道是"王蒙、魏明伦等人联手要扫'皇'"。这本身也是咱们的传媒不怎么严肃的一种表现，因为魏明伦是在去年全国的政协会议上提出过"扫'皇'"的问题，我没有提过"扫'皇'"，我只是提我晚上在家里看电视看得太多了，有时候我拿着遥控器选节目，最多的时候发现过九个台都在同时播帝王的故事。九个台在播帝王的故事，还有八个台在播武侠的故事。怎么比例大到这样一个程度？让人心里也有点习惯势力、顽固观念，接受不了，到底今夕是何夕，到底我们积极进行现代化的建设，是要建设一个现代化的具有中国特色的社会主义的中国？还是我们仍然在那样浓厚的帝王气息的统治之中？几千年的封建社会给中国留下了很灿烂的文化，任意地否定我们几千年的文化传统是错误的。但是与此同时几千年的封建社会又留下了许许多多落后的、封闭的、愚昧的、不好的、消极的东西。如果我们的帝王戏里边抱着一种相当津津有味的态度来描写帝王的高高在上、无所不能、生杀予夺，一直描写到这个帝王的三宫六院、七十二嫔妃，描写他的恩宠对于一个妃子，对于一个女子是何等重要，他的威严是何等的不可抵抗。这个东西如果要这么发展下去，会不会多少有一点副作用？我有一个孙子辈的小孩，也不小了，已经会使用手机了。我想约他吃烤鸭，就给他发短信，几点几点今晚我们在哪儿吃烤鸭。他给我回信"降旨，朕许了"。虽然是玩笑，但看得出来它的影响是非常大的。鲁迅先生早就一针见血地提出来，他说中国有一个大的问题，每一个中国人脑袋里头、灵魂里头都有一个愿望，这个愿望就是想当皇帝。当然这也是文学家的语言，大家都羡慕皇帝，皇帝的威严来自权势，走到哪儿山呼万岁，一跪跪一片，要给谁恩惠，谁立马就神气起来；要灭谁，立刻诛九族——包括男人最庸俗的一切愿望他都可以满足，看上谁就是谁。这个东西在我们的帝王戏里就没有什么批评啊，就没有什么叹息啊，就没有什么愤怒啊，就没有什么唾弃啊！就不能够让我们的观众、受众知道我们现在已经不是生活在那个时代了。歌唱一个帝王："燃烧了自己，温暖了大地。"这是歌颂帝王还是歌颂孔繁森、焦裕禄？帝王成了孔繁森、焦裕禄了？这是不是一种错位？

还有的作品沉迷于帝王的权术。讲老实话，写到帝王权术那部分我也很爱看，也挺绝，对了解国情，对长见识、长知识有好处。但是这里有一条，权术不能决定一切，仅仅从权术的观点上，你无法解释中国历史上无数的兴、亡、盛、衰的变化。如果从权术的观点上来说，崇祯也很善于使用，但是崇祯只能灭亡，因为社会的矛盾，因为政治的腐败，明朝已经到了气数已尽的程度。如果我们的戏对权术的决定论抱一种欣赏的态度的话，我们的一切将离唯物史观越来越远。

◎ 谈谈电视小品

电视小品第一我很爱看，第二我很佩服赵本山、赵丽蓉、巩汉林、宋丹丹这些演员，他们的敬业都达到了相当高的程度，而且我一边看一边笑，对保持身心健康有很大的好处。我开始感觉到有点不安，是我看完了整个 2005 年的春节联欢晚会后。我忽然发现小品变成了主打，发现赵本山是春节联欢晚会的灵魂，发现二十一世纪的中国男人的形象要从赵本山、范伟、潘长江、巩汉林中来寻找，二十一世纪的中国劳动妇女的形象要从高秀敏中寻找。这是不是我自个儿找别扭？如果是的话大家待会儿帮我分析分析，也许我晚上回去觉睡得更好。

我又考虑一个问题，我们需不需要喜剧？我觉得特别需要，需要喜剧，需要幽默，我也是一个很喜欢幽默的人，我也很喜欢听相声，喜剧的东西我特别喜欢。但是喜剧有没有三六九等？有没有高低、深浅的区别？比如说卓别林，卓别林也是喜剧，但为什么卓别林的喜剧让你感觉到他概括了那么深刻的人生况味？他在一连串的笑声之后还能引起你的思索，甚至还能够引起你的一些酸楚的心态。

我们的小品有些我特别喜欢，比如《卖拐》。我认为《卖拐》表面上看非常简单，实际上它告诉了人们偏见和无知是怎么产生的，告诉了人们心理暗示的作用，告诉了人们人是很容易受骗上当的。它说明了人为什么会接受一种迷信？接受一种偏见？接受胡言乱语，接受一种荒谬的东西？我觉得非常好。但不是所有的小品都是这样，有的小品给人一种感觉，观众也并不糊涂，但演员更精，演的时候就像傻子和傻子在那儿闹矛盾，或者在那儿闹事，然后观众就是赶紧把自个儿也变傻一点，千万别说这个是假的，这是胡蒙的，哪儿有这事，不可能的，你别这样。你能够摆正心态，说我比你还傻，就乐了。乐完了、看完了，原来聪明的人，现在不太聪明，智商降低了一点。

我要求有更多文化含量、更多智慧含量，我们能不能看完一个喜剧之后不是变得更傻，而是变得更聪明一点呢？比如我们看完了果戈理的《钦差大臣》，我们会感觉到自己是变傻了？还是变聪明了？我们看完卓别林的《摩登时代》或者《舞台生涯》，我们感觉到自己变傻了还是变聪明了？我们能不能有更高的要求？我们能不能有更精英的、更有品位的、更有文化含量和智慧含量的作品出现？

◎ 文艺在大众化的过程中付出的代价和它所面临的 一些问题

　　人类的整个社会是由金字塔型向网络型过渡、变化的，我们整个文艺是和大众越来越接近，为人民所享用，为大众所接受的。但是这并不等于大众化不付出代价，鲁迅早就看到了这一点。我仅举一个问题为例，就是我们的文学语言、戏剧语言。我们的文学语言和戏剧语言在古代是靠我们的文言文，我们的文言文相当地雅，不太好懂，有点模糊，一个字有许多许多的念法、许多许多的讲解。它极端地简约，因为中国古代是在竹简上刻字的，比电报体还要电报体，字越少越好，相当地简约。所以，中国古代的文人在写一个什么东西、在措辞的时候，非常注意师承关系，就说我这个词从哪儿来的，是孔子用过还是孟子用过，是《庄子》上有过还是《淮南子》上有过，他非常注重。这个师承关系我们现在看认为不好，缺少创造性，但是师承关系也有一个好处，什么好处呢？就是我们中国古代的文学本身是一棵大树，每一句语言、每一篇文章、每一部作品，哪怕是一出戏曲，比如元曲，都是长在这棵树上的一枝、一叶、一花、一果，你要不断师承前人的语言，要找来历，找出处，也就是说要求你的语言和这棵大树相匹配。虽然它影响了创造性，但是它增加了这个大树本身的繁茂与和谐。所以，中国没有知识产权的观念，你一首诗如果这一句特别好，我可以用；我不但可以用，我还可以用这一首、这一句，做出二十首来。毛主席喜欢李贺的诗，不断用李贺的诗，有的是套用，有的是原话。"天若有情天亦老"是直接地引用，"雄鸡一唱天下白"到毛主席那儿是"一唱雄鸡天下白"，等等。这是中国古代的文言。但是古代的文言既有陈陈相因的问题，也有脱离老百姓的问题。所以，又有一种语言，就是古代的白话。这个一直也没有断过，虽然不太多。

你像《红楼梦》是白话，《金瓶梅》也是白话，《老残游记》《儿女英雄传》都是古代的白话。古代的白话比较贴近口语，但是你觉得它俗。第三种语言的财富就是五四时期引进的这些翻译的语言，这些带有翻译味的语言对我们的影响非常之大。因为翻译的语言，由于文化的区别，一是外国的文学作品受西方油画传统影响，在描绘风景、描绘静物、描绘饰物、描绘空间上，有些非常精细的说法。二是在心理描写上非常丰富。所以，有大量的翻译语言，以至于翻译语言已经影响了我们今天的说话。我们今天有时候说话已经受到了翻译语言的影响。这样的例子非常多，而且很难改回来了，这个我不细说。第四种语言是五四时期创造的一批新的文学语言，里边既吸收了古代的文言，比如鲁迅的作品里有很多说法是从文言文里拿过来的，又吸收了西方的语法，如"的、地、得""他、她"的用法等，还吸收了古代和当代的白话。这是一种语言。第五种语言是在中国的革命过程中所提倡的以农民大众为主的，而且是以北方的农民大众为主的以赵树理为代表的语言。

这些语言都是我们的财富。但是今天我们常常在我们的作品当中看到，这些语言财富的运用并不熟练，并不得当，常常会有一些失误，常常会有一些别扭之处。有时这种过分的大众化会使一些时尚、瞬间即逝的语言不断袭来，有时这种袭来使人达到了一种完全无奈的程度。现在有一些用法我就觉得很奇怪，到底是从谁那儿开始的？比如说对一件事不重视："这个事我跟他说了很多次了，他始终不以为然。"但"不以为然"是反对、否定的意思，不重视应该是"不以为意"，我跟他说了多少次了他也不以为意。但是我们现在很多人，包括很多著名的作家都说这是"不以为然"。现在受港台的影响又出现了"不尽人意"，这也是非常别扭的一句话。因为它原来的话是"不尽如人意"，现在则常说"不尽人意"。

我们在回顾我们的语言资源的时候，同时也可以看到我们在语言上的混乱现象，以至于错用。但是会不会由于错得太多了最后错的也变成正确的了呢？我也不知道。比如说"演绎"，原本这是一个逻辑学上的专用名词，是指从一个大的道理来推论一件具体的事情，这叫演绎法。逻辑学上，形式逻辑上最讲究两种方法，一种是演绎法，一种是归纳法。大前提"人必须吃饭"，小前提"王蒙是人"，结论"王蒙必须吃饭"，这个叫演绎法。小提琴演奏，我们解释说"他演绎得非常好"，这个对不对？我确实感到非常头痛，回过头来又讲到语文的问题上了。

◎ 关于体育与爱国

在体育比赛当中人们的爱国心往往高涨，我也是这样。我本来是一个非常喜欢睡觉的人，但是遇到看球赛的时候，我一下子就不困了，可以比平常晚睡一个小时、两个小时、三个小时，或者中午也放弃午睡来看球赛。而且除了乒乓球以外，我都希望中国队赢。乒乓球我现在老盼着外国队赢，目的就是为了增加悬念，这个是毫无疑问的。但是有时候我们表达爱国主义情感的方法也使我产生了对文化的期待。

比如在我们的广播里边，我一次又一次地听到非常著名的解说员这样说："在许多的黄眼珠、红眼珠、绿眼珠当中，我发现了黑眼珠。""在许多的黄头发、棕头发、红头发中，我发现了黑头发。"哇哇，鼓掌。自古以来孔子就教导我们："己所不欲，勿施于人""己欲立而立人，己欲达而达人"。有人黄眼珠、绿眼珠、蓝眼珠，这怎么办呢？很早以前有一位澳大利亚的学者向我提了一个问题，他说他听了一首歌感到很吃惊，你们唱黑眉毛、黑眼睛、黄皮肤，就是侯德健的《龙的传人》，怎么能够唱肤色呢？如果在澳大利亚有人这么唱马上就被抓起来。当然我也有我的解释：由于我们中国人自鸦片战争以来一直受到欧洲白种人的欺负，我们割地赔款、丧权辱国，把香港都给了英国了，所以我们现在好不容易扬眉吐气了一下。他说你扬眉吐气就扬眉吐气，就说中国现在胜利了，中国成功了，中国前进了，中国富裕了，不提头发什么颜色行不行？尤其别提这眼珠什么颜色。这有一点道理。刘翔说："我胜利了，说明亚洲人也是能跑得快的，说明黄种人也是能跑得快的。"刘翔那么优秀的运动员，他这样说我完全理解、完全赞成。但是能那么宣传吗？如果这么宣传的话，那么黑人怎么办？黑人更苦大仇深，黑人在田径里的成绩比我们好得多。如果我们看到一个世界冠军——一个黑人在那儿说："你们看到了吗？被侮辱、被奴役、被强暴、被蹂躏、被折磨，至今仍然被歧视的黑人得了冠军！"你作何感想？我们有一个射击运动员射击很好，但是他参加的那一轮有一个外国运动员，一开头成绩一直很好，但最后一枪打到另外一个靶上去了。记者问他，你觉得你今天得了这个冠军是不是有点侥幸？记者这个问题问得也损点，但是我们的射击运动员回答："不是，我就是应该得冠军。"假设他智慧含量高一点、文化含量高一点，他会说："某某某是一个非常优秀的运动员，他前几轮打的成绩很好，最后失误了，我替他感到惋惜。但是我得了冠军并不是由于侥幸，也是我勤学苦练，肩负着人民的重托，多年来受到党的教育的结果。"不也行吗？怎么就不能这么说话呢？这么说话显得多么高雅，显得多么文明，显得胸怀何等开阔，显得何等具有一种泱泱大国的风度和姿态！

许多年前的一次奥运会，运动员回来以后庆功，电视现场直播，三个部门的领导主持这个会。咱们一个柔道冠军上来介绍经验，讲无差别级和最后决赛，是女性。"我和古巴选手比赛，古巴选手块儿比我大，经验比我多，我想试探试探她，在赛前的一次酒会上我就故意撞了她一下，结果她回头来赶紧跟我说对不起。我知道了，她怕我。"底下热烈地鼓掌。各位听了有什么感想？

我就碰到过这种事，最早几次出国，那时到欧洲去还要在卡拉奇或者德黑兰停一下，后来都是在阿联酋停。八十年代，二十多年以前，有一次巴基斯坦刚刚发生完政变，所以不准下飞机，但是飞机到那儿就停了，停了一个多小时，要加油还是干什么。我就很憋闷，我就想到机舱口看一眼，不下去，但起码看到卡拉奇了。我向前走，碰到了前面一位 gentleman，一个先生，他立刻就躲开，把手一伸："Please!"我很惭愧，我习惯地挤过来挤过去，一加塞就过去了，用在这儿不合适。外国人一般是这样，互相只要一碰，没有人追究责任，追究责任那成什么人了？马上就说"Excuse me"，绝对不追究责任。

这个例子我不多说了，说多了不合适。因为大家都在欢欣鼓舞，庆祝我们的健儿为祖国争得了荣誉，而且我们的健儿争得了荣誉个个都是泪流满面。看得我那几天也是一样，你们千万别以为我没有泪流满面，我照样流泪，升旗的时候，我耳朵旁边听到的都是《义勇军进行曲》，一直流泪。这种时候我也觉得欢欣鼓舞。但是你流完泪，跟外国人说话说得漂亮点不行吗？运动员没有责任，但是我们做工作的，尤其是我们做报道、做宣传工作的，我们可以增加一点我们的文化含量，增加一点我们的智慧含量，增加一点我们的境界含量。这就是我所说的"文化的期待"。

最后一个问题我想谈一下在这种急剧市场化的情况下，怎么样才能够开展严肃的正当的评论、批评，使我们对于什么是是、什么是非，对于什么是好、什么是更好、什么是特别好，有一个清楚的认识、清楚的把握。

这个问题非常大，现在凡是说好的，你立刻就怀疑它背后有些什么因素。第一，出品人，如果是书的话就是出版社、出版商在炒作。出版商确实是在炒作，他们制订了炒作的计划，他们花了钱的。所以，这些说好的东西你已经不知道是真好还是假好。而凡是说不好的东西，也引起人们去猜疑它的背景，这里是不是有山头和山头之间的背景？哪个圈子跟哪个圈子之间的矛盾？或者是哪一股势力和哪一股势力之间的矛盾？你已经对那个问题本身的讨论丧失了兴趣，然后你就会很快地看到一些说法、一些报道，使讨论、批评"狗屎化"。比如一个作品，一部分人认为写得好，一部分人认为写得不好，但是互相之间讽刺、打击、揭老底、挖背景、找根源，就丧失了一种正常的讨论氛围，也丧失了一种正常的分析、介绍氛围，在某种意义上我们现在是看不到这种严肃的批评、严肃的评论了。可是一个文化生活、文化产业健康发展的社会是不能够离开文艺思想的批评和讨论的，是应该允许有这种批评、这种讨论的。而且这种批评和讨论应该是非常诚恳的，应该是对读者负责的，应该是忠于一定的价值观念的。所以，对于这种现象我也有很多的担忧。

今天借这个机会就有些零零星星想到的事情，可能和从事传媒工作的朋友、同志有关的一些事情，提供一点想法。这些想法确实非常不成熟，有的地方也可能非常不准确，我非常希望得到大家的批评和指正。

王蒙答问

问：王蒙老师您好！刚才您讲的那些笑话给我这样一种感觉，您的意思大概是说我们现在的媒体行业存在一大批高学历、低文化的人。前两天高考刚刚结束，让我想起我高考的时候，有一个同学在模拟考试的时候遇到一个作文题目，题目要求是文体不限。他写了一个剧本，当时老师就非常生气，说你应该用一种最大众的观点写一篇四平八稳的记叙文或者是议论文，这样比较容易得高分。上大学的时候，很多情况下学校对我们文化的灌输和培养，使我们有一种理念，感觉任何一种事情都要有一种正确的答案。像您这么一位德高望重的作家，您在这方面特别有发言权。我想听听您的意见，现在我们面临的这样一种局面，是不是由我们的教育体制和选拔机制造成的？

答：对于教育体制和选拔机制我了解得太浅，所以我确实不能够随便地评论。但是我看到我的孙子辈的人——他们有的已经上中学了，我的长孙已经上大学了，我看到他们从早到晚地做功课，实在是苦不堪言，这是一次经验。

还有一次经验，我的孙子还比较小的时候，他的语文常常不及格。我就奇怪，你语文怎么会不及格呢？我给你讲讲。他说你讲不了，你根本就不懂。我能连初中的语文都不懂？后来我一看，我真不懂。第一个选择题是这样，原句是"在我的窗外长着一棵杨树"，下边写四个选项：A. 有一棵杨树长在我的窗外，隔窗望去有一棵杨树。B. 我看到窗外有一棵杨树。大概类似这样的还有 C 和 D，这四个里头你挑一个最符合原意的句子。我一看四个都符合原意，我的水平太低了。第二个句子，是保尔说的，保尔说："人最宝贵的是生命，生命对于人只有一次而已。"下面又是四个选项：A. 人，最宝贵的是生命，因为生命对于人，只有一次。B. 生命对于人是非常宝贵的，因为它只有一次。C. 既然生命只有一次，所以它非常宝贵……我看完这四个觉得又都对。可是我在孙子面前又不甘心退下来，我就发挥了我的最大智慧，挑选了一个。孙子一查答案，错，零分。所以我没有办法。

您刚才说的高考那个倒不见得，因为高考不断有那么一些事例。如果这个孩子是中等水平，千万别出幺蛾子，让他四平八稳写就行了，起码能得个及格的分。可是你那个孩子如果智商特别高，突然来一个绝的，也有的时候凭这一篇文章就直接考入哪个学校，这种事也有，但是风险太大。我也是从高考的实用主义的角度上讲，至于到底应该怎么高考，我从来没想过。想的事太多容易累得慌。

至于说现在语文的水平太差，如修养、礼貌常识这些方面差？我倒认为这也是正常的现象。因为中国在改革开放期间，现在我们的硬件上去得非常快，我们的软件不可能一下子全都跟得上。五星级的宾馆已经有了，不见得就有了五星级的服务，所以我没有那么悲观或者是笼统地说高学历、低文化，我要那么说话，我得罪的人太多了，我也没有这个想法。

现在有一种说法，其实不是我的原意。前一段网上宣传，说王蒙提出来要进行汉语保卫战，因为现在英语学得太多了。这纯粹是胡说八道。第一，我是提到这些汉语上的问题，但是我没有提过"保卫战"。第二，我也不认为学英语是汉语水平降低的原因。如果说学英语学得好，你有没有林语堂英语学得好，有没有辜鸿铭学得好，有没有季羡林学得好，有没有钱锺书学得好，他们都是学贯中西，他们的中文都更好。而且从理论上说，我宁可相信学好母语是学好外语的基础，学好外语是学好母语的参照。所以，如果你的汉语水平屡屡地出现问题，就是因为你汉语太差，绝不是因为你的英语太好。我的主张就是要好好学英语，既不能以学好汉语为借口不好好学英语，也不能以学英语为借口不好好学汉语，更不能以又好好学汉语又好好学英语为借口，不好好睡觉，这就是我的希望。

问：如果一个人在生存方面的问题同他需要坚守的某些东西，比如跟文化品质、严肃的文化产生冲突，您认为他还能坚持吗？我为这个问题做个注脚吧，也许这个问题有点片面或者较劲。比如现在我们很多节目、很多栏目要求收视率，就会出现这样一个问题。有些节目做出来领导觉得非常好，甚至编前会看了确实不错，但是做出来收视率不是很高。另外像杀人、放火这样的东西做出来的收视率非常高。而最现实的问题是，你的收视率不高的话你的栏目就完了。在这种情况下您认为是媒体引导大众，还是大众引导媒体？到底应该谁屈从于谁？

答：我只能给你一个模棱两可的答复：互相影响。因为这样的问题每时每刻可以说都存在。任何一个人，比如我，我没有收视率的问题，我也不做电视的节目，但是我写作有一个读者的问题，我说话有一个听众的问题，我在参加一些社会活动的时候，既要符合领导的要求，又要符合同事们的期望，还要照顾到许许多多、方方面面。每一个人都有一个在坚持自己的追求的同时照顾到方方面面的问题。我认为这是正常的。你这个问题使我想起一个例子，这个例子表面上看跟你说的没什么关系，但是我很愿意举这个例子。

在许多年以前，我接到一个学生家长的来信，他女儿发表了一些诗，受到了好评。他女儿正在上高中，准备考大学，但他女儿就不准备考大学了，就准备自个儿写诗，他说你觉得她这个选择好不好？我就给他回了一封信，我说，第一，不管你是伟大的诗人也好，伟大的艺术家也好，一般地说，你都要吃饭，就是都要生存。而你为了吃饭的话还是考大学比较好。第二，诗写好了当然很好，但是写诗本身并不是一个职业，并不是一个对一般人来说容易做的职业。如果仅仅从吃饭的角度来说，写诗可能还不如卖糖葫芦更有把握。所以，由于以上原因我希望你女儿赶快好好学习，然后还可以照常写诗，把写诗作为业余活动。后来我给他回了信以后，那个孩子还真信我的，马上改变态度，更好地学习功课，后来她各方面的生活，不管是职业、专业，还是收入，都非常好。所以，他们全家一直跟我保持着很好的友谊，每年都给我拜年，我好像做了一件好事。所以我提的是既要生存又要坚持，既要坚持又要生存。不生存的坚持是很为难的一件事情，你必须兼顾二者。

问：王老师您好，您这个讲座的题目是"文化的期待"，是不是说咱们现在的这种生活是一种文化缺失的生活？比如有一个很小的例子，手机的问题。我听过很多次各个不同老师的演讲，但是每一次都说手机的问题都很严重。而且我也很爱听音乐会，我经常去听音乐会，每次音乐会总有手机在响。其实这是很小的事，而且您刚才已经在中间被打断，提出来手机不要响，但是依然在响。我就想问咱们这个问题的根源在哪儿？有什么办法可以解决这个问题？

答：这里也有一个习惯，往深了说这个事就比较复杂。谭嗣同早就说过，中国人有一个特点，注意私德，但是不注意公德。私德，比如我待人接物，我对我的天、地、君、亲、师，我对我的父母、配偶、子女、师长、学生或者朋友都应该非常好，但是对那些公众、对那些根本不认识的人，应该保持什么样的德行呢？您刚才举了手机的例子，这一类的例子太多了，有些还非常令人痛心。

1994年我去悉尼，悉尼有一个华人在钢琴比赛中得了优秀的名次，举行音乐会，很多人都参加了。驻当地的一个外交官、领事也参加了。结果在演奏当中，外交官的手机响起来了，响起来之后他去接电话，他认为他压低了声音，但是当地的记者给他拍了一张照片，并把这张照片登载在当地的报纸上，确实是让人非常痛心。

我也可以举另外一个例子，在香港、在国外有些比较高雅的地方会有会员制的俱乐部（membership club），进门的时候有"请您关手机"的提示。如果你的手机响起来，甭管你多么伟大，工作人员就过来客客气气地说"先生，请您出去"，绝没有任何的含糊。他们有这种观念，用手机不可以破坏公共的气氛。

关于公德和私德的问题，我看过一篇非常精彩的文章，文章叫《为什么不能随地吐痰》，这是一个很怪异的学者写的。他说一般是解释为随地吐痰会传染结核菌，但他请示了很多真正的医学家，认为这种可能性微乎其微。因为痰液很快就干掉了，它的细菌很快就消失了，当然"非典"流行期间情况可能严重一点。他说关键问题不在这儿，关键是公德和私德，因为吐一口痰对你的私德没有任何妨碍，不妨碍你的老师，不妨碍你的父母，不影响你的忠，不影响你的孝，不影响你的仁，不影响你的慈，影响的就是公共观瞻。我想我们这个社会在改革开放的过程中，在走向世界的过程中，我们有些习惯，我们有些做法，都会慢慢得到一些调整。类似的东西还有很多。比如我们到国外去，马上就会发现我们打电话的声音太大了，中国人一打电话就声音太大，也许是由于咱们线路的问题。但是现在至少在北京，线路的改进非常快，不需要特别大的声音。

类似这些不文明、不礼貌的行为实在太多了。但同时我也相信这些东西不难改进，随着我们国家的发展，我们经济上越来越好，我们的电话线路也越来越好，我相信这些问题都能解决。

问：最近有一件事炒得特别热。中国人民大学在 2006 年高考之前成立了国学院，要把国学教育放在教学体制里。之前我们也看到一些现象，比如中式房子的热卖，比如中式服装的热销，比如孩子们都在读经。好像很多人说这是我们国学的一种复兴，或者说国学在被努力地复兴着，不知道您是不是觉得有这样一种现象？您怎么看待国学，怎么看待国学的教育传播？怎么看待国学对我们普通老百姓的意义价值？国学院的口号是"继承文脉，振兴国学"。

答：我觉得这个问题也是经历了很多次反复，曾经有过一段非常激烈地批判国学的时间。这种激烈的批判有它深刻的道理，也包括极其痛苦的反思。用胡适的话说，我们睁眼一看我们事事不如人。后来我们又有从马克思主义的角度对封建的文化、对所谓的"封资修"进行彻底批判。现在我们国家国运好了一点，我们就可以更冷静、更客观地看待我们这个国家的许许多多的传统的文化，我们有许多美好的东西，有许多有价值的东西。所谓国学，无非就是中国自古以来大家学的"四书""五经""六艺"等这样一些东西。我觉得对这些东西进行很好的继承、发扬是完全可以理解的。有更多的人懂这些、知道这些也是一件好事。但是照搬是没有出路的，我们必须对国学进行现代化的改造，我们一定要使我们国家的这些传统文化能够呈现出一种社会主义的而且是现代化的新的概貌。如果只是回到背诵那种情况，那是没有好处的。我们今天可以用一种更成熟的态度来对待传统文化，对待外来文化。既不是简单地肯定，也不是简单地否定。

问：今天听您的演讲很受启发。中国现在文化发展道路的问题，您是融会起来讲给大家听的，刚才听您说外语，真的让我很钦佩。您觉得新加坡的那种文化发展态度，或者所走的道路，会不会对我们中国未来的文化建设有启示？既保持中国传统的优势，又结合西方的一些先进的特点？

答：我曾经多次去过新加坡，在新加坡也有许多朋友。新加坡在文化发展上面临的问题也很多，有它的很多尴尬和困惑。一开始他们决定把英语作为官方语言，而且停办了最后一所用中文授课的大学，就是南洋大学，曾经也是经历了非常痛苦的过程。这和当时的新加坡当局害怕被"赤化"，害怕中国的共产党有很大的关系。据说近年来新加坡在恢复华语的地位，前任总理吴作栋还带头在公开的集会上用华语广播讲演等。这里又有另外一方面的问题，跟中国的关系有没有搞好同他们国家的命运有着很密切的关系。另外他们发现，过分地西化、过分地英文化、过分地接受美国的那一套，对他们的国家来说也有相当大的问题，新加坡一直是处在那个过程中。

还有一个问题就是新加坡原来的大部分人都是从中国去的，都是些劳工，所谓"猪仔"，地位非常低，但是他们艰苦创业，也取得了骄人的成就。新加坡的那套方法如果在中国实行是不可能的，中国的文化要根深蒂固得多，中国的文化也要深邃广大得多。如果在中国你想废除汉语，任何一个政权采取这种政策，只会自取灭亡。但是新加坡有很多经验是值得我们借鉴的，比如他们维护社会秩序，他们搞公共卫生，还有其他许多方面，可能有很多好的经验，这也是我们国家的领导人一直给予高度评价的。

问：刚才听您说了咱们社会的一些现象，可能大家忽略了，不是太注意。我也深有同感，我从家里一直走到社会上，从学校到社会我发生了很大的变化，我也不知道是自己本身的原因还是这个环境改变了我，我觉得有些事不是出于自己的本意，可是顺着就说出来这个话，可能给别人的印象不好。可是我也没办法，有的时候我就心里想，可能你这个人是只能适应环境，而没有能力改变环境的。我特别苦恼，我特别注重别人对我的看法，我也认为我自己这些行为可能给别人留下不好的印象，我真的不知道该怎么办。有的时候我就安慰自己。

答：由于我不太了解您具体的经历，我提不出太多的忠告，我只能说既然您现在有这样的一种思索，说明各种问题都会往好的方面发展。人总是越来越成熟的，会既有适应的一面，也有坚持自己认为必须坚持的某些东西的那一面。我希望下次与您见面时，您和您周围环境的关系更和谐一些。

（2005 年）

没文化的传统和"庸俗"生活

◎ 文化的对立面

当我在商店里看到店员与顾客的恶言相骂；在公共汽车上听到乘客之间的污言秽语；从电视屏幕上看到诸如对于制造假药、假农药，捕杀大熊猫、白天鹅，砍伐电线杆，盗卖铜线等罪犯的审判；走到街上看到一座座新盖好楼房的玻璃被顽童打碎，一个又一个公用电话亭被捣毁；还听到一些出国人员——既包括学者也包括官员——在"洋场"大丢其丑（如住一个晚上就把旅馆房间冰箱里的饮料全部转移到自己的行李箱里）……这些时候，我常常思考一个问题：这些现象究竟表现了一种什么样的传统文化呢？是孔子还是老庄？是禅宗还是道教？谁主张过这种野蛮、自私、损公害己？

而另一方面，目前我国知识界热烈讨论的传统文化问题，究竟有多少针对性？是否有的放矢？我们讨论、争论的对象到底还留存了多少？就是说，目前我国的大众，特别是青年大众之中，究竟还保留了多少传统文化？尤其是究竟还保留了多少文化传统？传统文化，诸如四书五经、诸子百家，孔孟之道、程朱之学，诗书礼乐、琴棋书画，仁义道德、忠孝节义，四维八纲、正心诚意……现在到底还剩下多少？

封建主义文化，资本主义文化，社会主义文化……主义虽然不同，毕竟还是文化，毕竟还都有一种或曾有过或可能有过的规范的作用，协调的作用，凝聚的作用，提高人类的生存质量、引导人类去进一步认识世界和自身的作用，以至升华的作用。因此，一种文化固然可能逐渐暴露其陈旧鄙陋、束缚人的发展之处，却仍然为一个民族、一个社会、一个国家所不可或缺。

文天祥说："人生自古谁无死，留取丹心照汗青！"裴多菲说："生命诚可贵，爱情价更高。若为自由故，二者皆可抛！"奥斯特洛夫斯基说："人最宝贵的是生命……献给人类最壮丽的事业——为共产主义而斗争！"其历史内容、阶级内容各异，献身理想的文化精神则相同。

呜呼，而今呢？

文化的对立面是无文化、非文化、反文化。当我们谈到中国的封建文化、传统文化的时候，似乎不应该忘记我们的另一种十分强有力的传统——无文化、非文化、反文化的传统，"绝圣弃智"的传统，耍光棍、耍流氓的传统……前者如果表现为士大夫文化以及宫廷文化、庙堂文化、乡绅文化；后者则表现为鄙俗文化特别是流氓文化，中间还有市民文化之类。

鄙俗文化特别是流氓文化同样源远流长，历史上，它们常常大模大样地走进农民起义的队伍，打出革命或新潮的大旗。刘邦与项羽就以烹父的流氓故事为人熟知。"刘项原来不读书"。"文化大革命"中，林彪一伙把这句诗又弄得时行起来。另外则是"书读得愈多愈蠢，知识越多越反动"。

首先，因为我们这个文明古国历来是文盲比文明多。无文化的传统说不定比文化传统还要强大。

其次，历代政权更迭靠实力而不是靠文化。事实上，"霸道"总是比"王道"厉害得多。朱元璋的御批里常带粗话。粗话变成佳话，老粗与权力相靠拢。这个传统一直传了下来，"文化大革命"中经常出现的也是诸如"油炸""火烧""砸烂"之类的字眼。

再次，我们的传统文化确实是太古老、太衰败了，需要一个大的改造和再生。许多年来不绝其生命力的与其说是文化传统，不如说是无文化与非文化的传统；一些民间流行的文化观念与其说是证明了文化传统不如说是证明了无文化的传统。"拼一个够本儿，拼俩赚一个""白刀子进，红刀子出"，这些都有明显的破坏性，居然也为社会所接受。后来又发展成"活着干死了算"，一副亡命徒相。"马无夜草不肥，人无外财不富""量小非君子，无毒不丈夫"，压根儿就非法理、非道德、非一切行为规范，如今又成了一批无文化而有"商品意识"的人的信条。

说起批传统文化，我们的调子始终是够高的。批胡适、批俞平伯、批孔、批儒；批《武训传》、批海瑞、批道德继承论；批梁漱溟、批梁思成、拆城墙；消灭地主阶级，取缔会道门；批"温良恭俭让"。历次运动中鼓励儿子检举父亲，妻子揭发丈夫……早把"孔老二"丢到了茅坑。一直到进行了比港台以及海外走得远得多的文字改革……这中间，有的该做而做得急了，有的该做而且大体上也做得好、做得适时，有的却有点不该做。但无论如何，什么时候我们对传统文化手软过呢？

不但有批判的武器而且有武器的批判。不但消除了地主阶级，而且粉碎了帝国主义、封建主义与官僚资本主义的统治机器。不但消灭了"变天账"，也消灭了诸如家谱、宗庙之类的东西。但传统文化的阴魂似乎仍然不散。阿Q主义没有散，假洋鬼子的"不准革命"没有散，赵太爷的"不许姓赵"也没有散。

大力"破四旧"的结果恰恰是"四旧"的全面高涨。于是觉得批得还是不彻底，没有"彻底、干净、全部地"把传统文化斩草除根，于是进一步批爱国主义、批集体主义；批长城、批龙、批黄河；批李白、批屈原，一直批到鲁迅；批民族性、国民性、国家特色……这种激进的批评再加上无孔不入的唯钱是图的风气，简直称得上是地毯式的轰炸。

我们传统文化的一些劣根性似乎未见消除多少，我们的文化传统却已经或正在被无文化、非文化、反文化的愚昧野蛮冲击。我们非常重视与不同质的特别是打着不同意识形态旗号的文化争斗，却不重视与愚昧野蛮斗争，于是愚昧与野蛮就趁各种文化之间进行拉锯战的时候扩大了自己的地盘。

但愿这只是杞人忧天。但愿人们把当前关于传统文化与外来文化的讨论——至少是把其中相当一部分精力——引导到建设与积累的健康方向上去。能不能先请各种各样的"文化"（只要是真正的文化）之争降降温，先联合起来讨论一下诸如扫盲、讲卫生、培养职业道德、爱护公共财物这一类较少争议的问题呢？

◎ 真理永远是具体的

我想谈一下意义原则，就是说我们的一生，我们的每一天、每一刻应该尽可能地过得有意义些。

什么叫意义？意义与目标不可分。如果你的目标是争取当上世界冠军，那么你的一切刻苦训练都是有意义的。如果你的目标只是一般的健身和娱乐，那么训练方法要求上就与专业运动员有许多不同。

具体的微观的意义比较少争议，例如每天刷牙，对于洁齿是有意义的，而洁齿几乎是没有争议的。至今我还不知道有什么党派学派坚持牙齿愈脏愈好。但即使刷牙也不是全无争议，有一种主张认为现今的刷牙方式于牙齿无益，有益的方法应该是使用牙线剔牙。每天要用餐，吃的东西应该讲卫生、讲营养也争议不大，但也有争议，如有的人认为非吃野生动物、珍稀动物以及一些稀奇古怪的东西才能"大补"。

愈是愚昧无知的地方愈会有一些匪夷所思的饮食习惯。我们的气功里也有练"辟谷"的，对此我实在无法接受，但又想它大概客观上是一种"减肥"的有中国特色的方式和说法。原来，一切意义都几乎是有争议的，但争议并不妨碍我们认为它有意义，也不妨碍我们去做我们认为大致有意义的事。例如，未必有哪个人因意义之争而停止刷牙，也未必有哪个人因饮食习惯的不一致或对于"辟谷"的认识之争而长期停止吃饭。

愈是谈到大的问题、包容一切的问题就愈是难以取得一致的意见。谈到人生的终极目的就不能仅仅用常识来解答疑惑了。与无限长远的、永恒与无限辽阔的宇宙相比较，人类特别是人类个体就渺小得可以不计了。

从这个意义上来说，也许论述人生的无意义有它合理的一面；也许论述时间与空间的无限和人生的短促有助于使人的心胸开阔、气象宏大；也许这种"念天地之悠悠，独怆然而涕下"的心绪带几分终极眷顾的宗教色彩；也许一种空渺无边、扶摇遨游九万里乃至九万光年的感觉能使你成为哲人、诗人、政治家、思想家，甚至成为苦行僧和传教士。

但这只是思想运动的一个向度，从有限走向无限，从现实走向茫茫，从形而下走向形而上。但是同时，这里有另一个向度，就是说在无限的永恒与宇宙之中，你的目光投向任何一个点、一个面、一个体，都是具体的、相对的、真实的、充满活气的、多彩多姿与意义分明的。

中国唐朝有唐朝的气象和追求，英国维多利亚时代有维多利亚时代的奋斗与光辉。无限之所以是无限，不在于它是零的集合体，而在于它是无数个有限，无数个相对的长远与阔大、诚实与进步、创造与发明的积累与延伸。鹦鹉学舌似的学着现代、后现代的口吻讲一点颓废，聊备一格，或者提供一种基本上是想象的消极的人生图画以供参照思考也并无不可，然而是当不得真的。

欧美哲学家、文学家大讲人生的虚无也许是可以理解的，他们有强大的基督教传统、神学传统与神学基础，他们从虚无中坠下，基督和圣母在那里接着，从空虚中跌下的人们至少可以掉到宗教和神学那里，他们讲的虚无还有体制上的意识形态上的自由主义保证。你讲你和搞你的虚无，我抓我的效率和最大利润；你讲你和搞你的反战，我搞我的导弹计划。

在几万、几十万或者更多的能人讲怎么样改进电脑、怎么样赚钱、怎么样做爱、怎么样争取同性恋者的权益的同时，有几个教授讲人生的终极的虚无确实显得卓尔不群、振聋发聩、如沐冰雪、当头棒喝，如给热昏者调一杯薄荷冰激凌，使陷入物质欲望、永无超度之日的人们关心一下自己的灵魂、自己的价值系统、自己的良心、自己的噩梦。

但是在我们这里，在一个还有部分人口没有或刚刚解决温饱问题的地方，在一个忙于迎战春天的沙尘暴、夏天的洪水加干旱、不分季节的假冒伪劣的有着十几亿人的神州，舶来的虚无主义、颓废主义也许只能造就出吸毒酗酒和信口开河的牛皮大王来。

好了，让我们暂时把时髦的虚无主义、颓废主义请到一边。真理总是具体的——虽然我不反对抽象思维的享受也不反对抽象真理，如果您老能拿得出来点新鲜货色的话——至少我们应该承认真理的具体性，承认真理与一定的时空条件的联系。那么意义也从来是具体的，因为人生是具体的。

小而至于良好的生活习惯、待人接物的技巧，大而至于学习、工作、事业方向，我们可以选择更有意义的事去做并多做，而少做无意义的事。

◎ "庸俗"

在当前人们聚精会神地搞建设的情况下，也许大多数人难以碰到特别的逆境和顺境，更多是一种俗境：工作不好不坏，专业过得去但不出色，也并非全然滥竽充数，客观环境一般化，身体、心情、收入、地位、处境都可以说是比上不足、比下有余。

这样的日子过得平常、平淡、平凡、平静、平和。这几个"平"其实也是一种幸福、一种运气。我国南方就把"平"字当作一个吉祥的字。香港将"奔驰"（车）译成"平治"就很有趣。但这样的平常状态很容易被清高的、胸怀大志的、哪里也放不下的或多愁善感的人视为庸俗。

这样的生活有着太多的重复，太多的日复一日、年复一年，太少的新鲜感、浪漫和刺激。静极思动，人们长期处在相对平静的生活中也会突然憋气起来，上起火来。契诃夫就很善于写这种对平凡的小地主、小市民生活不满意的人的心态。

这里有一个杀伤力极强的形容词叫作"庸俗"。和配偶生活了许多年双方都没有外遇，这似乎有点庸俗。饮食起居都有规律，没有酒精中毒，没有服用毒品，没有出车祸又没有患癌症，这是否也有点庸俗呢？没当上模范，没当上罪犯，没当上大官，没当上大款，没当上乞丐，也用不着逃亡；没住过五星级宾馆大套间，也没露宿过街头；没碰上妓女，也没碰上骗子；没碰上间谍，也没碰上雷锋；没有艳遇，也没有阳痿阴冷，那怎么办呢？庸俗在那里等着你呢。

对于这样的庸俗之怨、庸俗之叹我毫无办法。我在年轻时最怕的是庸俗，写作的一个目的也是对抗庸俗。我甚至认为，许多知识分子选择革命不是如工农那样是由于饥饿和压迫，而是由于拒绝庸俗——随波逐流、自满自足、害怕变革、害怕牺牲等。后来，积半个多世纪之经验，我明白了，庸俗很难说是一种职业、一种客观环境、一种政治的特殊产物。

商人是庸俗的吗？和平生活是庸俗的吗？英雄主义的政治与大众化的政治，究竟哪个更庸俗呢？小学刚毕业的人批判爱因斯坦，如"文革"中发生过的，令人并不觉得庸俗呢。莫非庸俗需要疯狂来治疗？而一个人文博士，一个刚出炉的 Ph. D. 摆出救世的架势，或是摆出只要实惠就可以向任何金钱或权力投靠的架势，究竟哪个是庸俗呢？真是天知道啊！

诗是最不庸俗的吗？有各种假冒伪劣的诗，还有俗不可耐的诗人——我曾刻薄地开玩笑说这种诗人把最好的东西写到诗里了，给自己剩下的只有低俗和丑恶了。革命阵营中也有庸俗，除非革命永不胜利，革命永不普及，革命成为格瓦拉式的小股冒险。画家、明星、外交官、飞行员、水兵和船长这些浪漫的工作中都有庸俗者。正如行行出状元一样，行行也出庸俗。而另一方面滥用"庸俗"这个说法，孤芳自赏，如王小波说的只会瞎浪漫，则只能败坏正常与正当的人生了。

　　庸俗不庸俗主要还是一个境界问题，一个文化素养、趣味问题。与其哀哀地酸酸地悲叹或咒骂旁人的庸俗，不如自己多读书、多学习，提高自己的品位，扩大自己的眼界，同时理直气壮地在正常情势下过正常的生活。现如今流行一句话，叫作"大雅若俗，大洋若土"。真正的雅并不拒绝，至少不对大众、一般、快餐、时尚、传媒、蓝领那样痛心疾首。真正的雅或洋并不会致力于表示自己的与俗鲜谐，特立独行，天高云淡。只有旧俄作家笔下的乡村地主，才会留下十余年前在彼得堡听戏的戏票，时不时地向人炫耀自己的不俗。

说给青年同行

回想 1956 年，我出席了全国第一次青年文学创作者会议，至今已经过去五十七年半了。

昔日的青年作者已经进入耄耋之年，如果还没有作古的话。一切都发生了巨大的变化。我当然羡慕今天的青年人。你们的物质生活与精神生活拥有更多的选择，更宽阔的可能，更好的条件。

但也有些东西并没有改变。文学经典的特点之一是它的耐久性。《诗经》离现在两三千年，李白离现在一千三百多年，莎士比亚离现在四百多年，托尔斯泰离现在一百多年……他们的作品仍然鲜活。而有些畅销书，不过几个月，就被读者也被历史遗忘了。

我想说说文学上一些不会变的东西。

◎ 文学本身碰到危机了吗?

不止一个人在那里大言不惭地宣告纸质书籍的式微、文学的终结、小说的衰亡。语言符号在更加直观的多媒体与信息量极大的网络面前陷入窘境了吗?

获取信息的便捷化与舒适化，究竟是在发展我们的精神能力还是相反呢? 听听"好声音"、看看肥皂剧，果真能代替反复默诵与咀嚼，温习消化那些花朵般、金子般、火焰般、匕首与针刺般的言语、章节与名篇巨著吗? 我们所说的信息，究竟只是一个数量的概念呢，还是具有深度与品质的追求? 视听信息能取代学问、智慧、理念、心胸、情操与文学的全部内涵吗?

不，那是不可能的。心理学家、教育学家、语言学家与生理学家都已经判定，如果没有发达的语言系统，是不可能有深刻缜密的思想的。恰恰是语言符号，激活了思维与想象能力，取得了融会贯通，能最大限度地调动精神资源，能够发展、延伸、突破已有的知识见解。

只要语言文字没有消失，只要语言与思维的密切关联没有改变，只要语言文字与生活的密切关联还存在，文学的重要性就不会发生变化。

英谚云："宁可失去英伦三岛，不能失去莎士比亚。"因为莎士比亚代表的是文化，文化是存在的根基与理由。有这种文化，就有这种凝聚力，就有这种追求与生活方式，就有这个民族的自尊心与自爱心。

黄鹤楼现在已不在原址，建筑材料也不理想，但是黄鹤楼仍然吸引了那么多游客，原因在于崔颢与李白的诗。

以为3D、4D视听节目与网络音频、视频能代替文学，那就是以为白痴的聪明能取代文化与智慧。

◎ 还得读书

在人们日益以触屏浏览取代苦读攻读的今天，我们还有没有深度的与认真的阅读呢？浏览，是视觉与听觉的瞬间刺激，容易停留在相对浅薄、破碎的层面上。在急于求成的社会氛围中，已经出现了一批万事通、万事晓、不查核、不分辨、不概括、不回溯、无推敲斟酌、绝无任何解析能力更无创意的平面信息性能人了。这样的能人有的还一身戾气，出口成"脏"。他们的出现，对于中华民族"腹有诗书气自华，读书深处意气平"的传统，是一个灾难。

更多的人以为，只要有手机，就能知道哪个官员出了丑，哪个名人的家庭成员犯了事，还有哪种食品吃死了人。当然也知道了哪个鸟叔成了世界第一的舞蹈明星，还有哪个五岁的孩子出版了他或她的第一本诗集。

甚至越来越多的人没有认真读过——只不过是看了一眼视听节目，觉得一般乃至乏味，便大大败坏了对于经典作品的观感与胃口。

而我自己呢，不能忘记九岁时到"民众教育馆"借阅雨果《悲惨世界》的情景：我沉浸在以德报怨的主教对冉·阿让的灵魂冲击里，我相信，人们本来应该有多么好，而我们硬是把自己做坏了。

不能忘记十来岁时我对于《大学》《孝经》《唐诗三百首》和苏辛词等的狂热阅读与高声朗读背诵，那也是一种体验：人可以变得更雅训，道理可以变成人格，规范可以变成尊严与骄傲。

不能忘记十一二岁时我从地下党员那里借来的华岗著《社会发展史纲》、艾思奇著《大众哲学》、新知书店的"社会科学读本"系列（如杜民著《论社会主义革命》）、黄炎培的《延安归来》与赵树理的《李有才板话》。那是盗来的火种，那是真理之树上的禁果，那是吹开雾霾的强风。读了这些书，像是吃饱添了力气，像是冲浪登上了波峰。

不能忘记十八九岁时我对于中外文学经典的沉潜：鲁迅使我严峻，巴金使我燃烧，托尔斯泰使我赞美，巴尔扎克使我警悚，歌德使我敬佩，契诃夫使我温柔忧郁，法捷耶夫使我敬仰感叹……

而在艰难的时刻，是狄更斯陪伴了我，使我知道人必须经受风雨雷电、惊涛骇浪。

阅读使我充实，阅读使我开阔，阅读使我成长，阅读使我聪明而且坚强，阅读使我绝处逢生，阅读使我在困惑中保持快乐地前进。

干脆地说，离开了阅读，只有浏览与便捷舒适的扫描，以微博代替书籍，以段子代替文章，以传播技巧代替真才实学，以吹嘘表演代替讲解探讨，将会逐渐造成精神懒惰，使人们惯于平面地、肤浅地接受数量巨大、品质低下，包含了大量垃圾、赝品、毒素的所谓信息，丧失研读能力、切磋能力、求真求深的使命与勇气，以至连掂量追究的习惯也不见了，苦思冥想的能力与乐趣也没有了，连智力游戏的空间也龟缩到屏幕前的一角了。

所以我想借这个机会强调：坚持阅读，受益无穷。在触屏时代，不要做网络的奴隶。

◎ 文学的成败标准是什么，不是什么

是什么，不必细说，我能理解各个不同的写作人有不同的追求：诗仙诗圣诗鬼、韩潮苏海、妇孺能解、一把辛酸泪、高屋建瓴还是自我拷问，我都按下不表。我这里要说的是，不能把发行量、版税收入看作唯一标准。

对于一个国家、一个时代的文学成就的评价，文学史的特点是看高不看低。当然我们个人常常需要经历一个由低向高的过程。文学史盯住的是每个时期的大家、名家、经典作品，却不会对各个时代都有的二流三流作家多加注意。不要过于重视印数，不要过于相信炒作。传播是手段不是目的更不是价值。当然会有许多人以当下市场效益为最看得见的成就，我们不可能排除这样的写作人，他们对于发展文化产业与文化消费有其贡献。但是从长远看，从更重要的意义上看，文学是一个民族的精神花朵，是一个民族的品位与素质，是一个族群的精神史，是一个民族的乃至影响世界的智慧与胸襟。我们写作人要敢于看不起那些空心化、浅薄化、恶俗化、碎片化，单纯搞笑、单纯恶搞、咋咋呼呼迎合起哄的所谓作品。取法乎上，仅得其中。我们写诗的人心目中应该有屈原、李白、杜甫、普希金，我们写小说的人心目中应该有曹雪芹、蒲松龄、巴尔扎克与托尔斯泰，我们写戏剧的人心目中应该有关汉卿与莎士比亚。

◎ 不要跟风

不要跟着那些似是而非的观点跑。要尽量维护文学这一行当的纯

正风气。

过去有人动辄嘲骂当代文学，认为当代文学中没有活的鲁迅，也没有人获得诺贝尔文学奖，这成了中国作家的原罪。现在好了，莫言贤弟也获了诺奖，我要祝贺他。其实所有的伟大作家都是独一无二、不可克隆的，鲁迅也是这样。一切都要与时俱进。经典作家、经典作品不是当世注定的，不是被任命的，也不是销售排行榜哪怕是获奖名单所能全部反映出来的。要沉得住气，静得下心，什么事都有一个过程。鲁迅说，幼稚并不可怕，不腐败就好。

写得不好，不要怨天尤人。我很欣赏网上的一句话：凡是把自己没有写出好作品归咎于环境的人，即使把他迁移到日内瓦湖边的别墅里，他照样——我说的是他更加——什么东西也写不出来。

我们的生活中有许多人云亦云的胡说八道，我希望我们的青年同行珍重自己的头脑，不跟着起哄。

一句话，除了潜心写作，干咱们这一行的人没有别的法门。

写吧，各位青年同行，王蒙老矣，我还要与你们在文学的劳作上，在作品的质与量上，展开友好比赛！

（2013 年在青年创作会议上的讲话）

人心

"人心可用"，人心里还有很多美好的东西没有挖掘出来；"世道可兴""传统可取"，我们传统当中还有很多可取的东西，用不着离开这个传统，几千年到现在还有可取的东西，还有值得尊重的东西。

人心可用

　　非常高兴有机会来讨论社会主义核心价值观的话题。首先我认为，核心价值观的提出具有特别的意义，这一点毋庸置疑。我们国家自改革开放以来，生产力不断发展，生活方式不断变化，人民生活水平日益提高，可以说中国正在日新月异地发展着。但是在这种面貌一新、前景看好的同时，也出现了一些纠结和新的问题，一些令人感到忧心忡忡的事情。譬如干部作风问题尤其是贪污腐败，社会上一些冲击道德底线的事件，也包括一些日常生活中出现的道德问题，以至于我们的传媒需要不断讨论：如果碰到一个老人摔倒在地上，应该不应该把他扶起来？似乎现在这已经成为一个大的问题。

　　这未免让人感到忧心。

　　这是一种什么忧虑呢？用一个传统的词讲，这是一种对"世道人心"的忧虑。生活中我们有很多忧虑，比如说蜗居带来忧虑，婚姻引起忧虑，环境污染也会让人忧虑。但是除了这些忧虑以外，孔子认为人最应该忧虑的是什么呢？是世道人心！我们想不到的是，孔夫子在两千五百多年前说出来的这些话，也仍然适合于现在，我们今天仍然有这个问题。即使我们的生活水平在提高，生产力在发展，改革开放也在往前进行，但是世道人心如果老是出现问题的话，我们不可能不忧心忡忡。

　　在这种情况之下，党中央高度重视当今的世道人心问题，高度重视我们的精神生活，高度重视社会主义核心价值观的研讨、宣扬与教育，倡导富强、民主、文明、和谐，倡导自由、平等、公正、法治，倡导爱国、敬业、诚信、友善。这些价值观一方面同我们的关系非常密切，另一方面还有一个问题，就是能不能使我们对价值的认知更丰富、更充实、更深刻、更心贴心，这是目前值得我们大家讨论的问题。

价值观的培育和践行，它的依据是什么呢？这个价值观不是想提就能提的，好话还有很多，比如谦虚、谨慎、廉洁、孝顺等。但是，核心价值观的这些提法，并不是单纯地从理论上，或者是从书本典籍里，或者是从国外的说法中得来的，它的根据是历史、文化、生活，是人民，尤其是人心。人心里面本来就有一种价值观念，有对于好坏、善恶、美丑、真伪进行评判的一杆秤。核心价值是从人心当中提炼、挖掘、概括出来的，然后又经过社会精英，经过中央，经过许多有志于培育世道人心的人士的研究，使我们的核心价值观能够概括得比较准确，比较合乎实际，能够成为社会的凝聚力，成为我们民族的一个凝聚点，成为我们的社会共识，成为我们社会认知的一个最大公约数，成为我们的生命线，使我们能够分清好坏、善恶、美丑、真伪。

所以我们要想把核心价值观倡导好、讲述好、讨论好、学习好、践行好，就得想办法去探索人心，发掘人心，优化人心。价值认知要到我们心里面去找，而不是从文件上找，也不是从书本上找，更不是从海外的说法里找，要从我们自己的灵魂里面找！我们人心里面的价值的积淀、价值的基因，已经成为我们价值选择的根基，甚至变成了我们中国人的一个本能。几千年来，中国传统文化影响了我们一代又一代，对人心的影响潜移默化，陶冶、熏染、教育，可以说其影响是无法估量的。所以我提出一个口号，叫作"人心可用"。

我们要看到人心当中积极的东西，看到人心当中善良的一面，只要与现在提倡的核心价值观对接起来，就可以大有希望。这些东西离不开我们传统文化的影响和熏陶，不管我们对传统文化做过多少批评，做过多少反省，但是实际上在人心当中传统的影响仍然还明晰地存在着。我们对自己的民族、传统，不能骂倒一切。人心中的积极因素是我们倡导核心价值观的基础，人心中的积极因素来源于中华传统文化，来源于五四时期出现的新文化，来源于以井冈山、延安为代表的革命文化。

今天我着重谈的是传统文化，但是我在这里必须要说一点，因为现在有一种观点，就是一提倡传统文化，就认为中国的传统文化本来好得不得了，后来五四新文化、革命文化把这么好的传统文化破坏了。这种观点是错误的！今天我们应该阐述这样一种观点，就是要把中国的传统文化和五四以来以民主、科学、爱国为代表的新文化，以延安精神、井冈山精神为符号的革命文化，整合起来，而不是对立起来。

◎ 中国传统文化历史悠久，深入人心

近现代以来，由于我们国家碰到了前所未有的情况和挑战，传统文化也遭受了巨大的挑战和考验。有识之士对于我们传统文化中的某些停滞和封闭，以及带来的严重问题，做出了严肃、沉痛的反省和批判。国人在吸收世界现代文明的基础上，尤其是在吸收马克思主义的世界观、历史观、价值观的基础上，正在完成马克思主义的本土化。我们吸收马克思主义，反思我们自己的传统文化，这是事物的一个方面；将吸收马克思主义和传统文化对接起来，这是事物的另一方面。所以马克思主义的本土化，大家都已经看到了，这已经是我们的共识。而传统文化，与现代化、全球化，还有迅速发展着的文化的地域化、民族化、本土化也正在结合起来。一方面，我们要吸收全世界各种好的东西，在现代化和全球化的路上不管碰到多少问题，都不能停止。另一方面我们在坚持革命的文化、批判的文化、雄辩的文化的同时，还要向复兴与创新的文化、渐进与包容的文化、正能量的文化发展。我们现在更应提倡的是建设，是正能量。过去在我们的很多政治运动里面都强调"破"字当头，但是今天，包括核心价值观的讨论，我们是"立"字当头，目的不是简单地推翻某些东西，而是要在推翻、否定某些东西的同时，来寻找最值得珍惜的东西是什么，值得大

讲特讲的东西是什么，我们人心当中最美好、最积极的东西是什么，我们现在面临着这样的问题。

也有人提出来，说是从鸦片战争以来，传统文化就屡遭挫折、屡遭批判、屡遭嘲笑，因此我们的传统文化很悲惨，甚至中国人已经忘掉了自己的传统文化。其实情况并非如此。在班固的《汉书·艺文志》里面就引用了孔子的话，他说"礼失求诸野"。孔子说，表面上看周礼已经不存在了，已经失落了很多了，但是在田野、农村、民间的老百姓当中并没有流失，也就是在广大的老百姓当中，仍然还保留着"古道热肠"等古老而美好的人际关系的文明。其实中国就是这样的，几千年的传统文化，不是说批判一下、骂一下、叹息一下就没了，它不会的。

我们可以随便举一个例子。在地方戏中，忠孝节义的思想经常有之，特别是在农村地区，尤其深入人心。戏里面忠奸是分明的，有节操的人和投机分子是非常分明的，讲正义、讲道德、讲义气的正人君子、忠臣和卖友求荣、卖主求荣的卑劣小人、奸臣还是分明的。老百姓很讲究这个。我们现在讲德才兼备、以德为先，这就是中国的传统文化。中国人认为修身是齐家、治国、平天下的前提，每一个人的道德修养是权力合法性的来源，"为政以德"这是孔子所倡导的。德才兼备、以德为先，这样的干部路线仍然为人民所认同；艰苦奋斗、勤俭持家仍然被人民所肯定；清正廉明、刚正不阿、劝善诚恶仍然被人民所拥戴；感恩图报也是中国的传统，"涓滴之恩，当涌泉相报"，每次看到这句话，我都几乎落泪。清廉的故事就更多了，还有"杀身成仁""舍生取义""善有善报恶有恶报"，这些观念都是中国人喜欢的，流芳百世。

现在这样的事仍然很多。我一个老朋友的妻子，兄弟姊妹五个，她是最小的孩子，家里有一个比他大二十来岁的大哥。她父母临死时嘱咐大哥照顾几个弟弟妹妹，大哥向老人做了保证。然后他大哥自己打工赚钱养家，一直没有结婚，因为没有人愿意带着四个弟弟妹妹过日子。后来四个弟弟妹妹全部都上了大学，有了工作，也都成了家。

大哥在快六十岁的时候，把弟弟妹妹都找来了，说我今天找你们来，是要告诉你们一件事，我想结婚。他的弟弟妹妹们立刻就给他跪下了。我听着这个故事，真是热泪盈眶，用现在的观念或许会说，"你对自己太残酷了，你成家立业包括男女之事合理合法"。但是无论如何中国人重然诺，尤其是对父母重孝心。这样的人、这样的事，我们要从人心中发掘。反过来不忠不孝、贪污腐败、卖友求荣、投机取巧、花天酒地、阿谀奉承，这样的行动为国人所不齿。

中华文化仍然是一个富矿，从中能够开垦出更多资源，能够丰富我们对于社会主义核心价值观的认识和体悟。我们可以从儒家的仁政、王道，即政治文明中加深对于富强、民主、文明、和谐的理解；从恕道、礼制、老庄的学说中加深对自由、平等、公正、法治的理解；从对仁的教育、美德的重视中加深对爱国、敬业、诚信、友善的理解与认同。所以这些东西虽然和现在有区别，但都有可以相通的地方。

◎ 传统文化是有待于进一步开发的重要精神资源

社会发展这么快，变化这么快，我们精神上的资源却没有很好地开发，所以出现了世道人心的问题。发展以后，到底人们是更可爱了还是不可爱了？我们无法不面对这样的诘问。我们可以从传统文化中挖掘出很多精神资源。

第一，天下为公，世界大同。中华传统文化的最高价值理念，古代的"中国梦"就是大同。"大道之行也，天下为公，选贤与能，讲信修睦"，这是《礼记·礼运》里讲的"大同"，是两千五百多年前非常高级的"中国梦"。这个"中国梦"是什么梦，是直接通向共产主义和社会主义的梦。不仅儒家学说这样讲，道家学说也有类似的讲法。"天之道，损有余而补不足；人之道，则不然，损不足以奉有余。"老子认为，有余的应该稍微往下压一压，要帮助那些弱势的人和群体，这也是通向社会主义的思想。老子此话客观上带有为被压迫被剥削阶级说话的性质。天下大同的观念，落实为我们的价值认证的共同性，甚至于它是帮助整个中华民族团结起来的一个重要理念。孙中山先生当年也提出来"以建民国，以进大同"，他也把"大同"当作最高的理想。

还有老子的"无为而治"的最高理想，其实与国家消亡、政党消亡的共产主义理想是遥相呼应的。与欧美许多地方不同，中国的知识界比较容易接受共产主义，这并非偶然。

第二，价值在哪里？传统在哪里？我们讲道德、讲人、讲仁义，它是一种心性之学。首先学什么呢？首先要学着把我们的心治好，把我们的心培养好，把我们的心陶冶好，把我们的心塑造好。价值成为心性，心性充满价值认定，达到高度的自觉和自律，达到"慎独"的状态。即便是一个人独处，也要用自己所信奉所接受的价值观来行事来选择。如果建立了以仁义为特色的心性，它就从根源上消除了荒谬，消除了反人类反社会的种种可能，消除了黑暗和愚昧。

从小到大，从内及外，从家庭、从孝悌开始，做到忠恕、恭谨、诚信，以仁统领精神走向，用孔子的话就是"吾道一以贯之"。用马克思的话，就是目标始终如一。一个是从结构上看，仁义道德是核心；一个是从发展上看，对于仁义道德的坚持恒久如此，这都叫作"一以贯之"。以一个核心的观念把价值选择、价值坚守贯穿起来。

我们当今的价值倡导与核心价值观的研讨和发扬，成败的关键在于能不能把我们所提倡的观念与人民心中的好恶臧否、真情实感结合起来。价值观不仅仅是一个讨论的话题，更不能仅仅是一个举手表态的话题，而是一个心性的话题。难道你不追求和谐而是追求恶斗？难道你不坚守仁义而是要纵容狠毒？难道你不捍卫自由而是乐于压迫或被压迫？难道你不希望爱国而是诅咒自己的家国？这是不太可能的。所以倡导价值观的关键在于，把宣扬的观念与人民心中的好恶臧否、真情实感相结合。

为了和人心相结合，就要从传统文化中开掘资源，同时又要能够做到像邓小平同志所说的"面向现代化、面向世界、面向未来"。我们所寻求的价值，不是自己封闭起来的价值，不是一个浅显的价值，而是带着这些价值、带着我们这种美好的心性向全面小康发展，向改革开放发展，向现代化发展，不是停滞，不是复古，而是开拓与创新。

第三，仁、德、礼、义、廉、耻的治国思想。"为政以德，譬如北辰，居其所而众星拱之。"对仁政与礼治的提倡，对王道与霸道的区别，即使在今天，对我们来说仍然有很大的意义，这正是我们所讲的政治文明。中国过去说，身正则天下正。我们国家历史上虽然在权力的制衡方面没有形成一套完善的监督机制，但我们一直都在讨论怎样能够实行有效的监督——对权力的监督。看中国的历史，中国的道德监督、文化监督仍然是存在的。古代说，身正则左右正，左右正则朝廷正，朝廷正则天下正，就说明我们一直要求执政者能够起道德的示范作用。我们认为执政者首先有教化的义务，这是中华政治文明的核心主题，就是执政要教化、要示范。今天来说，越是干部越要成为践行核心价值观的模范。老子也讲"行不言之教"，也就是今天人们所说的身教胜于言教。权力既要关在法律与制度的笼子里，也要关在道德与文化的笼子里。

传统文化在这方面的一些美好的词句、说法和思想太多了。比如孔子说"不义而富且贵，于我如浮云"，孔子还认为如能做到"博施于民而能济众"，那就是圣人。老子也是最反对贪腐、纵欲的，他说"五色令人目盲，五音令人耳聋，五味令人口爽，驰骋田猎令人心发狂"。老子还说"我有三宝，持而保之：一曰慈，二曰俭，三曰不敢为天下先"。老子说的是权力系统，就是在老百姓还没有相关认识和尝试，没有足够的经验的时候，上边不要出什么幺蛾子。仁政王道，虽然不能完全符合现代化社会的需要，但也不能用虚无主义对待，而是要从中挖掘好的东西。

第四，中庸之道。中庸之道就是事事恰到好处，准确正常，过犹不及；用现在的语言来说，就是反对极端主义，反对恐怖主义。

　　第五，"反求诸己"，从我做起。有些人，对公共交通、食品安全、医患关系等大骂一通，但是自己做得怎样呢？从来没有反思过。孟子说"行有不得，反求诸己"；孔子说要"见其过而内自讼"，意思是如果看到什么事做得不好，先自己内心进行思想斗争，自己来告诉自己应该怎么做，不要碰到点不好的事就先骂别人。孔子说"仁远乎哉？我欲仁，斯仁至矣""为仁由己，而由人乎哉？"做到做不到是由自己决定的，不是由别人决定的。这个让我联想到法国哲学家萨特，他说，每个人都有自由选择的可能，你选择、你存在、你负责。

　　冉求对孔子说，我不是不喜欢你说的那些道理，我是力气不够，实现不了。孔子回答得很好："力不足者，中道而废。今汝画。"意思是，如果力道不足，只实行了一部分，是可以的。可是你压根儿就没做，我的要求你并没有开始做起来，怎么能说力量不够呢？孔子的这些说法，特别可贵。我们古代先贤在这些方面的说法还有很多，对我们的启发都非常大。

◎ 把弘扬传统文化与改革、开放、创新结合起来

　　我们看到了传统文化中深入人心、深得人心的价值认知，我们看到了传统文化中爱人、济众、亲民、义理、仁政、温良恭俭让的内容，它们有助于我们实现富强、民主、文明、和谐，自由、平等、公正、法治——中国人理想的政治文明；看到了天下为公、恭谨、礼制、信义、忠恕、己所不欲勿施于人的内容，它们有助于爱国、敬业、诚信、友善的实现。

　　但是我们不是复古，不是照搬传统，不是向后看，不是否定五四新文化运动，更不是否定革命文化，也不能把弘扬传统与面向现代化、面向世界、面向未来对立起来，我们是以发掘传统文化资源的路径充实与丰富我们对于社会主义核心价值观的认知。这本身既是对社会主义核心价值观的认知的丰富，也是传统文化的创造性的发展与转

化，它使我们对于传统文化的认知进入一个新高度。

　　总体来说，我今天给大家讲的话归结为四句，每句四个字："人心可用，世道可兴，传统可取，开拓可新。"首先我们要相信我们的人心、相信我们的人民、相信我们的民族，我们人心当中能挖掘出最美好的东西，能和我们的核心价值观对接与吻合；这样我们的世道、我们的社会主义，就会更加兴旺与发达。我们的传统是可取的，其中有许许多多能够感动、教育、说服我们的美好东西。我们的目的不仅仅是重复老话，背《三字经》，或者是穿汉服，我们并不是向后看。我们对传统文化——对传统文化的精华，包括传统文化的缺陷、不足，都要有一个符合我们现代标准的认知。我们的目的还是实现中国特色社会主义道路的成功，实现全面小康，实现中华民族伟大复兴。所以我们的目的仍然在前面，应该向前看。

（2014 年）

但行好事①

王安②（**主持人**）：社会主义核心价值观与中国传统文化、与世界文化有着千丝万缕的联系。下面我们请王蒙、范迪安③、赵一凡④三位老师分别谈谈他们的看法，最后留出一点时间和大家互动交流。

王蒙：价值观的问题最近说得挺多，领导也特别重视，我说一点自己的体会。我觉得价值观的问题，不是一个特别复杂的问题。因为我们每一个人从小不管你提不提"价值观"这三个字，或者提不提"价值"这两个字，我们做什么事都还是有一个判断，有一个选择——好跟坏！譬如说我们上学时说他是一个好学生，为什么呢？第一他学习好，第二他不和同学打架，第三他不做损害学校卫生、秩序的事情。这说明我们认为他的行为有一种价值，爱学习是一种价值，维护应有的秩序也是一种价值。

再譬如说，一个很简单的例子，传媒时代各种稀奇古怪的故事天天都有，我就收到过这种微信段子，说是一个人走在路上，看见一个老头躺在地上哼哼，他就琢磨，要不要把他扶起来？听说只要把他一扶起来，他就要讹你，说是你把他碰倒了。所以他就走过去说："我可是一个月只挣一千块钱，你看我扶你不扶你？"那个老头回答说：

---

① 这是 2015 年 4 月 25 日在四川省绵阳市王蒙文学艺术馆举行的一次学术对谈会的记录，四川文化艺术学院的领导和部分师生及绵阳市高校文学社联合会的同学出席了会议。记录在会后由王蒙文学艺术馆根据录音整理，并呈作者审定。
② 王安，王蒙文学艺术馆馆长、四川文化艺术学院美术学院院长。
③ 范迪安，中央美术学院院长、中央文史研究馆馆员。
④ 赵一凡，中国社会科学研究院文学研究所研究员。

"去去去，找个挣得多的来扶我！"这个是段子，不能完全相信。虽然说法很多，但是像这样讪人的毕竟很少，非常少。说一个家长让孩子去偷东西，看哪儿没有人东西又好，揣进口袋赶紧跑，这样的事情还是少之又少。这里有一个界限，一个什么界限呢？用孟子的话说，就是"恻隐之心人皆有之，羞恶之心人皆有之，恭敬之心人皆有之，是非之心人皆有之"。我们对于好赖、善恶、真伪、美丑，是有自己的一个看法的。

关于价值观我已经说过好多次了，我在国家图书馆讲过，最近刚刚在中国纪检监察学院讲过，就在23日（2015年4月——编者）《人民日报》第六版上，还有我关于价值观的、由《人民日报》记者整理的一段话。可是我不能保证我准能背下来价值观的二十四个字，但是背不下来不等于说我对这个价值观没有了解。你要是让我说，我把它简化一下，就是你要有好的心肠，你要做好人、发好心、行好事。反过来就是说不要做坏人，不要发恶毒、害人之心，不要做违背集体利益、社会利益和你个人长远利益的恶劣的、犯法的事情。这是一个总的意思，底下我们再具体分析就容易搞明白了。所以价值观的问题是一个人心的问题，是一个是非的问题，是一个选择的问题。践行价值观的关键就在于这二十四个字和我们每一个人的心都能够对接。价值观从哪儿来的？是从我们每一个人的心里面来的，是从中华文化里面来的，是从人类文化里面来的，而这些文化是离不开人性的。

孔子把价值的问题理解得非常简单，甚至有些天真。譬如说他认为，从小就孝悌，将来就不会犯上作乱，就不会做坏事。但实际情况要比孔子说的稍微复杂一点，因为贪官里头，据说也有孝子。中纪委的几个人对我这个说法很感兴趣，他们说：这个确实！我们处理过这种案子。一问他，村里面的人都说他是大孝子，再一查，受贿已经上亿了。虽然这个事情不像孔子原来想的那么天真、那么简单，但是孔子的意思还是对的。孔子是向人性喊话，向人性发言，希望每个人把自己人性当中最美好的那一面表现出来——对父母有敬爱孝顺之心，对兄弟姊妹有爱护之心。然后延伸一下，既然你对父母有孝敬之心，那么你对师长就有尊敬、理解之心；既然你对兄弟姊妹有友爱之心，那么你对同事、同学、邻居等也应这样，所谓推己及人。我觉得如果我们能够从这个方面来理解，它就不是一个外来的二十四个字，它就是我们人的正常的良心，是我们应有的友好和爱心，是我们应有的对真、善、美的向往，是我们应有的对一个集体——往大了说是对一个民族、一个国家乃至于人类，往小了说起码是对一个单位、一个地区——的希望。我们希望大家能够和谐地生活，希望这个地方少一点暴力，少一点战乱，少一点饥饿，少一点灾难。我觉得这是最能够被接受的东西，是和我们内心深处的东西联系在一起的。

　　文化很复杂，我看网上说现在文化的定义一共有二百六十多种，即使没有二百六十多种，有一百六十多种也够呛啊！总而言之，你要是不研究定义，你还知道什么是文化；你一研究定义，你就不知道什么是文化了。虽然非常复杂，但是我觉得为了人类有更好的处境，有更好的生活，也可以把它简单化，说得再简单一点、通俗一点，甚至于说得有点过于简单了——希望大家都过好日子。所以我总说，文化的关键在于它的有效性，有效性表现在什么地方呢？就是使承受了、接受了这种文化的人的生活质量有所提高，不是说接受了这种文化以后，你就活不下去了。当然文化当中也有那种所谓极端的、恐怖的、分裂的，那是极其特殊的情况。有的时候由于一种仇恨、一种痛恨，人一生下来就想着怎么"圣战"、怎么死，生下来就是要去消灭敌人！这样的文化也有它存在的理由和依据，但是一般地说，它不能代表人类整体的文化倾向。整体的文化是为了使人类，使一个国家、一个民族的人更幸福、更美好、生活质量更高。这样的话，这个价值观的问题就不能停留在那几个字上，而是要能够和我们的人性，和我们的心性，和我们的情感，和我们的生活，和我们的父母，和我们的子女，和我们的兄弟姊妹，和我们的邻居，和我们的同学、同事、朋友联系起来。我相信我们都乐于把这个价值观贯彻得更好。

　　那么现在为什么没完没了地提这个呢？这里有一个原因，我再稍微多说两句，就是由于中国的变化太快。譬如原来以阶级斗争为纲，现在以经济建设为中心；原来是计划经济，现在是市场经济。咱们这个国家习惯了一种"大呼隆"的思想方法。一弄市场经济好像就什么都得是市场经济。治病也是市场经济，上学也是市场经济，写书也是市场经济，结婚也是市场经济，恋爱也是市场经济，找"高大上"也要考虑市场经济。我看到现在又出了一个新词，说是咱们通缉了一批外逃的贪污犯，其中女性贪污犯"颜值"最高的是谁谁谁，都变成市场经济了。以后咱们什么都定价算了，干脆每人身上都挂个牌子好不好？把品牌和价格都标在上面。这个是不行的，如果什么都市场化了，那简直就变成了一场灾难，我们在这种社会急剧变化的时期即所谓转型的时期，恰恰要保护、要坚守我们应有的做人的品格，坚守我们价值的底线。譬如说我们应该清廉，譬如说我们不应该害人，譬如说我们应该诚信，譬如说我们不应该用阴谋，譬如说我们应该守法，譬如说我们不应该破坏法律，等等，这些都是最简单的一些事情，包括在一个家里面都应该是这样。

　　我现在最反感的，就是在电视剧里头也好，在什么法制与社会频道的电视节目里也好，男的和女的谈恋爱都是在那儿互相算计。不但互相算计，而且最后不是这个把那个杀了，就是那个把这个杀了，杀了之后还大卸八块，装到口袋里，扔到河里头，扔到湖里头。这要人命啊！不至于啊！就是爱情上发生点问题，出了第三者，就非得白刀子进红刀子出，哪儿至于呀？爱情本来是最美丽的，是诗歌歌咏的对象，与文学密不可分，爱情不能完全变成公安、政法、罪案学的范畴。从《诗经》开始，爱情写得多美啊！现在对因爱而生罪的过于集中的宣传，我也觉得很奇怪。

　　我看过一个微型小说，它说的是什么呢？就是一个农民老头，到城里看他上大学读研究生的儿子，因为儿子忙不能回家过年了。他儿子事先给这个老头写了一封长信，这信上就定了二十多条规矩：不要和陌生人说话，上厕所的时候不要把箱包委托给一个陌生人看管，手机不能借给陌生人，当着陌生人不能掏钱，当着陌生人不能掏身份证，当着陌生人不能这不能那……反正他给父亲说了一大堆。写完这个信之后又打电话，打完电话之后又发短信，反复告诫，认为这一路上危险重重，不定哪一站就会被抢去衣服，被杀害，甚至被装进麻袋扔到河里。最后这个老头很顺利地来了，很高兴！这个儿子也很高兴，就问，你这一路上没跟陌生人说话吧？老头说我怎么不说话，我两天才到这儿，不说话我就憋死了。儿子又问，你没有上厕所的时候托人看东西吧？老头说不让人帮着看东西我怎么办啊？那么大个东西，我带到厕所里头？带到厕所里头我都尿不出来了。他所有的事情都没按儿子信上说的办，最后他很正常地到达了。我认为这是多数情况！

现在光看网上的消息，就觉得哪儿都是坏人。今天咱们来这儿开会的人里头，有几个杀人犯？有几个贪污犯？有几个特务？所以我们对于人类是有信心的，我们对中华民族是有信心的，我们对中华文化是有信心的，我们对人类文化是有信心的。这样的话，我坚决相信，我们这二十四个字都能做到，背下来能做到！背不下来也能做到！当然你们年轻一点，你们都要背下来。下次我来的时候我也把它背下来，跟你们赛一赛。

范迪安：王蒙老师是一位语言大师，他用非常引人入胜的语言，把我们不知不觉地带到了对社会主义核心价值观要义的理解之中。当然，语言后面是思想，是对历史、对现实的一种穿透式的我们称之为"洞察"的思考。我听了王蒙老师的话很受感动，也很受启发。我想今天来到四川文化艺术学院与师生们交流，应该跟艺术的专业特点相结合，就为此做了一个课件，想讲一讲社会主义核心价值观的视觉传达，可是我带来的这个 U 盘"水土不服"，到现在还没倒腾出来，这有点遗憾和抱歉。

第一，我们先分析一下社会主义核心价值观的"观"字。"观"一方面是看，你怎么看？从哪个角度看？看到了什么？在座学美术的同学都知道，一上来老师就教你，先把观察方法掌握好了，才能画好。观有角度，近观、远观，中国的透视还讲平远、高远、深远等不同的观看。有了观才能对这个世界，对自然、社会现象，对客观存在，有你自己的感受，而且这种感受通常是视觉的。另一方面"观"也是对问题的价值判断，价值观实际上就是你的判断。你认为这件事情真善美也好，假恶丑也好，有你自己认知的角度，所以"观"不仅仅是动词——看，同时也是个名词——你的判断。这个"观"字包括了你对问题的了解、认识、感受，也包含了你对问题性质的把握。

第二，社会主义核心价值观的提出有很强的针对性。刚才王蒙先生也讲了，讲文化的有效性也好，讲我们文化建设、社会建设，特别是精神文明建设的迫切需要也好，都需要在历史的坐标点上来看待，用以解决今天我们面临的问题。

历史坐标的横向是一个时间轴，远的不说，在这个时间轴上，中国社会经过了一百多年的沧桑巨变。从 1840 年鸦片战争开始，中国遭受了外来的殖民侵略，中国人民奋起反抗，为了摸索一条正确的救国救民的道路，付出了巨大努力，也走了很多弯路，有宝贵的经验，也有惨痛的教训。经过三十多年的改革开放，到了二十一世纪这样一个时间的节点上，我们的国家发展到了全面建成小康社会、全面深化改革、全面依法治国、全面从严治党的重要历史时期，这就要求我们每一个公民的生活、心灵、情感、道德都要有一个全面的提升。王蒙先生的小说写了那么多的人物、那么多的人生，讲了那么多主人公的命运，我理解王蒙先生一方面是直面现实，另一方面也是饱含希冀，追寻着生活的美好、人性的美好，坚定地表达了对国家和民族美好未来的期待。社会主义核心价值观提炼出三句话，十二个词，二十四个字，从三个层面进行了概括，"富强、民主、文明、和谐"是从国家层面说的，"自由、平等、公正、法治"是从社会层面说的，"爱国、敬业、诚信、友善"是从个人层面说的。它们紧密联系，互相补充，不可分割。它吸取了几千年中华传统文化的精华，也吸取了一百多年中国人民奋斗中的正面经验和反面教训，与我们老百姓的切身利益紧密相连，与国家和民族的命运紧密相连，与实现中华民族伟大复兴的中国梦紧密相连。

历史的坐标还有一个纵向，就是中国与世界的关系。今天上午，赵一凡先生已经谈到了中国与世界的关系处在一个新的节点上，今天谈论世界离不开中国，同样谋求中国的发展也离不开世界。世界上不同文明都有自己发展的历史，都对人类文明做出了贡献。在这样一个全球化信息化的时代，国家之间的交往非常频繁，怎么参照别人做得好的地方，在强调我们自身传统文化的精华和优点的同时，与世界形成一个更加良好的互动关系就显得特别重要。社会主义核心价值观的提出恰逢其时，它既体现了当代中国人自己的道德标准、行为准则、情感诉求、心理追求，也体现了我们对世界的诚意。刚才王蒙先生讲价值观不是外来强加的，不能变成一个要背的书，它与世道人心紧密相连。所以我们有必要交流和讨论，结合中国和世界的发展大势，结合我们自己的思想情感，把修身和齐家、治国、平天下结合起来，自觉遵循、践行社会主义核心价值观，这样，我们的讨论就有点实实在在的意义了。

我想结合美术谈点自己的体会。来到了四川文化艺术学院，正好谈美术。社会主义核心价值观需要宣传推广，需要以不同的视觉形式让整个社会来了解，而社会又是非常复杂的，有不同的地区，有不同的文化差异，也有不同的社会阶层，我觉得我们在视觉传达和传播上做得还不太够。现在我们周围有许多宣传价值观的图片、图像，但我觉得有点问题，就是所有价值观的图示、图解的手法看上去太单一。拿北京来说，大街上、天桥上、很多工地的围挡上都贴了不少宣传画、海报之类的东西，但是仔细一看，有很多问题，因为所用的艺术形式从人物造型到表现手法都太单一。许多招贴画基本上是泥人张雕塑和杨柳青年画的风格，是天桥的风格，仅用古装人物和泥塑、线描的手法，让人感到价值观是古代的事，缺乏与今天的生活、现代的生活的联系，在图像识别上与今天的审美有所脱节，因此也就不能抓住人眼、触动人心，不能富有视觉魅力地反映价值观的内涵。

我们中央美术学院从去年十月份开始，组织了设计学院的一个庞大团队，重新设计社会主义核心价值观这二十四个字的视觉传达，拿出了几十套不同的方案。当然现在没有图像，我就很难表述了，但可以稍微介绍一下。譬如说我们有一套方案专门用手语来表现，因为手语就是一种形象，手是一个形象，画人难画手，中央美术学院近几年考试不是考带手的人像，就是直接考画手，因为画手比画五官、画头部还难。手是一个传达丰富表情、丰富含义的形象，我们师生中一个小组专门用手势做了一套价值观的视觉传达，让人感到很生动、很亲切。有一组用中国的剪纸做成价值观的传达，还有一组以都市的景观为场景，用道路延伸的造型来进行设计。总而言之，尽量使价值观的图说丰富多彩。

图说这种方式看上去形式有点老套，但易于被大众接受。现在我们所处的生活空间里，所见之处皆是商品广告，也就是图说商品。过去政治性的标语口号多，大街小巷都是；现在则到处都是商品广告，包括高等学府也挡不住这种广告的植入，比如我们这个会场的周围就有许多小店，门口是各种各样的品牌广告，所以在市场经济的生活空间里面，加入一些直观、明白易懂、充满情趣、与我们公民的精神生活密切相关的图像，还是非常有意义的。我注意到我们文化艺术学院一进门就有许多雕塑，王蒙文学艺术馆的门口也有许多雕塑，看来我们学院的雕塑教学很活跃。希望同学们把学到的美术技能运用到校园文化的建设中，打造我们共同的理想信念和艺术追求，校园需要，我们整个社会也需要。

西方在历史上很长一个时期是以宗教为中心。在几千年的发展中，教堂占据着城市的中央位置，所有的财富、所有的艺术品也都集中在教堂。教堂建筑也经过了几个阶段的变化，在公元三世纪基督教萌芽时期，人们只是利用地下的墓穴做教堂，在那里画一些十字架和圣像，在那里做祈祷。后来慢慢地发展起来，走到了地面，利用古罗马的城堡，也以古罗马那种券拱式的建筑风格设计教堂，被称为"罗马式"的教堂。再发展下去，到了公元十世纪，一种新的建筑体例出来了，被称为"哥特式"风格。哥特式教堂有三个因素非常重要：第一，建得高。建筑的立面和天顶像塔一样向上方发展，有的教堂布满丛林般的尖顶，为什么呢？他们认为越高越接近上帝。那个时候没有摩天大楼的建筑技术，没有钢筋混凝土，没有升降机，靠人工一点一点地垒起来，高耸入云，目的是接近上帝。第二，所有哥特式教堂上面都开了许多窗子，用彩色玻璃镶嵌、装饰窗子。为什么用彩色玻璃呢？光线透过这个彩色玻璃，照射进来有五彩斑斓的迷幻感。外面的光线就是黑白两种，强烈与明暗，但是你走进教堂内部，它变成了一种非常温暖的、五彩斑斓的颜色，让你进入一种比较虚幻、比较超脱的空间。哥特式教堂把物质材料转变成了视觉图像，进而转变为你的精神可以寄托的空间，这就是艺术的作用。第三，就是数。里面的柱子总共多少根，横向多少根，纵向多少根；里面有多少个阶梯，都跟基督教《圣经》里面的很多数字有关。当然这种建筑的象征性中国也有，比如说天坛，祈年殿里中央的四根大柱叫通天柱，代表四季，中层十二根金柱代表十二个月，等等。象天法地，在这方面东、西方皆然。在古代社会，从宗教建筑到世俗建筑，从宗教仪式到生活礼仪，通过视觉形象、视觉空间的营造来构筑一个精神向往的空间，成为主导人们精神的一个行之有效的做法，这也是一种传统。

今天同学们除了学知识、学技术、学能力之外，很重要的是你要有一个精神的栖居之所。正如王蒙老师所说，我们不能把什么都市场化。这个栖居之所，应该通过我们自己的方方面面、点点滴滴来建造，让我们的精神世界更加丰富。作为艺术工作者，首先要有求真、从善、向上的思想素质，将社会主义核心价值观内化于心，做一个正直、善良的人，做一个好人；同时，用我们的知识与能力参与到价值观的社会传播中去。

赵一凡：我先说文解字，价值观这二十四个字，刚才范老师说了是十二个词，每个词两个字，又分三层或者三段，实际上是非常精致的一套词汇。它的风格也符合我们中国古代文化传统，圣人教化民众的时候也采取这种形式。美国汉学家分析，这是党和政府要给老百姓一个理念，把大家团结起来，消除浮躁和各种争执，使大家心平气和地接受一个共识。

第一层意思我们称之为富强，富强才能支持中国。1840 年鸦片战争至今将近一百八十年了，费正清先生说中国这长达一百多年的时间中持续不断的革命是人类史上没有过的，目的就是改造这个古老的文明让它跟上世界，目标就是追求富强。现在中国又走到一个新的历史路口，怎么走？往哪儿走？中国这个古老的文明大国，不能再遭人践踏、欺凌、看不起，我们要富强、要自尊。多少革命先烈为此献出了生命。"富强"二字打头，很好！这也是我们四个现代化的要求，它就像是火车头的发动机，不管你是"左"派还是右派，富强总领全局，大家目标一致，因为这是为国家好、人民好。

第二层意思我们称之为法治。说到自由、平等（freedom and equality），我们马上会想起法国大革命，"不自由，毋宁死"的口号震撼人心。后面是公正、法治（a fair legal system）。这是人类文明和进步的重大成果，这个东西必须进来，没有法治我们就走不下去了，所以习总书记提出全面依法治国。社科院有一个清史专家，专门研究清朝特别是晚清官员的经费往来及腐败现象，他不是只研究和珅、左宗棠、曾国藩及林则徐，他们细致的流水账他都研究：每年有多少应酬？官饷银子够不够使用？用什么办法能够补一点？……我问他现在的腐败跟晚清比有什么不同，他说他之前总结了八条，现在又多了两条：第一条是裸官，晚清是完全没有的。第二就是小官儿大贪，芝麻大的官儿就能弄到那么多的钱，一逃了之。我们现在通过国际刑警组织发布红色通缉令，简称"红通"，到全世界抓捕他们，晚清有这个吗？没有。中国的人情关系网、家族势力没有法治约束是不得了的。西方的法治是可以借鉴的，把 legal system（法制）拿到中国来嫁接，至于什么时候能嫁接好，我最乐观的估计是需要二十年吧。我们中国缺乏法治观念的培养和训练，没有经过完整的启蒙，需要有个过程。这两天中国政府出台了"水十条"，即《水污染防治行动计划》，这是继"大气十条"之后出台的又一项重大污染防治计划。中国有关食品和环境保护的法律在世界上是最严厉的。现在我们也制定了相关的法律，最重要的就看落实了。

第三层意思我们称之为诚信。中国文化里面一些好的东西我们必须坚持，那是我们祖上留下的财产，诚信就是其中之一。我们祖先从古代圣人开始，一向以教化为最高的本事。什么是教化？就是圣人言，教孩子好好守规矩。王蒙先生也说了，这些东西充满了理想主义，出自良好的愿望，看起来非常圆满，但它有时候管用，有时候不管用。天下大治的时候管用，天下动荡、社会不稳的时候就不一定管用了。但爱国、敬业、诚信、友善的道德标准早已经为中国老百姓所接受，只是在不同的时代说法有所不同。老百姓喜爱忠臣，厌恶奸佞；喜爱仁义和良善，厌恶不仁不义和为非作歹，这是我们非常好的文化传统，应该好好继承。

清朝前期推行"湖广填四川"的措施，把湖广的老百姓迁徙到四川去。为什么？因为明末的战争把四川的老百姓都杀得差不多了，只好大规模移民垦荒。费正清先生把中国历史上的改朝换代叫"王朝循环"，一个伟大的王朝由盛而衰，前后两三百年，最后天下分崩离析、战乱四起、老百姓民不聊生，把伟大的建筑、都城都毁了，然后从头再来。这个破坏是非常可怕的，人类文明史上罕见。现在我们看大唐的长安，没有了！北宋的汴梁，没有了！南宋的临安，也没有了！建了毁、毁了建。习总书记反复地说，我们要恢复常态，中国是个正常的国家。这是什么意思？我们要抓住机遇，和平发展，如果我们不这样做就不正常了。不能没完没了地折腾，"折腾"一词把英国人、美国人都急坏了，怎么翻译呀？社会主义核心价值观包容、调和、不偏不倚，像中医的一剂良药，去毒败火，让你心平气和。

我写《中国与美国》这本书，就是想印证一下费正清先生临死前留下的一段话。他把我们中国近代史分成了三段：第一段，清朝前期和中期有两个不同的文明，一个农耕文明，一个游牧文明。清朝是游牧民族入主中原，中原以农耕为主。第二段，这种对立和矛盾到鸦片战争之后猛然一翻变成了2.0版，变成了沿海中国和内陆中国的对立。沿海受殖民入侵影响，出现了租界、现代化工厂，出现了最早的工人阶级和工人阶级的政党，上海工人四次武装起义，这跟欧洲没有差别。毛主席深刻理解中国政治和社会的关键在于农民和土地，掌握了农民，动员了农民，建立了农村根据地，革命就成功了。这跟马克思主义经典学说不尽相同。1945 年毛主席在延安会见黄炎培先生，黄先生说中国会不会又重复当年封建王朝周而复始的道路？毛主席说不会，我们可以依靠群众，我们讲民主，我们能够打破这个历史怪圈。

我的主业是研究美国文明，你们可以把我叫作"美国通"。中国文明是让我敬畏的，它有两个特点：第一条，中国历史太长，有文字记载的就四千多年，写出一个概括性的通览中国史很难，甚至根本就做不到！一辈子做明史、清史能做得像样，就不错了！第二条，中国闭关自守，长期封闭在家里自己做自己的，不跟人交流。什么时候拿西洋史、美国史跟中国史对照一下，那才能出成果！我做的就是这个活儿，我不敢说我做得就多么好，但是我会努力。

第三段是费正清的 3.0 版，现在已经不是沿海中国跟内陆中国的矛盾了，现在是现代中国跟传统中国的矛盾。

我想亲眼看看费先生讲的这些话对不对！我花了三年半时间，自己驾车走了六万多公里，走遍了中国西部十二个省区市，五十六个民族，我大概走了五十二个。费先生讲得对！现在还是"两个"中国：传统和现代。一边，我们在沿海大城市看到将近有一亿人口步入中产阶级行列，中国的中产阶级已经不再嗷嗷待哺了，中国的中产阶级已经成长起来了，有各种诉求。另外一边，在广大的贫困农村，尤其是在边疆地区，他们的传统观念很少改变啊！陕北一个小伙子，在兰州军区当排长，我开车拉着他走了一段，他爷爷就是李有源的同村人，李有源就是唱《东方红》的那个陕北农民歌手。他说他爷爷就指望毛主席，到了他爸这一辈就是邓小平，到了他和他媳妇，就是习总书记！我听了为之震撼，陕北老区的人民期待着翻身解放，期待着过上好日子，期待着国家的富强和现代化。希望大家能从我这个角度想想我们的价值观，这是最大公约数，为国家好，为人民好！一旦走过了这个险滩，中国这条改革的巨船就能够进入世界现代化的主航道。

　　王安： 刚才听了三位老师的发言，我也是深受教育。王蒙老师把核心价值观概括为就是要让我们做个好人，我觉得这个特别好，通俗易懂，又好记，你要做个好人！在"吉光片羽"书法展里面，王蒙老师有一句话是这么说的："要相信自己有许多朋友，哪怕今天现实中你还没有，明天一定会有。"就是说你用一种善良的心态面对这个世界的时候，你会赢得友谊，赢得善意的回报。在宣传上，我们应该以正面的宣传为主，这个世界毕竟是好人多、坏人少，我们不能让负面报道弄得惶恐不安、不知所措。我有一个特别尊敬的长辈，她在看电影、看电视的时候，凡是那些凶恶的、恶心的、暴力的、血腥的场面，她就不看！她就真的背过脸去，她要保护内心的那份平静。当然必要的社会经验我们要有，警惕性也不可以少，只是不能过分渲染和夸大，把个别现象当成普遍存在。一个老人摔倒了，扶不扶都会成为问题，这太可怕了！

　　现在有一个话题挺热，就是习总书记提出的"一带一路"倡议，得到了有关国家的积极响应，引起了全世界的关注，它和我们的社会主义核心价值观有什么联系吗？我们欢迎王蒙老师给我们做一点分析。

　　王蒙： 刚才王安老师说的这个其实跟赵一凡老师说的是有关系的，富强在某种意义上是我们这个核心价值观里头很有现代意味的一个东西。因为相对比较起来，比如说像诚信、友善、敬业、和谐这些中国传统文化里头讲的还是比较多。我们讲"仁"，西方讲"爱"，加在一起就是"仁爱"，其实我们过去也就有"仁爱"这个词儿，就这么讲！但是"自由"这东西呢，中国不用这个词儿，自由表现最多的是庄子，我们用的是"逍遥"，老百姓的话叫"自在"，它没有形成"自由"。我现在一下子找不到根据。把"自由"作为一个重要的价值观念提出来，我觉得是近现代才有的，而且跟日本有关系。有人研究过，我们现在用的各种现代化的词，包括"主义""理想""干部"

"动员""社会"等，绝大部分都是日语翻译过来的，最后变成这些词。其他的像"敬业"，孔子讲"敬"讲得非常之多。"平等"呢？中国古代平等的思想也不太发达，它更多的是讲秩序，讲究君君臣臣父父子子。但是中国传统文化里既讲秩序，又讲对秩序的挑战，因为中国往往还有另外一面就是农民起义。陈胜说："王侯将相，宁有种乎？"李逵提出来："打到开封，打到东京，夺了鸟皇帝的位，让咱们哥哥（宋江）也尝尝当万岁爷的味道。"他有造反的心理，不完全是平等的意思。但是这个也有一点相通的东西，庄子讲齐物，说世界上的距离并不像我们想象的那么大，都是相对的，大小、高低、长短都是相对的。还有很多东西，它们又有能够接头的那一面，比如我有一些奇怪的想法，这些都是不成熟的：老子那么强调无为而治，我越琢磨越觉得和马克思主张到了共产主义社会国家消亡、阶级消亡、政党消亡、法治消亡、警察消亡有相通之处，到了这"大同"一步了，到了最高理想了，世界大同就更不用说了，"同"就是 common，"世界大同"就是 commonwealth，当然它跟这个也是接得上茬的。（对赵一凡——编者）你所佩服的钱锺书先生讲的"东海西海，心理攸同；南学北学，道术未裂"也是这个意思。

　　但是"富强"确实是这二十四个字里头居于首位的两个字，这两个字包含了中国近一百八十年来的痛，多少人的血泪、痛苦、耻辱，就眼看着中国任人宰割。这方面的话语孙中山说的比毛泽东说的煽情。孙中山说"人为刀俎，我为鱼肉"，这话可了不得了。孙中山提的是"我们现在面临的是亡国灭种的危险"，这又厉害了，更了不得了。毛泽东说"中国是半殖民地半封建"。孙中山说什么呢？他说的比毛泽东还激烈，他说中国是"次殖民地"，还不如人家殖民地。孙中山指的是中国当时在世界上的地位还不如印度，不如伊朗，不如这个不如那个……我们是次殖民地，连人家殖民地都不如。"富强"和"爱国"关系又特别深。二十四个字实际是一个整体，第一项是富强、民主、文明、和谐，第二项是自由、平等、公正、法治，第三项就是爱国、敬业、诚信、友善。三者相互联系，互为补充。

刚才王安同志讲到"一带一路",这都是和富强、民主、爱国、现代化、法治、公正、友善、诚信分不开的。如果整个国家的人都不讲诚信,谁还敢跟你上这个"带",上这个"路"啊?一上这个"带"、这个"路",你给人家坑了怎么办?所以我们要把这个作为一个整体来考虑,我们从中看到了中国传统文化,也看到这个传统文化和世界是能接轨的,这些词都是能接轨的,没有什么特别稀奇古怪的,没有"宁要社会主义的草,不要资本主义的苗"那种稀奇古怪的东西。我们要把它变成我们的常识,变成我们的底线,而且把它都联系起来。如果我们国家能做到富强、民主、文明、和谐……我们当然要爱这个国家,我们爱这个国家就是要让它实现这些东西。我们把它看成一个整体,我相信社会主义核心价值观就种在我们的心里。这个核心价值观千万不要把它弄得抽象化,它和每件事都有关系,和"一带一路"当然有关系。如果一个国家不发展,如果不能执行正确的政策,如果没有足够的软实力和足够的文化的魅力,如果这个国家的文化没有确保人民有效地生活,那么怎么搞"一带一路"?我觉得我们生活的一切都是离不开某种价值的选择的,我们办学校当然也是一种价值,传道授业解惑,建设一个文明的社会。刚才范迪安院长也讲得特别清楚,他说包括我们美术上的视觉形象,都表达了人的那种善良的、美好的、进步的一面的要求。所以我相信核心价值观经过大家一段时间的研究讨论之后,实际它是一种活的东西,是一种生根在我们心中的东西,不是外来的要硬灌进去的一种东西,这是我的体会。

答　问

王安:谢谢王蒙老师!下面的时间留给我们在场的同学、老师和与会嘉宾,哪位有问题要问,或者想谈一点自己的感想,请举手。

学生 A:我是来自 2014 级文博本科一班的同学,想对刚才老师们提到的社会主义核心价值观里面的三个词谈一点自己的看法。第一个是民主,第二个是自由,第三个是平等。我想我们中国理解这三个词和西方不一样，不是一个词，或者不是一个意思。第一个是民主。中国自古就有"以民为本"的思想，就是"民本"思想，认为人民是国家的根本，这是中国民主的意思。而西方现在的民主，跟当初资产阶级革命时期提出的民主也不是一个意思，当时卢梭、孟德斯鸠等思想家提出的民主是民权的意思，但是现在的民主就是一个选票民主。中国现在并没有看重这种选票民主，而把更多的精力放在对民生的改革上。第二个是自由。我觉得中国的自由是一个有限制的自由，孔子说过"从心所欲不逾矩"，这是自由的一种很好的表现形式，我能做自己想干的任何一件事情，但是我不会去越过法度。西方自由就有点过，比如说罢工，三天一小罢五天一大罢，闹得国家无法运转。你有罢工的自由，但你这种自由危害到了社会和国家的发展，危害到了社会的稳定，我觉得这种自由不太好。第三个是平等。中国很少出现这个词，刚才王蒙老师也讲到了这个问题。孟子说过："民为贵，社稷次之，君为轻。"我觉得这是追求一种思想层面上的平等，而不是绝对的平等，绝对平等是不可能的，一个平民老百姓和一个国家领导人能平等吗？平等应该是在一定范畴之内的平等。

王安：好的，谢谢这位同学。他对于价值观中的民主、自由、平等谈了一些自己的感受，可以看出这是一个喜欢思考问题的同学。

学生 B：我是美术学院的学生，刚才听了各位老师对社会主义核心价值观的独到见解，我受到了启发，想请问一下王蒙老师，我们是社会主义国家，现在以经济建设为中心，社会主义核心价值观是因为以经济建设为中心而产生的派生物，还是在各个时期都需要社会主义核心价值观作为我们每个人的价值信仰？

王蒙：刚才前一位同学说的民主，要是从学理上说起，从希腊的城邦制说起，那玩意儿一说我也糊涂！但是我觉得要理解民主，有一个办法，就是看不能怎么样。民主就是不能搞专制，不能搞劫杀掠夺，不能化公为私，不能忽视人民最普遍、应该有的那些权益。不能怎么样是从实践中来的，是从生活中来的，是从人民中来的。

这位同学问社会主义核心价值观是临时性的还是长久性的，我感觉社会主义核心价值观是说价值的问题，不是一个短期的东西，不是我们先来三十年这个价值，过了三十年再换。有很多价值、很多说法从东周时期就有了，比如我们讲仁义，我们讲公正，类似的这些东西都已经有几千年的历史了。还有些价值观念是随着基督教，随着宗教的兴起而产生的。当然，基督教也有发展，也有各种各样的变化。那么现在我们强调社会主义，是指对我们自古以来的核心价值在社会主义现代化建设时期的继承和弘扬，它与我们建设中国特色社会主义是不矛盾的。它也不是从外面进口了一批价值，新来了一批价值，更不是说这些价值只是社会主义才能有，或者说它是一种制度的产物。如果是制度的产物，这个价值就变成了一个不稳定的、随时变化的、跟着政策走的东西。价值实际上应该是人对自己生活的一个最起码的要求，是更深刻的对于人精神的一种追求。

我不知道我这种理解对不对，也没有人给专门解释这个，仅仅一家之言而已。澳门的朱寿桐老师在这儿，我想说这二十四个字，你拿到澳门，澳门也不算社会主义，它反对哪一条呢？富强吗？既然不是社会主义，就不能富强，改成衰弱？这个不大可能。民主改成独裁？公正不能搞，搞偏私？文明改成野蛮？我不认为它是这样一种随着制度、随着政策变的一种意识形态的临时的权宜之计，我认为核心价值不应该是权宜的，但是我们强调社会主义，中国现在的标准提法是中国特色社会主义，在社会主义前面还加了一个定语。因为这个世界上有很多名词是一样的，但是具体的做法、操作起来的重点是不一样的。我们讲民主，像那个同学说的，中国讲的民主和美国讲的民主也不一样，和韩国讲的也不一样，和朝鲜讲的也不一样。你们不要以为朝鲜不讲民主，朝鲜是什么啊？朝鲜民主主义人民共和国，国名里面都带着"民主主义"，所以它是有不同的。虽然有不同，但是我觉得民主和专制是截然对立的，公正和偏私是截然对立的。美国小孩抗议的时候都说"You'r not fair"，说你不公平，他们很容易拿出这个东西来抗议的，要求公平。自由当然是和奴役相对立的，如果你处在一个被奴役的状态，就不能说你有多么自由。友善和恶毒、仇恨又是对立的。如果我们对正面含义上的解释是多种多样的话，起码我们很清晰地知道它负面的含义，不能按照负面的东西走。

范迪安：刚才两个同学都讲得非常好，前面这个同学有自己对问题的看法，而且文博专业也很注重对历史的研修。这个女同学是问价值观对于我们整个社会来说起着什么样的作用，我很赞同王蒙老师所说的，价值观是这个社会大厦建构的土壤或者说基石，不应该简单地把它看成某种制度的产物。而反过来，它在这种土壤和基石上形成了自己的制度和特色，这样看的话，我们就更加需要重视对价值观的弘扬与践行。

学生C：我是来自西南科技大学的学生。我想问一个比较敏感的话题，就是近些年来，国共两党的接触越来越密切了，大陆和台湾的接触也频繁了。有人说有可能会出现第三次国共合作，请问一下几位老师对此有何高见？

赵一凡：现在台湾地区是国民党执政，马英九上台之后很保守——马英九是我哈佛的同学，我对他还是有些失望——他这个人比较官方、比较拘谨，这两年做得不太努力，我看着都着急，他太顾及台湾老百姓的选票了。刚才那位同学讲的是对的，各国的民主和每个时期的民主都有区别。民主的一层意思是体现在政府和老百姓的关系上，像王蒙先生总结的那样——非专制，要替老百姓说话，要保障老百姓的切身权益。还有一层意思就是体现在中央政府和各省各地方的关系上，这一层也很重要。美国的办法就是实行联邦制，给地方更多的自决权，除了国防、外交是国家的，其他的事项让本地区的老百姓说了算。我们四川和云南可以不一样，为什么要一刀切啊？当然现在实行这个还有点儿困难，但将来会实行，因为它对国家的发展有好处。

台湾的民主比较怪，讲起来有点烦人。它自己觉得了不起，经济上发展得不错。这十年大陆给它多少好处啊，但是人家还不领情。现在国民党处于颓势，有点"跛脚鸭"的意思，朱立伦到北京，实现了"习朱会"，使这种颓势有所改善。第三次国共合作不是没有可能，大陆和台湾在经济上的联系越来越紧密，大陆发展得越成功，这种可能性就越大。另外我们在文化上同宗同源，人文交流没有任何障碍。很多台湾人在大陆经商，买了房子，娶了大陆太太，日子过得红火。台湾不管谁上台，必须清楚大陆是有原则、有底线的，这个原则和底线是不能违背和触碰的，谁要想搞"台独"，那他死定了，这一点儿不含糊。

范迪安：我补充讲几句两岸的文化关系，因为我看到在座的年轻朋友很多，今后都有机会加入两岸青年的交流和文化的交流中去，形成两岸更广泛的共识。为两岸的和平发展争取更好的社会基础，关键在青年。现在台湾社会里面确实有很多年轻人对两岸同宗、同源、同根的这种血缘关系有点淡漠，他们不太了解历史，在认识和情感上没能和大陆走到一块儿，这是我们对两岸关系比较担心的一点，而其中最重要的是要通过文化的交流使他们认识到我们都是源于中华文明和中华文化的兄弟，这对台湾的未来非常重要。两岸从距离上说是越来越近了，两岸"三通"带来了便利。我印象中有一次我在北京，当天要去台北，订的是晚上八点钟的飞机，刚好那天在中南海参加向中央领导的工作汇报，会议开得比较晚，我还怕赶不上飞机，等我走出中南海的时候，外面的路灯都开始亮了，但幸好最后赶上了飞机，飞机上休息一下，打个盹就到了台北，入住淡水河边。于是即兴作了一个对联："华灯初上中南海，灯火阑珊淡水河。"就这么近，一下子就到了！

就两岸的艺术来说，中国几千年的艺术传统特别是书画传统，依然是今天台湾美术的主流之一，虽然台湾发展了很好的数字艺术，有很好的新媒体，但是它在根本上、在文化的根源上与大陆是一致的。语言相同，艺术上的思想观念、思想方法接近，这是我们赢得跟世界对话的最根本的东西。所以两岸的这种"近"是根本的优势，但是有些时候觉得有点"隔"，需要形成更好的对话交流。刚才说了，马英九先生是赵一凡老师的同学、校友。马英九的一个表兄还是中央美院的教授，他们两人的母亲是亲姐妹！就是非常近。我是福建人，台湾地区的许多领导人的祖籍、祖厝都在福建。要背离中华民族这个大家庭，要背离中华文明的根，那就是不肖子孙，这是不能容忍的，也是不被世界看好的。在这个意义上我们需要更多年轻的朋友们，在各个领域建立两岸的紧密联系，特别是通过文化艺术的交流形成人心的交流，向文化的亲情靠拢。

学生 D：我是来自绵阳高校文学社联合会的一员。今天讲座的主题是"价值观与文化"，我想问一个比较现实的问题，作为即将毕业的学生，毕业之后是应该去改革开放的深水区东部实现自己的人生价值，还是应该去开发西部实现自己的人生价值？正如赵一凡老师所讲，一个是内陆中国，一个是沿海中国。王蒙老师在西部待了十多年，也在东部待过。我想听一下王蒙老师和各位老师的看法。

王蒙：这个哪有准儿啊！各人有各人的情况，各人有各人的经验，有的人到了西部后有了很大的成绩，有的人到了西部默默无闻甚至遭遇不测，这都有可能！还不光是东部和西部的问题，还包括出国，你自己还是妥为选择，实事求是。不管东部、西部，国内、国外，你好好奋斗，做一个诚信的、敬业的、认真的、努力的人，好好学习，长自己的本事，使自己做一个好人，你就有希望。反过来说，如果你不学无术，如果你没有诚信，如果你挑肥拣瘦，对不起，你到东部到西部，到哪国也不行！我特别欣赏网上的一个说法：有些作家说自己写不好是因为环境不好，你把他送到瑞士日内瓦，专门给他一座楼，我相信他更写不出来了。这句话是非常实在的，所以这方面我可不给你提什么建议，你独立决定，自己负责！

王安：同学们、老师们，今天这个学术对谈特别好，王蒙老师把我们讨论的走向确立得非常好，他强调社会主义核心价值观的核心就是要让我们做一个好人，强调它是一个整体，其中最重要的一点就是我们对国家富强的追求。赵一凡老师也是从富强说起，中国近代史近一百八十年充满血泪，根本原因就是我们太弱了，为了国家的富强，我们每一个人要勇敢地承担起自己的那份责任。范迪安老师从价值观的视觉传达、从世界美术史的发展角度阐释了艺术和价值对人精神生活的巨大影响。现在大家比较关心提高生活质量的问题，它有两个方面的标准，一个是物质层面的标准，一个是精神层面的标准，只有物质层面和精神层面都有了相应的比较高的追求，我们才能获得较高的生活质量。

　　谢谢王蒙、范迪安、赵一凡老师！也谢谢出席今天对谈会的老师和同学们！

玄机何来

《列子》第四章"仲尼"中，讲了这样一个故事，很有点中华玄机的意味。

原文是这样的：

> 子夏问孔子曰："颜回之为人奚若？"子曰："回之仁贤于丘也。"曰："子贡之为人奚若？"子曰："赐之辩贤于丘也。"曰："子路之为人奚若？"子曰："由之勇贤于丘也。"曰："子张之为人奚若？"子曰："师之庄贤于丘也。"子夏避席而问曰："然则四子者何为事夫子？"

> 曰："居！吾语汝。夫回能仁而不能反，赐能辩而不能讷，由能勇而不能怯，师能庄而不能同。兼四子之有以易吾，吾弗许也。此其所以事吾而不贰也。"

说是子夏向孔子提问："颜回的为人怎么样呢？"孔子说："他的仁爱胜于我啊。"又问："子贡的为人怎么样呢？"答："他的口才胜于我啊。"再问："子路的为人怎么样呢？"答："他的勇气胜于我啊。"最后问："那么子张的为人怎么样呢？"答："他的严谨庄敬胜过我啊！"子夏听到这里，离开座席，起立，恭恭敬敬地请教道："既然他们四人都是胜于您、超过您的，为什么他们还要事奉先生您，拜您为老师呢？"

孔子说："请坐，请听我说。颜回确实是仁爱的，但是他不明白有时候不能仁爱（而是要分清是非，弃恶扬善）；子贡确实是雄辩的，但是他不明白有时候不要去辩（需要的是沉默寡言，此时无声胜有声）；子路也非常勇敢，但是他不懂得有些时候要示弱（该退则退，息事宁人，如老子说的柔弱胜刚强）；子张确实是庄敬严谨的，但是他缺少必要时候求同的智慧（随和妥协，争取多数）。这样，即使四个人的优点全给了我，我也不能接受与他们调换的，这正是他们始终不二地以我为师的原因。"

大哉斯言！这就是中华文化的玄机妙理，相反相成，互悖互补，有无相生，阴阳和谐。老子说："世人皆知美之为美，斯恶已；皆知善之为善，斯不善已。"只有一个正面是不够的，还要看到、理解到、有办法应对各种负面。仅仅欣赏迷恋美不足为训，你关注不关注、理解不理解、有没有办法帮助引领不够美的人士，包括残疾人、畸变人、由于丑陋找不到配偶的人、整形失败毁容的人，以及羡慕嫉妒别人的美丽因此愤愤不平、仇视社会、仇视美好的红眼病病人的生活与权益呢？仅仅提倡善德也是不够的，你有没有力量与智慧应对伪善、不善、凶恶、极端、分裂、恐怖势力呢？你有没有办法对一切丑恶、虚伪、凶残提供感化教育和管理控制打击呢？

仁者不是好好先生，不是怀妇人之仁者，不是多愁善感的酸秀才，不是机会主义者。仁者更要有杀伐决断、刚正不阿、疾恶如仇、讲原则有底线的一面。

辩者尤其不能成为夸夸其谈、巧言令色的牛皮大王。要同时能够谨言慎行、聆听对方、换位思考，邦有道则知则辩则仕，邦无道则愚则讷则卷而怀之。尤其是咱们的文化传统，常常怀疑能说会道的人的人品与担当，挑剔他们的言与行、名与实的距离。英国人也懂得，好话是银，沉默才是金。

"勇"的含义在传统文化中更是极为有趣。古语"知耻而后勇""知耻近乎勇"，还有"勇者无惧"。就是说首先是对自己勇。孟子还谆谆教导，要明白匹夫之勇、敌一人之勇，与"文王之勇"、一怒而安天下之勇、敌万人之勇的区别。"有勇无谋"，历来受到传统文化的嘲笑贬低。老子甚至于提出"勇于不敢"。而孟子所说的"好勇斗狠"更是全然的贬义。这里列子所说的孔子讲的知"勇"还要知"怯"，无非是说该进则进、该退则退，打得赢就打、打不赢就走，敌进我退、敌驻我扰、敌疲我打、敌退我追。毛泽东的战略，满是玄机！

"庄"是好话，中华文化讲究的是"庄敬自强"，庄敬是对人，更是律己，要自爱自敬自尊自律。同时，除了庄敬的一面，传统文化讲究的是和谐，是亦庄亦谐，是和光同尘，是知白守黑，适当低调，不要刺目，不要脱离大众、截断地气。自古以来，中华圣贤就主张既不要尾巴主义，也不要先锋主义。老子说："我有三宝，持而保之：一曰慈，二曰俭，三曰不敢为天下先。"这里的"不敢为天下先"，不是不敢发明创造，而是说治国理政的君王权力系统，不要提出过于超前的口号目标，不要脱离百姓民人。至于理论创新、制度创新、科技创新、文化创新，正是我们后人所要强调的，不要忘记老祖宗提倡的"苟日新，日日新，又日新"这一面，更不能忘记"庄"的重要。庄，让我想起毛泽东的名言："世界上怕就怕'认真'二字，共产党就最讲认真。"

正是中华文化传统中"既要这样又要那样"的思维模式，一生二、二生三、三生万物的思维玄机，还有《尚书·虞书·大禹谟》中"人心惟危，道心惟微，惟精惟一，允执厥中"的十六字心传，保住了中华，保住了人民共和国，保住了改革开放的成功，保住了发展的奇迹与大局的稳定，不至于像某些社会主义国家一样改革得稀里哗啦。难道我们不应该好好琢磨琢磨吗？

再发挥一下"允执厥中"的十六字心法。相传这是虞舜向他的继任人夏禹传授的修心养性、治国理政的"万世之法"。舜告诉禹：旦夕祸福，人心难测，归心离心，人心险恶，顷刻巨变，载舟覆舟。而这一切取决于天道天心，道心（天意，也就是我们说的玄机、规律）精微，把握匪易，失之毫厘，差之千里，玄而又玄，全在一心。做君王的，只能公允诚恳，掌握分寸，不偏不倚，体察精致，精神贯注，老老实实，始终如一，中正周全，恰到好处。

儒学与我们

1. 我们说要继承优秀传统文化，而儒家学说是中国优秀传统文化中最重要的一部分。习近平总书记的讲话系统全面。同时，讲话也强调了不同的文化间互相尊重、互相交流、互相学习的重要性。

2. 没有积累就没有传统，没有传统就没有文化。没有文化就没有凝聚力，没有爱国主义与主心骨。习近平同志的重要提法是，中国的马克思主义者珍惜中国传统文化，弘扬与创造性地转变发展了中国的传统文化。

3. 我们现在推广践行社会主义核心价值观，是对世道人心的一种匡正和建设；而关心世道人心，正是儒家文化的精神走向，大大有助于我们的精神文明建设。孔子说："德之不修，学之不讲，闻义不能徙，不善不能改，是吾忧也。"改革开放以来，物质上已经有了全新的格局，文化素质的问题、世道人心的问题、精神资源的开拓与发掘问题，日益迫切。而中国传统文化，尤其是其中的儒家文化，与五四以来的新文化、我国人民接受并实现了本土化的马克思主义的革命文化，都是重要的精神资源。

我们的传统文化在四书五经、诸子百家中，更在人民的心中。礼失求诸野，不论近现代传统文化受到什么样的挑战，经历什么样的曲折，其实在我们中国人的心中，在我们的文化基因中，至今仍然有很大影响的许多东西，都离不开传统文化。人心中本来就有评判好坏、善恶、美丑的一杆秤、一种标准，例如戏曲中的忠孝节义，选拔干部时的以德为先，政治运动中对于投机分子的厌恶与否定，身教胜于言教的认知与衡量，对于清正廉明的官员与为政以德即政治文明的期盼……这些就是我们从历史、文化、生活中继承下来的。我们现在所要做的，正是唤起人心、探索人心、发掘人心、优化人心，并且与当代社会接轨，与现代化接轨，使核心价值成为我们的凝聚点，成为社会认知的最大公约数。

4. 我们在治国理政、建设中国特色社会主义的过程中，不能无视中国传统文化对我们一代又一代人的潜移默化、陶冶熏染。习总书记讲话中提到许多被全世界认同的中国传统观念，比如协和万邦、亲仁善邻、好战必亡、和而不同、取长补短、兼收并蓄，都很精彩很有说服力。

我们读书人也喜欢传统文化中关于道法自然、天人合一、天下为公、世界大同、自强不息、厚德载物、以民为本、为政以德、反求诸己、仁者爱人、见贤思齐、忠恕诚信、居安思危、慎终追远的格言与教训，这是一份无法估量的精神遗产。

5. 我们提出继承与弘扬传统文化的问题，不是为了复古，不是要否定五四新文化运动与以延安精神为代表的革命文化，我们的目标是实现中国特色社会主义的现代化，我们要坚持改革开放，坚持面向现代化、面向世界、面向未来。

6. 最近在一次由《光明日报》、中国人民大学与伦理学会联合举办的关于核心价值与传统文化的讲座中，我提出：人心可用、世道可兴、传统可取、开拓可新。习总书记的讲话鼓舞我们做好这方面的工作。

(2014 年在一次电视节目中的发言提纲)

从莫言获奖说起

◎ 文学、文学家、文学奖

文学多半会偏于理想性与浪漫主义，包括文学作品里那些穷愁潦倒的自嘲解构之语，正是出自敏感与激情的发扬。文学愤青多于别的行业的愤青，也往往是想得越高火气就越大的表现。文学不但反映与关心形而下，也硬是带着某种虔敬的情怀直冲霄汉，直奔终极与形而上。

文学家则是人子。雅与俗、阔与窄、高与卑、清与浊，往往兼备，未能全然脱俗免俗。当然不同的作家，良莠不一，相互格调相差甚远。

某个或一些关心文学或热爱迷恋文学的人，一些有一定权威与实力的团体，主持了文学奖的运转。如果主持评奖的人士确有较高的鉴赏判断能力与对于文学艺术的敬畏与忠诚，这样的文学奖，有可能使得万众瞩目，更使得一些作家心潮澎湃。

大体上文学奖与文学家的关系可以分为五种。

第一种，其作品并不理想，但沾了获奖的光，立马青云直上，他（或她，下同）是预支或超支了该奖项的权威与影响。

第二种，他的作品极佳。不给他评奖，文学奖项的损失远远多于文学家个人的损失。例如托尔斯泰，他没有获过国际知名的大奖，但受损失的不像是他本人。

第三种，他已经大放光芒，由于获奖，本人是锦上添花，奖项是与有荣焉。

第四种，获奖者尚未被受众充分认识，评奖人慧眼早识，证明了该奖项的伟大超前，近乎文学伯乐。某人获奖了，本地域人们不知其为何许人，这样的事屡见不鲜。

第五种，大致作品也还不错，公众基本认同，类似的作者也并不乏人，但得了奖啦，好事，算是顺理成章，也算幸运之极。

从长远看，从真正的文学史上看，则文学奖对于文学的意义有限。古今中外，屈原、曹雪芹、托尔斯泰、巴尔扎克……谁得过什么大奖？即使得过也早被历史遗忘或者忽略了。

我们这里有一个奇怪的现象：重奖而轻文学，视境外大奖如神明，视本国的文学劳作如粪土。这里有第三世界国家的文化虚无主义，有急于走向世界的浮躁心理，有庸人的无知，也有依靠境外的认可来给自己壮胆的怯懦……

所以我多次套用一个电视广告词：某某大奖办得好，不如文学作品好。

◎ 诺贝尔文学奖、文学、政治

诺贝尔文学奖是目前世界上影响最大的一个文学奖项。诺贝尔文学奖多次与一些国家的政府发生政治龃龉。原因之一是诺贝尔文学奖是北欧瑞典文学院的有关院士们决定取舍的。他们在二十世纪五十年代末给苏联的帕斯捷尔纳克的《日瓦戈医生》发奖，使帕斯捷尔纳克受到来自苏联官方的极大压力，被开除了苏联作协会籍，他只能选择拒奖，而晚年的赫鲁晓夫则对此事感到愧疚。

后来此奖还发给了苏联的索尔仁尼琴，苏联政府的反应则是吊销了索的护照。

诺奖也与苏联有过较愉快的打交道的记录：发奖给肖洛霍夫。肖是苏共中央委员，曾跟随赫鲁晓夫访问美国，被赫称为他们的文化的伟大代表。

同时诺奖也有选择西方国家的左翼作家的记录。1972 年，诺奖给了当时西德的伯尔。西德政府并不欢迎，这是时任驻华大使的作家厄温·魏克德对中国作协一批人说过的，但西德总理科尔还是登门向伯尔表示了礼貌的祝贺。

在中国具有重大影响的哥伦比亚作家马尔克斯则碰到更多的麻烦。美国政府曾经拒绝他入境。1986 年春我在纽约参加第四十八届国际笔会时，美国作家为此事向出席并致辞的国务卿舒尔茨强烈抗议。

诺奖还颁给过葡萄牙共产党员、阿拉法特的好友、作家萨玛拉贡。

诺奖已经与中国方面发生过一些问题，留下了歧异的记忆，曾被认为它们在政治上是不怀好意的。此次给莫言发奖，比较起来，算是有较高的认同度。

主持诺奖的瑞典学者不承认他们发奖有政治动机，但仍然看得出他们的政治倾向。中国作家也没有几个人承认自己是为政治写作，但也能看出作品的政治含义。问题是对于优秀的文学成果来说，更重要的是生活，是心灵的倾吐，生活与心灵不可能绝对地摒除政治，但生活与倾吐却更加宽泛丰沛，更加原生态，更加直观，更加富有多义性、弹性，阅读与讨论起来有极大的解释空间，例如《红楼梦》。中国的作者与读者有足够的经验，知道狭隘地阐释文学作品有多么愚蠢，多么有害，多么可悲。

◎莫言获奖是一件好事

无论如何，莫言获奖是好事。它鼓励了在"网络时代"文学将会式微的鼓噪声中对于认真的文学写作的坚守；它表达了对于莫言的熟悉本土人民生活、富有艺术感受与想象能力、井喷式的创作激情与坚持不懈的劳作精神的肯定；它表达了人们对于中国当代文学的关注。

一些人，先是赌咒发誓地否认任何国内作家获此奖的可能，后来又一再提醒奖了也只是奖个人，与你中国或中国文学无关。其实任何一个作家的成果都不可能完全脱离开当时当地的人文环境，在高度肯定莫言的时候，我们不会忘记与莫言同时代的中国作家，例如韩少功、贾平凹、铁凝、王安忆、余华、张承志、张抗抗、张炜（以姓名汉语拼音符号为序）……

接着出现了一些人痛批莫言与另一个华裔获奖者的文笔。文无第一，武无第二。对莫言等作品见仁见智，有所期待，有所不满足，这是很正常的。第一，他确实写得很好，早在三十余年前，我读莫言的《爆炸》时已经感慨于他的艺术感觉的细腻与敏锐，并叹息自己的年岁日长。第二，他的写作绝对不是无懈可击的。第三，文人之间，互不买账，乃是常态。

至于说莫言的作品是"皇帝的新衣"，则莫如说许多大权威包括此大奖是"新衣"，有它的另一面，即破绽的一面。岂止是莫言被嘲"新衣"，在托尔斯泰眼中，莎士比亚的剧作也是"新衣"；在陀思妥耶夫斯基眼中，屠格涅夫与别林斯基都很烦人。重要的诺贝尔文学奖，二战以来，一年一个得主，至今六十七年过去，有几个在中国获得了巨大的影响的？你能说出几个人的名字来？

视某奖及其得主是神明，那是无知与幼稚。动辄虚无化本国的一切，则是幼稚加上了粗野与卑贱。得了奖就顶礼膜拜，那是暴发户的天真。国人得了奖就百般贬低，是偏见的搅和。这是一个文学话题，应该足够文学地实事求是地看待与说话。

传统与未来

中国的传统文化为什么在今天还有非常大的意义？就是因为在今天我们的物质格局、生产力格局出现了空前新的局面的时候，我们感觉到世道人心的问题非常大。孔子两千五百多年前讲过这样一段话："德之不修，学之不讲，闻义不能徙，不善不能改，是吾忧也。"意思是没有好好修养仁德，不讲学习又不讲学好，听到了应当做的事却不能马上去做，有错误却不能改正，这些都是我所担忧的。这说明那个时候孔子对世道人心的建设是非常忧虑的。

中国的传统文化有一些美好的东西、美好的理想，而且这些东西和理想经过了近二百年强烈的挑战，并没有消亡，传统的价值观念并没有消亡。"价值"这个词中国过去是不讲的，过去讲"义理"。"价值"完全是经济学的解释，但不等于中国人心里就没有一杆秤。我们看待历史，喜欢的是忠臣，不喜欢奸臣。奸臣都是白脸，都是挑拨是非的，都是背叛朝廷的，我们对忠奸是有分别的。

中国的传统文化在哪儿？不仅仅在典籍里，在重点文物里，在景区里，实际上传统文化还在我们的人心里。现在最重要的是要使我们的人心和我们的传统文化能够接轨，使新的文化要求——现代化的要求，能够和传统的文化对接，使我们对社会主义核心价值观的提倡能够和人心对接。

价值观哪儿来的？如果以为价值观是靠从上到下的贯彻，那是不了解价值观的本质。价值观应该在我们的心里，先是发掘出人心中美好的东西，再经过社会精英的整理、梳理后形成，价值观最主要的作用就在于能够培育人心、优化人心。

人心里那些美好的东西，有很大一部分和传统文化有关系。比如，孔子特别重视祭奠、敬祖，最讲"敬"字，讲究做一些事情时有没有敬畏的感觉，有没有崇敬的感觉，有没有认真的感觉，有没有不敢掉以轻心、不敢玩忽职守的感觉。我还特别喜欢传统文化里的另外一点：不管孟子还是墨子，都反对懒惰，提倡勤俭、奋斗。东方文化里面是有一些惰性的，可是中国强调的是"苟日新，日日新，又日新"。中国人强调奋斗，强调生于忧患死于安乐，强调要有积极的进取精神。而我在三个完全不同的国家和地区都听到或者读到过一个基本相同的故事，一个是德国的诺贝尔文学奖获得者海因里希·伯尔说的，一个是在印度，一个是在非洲的喀麦隆，都讲一个渔夫在打鱼：那天鱼太多了，都快累死他了。旁边柳树下却有一个男青年正在睡觉，睡得很香。渔夫把他叫醒了，让他帮忙。那人说我帮你忙，我有什么好处？渔夫说给你很多钱。那人说我要钱干什么？渔夫说有了钱，你可以过幸福的生活。这位男青年说什么是幸福生活？现在在柳树下睡觉的我就最幸福。这是和中国完全不同的价值观。

中国文化还有另一面，那就是中国太大、历史太长，经历过大乱，也经历过盛世，变化很大，所以中国文化并不是绝对统一的东西，有时候甚至互相矛盾。比如，中国人提倡奉公守法，主张一个人行事应该如临深渊、如履薄冰，谦恭谨慎，但是中国也有造反的文化，"王侯将相，宁有种乎"。最近CCTV-9《纪录》节目讲到诸子百家中为什么统治者选择了儒家，因为儒家最适合让大家乖乖地听统治者的话。要这么解释，对传统文化的解释又过于简单了。比如和谐、平衡、谦恭、诚信、敬业、礼让，这些对于统治的权力系统来说是有好处的，对老百姓也是有好处的。我们无法想象国家整天在火并而老百姓会得到幸福。不知道现在的学生怎么想，我上小学的时候，七十多年前，那时候学写字，写的是"天下太平"。所以很多理想道德化的说教，对统治者有好处，对老百姓也有好处。反过来说，这些道德的说教，这些文化的说教，对于权力有一种文化监督和道德监督的作用。

中国很长时间里是封建国家，没有错，不要以为中国的封建统治者他们想干什么就干什么，那样的人很少。历史学家黄仁宇写的《万历十五年》中，万历皇帝想干的很多事情没有干成，他稍微有点不够文雅、不够斯文马上有人提意见。还有卜键先生写的《明世宗传》也是这样，明世宗有两件事一直想办但就是很难办。明世宗的皇位是从堂兄明武宗那里得来的，按礼法，他应以孝宗（武宗父）为父，但他想给自己的父亲也立个碑给个称号，但是很难办；另外一件事，他要改一下求雨迎接春天的活动，本来这个活动每年搞两次，他觉得太麻烦了，但大臣说朱元璋的时候起每年就是分两次求雨，不能改。文化形成的力量有时候对权力也有一种监督，也有一种压力。老百姓还有一个武器，说你是"无道昏君"，那你就死无葬身之地了。

再比如，中国的传统文化里既崇拜"一"又崇拜"多"，它认为一切的东西"九九归一"，都综合到"一"，这样国家才能有效率；但同时又崇拜"多"，可以说是"杂多的统一"。按照中国的说法就是郭沫若的诗，"一的一切""一切的一"，一切就能够归结成为一，这是中国式的思维方法，但并不等于"一"是死的，中国人特别灵活。

远在春秋时期，孔子对每一件事的解释就不是只有一种说法。弟子找他来问什么叫仁，他跟每个人的说法都不一样。最妙的是，孔子说人要有担当，要为社会效劳，说如果我是一块美玉，我要等别人买了去，我"待沽"。但是孔子又讲，一个人什么样就是好呢？邦有道的时候，他不会被压制在那里，他不会隐藏在那里，不会憋屈在那里；邦无道的时候，他不会出来跳，能够降低自己的调子。他最佩服宁武子，"邦有道则知，邦无道则愚。其知可及也，其愚不可及也。"邦国得有章法，什么事儿都可以按照一定的规律规则来办，这时候你变得很聪明，你可以参政议政，可以为社会效劳、为朝廷效劳；可是遇到邦无道的时候，你两眼一发直，傻了，别人找你干什么事儿你不会干了。孔子说要学他的聪明劲儿容易，学他该傻的时候就傻却学不到，因为傻比聪明还厉害。他最反对的是邦无道的时候你"荣显"，他说邦无道的时候"可卷而怀之"，就是说，邦无道，你应该卷铺盖走人。

我是河北省沧州市南皮县人，南皮最有名的历史人物是张之洞，他被任命为两湖总督的时候曾经请教过一个大人物——鹿传霖先生。鹿送给张之洞十六个字："启沃君心"，要启发、丰富君王的胸怀，让他知道这件事，你要善于向上做宣传，献计献策；"恪守臣节"，该怎么做你要听上面的，必须遵守纪律；"力行新政"，清朝西太后时期，包括张之洞那都是洋务派，他还是中国当代冶金工业的奠基人；"不悖旧章"，你在力行新政的同时能不违背旧章的就不要违背。中国的"一而多，多而一"，总有多种改革的方法，这是中国传统文化的"一"。

传统文化还有很多东西，比如说强调学习，注重德行，注重世道人心。要不断学习才能改善人心。孔子理想的社会就是学习的社会，要举一反三、温故而知新，特别提倡学习。他认为在学习上，权力越大的人越要做榜样，权力不仅有管理的作用，更重要的是运用你的权力起到教化的作用。你不了解传统文化也就不了解国情，但是我们学习传统文化不是为了复古，而是为了面向世界、面向未来、面向现代。

从这里我们要想，如何从人心里挖掘传统文化，从人心里挖掘我们的好恶、爱憎、明辨与现在富强、民主、文明、和谐……的关系，当然这都是我们所追求、所喜爱的。如果我们在这方面能够下点工夫，会不会让我们的世道人心有所改善？说到传统文化和社会主义核心价值观的时候，我曾提出以下几个观点："人心可用"，人心里还有很多美好的东西没有挖掘出来；"世道可兴，传统可取"，我们传统当中还有很多可取的东西，用不着离开这个传统，几千年到现在还有许多可取的东西，当然传统中还有值得尊重的东西；"开拓可新"，只有开拓才能带来新的东西。

个 性

不要说是清代这种意识形态上了无新意的封建社会，就是整天把个人主义、个性化挂在嘴上的欧美，它们的白领蓝领、成功人士与购彩票中特奖者、毒枭与杀人狂也做不到像《红楼梦》中的人物那样生气洋溢与个性鲜明。

书海掣鲸毛泽东

◎ 书海弄潮

　　毛泽东爱读书，读了很多书，这是大家都知道的。但读了陈晋主编的《毛泽东读书笔记精讲》，我还是有振聋发聩、醍醐灌顶之感。一个忙于各种事务的党的最高领导人，读书多到如此地步，没有想到。四卷《毛泽东读书笔记精讲》的头一张插图就是毛泽东读英文版《共产党宣言》的笔记，为之一震。

　　《精讲》附录列出毛泽东一生阅读和推荐阅读的三十一个书目，就占用了九十四页篇幅（而这当然不是他一生阅读的全部），琳琅满目、浩瀚汪洋，令人愕然、肃然。再看看毛泽东早年所发出的"读奇书、交奇友、创奇事，做个奇男子"的心愿，他是说到做到了。仅奇也哉？雄乎伟乎壮乎，神人也！

　　毛泽东是书海、人海、政海、阶级斗争和民族抗争之海的弄潮儿，波涛万顷，千帆竞发，兀立潮头唱大风！他读了古今中外多少书——读了四书五经，读了二十四史，读了楚辞汉赋、李白杜甫，读了西方启蒙新学、马列经典，读了哲学、历史、自然科学，而且还读了各种少为人知、稀奇古怪的闲书杂籍。他眼到口到手到心到，写下那么多读书笔记，抒发那么多有趣评论。他从实践出发，以书为机场跑道，起飞升高，翱翔万里，睥睨天下，在书海内外掀起风波、激起浪潮，直是亘古少有的奇观。

　　毛泽东是坚定的唯物史观信奉者，他坚信奴隶创造历史，人民是历史前进的动力，他提出密切联系群众是共产党的三大作风之一。但不能不承认，他是一个早早立下鲲鹏之志的伟人。在二十岁的 1913年，他就写下了读《庄子·逍遥游》的感想。庄子说："且夫水之积也不厚，则其负大舟也无力。"毛泽东读后，"叹其义之当也"。他举李鸿章为例，说李是"置杯焉则胶，水浅而舟大也"，处理国务，总是失败，如大舟行于浅水。毛泽东明白，仅有大志未必有用，为了避免置杯而胶着于水底，避免"志大才疏"，必须早早准备大水大海，使积也厚！什么是水什么是海？书中自有洪波涌，书中自有大浪翻！读万卷书，行万里路，毛泽东做到了"踏遍青山人未老"，更做到了以有涯逐无涯地读书到生命最后一息！

毛泽东深感我们的国家、我们的党、我们的干部"书养"太薄，他一次又一次地呼吁，在各种会议上发放书籍册页，劝读、分享。把党建成学习型、读书型政党，这个在世界政党史上罕有的提倡也是从他开始的。

毛泽东不是天生的英雄，也不是一蹴而就的马克思主义者，他是从实践中摸爬滚打出来的，是在打击挫折下成长起来的。这个过程中，他不断地读书，武装头脑。《精讲》使我们看到一个革命家丰满充实的读书轨迹。

毛泽东是随着实践要求的变化、身份的转换而选择所读之书的。他的朋友、同学周世钊回忆："毛泽东的思想大转变，是 1915 年读了《新青年》之后。"那时，他从阅读经史子集的兴趣中走出来，站到了改造中国新思潮新实践的探索潮头。接触了服膺于马克思列宁主义后，他从此再无犹豫，以"吾道一以贯之"（孔子）和"目标始终如一"（马克思）的精神读书、学习、实践。他一生阅读最多的是马列、哲学和文史三类书。一本《共产党宣言》，他读过一百多遍。同时他对中外理论家们的各类著作也广有涉猎。毛泽东把懂哲学看作干成大事的必备条件，他说："马克思能够写出《资本论》，列宁能够写出《帝国主义论》，因为他们同时是哲学家，有哲学家的头脑，有辩证法这个武器。"

　　毛泽东读史，以叛逆的姿态，从书海中寻找真理更挑出谎言。他不大喜欢无用儒术，更不喜欢天子神话，他宁愿得机会就表彰共工、盗跖、秦始皇、刘邦、曹操、马周、黄巢等来自基层进取有为的人物。他渐渐得心应手地以革命理论与书本知识联系中国实际，以中华文化与世界文化的睿智思考实际问题，不断消化，不断发挥，不断调整，不断创新发展，终于成为"通古今之变，成一家之言"的革命家、思想家。

　　毛泽东生涯八十有三，他一生做了革命家不得不做的所有事情：反对军阀、办报启智、建党建军、工农调查、行军打仗、戎机运筹、行文走笔、整顿党风、统战抗日、国共决战、建设新中国……在各种事务之外，他挤出了大量时间阅读、阅读、再阅读，尽其所能地阅读思考，求知祛魅。面对这位以有涯之生游无涯书海的伟人，我们应该为任何不读书的理由而汗颜！

◎天马行空　独立鳌头

　　毛泽东是革命家、政治家、思想家、理论家、哲学家、军事家、诗词家、书法家，我还愿意加上"读书家"。能与他的执着于革命相比拟的是他的执着于读书。早在延安，毛泽东就说过，"如果我还能活十年，我一定读书九年零三百五十九天"（按：中国老历法一年是三百六十天）。根据《精讲》，毛泽东最后一次阅读是在 1976 年 9 月 8 日下午 4 时 37 分，他读了七分钟，此时距他次日凌晨零时十分去世只有七个多小时。读书是他事业的需要，也是他生命的需要。"我读故我在"，他的读书是一种生命体征，是他的存在感的验证，更是他的思想、精神、灵魂活跃于天地间的征兆，或可称为"魂征"。

　　毛泽东深感中国共产党员、党的领导干部需要读书，更需要在实践中用出门道。正如陈晋为《精讲》所作序言《学用之道——毛泽东书山路上的风景》中的精彩表述，他要"将有字之书"与"无字之书"结合起来读；既入书斋，又出书斋；"将书本知识转化为认识，将认识转化为智慧"。世上善读书苦读书的学者多了去了，有几个人能像毛泽东读出那么多风景？有几个人能像毛泽东读出人民的痛苦，读出革命的路径选择从而大获全胜？世界上的革命家、政治家兼读一点书的也多了去了，有几个能像毛泽东那样，读得说得干得都如火如荼、惊雷闪电?!

毛泽东不是书呆子，他最瞧不起本本主义，他说过"教条主义不如狗屎""读书比杀猪容易"。毛泽东把"本本"读活了，他自己的说法是，当书的"联系员"与"评论员"。他读一本书，往往兼及一类书对照读，他的读书评论妙语连珠，不但有的放矢而且独辟蹊径。毛泽东谈书论理，从来都保持着自己的主体性、挥洒性、批判性。他有所专注、有所赞赏、有所选择、有所借题发挥、有所高谈阔论，也有所拒绝、有所蔑视、有所嬉笑怒骂。

比如毛泽东读宋玉《登徒子好色赋》，指出宋玉"攻其一点，不及其余"的"罪过"，同时独到地指出登徒子与丑妻恩爱有加正是实行"婚姻法"的模范。毛泽东的分析不落俗套，又确实为戴了两千多年"好色"帽子的登徒子说了公道话，给了宋玉此赋巧言令色、抹黑他人的批评。在他的建议下，《登徒子好色赋》作为文件之一印发给1958年1月南宁中央工作会议的与会领导干部。联系历史背景，毛泽东要表达的，就是他说的，"并不反对对某些搞过头的东西加以纠正，但反对把一个指头的东西当作十个指头来反"，他觉得需要为正在发展的实践寻求文化依据。

出入于书海，毛泽东能够自如地登高壮观天地间，挥洒切中肯綮与豪迈的才思，发挥他的大志大智。他有时是天马行空，有时是别具一格，有时是彻底推翻，有时是举一反三，有时是一通百通，有时是欣赏愉悦，有时是怒火义愤。他有所主张，有所热爱，有所痛恨，有所希冀。他在读书中激励意志，激荡思想，激动情感，激发灵感。

◎ 紧扣实践　读出真见识

《精讲》告诉我们，毛泽东博览群书不是"翡翠兰苕上"的文人自赏，而是有"掣鲸碧海"的大作为大志向。他看重的是中国革命的伟大实践，把学用之道发挥得出神入化。

毛泽东认为"只有讲历史才能说服人""看历史，就会看到前途"。毛泽东欣赏的历史人物，一是懂得历史规律能干成大事的人，二是从底层发展起来的朝气蓬勃的能人，三是忠厚仁义、大度谦逊、不计功名的贤人。

读史记《高祖本纪》《项羽本纪》《郦生陆贾列传》等，毛泽东认为，在楚汉战争中，项羽兵力远胜于刘邦，却屡失机会而败，这"不是偶然的"，项羽最致命的缺点是"不爱听别人的不同意见"，而刘邦"豁达大度，从谏如流"。他的结论是，"项羽非政治家，汉王则为一位高明的政治家"。他告诫说，我们的同志中也有这样的情况，"如果总是不改，难免有一天要'别姬'就是了"。毛泽东认为项羽有"沽名"的弱点，为免负"不义"之名，犹豫不决，但也赞赏项羽的羞耻之心。他在 1948 年为新华社写的述评说："蒋介石不是项羽，并无'无面目见江东父老'那种羞耻心理。"

纵览中国历代开国统治者的业绩，毛泽东发出"老粗出人物"的感慨。当然他也说，没有知识分子的帮助不行。他分析楚汉战争："刘邦能够打败项羽，是因为刘邦和贵族出身的项羽不同，比较熟悉社会生活，了解人民心理。"这使人联想起毛泽东在谈到"左"倾教条主义者时说："他们不知道人活着要吃饭，打仗会死人。"

读《南史》，毛泽东为梁武帝手下的将领陈庆之而心生"神往"。陈庆之出身寒门，以少胜多，战功赫赫；仁爱百姓，克勤克俭；忠正刚直，在不被信任的情况下秉忠进谏，在有人对他有拥立之意时断然拒绝。毛泽东视陈为楷模，还称赞梁武帝名将韦睿是"劳谦君子"，号召"我党干部应学韦睿作风"。读《旧唐书·刘幽求传》，对于关于刘幽求不择手段谋求官位、打击异己，削贬后"愤恚而卒"的记载，毛泽东指出他心胸狭窄，"能伸而不能屈"。读《资治通鉴·汉纪》，蜀汉谋臣法正有利用权力泄私愤之劣迹，有人劝诸葛亮向刘备汇报，诸葛亮则因当时大环境不利于蜀国，而法正正辅佐刘备一图霸业，觉得不能因为小事就限制他。毛泽东同意诸葛亮的看法，批道："观人观大节，略小故。"由此可以看出毛泽东的用人之道。正如《精讲》所说："毛泽东读史真是读到了骨头里，历史的精髓尽取。"

毛泽东延安时期提出的"改造我们的学习"的主张，也正是他自己读书的追求与要领。他指出："不注重研究现状，不注重研究历史，不注重马克思列宁主义的应用，这些都是极坏的作风。"他读马恩列斯，更重视列宁与斯大林，因为后两人有革命与建设社会主义的实践。他读苏联哲学著作，但是从一开始就认为那些著作对矛盾的统一性同一性讲得不明白不到位。直到斯大林的错误揭露出来，他重视从斯大林的思想方法、哲学观点、辩证法掌握得不到家，直至陷入误区等方面找原因。他在思想方法上一直注意克服片面性，克服形而上学；在治党治国上一直警惕脱离人民、腐化堕落，使共产党变质成为人民的对立面。他谈文学，喜欢描写反叛斗争、抑强扶弱，站在被压迫被剥削者一边的作品；读《水浒传》，他说"没有法子，才上梁山"。他喜欢那些百折不挠、豪气冲天的文人如屈原、李白等。毛泽东非常喜欢鲁迅的作品，《精讲》辑录的关于鲁迅作品的笔记和讲话有九篇之多。毛泽东认为"鲁迅懂得中国"，他极其赞同鲁迅在《门外文谈》中"老百姓也可以创造文学"的观点，他号召全党学习鲁迅的政治远见、斗争精神和牺牲精神。

毛泽东对《红楼梦》的评价很高。他1956年在《论十大关系》中说，中国"除了地大物博，人口众多，历史悠久，以及在文学上有部《红楼梦》等等以外，很多地方不如人家，骄傲不起来"。他读《红楼梦》，是"当作历史来读的"，读出了阶级斗争、生产关系、封建与反封建、四大家族盛衰兴亡。但切不可以为毛泽东只会从政治历史方面品味文学作品，他对《红楼梦》无以复加地高看，还因为他认为《红楼梦》的"语言是古典小说中最好的，人物也写活了"。他对许多文史篇目的批注，都反映了他的文学造诣和审美高度。

关于毛泽东对儒家学说的复杂态度，《精讲》给予了梳理，使人们对此有一个全面了解。首先，毛泽东对儒家学说并不欣赏，他直言："我这个人有点偏向，不那么喜欢孔夫子。"（1968 年）这可以回溯到五四时期，当时的大潮流大趋势就是批判儒家学说，几乎所有的革新派革命党进步人士，都把矛头指向"孔家店"这个"思想界的强权"。二十六岁时毛泽东就说过："我们反对孔子，有很多别的理由。单就独霸中国，使我们思想界不能自由，郁郁做二千年偶像的奴隶，也是不能不反对的。"（1919 年）但我们也可以看出，毛泽东从来都不是简单地绝对地否定孔子。他常常把孔子及其学说从道德和哲学层面分开进行分析。毛泽东说："孔孟有一部分真理，全部否定是非历史的看法。"（1943 年）"我们共产党看孔夫子，他当然是有地位的，因为我们是历史主义者。"（1958 年）他说："说孔子的功绩仅在教育普及一点，他则毫无，这不合事实。"（1939 年）对于孔子的"正名"说，毛泽东同意从观念纲领上予以否定，但他认为从哲学上说是对的，"一切观念论都有其片面真理，孔子也是一样"。对于孔子"过犹不及"的命题，毛泽东认为这种中庸观念本身不是"发展的思想"，体现了保守性，但是从哲学上说，它"是从量上去找出与确定质而反对'左'右倾则是无疑的"，他还说这"是孔子的一大发现，一大功绩，是哲学的重要范畴，值得很好地解释一番"。（1939 年）对于儒家学说中的"智仁勇""仁义礼智信"等道德范畴的说法，毛泽东说："'仁'这个东西在孔子以后几千年来，为观念论的昏乱思想家所利用，闹得一塌糊涂，真是害人不浅。我觉孔子的这类道德范畴，应给以历史的唯物论的批判，将其放在恰当的位置。"总体来看，毛泽东似乎更同意对儒学进行批判性的改造，划清儒学中精华与糟粕、儒学的本意与历代统治者的曲解的界限，做出共产党人的新解。

◎《精讲》是毛泽东读书事迹的纪念丰碑

如果说毛泽东留给我们的读书遗产是光彩夺目的庞大宝库，那么，接受这份遗产，则需要费些力气。毛泽东读书量大、面宽、时间跨度长，笔记简详、深浅、独特性与概括性不一，整理起来可能是"老虎吃天，无从下口"。而读书笔记又常常最富个人色彩和随机性，有些还是进入自由王国的"任我行"之语。海量的精彩片段，令人难以形成完整全面的认知与结论。《精讲》在这方面立了不小功劳。全书一百四十八万字，分为"战略""哲学""文学""历史"四大卷，以现存有据的毛泽东批注过、评点过、谈论过的文字记录为依据，以观点为条目，每条由原文（有些略去）、毛泽东的笔记和谈话、精讲三个层次组成。《精讲》最具特点的确实是"讲"，讲得精准、精到、精确，富有学术性、思想性、条理性与全面性。既有对原书作者的介绍，又有毛泽东阅读的背景，笔记或谈话的针对性和着力点所在，还有各种相关说法、历史勾连等，就连毛泽东在其他场合其他年代谈到同一人物同一事件同一本书时的不同或相同的说法，也一一互为印证，最后，往往还能读到精讲者水到渠成的点评。如此，读者得以捋出毛泽东思考的来龙去脉。

在读《新唐书·马周传》时，毛泽东同意作者欧阳修对马周从一介草民成长为唐太宗的股肱之臣的赞扬，然而却不赞同作者最终评价他："然周才不逮傅说、吕望，使后世未有述焉，惜乎！"针锋相对地批注："傅说、吕望何足道哉！马周才德，迥乎远矣。"毛泽东认为马周所上奏折，乃"贾生《治安策》以后第一奇文，宋人万言书，如苏轼之流所为者，纸上空谈耳"。毛泽东不惜贬低傅说、吕望、苏轼等人，为马周辩护。此处，《精讲》用大篇幅讲解了马周向唐太宗所上奏折的建言内容，并说明毛泽东在多处重重加了旁圈，最后写道："毛泽东对出身卑贱者、年轻人有偏爱，马周其一例也。"此言看似出乎意外，实则深得毛泽东之心。

对于毛泽东谈《诗经》，《精讲》梳理了毛泽东从 1913 年开始，在笔记、启事、书信中多次对《诗经》的引用和解释，以及五十年代为列车服务员所写便条（让她把"静女"四句送给男友），强调了毛泽东对《诗经》的熟稔和理解程度。然后《精讲》指出，毛泽东同意司马迁所说的"《诗》三百篇，大抵圣贤发愤之所为作也"，而不同意孔子的"怨而不怒"说。毛泽东的观点是"心里没气，他写诗?"这样的梳理，不仅把话题讲透了，也刻画了一个有学养、有血肉的毛泽东。

李白的名诗《蜀道难》，历代权威文论对它从思想性方面做了各种猜测，《精讲》列举元代和今人的两种说法，一说是讽喻安史之乱中玄宗逃难入蜀，一说是提醒沉迷蜀地的人四川随时有发生变乱的可能。《精讲》告诉我们，毛泽东恰恰不同意这些带有政治色彩的分析，他说"不要管那些纷纭聚讼"，他感兴趣的就是这首诗的"艺术性高"。太妙了!

《精讲》第四卷说，"毛泽东大概要算二战以来各国领导人中最喜欢读史，也读得最多的一位"，"从古代汲取今日建国治国的经验教训，应该说，这是毛泽东的一个长处或优势"。然后，《精讲》也说道："这可能又是毛泽东的一个缺点，他由于过多了解传统，有意无意间会受到传统某些阴影的影响，对现实问题产生一些误解，从而影响了他对时局的正确评估。"站在二十一世纪的今天看，这样的评点，应该说是严谨、科学、富有启示性的。

读了《精讲》，可以设想，毛泽东曾以怎样的热忱、怎样的妙悟面对书之海洋、书之山岳，书之深邃内涵、书之感人肺腑。可以设想，毛泽东正是在书海里活跃了思维，造就了精神品质，解开了精神枷锁，与古今中外的圣贤智勇切磋了能力，试炼了精神，发现着新大陆、新图景!在沉潜于书海的时候，他的主体精神得到前所未有的充分发挥，他是最最纯粹的他自己。可以说，没有二十世纪中国翻天覆地的历史洪流，没有波澜壮阔的中国革命和建设实践，就没有毛泽东；没有那些浩瀚书文的化育、滋养，也不可能有毛泽东思想的形成，不可能有毛泽东的诗情、才情，高度、深度。

《精讲》实为一部可读之书，信息量大，知识性强，可以知人，可以鉴史，可以大开眼界。为了给读者铺设一条坦途，编者知难而上，做了大量考订查找、印证对照的编辑工作，考虑周全、繁简得当，扎扎实实、兢兢业业，为毛泽东的读书事迹，树立了一座永远的丰碑。而书中的《学用之道——毛泽东书山路上的风景》这篇长序，堪称全面论述毛泽东读书生涯的纪念碑文。

抗战的精神遗产

抗日战争与世界人民反法西斯战争胜利已经七十年了，至今我还清晰记得1945年8月得知胜利时沦陷区人民爱国欢庆的激昂景象。我出生于1934年，九一八事变发生第四年，中国人民的浴血抗战已经开始。我三岁的时候卢沟桥事变发生。我的幼儿与小学时代是在日本占领军的枪口下度过的。我至今记得北京各城门前占领军士兵的刀光魔影与中国市民经过时必须给他们鞠躬行礼带来的屈辱感。记得每所小学校里耀武扬威的日本"教官"。记得掺了橡子面难以下咽的"混合面"。记得汪伪"国旗"："青天白日满地红"上加一个黄条，上写"和平反共救国"；而小学生也被强迫背诵《第四次治安强化运动口号》全文，其中第一条就是"我们要剿灭共匪，肃正思想"。

抚今追昔，我的感想是：

一、抗日战争是中华民族实现伟大复兴的一个重大节点。抗日战争是中国现当代历史进程中的一个重要阶段。说它重要，一是因为它促成了中华民族历史上一次总觉醒，二是因为它推动了现代中国的重大蜕变。

中国近现代历史上有过多次革新革命，多是少数精英、少数先觉者所为，他们流血牺牲、英勇斗争，而广大群众却往往成为看客。中国共产党诞生以后，进行了第一次和第二次国内革命战争，反帝反封建，致力于发动广大人民群众。全面抗战开始后，人民空前地发动了起来，团结了起来。无分男女老幼，无分阶级阶层，无分贵贱尊卑，正是在空前的民族灾难面前，形成了全民奋起。这是一个民族真正的总觉醒、总动员。

抗日战争中实现了中华民族的一次蜕变。首先，日本人能向我们这个大国古国发动战争，我们不能不痛心于我们的落后、松散、积贫积弱。在近现代世界各国纷纷走向现代化的潮流中，中国全面落后。抗日战争中，中国的政治、经济、国防、科技、交通等方面暴露了严重问题，我们在抗击日寇的同时，必须偿还数百年来欠下的历史债务。

这让我想起曹禺的话剧《蜕变》：抗战初期国统区的一座伤兵医院里，处处是混乱黑暗腐败，令人痛心疾首。丁大夫原是上海的一位名医，民族危亡时期，她放弃了舒适生活，毅然投入伤兵医院服务，把伤痛兵员看作自己的儿子。丁大夫与梁专员等爱国志士"扛起了黑暗的闸门"，使这个医院蜕旧变新，带来了复兴的希望。

抗日战争的历史使我们感到伤痛，更让我们感到骄傲。全民抗战就是全民关心、全民参与中华民族的振兴。赶走侵略者，为新中国的诞生奠定了人民当家作主的基础。中国的落后，更使中国的有识之士和中国人民取得了走向现代化的共识，而中国共产党通过抗日战争显现了它的领导能力与密切联系群众的伟力，为新中国的诞生做好了准备。

二、中国共产党在抗日战争中创造了中华民族历史的新篇章。正是由于日伪的疯狂宣传，我自幼从反面知道了中国共产党在抗日战争中的重要作用。这里没有模糊与打折扣的余地。

为什么日寇将共产党视为心腹之患？因为党领导的抗日游击战争直插敌人后方，是刺向敌人心脏的尖刀；更因为共产党发动群众、依靠人民、深入穷乡僻壤的政治与军事路线敲响的是置敌于死命的丧钟，使敌方永无宁日，置敌于人民战争的汪洋大海。敌人靠的是武器加军国主义，我们靠的是人民加党的领导与国共合作。而第二次国共合作，延续了大革命时期的第一次国共合作，抗日民族统一战线形成，对中国的现当代历史有着尚未完全显现的启示意义。

确实，国军在正面战场打了许多英勇艰苦的战役，可歌可泣的中华儿女，事迹流芳百世。中国共产党虽然没有足够的武器装备打大仗，却能发挥人民战争优势，保存有生力量，在敌后开展游击战、运动战。毛主席在 1938 年 5 月写的《抗日游击战争的战略问题》中指出："一切军事行动的指导原则，都根据于一个基本的原则，就是：尽可能地保存自己的力量，消灭敌人的力量。"他说，当时的国情是，我们大而弱，敌人小而强，他们在占领区留了很多空虚的地方，因此抗日游击战争主要不是在内线配合正规军的战役作战，而是在外线单独作战，这种抗日游击战争不是小规模的，而是大规模的。而这种"向着敌人最感危害之点和薄弱之点"进攻的战略，正好可以"达到削弱敌人、钳制敌人、妨碍敌人"，从而配合正规军作战的目的。

三、珍惜抗战的精神遗产，汲取抗战的经验教训。

与抗战时期相比，今天的中国当然是换了人间。同时我们面临的挑战与困难，仍然严峻；今天的使命，更加高远。抗战精神是我们民族的宝贵精神资源，它告诉我们：

1. 爱国主义是我们永远要高扬的旗帜，这是一个最富有凝聚力、动员力、人民性的旗帜。

2. 不论碰到什么困难什么分歧，不论听到什么样的唱衰与诅咒，永远不能悲观失望。钟敬文先生跟我提起过周作人，说周从一开始就根本不相信中国人能打赢日本人。历史的教训是，失败主义就是变节与自取灭亡的开始。

张自忠将军在家信中说："国家到了如此地步，除我等为其死，毫无其他办法。更相信，只要我等能本此决心，我们国家及我五千年历史之民族，决不至亡于区区三岛倭奴之手。为国家民族死之决心，海不清，石不烂，决不半点改变。"他死后毛主席给他题写挽词："尽忠报国。"赵一曼牺牲前给儿子的信中说："在你长大成人之后，希望你不要忘记你的母亲是为国而牺牲的！"吉鸿昌《就义诗》说："恨不抗日死，留作今日羞。国破尚如此，我何惜此头？"还有李兆麟将军所写的抗联的《露营之歌》："火烤胸前暖，风吹背后寒。"何等豪迈！现在有一种说法，说抗战一代是"最杰出的一代"，这些英烈确实不负此名。

抗日战争中，中国的大学西迁是一个伟大壮举。西南联大，还有全国几十所大学，老师同学一起长途跋涉。他们不正是因为坚信我们最终会胜利，我们所学的知识将来定能报效国家才选择如此吗？事实证明，战时大学，培养了"两弹一星"元勋，培养了诺贝尔奖获得者，培养了著名学者。这样的民族精神，必须延续下去。

3. 坚持"为人民服务"的宗旨。正是在抗战时期，毛主席提出"为人民服务"的口号；这是一个响亮振奋的口号，是一语中的的口号，至今被认为是概括中国共产党宗旨的最简洁有力的口号，是取胜的法宝。各方有识之士都认识到，只有本着"为人民服务"的精神，才能与亿万人民一起赢得胜利；背离了"为人民服务"的宗旨，走向腐败堕落特权谋私，不论是谁，都只有死路一条。

4. 知识分子要与人民相结合，了解中国国情和实际。全民奋起的一个重要内容就是知识分子与工农群众结合。毛主席在抗日战争时期发表的《在延安文艺座谈会上的讲话》，以及许多其他重要言论，都是在考虑中华民族的大局：号召知识分子与工农大众相结合，完成抗日胜利、民族解放、迎接新中国这篇大文章。

5. 中华民族的复兴离不开世界的进步与发展。我们的抗战是在全世界人民反法西斯战争胜利的条件下取胜的，我们的事业、我们的中国梦，始终要面向现代化、面向世界、面向未来。

抗战胜利是伟大的，胜利后的任务更加艰巨。新中国的诞生是伟大的，新中国建立之后的探索也很艰难。改革开放带来的面貌一新是举世瞩目的，面对的一系列新老问题更加考验着我们。面对历史、面对现实，我们不能懈怠，不敢懈怠，不会懈怠！

（2015年在中央文史馆纪念抗日战争胜利七十周年会议上的发言）

六十余年的性沧桑

2009 年春天，我到香港地区参加一个由香港岭南、上海复旦、美国哈佛三个大学的中文系联合召集的中国当代文学六十年研讨会。会议本来谋划，由男作家一组谈文学与社会，女作家一组谈男人与女人，后来这个安排遭到了女作家们的抗议，于是掉了个个儿，改由男作家谈男女之大伦了。我不得不就这个对于我来说绝非长项的话题谈谈看法。

◎ 革命的动员和被侮辱与被损害的女性

列宁说，没有人情味就没有对于革命的追求。人情味的重要内容之一，在于革命的缘起之一是为受到性侮辱、性压迫的女性说话报仇。

例如《白毛女》中的喜儿，例如《太阳照在桑干河上》中的黑妮，例如《红色娘子军》中的吴琼花（在样板戏中被更名为吴清华，这个更名也流露了非女性主义、羞于女性特点主义），例如《家》里的鸣凤，例如话剧《屈原》中的女弟子婵娟。

有些作家本人并非革命作家，但是他们描写的不幸女孩，极具煽情性，例如《复活》中的玛丝洛娃，例如《白痴》中的娜斯塔西娅·菲丽波夫娜，例如《悲惨世界》里的芳汀。想想看，如果喜儿没有被黄世仁强暴的遭遇，人们能不能激起那样强烈的阶级仇恨？甚至，如果不是每个乡村都有一个或几个准喜儿的故事，中国能不能出现疾风暴雨式的土地革命？

站在被侮辱与被损害的女孩对面的是地主黄世仁、南霸天，是那些享有性特权，追求性霸道、性暴力、性穷奢极欲的旧社会的地主、恶霸、沙皇、将军、富商等人。他们的存在是革命的暴力必然性的依据。

也许我们还可以提到解放战争时期的城市群众运动。在北京，抗战胜利后第一次大规模的学生运动是 1946 年由于美国海军陆战队人员皮尔逊强奸北大女生沈崇引起的抗暴大游行。当时的口号是"谁无妻女，谁无姐妹"，这样的群众运动使美军与国民政府处于与广大学生、老师、市民对立的千夫所指的被动地位，而使反美反蒋的烈火从此燃烧不息。

所以，谈到标志 1949 年第三次国内革命战争胜利的歌曲，一般都认为是《解放区的天》，而我宁愿选择郭兰英首唱的《妇女自由歌》，歌中用山西梆子的悲情风味唱道：

> 旧社会，好比是，黑格洞洞的苦井万丈深，
>
> 井底下压着咱们老百姓，妇女在最底层。

如泣如诉、有冤有仇，郁积千载、苦情万状。听了这样的控诉歌曲，谁能不与旧世界血战到底？

性的分野阶级化了，政治化了。无怪在二十世纪五十年代末期，苏联专家在华导演话剧《柳波芙·雅洛瓦娅》，描写一个可爱的女子柳，发现了自己钟爱的丈夫是反革命，从此在她心中爱情与革命角力，令人唏嘘不已。据说在排练时，饰演柳的三位中国女演员（A、B、C 角），在导演说戏的时候，回答导演问题——如果你发现自己的情人是反革命，会怎么办？三位中国女演员一致回答要报告公安局，使苏联专家叹为"闻"止。比较起来，苏联当时是出现过这种所谓人性与政治选择冲突的故事的，例如《第四十一》，又名《蓝眼睛的中尉》，描写一个红军女战士与白军中尉的爱情。顺便说一下，现在中国的电视剧，没完没了地热衷于表现这种革命与反革命的人情，可能是夫妻，可能是情人，可能是姐弟，已经俗不可耐了。

◎ 革命女性的光辉形象

与此同时，也有各式各样革命女性的光辉形象，极有魅力、说服力与动员的力量。

一种是《青年近卫军》中的刘巴，疯玩疯闹，能歌善舞，个性完全解放，玩弄敌人于股掌之上，显现了女性革命化后能够达到怎样的自由与美丽的完美结合。哪怕结局是革命女孩的光荣牺牲，也是虽死犹荣，虽死无憾。

一种是丁玲喜欢写的贞贞（《我在霞村的时候》）类型的人物，受人之所不堪受，忍人之所不能忍，背负着几千年的封建十字架，对于革命做出过特殊的贡献，却为俗人所诟病。贞贞的形象也令我联想起苏联革拉特珂夫的《士敏土》中的丽莎，女性的身体与情欲，成为她们对于革命的慷慨而且狂热的奉献与牺牲品。也许这样的女性形象还能令人联想到莫泊桑的《羊脂球》，看来性献身的传统也是源远流长。

还有一种是向往革命的浪漫女性，多半是知识女性。巴金的《家》提到过俄罗斯戏剧《夜未央》，剧中描写波兰的虚无主义女革命者（应该是名叫苏菲亚的吧），为自己的情郎打信号，情人以大致上是人体炸弹的方式去消灭沙俄统治者。这样的苏菲亚是革命女神的形象代表。她让人想起法国的圣女贞德。

而这一类女性形象在日本女作家、日共总书记宫本显治的妻子宫本百合子的小说中是伸子，在中国的《青春之歌》中是主角林道静，在契诃夫的小说中是"新娘"，她们都不能容忍乏味庸俗的中产阶级生活，想要走出家庭的樊篱，投身革命。尽管我们可以说，契诃夫对于革命其实一无所知。

性压抑、性淡漠、对于生命的高潮化的期待，与性有关的各种不平衡不公正，完全有可能成为一种革命的驱动力。

◎性的劳动化与人民化

新中国成立后，在继续宣扬记叙性的革命化的同时，也宣扬与刻画性的劳动化、人民化。

评剧《刘巧儿》中唱道：

> 我爱他，身强力壮能劳动；
>
> 我爱他，下地生产真是有本领。

黄梅戏《天仙配》中唱道：

> 你耕田来我织布，
>
> 你挑水来我浇园。

这里，对于性伴侣的理解更像是劳动生产互助组合。但是，在二十世纪五六十年代，这样的唱词，仍然给人以质朴与健康的新鲜感，远远比中国古典文学作品对于女孩儿的二八妙龄、三寸金莲、杨柳细腰、破瓜娇羞的轻薄与病态描写高明，也比好莱坞某些影片的对白"你的屁股（如何如何）……"高明。

其实老区的秧歌剧《夫妻识字》与《兄妹开荒》中已经包含了这样的意味，虽然兄妹关系的安排回避了性这个国人羞于面对的情势。

也有麻烦。萧也牧二十世纪五十年代写了小说《我们夫妇之间》，写一名小资男性娶了劳动女性为妻，小资男性要赏月，劳动女性认为月亮不如大饼能为人民充饥。为此萧也牧受到批判，他从此一辈子没有抬起头来，"文革"中悲惨地死去了。头一个批判萧也牧的是命运多舛、令人扼腕的杰出女作家丁玲。

◎性的社会内容：
公与私、人与己、资本主义与社会主义

　　早在二十世纪五十年代，曾经高调宣扬过一些小说人物乃至一些先进人物的事迹：他们由于忙于做好事或其他任务，不但多次推迟自己的婚期，而且到了结婚那一天，又是身陷公事好事，于是大大迟延了与对象约好的结婚登记。

　　也宣扬过这样的道德标兵，即配偶已经完全残疾乃至死亡，女性则为了照顾公婆等坚守不再嫁。这确实令人感动，同时也有人为之困惑。

　　应该不是偶然。"大跃进"中李凖有名篇《李双双小传》，"文革"前夕有影片《天山上的红花》，描写女性走社会主义道路，而男性搞自由资本主义。同样的题材不止上述两篇。这可以解释为是用女性的魅力增加集体所有制向心力的尝试。

　　我也曾经欣赏过王汶石的中篇小说《黑凤》的片段，此篇描写了"大跃进"中的刘巴型女性黑凤，可惜终未完成。如果把"大跃进"女性化，会不会使得"大跃进"变得更加迷人呢？

　　"大跃进"以后的《洪湖赤卫队》《红珊瑚》《江姐》《红色娘子军》，其后"文革"中的《红色娘子军》《沙家浜》《龙江颂》《海港》等，都以女性革命英雄为主角，应该并非偶然。

　　而宣扬无产阶级专政条件下继续革命的戏剧《夺印》当中，一个活跃的角色叫"烂菜花"，是个专门腐蚀干部的女子，说明在女性革命化得到突出的同时，女人是祸水的意识或无意识积淀也远未消失。

◎ 无性化

"文革"当中一批样板戏的特点是无性化、非女性化。《海港》中的方海珍，一切做派连同唱腔，都往男角色上靠。人们也熟知"文革"中的笑话，即人们看了《沙家浜》以后头脑中会浮上一个问题：只有阿庆嫂，那么阿庆呢？戏中唯一提出这个问题来的是坏蛋兼白痴胡传魁，好人是不该问这个的。而舞台上一个反派人物向阿庆嫂提出"阿庆呢？"的疑问的时候，男青年观众会挤眉弄眼地坏笑，会边坏笑边鼓掌喝彩。

也无怪乎《龙江颂》出来之后，有人说主角江水英似乎有些不同，因为她有点女人味儿。

不知道不愿意提性别，尤其是不愿意提女性，是不是与汉语有关系。世界各族语言多数是分阴性与阳性的，如印欧语系或阿尔泰语系，提到人，一听，男女自明。但汉语常常不分，汉语可以忽略性别不计。我们有些极好的女作家，就对于"女作家"一词感到反感，质问为什么说到男作家时不提是男作家，而说到她们时要说是女作家？其实这更多是语言系统与构词规则造成的。

女性或许有人愿意以男性或无性人的身份出现，但男性很少有人愿意以女性方式出现。我们可以追溯到解放初期的战斗英雄郭俊卿，她是现代花木兰，以女身而假作男孩参军，英勇杀敌，最后才呈现女身。我还记得有关她的报道中，唯一提到的她的女性特点，就是她有时会喜欢一块花布衣料。

所以在"四人帮"倒台以后，刘心武①要专门写一篇小说讲《爱情的位置》，而且把爱情写得仍然十分柏拉图化，是对于一个死者的思念，仍然是绝对地无生理的性、非生理的性。

———————

① 刘心武（1942— ）：当代作家，代表作有《班主任》《钟鼓楼》等。

◎ 柏拉图的与肉的性展现

在改革开放初期，柏拉图化的《公开的情书》是相当有影响的作品，个中体现的是知识分子的情愫与声音，是思想者的风度，是理性的优越感。它的作者金观涛与刘青锋选择了分析与批评的主调、保持一定距离的姿态，这是中国社会的一种新现象。

王小波①与李银河②夫妇的情状令人想起金、刘二人来，虽然王小波的作品中有极其具体的肉的描画，而李银河干脆是性学专家。李银河的有些涉性观念，如关于强奸、关于同性恋、关于性工作者的，虽然与王小波的作品一样还无法被整个社会认同，还无法走上主流台面，但仍然是在合法地传播着讨论着，被一些人欢喜赞同着，这说明了中国开放程度的正面发展。

贾平凹③的《废都》曾经找了麻烦，即使没有出版管理上的麻烦，也仍然有许多女作家、许多评论家（例如舒芜与吴亮）对其抱批评的态度。性的问题牵扯到道德、舆论、法律、妇女与儿童的保护、扫黄打非……许多人的态度仍然是"惹不起，躲得起"。与此同时，市场对于涉性的暗示如什么"有了快感你就喊"等标题，有很敏锐的反应，有利于畅销与效益增长，这是无人避讳的公开法门。

社会上还出现了公然的所谓"下半身写作"的涉嫌下作的说法，出现了以"下半身写作"为借口，全盘否定当代文学写作的基本教义派舆论。如说现在的文学不但比中华人民共和国建立以来的任何时期都糟糕，而且比白区、沦陷区时代还糟糕。如果你试图批评改革开放以来的中国，抓住性描写与性现状这个突破口未尝不是一条捷径。一位地位较高的人物，拿着一本印有大美人封面的杂志，严厉抨击意识

① 王小波（1952—1997）：当代作家，代表作有《黄金时代》《白银时代》《青铜时代》等。
② 李银河（1952—　）：当代学者，代表作有《中国人的性爱与婚姻》《虐恋亚文化》等。
③ 贾平凹（1952—　）：当代作家，代表作有《废都》《秦腔》等。

形态工作的传闻，是完全有根据的。

◎ 五花八门的性话题

改革开放以来，性话题五花八门。我亲耳听到过一位地位很高的领导质疑说：反思反右的文艺作品中，屡屡出现由于争老婆而陷人于右的情节（如《天云山传奇》），这恐怕不太典型吧？

非婚爱情问题、第三者的问题也狠狠地争论过。甚至对陈世美的评价也有歧义。

出现了新的或暗或明或露骨的名词："一夜情""二奶""三陪""三点""鸡""鸭""驴（女）生""南（男）生""按摩女""洗浴女""毛片""自慰"……同时也出现了扫黄打非、取缔淫秽、保护青少年、打击低俗等努力。

这里最刺激的说法应属"黄色娘子军"。甚至说在一些当年的红色基地，现时"黄色"正在弥漫。虽然从政治颜色的观点来看，我们宁愿千百次地让姐妹们赤化也不要黄化，虽然变红为黄的说法刺耳锥心，我仍然相信"天若有情天亦老，人间正道是沧桑"（毛泽东《七律·人民解放军占领南京》），我不认为"沧桑"是人间歪道。当然对于人生的文学观察与表现来说，正道与歪道的判决无须急躁，我们不能不保持理性，人们对于性的敢于面对，青年男女生活空间的空前扩大，信息与观念的急剧丰富化与多样化，与小康生活的逐渐接近，正为中华民族提供着前所未有的生机。"黄色军"的说法当然并不光彩。一代女性无须去拼刺刀、掷手榴弹、钉竹签，倒也不能说是堕落腐化。旧的问题解决了会出现新的麻烦，永远没有最后的句号。

当然，把性与腐化联系起来的文艺作品也不在少数，以反贪为题材的小说与电视连续剧，无不描写贪官的非法非道德的性堕落、性放纵，同时为了不正当的男女之事，贪官们会变本加厉地去贪污……令人警惕。

◎ 性与作家

　　这里笔者不屑于多说那些为畅销而在文学作品中添加性挑逗描写，并透露出一些男性作者的下作无耻和玩弄女性的嫖客心态的下三流作品。

　　我们也看到，在帝王戏里一些人的皇帝情结，一个是能任意杀人，一个是能够任意占有女性，或者占完了再杀，令观众看得流口水。

　　有的女作家的涉性描写带着朝露的甘甜，她是在制造自己的性糖果。有的女作家的涉性描写透露着怨妇的愤激、老妇的绝望，"痴心女子负心汉"的公式中不无"好冤枉哉"的感情勒索。有的女作家的涉性书写当中闪烁着她的偷窥的鹰一样的目光。有的女作家的涉性书写中表达着叛逆的粗犷，她好像要说，我让你们压制了几千年了，这回本小姐要痛痛快快写一回啦，吓不死你！

　　当然也有不少男女作家更热衷于写社会与历史对于性的劫持，写市场与金钱对于性的扭曲与谋杀，写生活的艰难对于性的蚕食，写弱势群体的性悲剧，写野蛮与无文化对于性人权的残酷压制。例如二十世纪八十年代的《被爱情遗忘的角落》，其内容是非常严肃的。

　　呜呼哀哉！为什么再也读不到，至少是难以读到那种伟大的人性，那种男女的真正平等的两相情愿的完美的结合，那种在性上的善良、体贴、多情与人们已经厌弃了的忠诚与相依？变了，变了，人们公然高唱着"不愿天长地久，只要曾经拥有"，那么，"执子之手，与子偕老"的名句果然显得有些傻气了吗？《红楼梦》的故事，《安娜·卡列尼娜》的故事，果真已经完全过时了吗？"贫贱夫妻百事哀"的句子，已经引不起共鸣了吗？……不论何时，只要讲起中国男女因情而成悲剧的种种故事，我就会热泪盈眶。性是美丽的，性是自然的，性也是有文化有道德有意义有责任的。是不是呢？

莎乐美、潘金莲和巴别尔的骑兵军

2000 年我在爱尔兰首都都柏林观看了王尔德的话剧（诗剧）《莎乐美》。我想写点感想之类的东西，一想就想了四年多。

独幕剧，不长，把美女、宫廷、爱、屠杀、死亡、人头、宗教或邪教、舞蹈……混在一起，刺激得令人目不暇接，却又难于理解把握。

我一面看一面想的是我们的国粹"潘金莲"。此后更是想起来没有完。

莎乐美与潘金莲，同样的美丽而又似乎邪恶。二人同样把爱情与杀人和血腥连接在一起。二人同样以杀人始，以被杀终。两人同样爱上了不爱自己、对爱无回应的人。两个人都有另外一个男人的性介入，一个是莎乐美的继父希律王（希律王还兼着潘故事中的张大户——潘原来的主人，在潘金莲身体上未能得手，遂将潘金莲下嫁武大郎的那个大坏蛋的角色），一个是西门庆大官人。两个故事里都有一对嫂子与小叔子的恋情。《莎乐美》中是莎乐美的母亲与小叔子希律王成了婚，潘金莲的故事中是潘金莲苦恋武松。

在西洋，叔嫂之恋是否有特殊含意，非我所知。在中国，"养小叔子"是难听的话，在性事上，年龄或辈分上大的一方负第一责任，并非完全无理。

两者还都有一个年长的女子，一个是莎乐美的母亲，据《圣经》原文，本应是此人教唆莎乐美要挟父王割下了约翰的头，原因是先知约翰反对她与希律王的婚姻。在王尔德的剧作中，这个角色的作用不明显。另一个是王婆，作用大了去了。

潘金莲与莎乐美都是有争议的女性角色，潘金莲与莎乐美的故事也都是余波未断，始终不息。而且，随着时代的发展，她们的故事愈来愈现代化、后现代化了。

潘金莲的故事，发展壮大成了《金瓶梅》，另有京剧《狮子楼》。五四后有为之翻案的欧阳予倩的话剧；改革开放以后有魏明伦的所谓"荒诞川剧"，其内容仍然围绕着潘金莲的故事中的新旧道德认定问题。香港名小说家李碧华早就写过《潘金莲之前世今生》一书。最近，内地的当红作家阎连科又把潘金莲的故事今天化、农民化，写成《潘金莲逃离西门镇》，把武松写成只要升迁不要爱情的农村基层土得掉渣的干部，把潘金莲写成追求爱情却历尽艰辛而不得的悲剧性伟大女性。

然而二者又有明显不同。首先，潘金莲与莎乐美的杀戮方向是逆向的。与莎乐美有关的杀戮是这样进行的：1. 叙利亚军官因拗不过莎乐美的任性，放她见到了在囚的先知约翰，军官见到希律王时因惭愧而自杀。我观剧的印象，则是叙利亚军官也爱上了莎乐美，不成，自杀。2. 莎乐美向约翰求爱不得，乃要求取下约翰的头。据说这与西方的恋头癖有关，《十日谈》《红与黑》里都有恋头情结。3. 莎乐美为希律王所杀。

按照这个顺序，搬到中国潘金莲的故事上来，大致如下：1. 武大郎因得爱无门而自杀。2. 潘金莲因求爱不成而杀死了武松。3. 西门庆发现潘金莲这样酷爱武松而且出手狠辣，乃杀掉潘金莲。

潘金莲的杀人故事则如下：1. 张大户想占有潘金莲的身体，不成，乃做主将潘嫁给武大郎。2. 潘金莲不爱武大郎，爱上了二郎武松，不成，与西门庆通奸。3. 武大郎碍事，被潘金莲联手西门庆毒死。4. 武松为哥哥报仇，杀死潘金莲与西门庆。

而按照中国的潘金莲故事模式，我们也可以为莎乐美设计一个中华式、《水浒传》式的故事：1. 希律王为自己到手方便，将莎乐美许配给叙利亚军官，继续与莎乐美胡搞，叙利亚军官碍手碍脚，被莎乐美联手希律王毒死。2. 先知约翰讨厌莎乐美的性骚扰，并与叙利亚军官是把兄弟，乃为其兄弟报仇杀死莎乐美。3. 先知约翰一不做二不休，干脆杀了希律王并思夺取政权——之后是成则王侯败则贼，王侯则万众欢呼，贼则终被招安或另有明主消灭之。

二者的杀人方式比较一下，也发人深省，莎乐美是向父王勒索，由卫兵将约翰斩首，再献头，至今伊拉克有些武装人员采取的仍然是这种古老的杀人方式。中国的屠杀则更热闹。请看武松是怎么样杀潘金莲的："那妇人见势不好，却待要叫，被武松脑揪倒来，两只脚踏住她两只胳膊，扯开胸脯衣裳。说时迟，那时快，把尖刀去胸前只一剜，口里衔着刀，双手去挖开胸脯，抠出心肝五脏，供养在灵前；肐察一刀，便割下那妇人头来，血流满地。四家邻舍眼都定了，只掩了脸，看他弑凶，又不敢劝，只得随顺他。"注意，四家邻舍都在，共同观看梁山好汉排名极靠前的武松的英雄事迹。而同书中的另一个淫妇潘巧云，被宰杀得更是火爆异常："迎儿见头势不好，待要叫。杨雄手起一刀，挥作两段。那妇人在树上叫道：'叔叔，劝一劝！'……杨雄却指着骂道：'你这贼贱人！我一时误听不明，险些被你瞒过了！一者坏了我兄弟情分，二乃久后必然被你害了性命！我想你这婆娘，心肝五脏怎地生着！我且看一看！'一刀从心窝里直割到小肚子下，取出心肝五脏，挂在松树上。杨雄又将这妇人七件事分开了，却将钗钏首饰都拴在包里了。"可以看出小说写到这里的神采飞扬、满足酣畅——杀淫妇，是英雄们的庆典，比杀贪官富商过瘾得多。

神州大地最讲究"文以载道"。一个《水浒传》里杀了三个淫妇：潘金莲、阎婆惜与潘巧云。小说正邪分明，判若水火。后来的欧阳予倩与魏明伦则是明确地替"淫妇"们说话，带有人性论与女性主义的价值引进与价值启蒙色彩，其用心仍然在文以载新道——翻案之道。所以，《水浒传》虽因涉嫌海盗而被禁过，具体到潘金莲的故事，则反而被接受了，没有引起太大的风波。

而王尔德一开始就唯美地欣赏莎乐美，极力突出对于莎乐美的情欲与美丽的表现。莎乐美则从正反方面吟咏先知约翰的肉体："我渴望得到你的肉体！你的肉体像田野里的百合花一样洁白，从来没有被人铲割过。你的肉体像山顶的积雪一样晶莹，像朱迪亚山顶的积雪，滚到山谷来了。阿拉伯皇后花园的玫瑰也不如你的肉体白净。"这之后是约翰的拒绝,约翰大义凛然地批判道:"退回去!巴比伦之女!女人是人间的万恶之源!别跟我讲话。我不听你讲话。我只听上帝的声音。"这倒有点武松的腔调,与《水浒》中的英雄所见略同,华夷也有——至少是曾经有过共识。

这一类仇恨女性的语言显现的不同的意识形态(不论价值取向是直指上帝、暗指英雄主义还是明指人民),都多少包含着相当合理的禁欲主义倾向(连俗欲都管不住,还能成就什么大事伟业?)。许多伟人因出家离家毁家或终身不娶不嫁而突出了一生奉献的光辉形象,不论是释迦还是胡志明、林巧稚,他们极受大众尊敬爱戴。当信奉这种价值取向而又不够坚强的人在男权社会遭遇美女辣妹(辣嫂)的情欲勾引难以自持时,自易变成痛恨:我以为同时这还是男权社会的庸众,对于阴阳不调、阴盛阳衰的生理状况的无可奈何,乃恼羞成怒,演化为色厉内荏地破口大骂。

而在向希律王勒索取下了约翰的头颅之后,莎乐美匪夷所思地狂吻约翰的唇,说道:"啊,我吻到你的唇了,约翰,我吻到你的唇了。你的唇为什么有点苦呢?是血的味道吗?不,或许,这就是爱情的滋味?人们都说,爱情有一股苦苦的味道。但那又怎么样呢?那又怎么样呢?我吻到你的唇了,我吻到你的唇了……"所以,莎乐美的命运竟然比潘金莲的还多舛。《莎乐美》一出来,王尔德就挨骂,被认定了是伤风败俗。连巴黎这样开放的地方也禁演过这出戏。后来王尔德终于因同性恋事败露被判刑劳改,从引领时代潮流的风云人物变为罪犯,最后隐姓埋名,去国而死。

我早就知道王尔德是唯美主义者,但是只看他的童话《快乐的王子》,我几乎以为他是左翼。看过《莎乐美》,我服了,真是唯美呀。以国人的观点,他是不是有点唯美得走火入魔了呢?

艺术大概是唯一允许走极端的领域,由于它是非现实非实践性操作性的。艺术上的走火入魔毕竟可以提供新的冲击,新的话题,新的启示。美常常与善在一起,但也有邪恶的美,美也可能与血腥、恐怖、死亡、暴戾等在一起。而且，正像无巧不成书、无教化不成书一样，无恶、无假、无丑也不成书，更不成戏。所以古今中外都有类似白骨精、狐狸精、褒姒、妲己、海伦、女巫、黑天鹅、吸血鬼直到某某宝贝、某某娃娃式样的"邪恶"型美女文学人物。黑白分明的真善美与假恶丑的对立是一种解读办法，这种对立在我国文学中源远流长。而恶美、假美、真恶、真丑或者是丑而善、丑而真的人物（如《巴黎圣母院》中的敲钟人），这种安排更是十九世纪以来，批判现实主义出现以来——更不要说现代主义的出现了——文学艺术的所好，是一种剪不断理还乱的题材处理方法、艺术概括与艺术表达的方法，更是一种对世界和已有的文明的质疑、对黑白分明的思维模式的质疑，是对人心的折磨和震撼。

你读一下《马特韦·罗季奥内奇·巴甫利钦柯传略》吧：

> 它，一九一八年，是骑着欢蹦乱跳的马……来的……还带了一辆大车和形形色色的歌曲……嗬，一九一八年，你是我的心头肉啊……我们唱尽了你的歌曲，喝光了你的美酒，把你的真理列成了决议……在那些日子里横刀立马杀遍库班地区，冲到将军紧跟前，一枪把他崩了……我把我的老爷尼斯京斯基翻倒在地，用脚踹他，足足踹了一个小时……在这段时间内，我彻底领悟了活的滋味……

这是一份革命宣言！是农民起义的圣经！是造反有理的替天行道！也是使一切温良恭俭让的小资、大资、小文人酸绅士吓得屁滚尿流的冲锋号！

这里的主人公是一个牧民，老婆被地主老爷霸占，工钱被克扣。巴别尔的骑兵军也是爱憎分明的，不但要杀坏蛋，而且光杀不过瘾，要踹一个小时。而踹一个小时当然不合现代文明的规范，也不合三大纪律八项注意的条例。

哥萨克的魅力几乎胜过了水浒好汉，也胜过了007。因为一爱骑马；二爱女人；三杀人不眨眼；四在大空间即草原或谷地上活动；五是真的，有历史为证。

有了这样的骑兵军，水浒好汉也罢，莎乐美也罢，皆相形见绌或者可以顺风搭车了。

我们以首篇《泅渡兹勃鲁契河》为例："田野里盛开着紫红色的罂粟花……静静的沃伦……朝白桦林珍珠般亮闪闪的雾游去，随后又爬上……山冈，将困乏的双手胡乱伸进啤酒草丛。"写到这里仍然是平静的与传统的俄罗斯文学的风景画描绘，但是下边："橙黄色的太阳浮游天际，活像一颗被砍下的头颅……"这里也出现了恋头癖，然而写的不是性与爱，而是革命、阶级斗争、民族斗争。故事主人公做梦也是梦见你枪毙我，我枪毙他。故事主人公睡了半夜不知道他是与死尸同眠。

斗争与爱情都要冲破压抑，冲破既有的观念与规则。如果你到陕北延安附近的安塞县听原汁原味的民歌，你就会发现，那么多革命的边区歌曲，其旋律取材于当地的爱情酸曲。被压抑的爱情，被污辱的尊严，其悲情与反抗，其以死相争的决绝（当然会过分，毛泽东的名言是"矫枉必须过正，不过正不能矫枉"，这在取得政权以后，说起来似是极端了一点，但是在美学上倒是极有道理。同样有理的是美学上的含蓄与节制原则），心理结构上有共同性，且都有一种特殊的美感。

巴别尔的《骑兵军》也是这种矫枉过正的产物。哥萨克骑兵，把斗争搞到了极致，以至于故事里的戴眼镜的主人公，为了显示在开杀戒上决不犹豫半点以被哥萨克们接纳，上来一脚就把一只鹅的鹅头踩扁（又是恋头癖？），来显示自己绝非屠头。这里哥萨克的魅力很大程度上是审美方面的，是说人要克服自身的善良——软弱、忌杀的一面，成为乐于征战、敢于随时不眨眼地杀敌的永远勇敢的斗士。仅仅从审美上说，这与欣赏莎乐美的血腥和欣赏武松的杀戮可以互为参照。从绝对的意识形态性上来说，至少莎乐美与潘金莲直到赵艳容都是反叛性的，或多或少都具有对体制与维护体制的规则的挑战性。所以据记载，刘少奇同志很欣赏《雷雨》中的繁漪（也是有准乱伦记录的），并认为新的条件下繁漪是可以成为共产党员的。

这样我们就可能给刺激和内心黑暗说——力比多说以一个更光明正大的解释，文学上的反抗，艺术的反抗，爱情、情色上的反抗和阶级的人民的反抗，在某种情势下呼唤着"恶"之花、死之美、砸个稀巴烂的狂放与豪迈。而站在暴力革命学说的立场上，这里所说的"恶"正是历史的金刚力士，是创造历史、创造新一轮社会正义的铁与火；它们至少比武松、石秀的杀嫂更理直气壮。

而即使你从意识形态上完全不认同布琼尼的骑兵军，你也同样可能欣赏巴别尔。例如美国，对苏联作家包括诺贝尔奖得主肖洛霍夫早已不睬，却至今对巴别尔情有独钟。当然，这里包含着对唯美主义、形式主义的欣赏，尤其欣赏他为文的简练、晶莹与力道。本书推介者王天兵先生说，巴别尔的为文像用兵一样，往往一点就刺中咽喉，直取性命。这也像欣赏潘金莲的鹞子翻身与莎乐美的提胯旋转，欣赏武松的刀花与叙利亚军官的英俊。与死亡的联系显现了她们（他们）的艺术形象不同流俗，非同小可。

《莎乐美》也还有其他解读方式，如下一段，也是莎乐美的台词，讲约翰的："你的头发令人发指。它沾满泥土和灰尘。它像扣在你额头的一顶荆冠。它像绕在你脖子上的一疙瘩黑蛇。我不爱你的头发……"底下说的是莎乐美爱的是约翰的红唇。其实此前刚刚要摸约翰的头发的也是莎乐美。除了莎乐美的任性以外，这里还有点文化冲突与文化对话、文化互补的意味。一个是娇生惯养而且涉嫌淫荡的美公主，一个是苦行僧式的圣徒。这样的爱情正是对于规则的谋杀，古往今来的文学作品都喜欢把规则踩在脚下，如写查泰莱夫人与花匠热恋，王子爱上了灰姑娘……这种对于规则的谋杀，安慰了痴男怨女与被压迫工农的心。不过王尔德、巴别尔走得更远，而《宇宙锋》《杀嫂·祭兄》走得更润滑。毕竟中国文明讲究谋略，围魏救赵、声东击西、欲取先予、外松内紧等，非我族类，不足道也。

人最宝贵的是生命，只有写出了超过生命的事件或者理念或者情欲，才算是达到了艺术的极致。所以人性论者爱讲什么爱与死的永恒主题。这个公式是永远的：生命诚可贵，爱情价更高。若为自由故，二者皆可抛。即使这个白莽的译本并不完全符合裴多菲·山陀尔的原作也罢。

　　古今中外的意识形态、哲学、神学、伦理学、文学与艺术，都对自由进行了并且正在进行着惨烈的追寻与表现。这是文学艺术回避不开死亡、杀戮、黑暗等不愉快的对象的一个原因。当然，作为一个庸人，我宁愿多读一点被讥为布尔乔亚、小布尔乔亚的生命的安宁与温馨，不论怎么样对《莎乐美》《杀嫂·祭兄》《骑兵军》谬托知己，我仍然没有出息地祝祷这样的安宁温馨早日普照世界。越安宁就越觉得不妨在舞台上看点血腥：我建议京戏演演《莎乐美》，芭蕾舞演演潘金莲，电影拍拍《骑兵军》。好在我也心存侥幸地设想，多演《莎乐美》未必就多出美女杀情人的案例，多演《杀嫂·祭兄》也不大可能从此就让小叔子们磨刀霍霍。至于《骑兵军》呢，算了吧，巡航导弹与信息战的时代，各国早没有骑兵啦。

　　　　　　　　　　　　　　　　　　　　（2005 年 3 月）

红楼四性

其实我对于非常专门的红学，比如对版本的研究、对曹雪芹家世的研究、对明清历史的研究，可以说都接近于零，所以我不能算是红学家。但是作为《红楼梦》的一个读者，我有自己的一些感受。

◎《红楼梦》的人生性

"人生性"是我"别出心裁"的一个词。我们喜欢看一部文学作品，特别是长篇小说，原因说来不过有两条，一是文学性，二是人生性。文学性包括作者才华、作品风格，以及人物描写、情节安排、故事结构、遣词造句、语言运用等。任何一部文学作品都具有人生性，也都具有文学性。文学性也离不开人生。但是有一类作品，看完了之后能让你感觉到它描述的是活生生的人生，是血淋淋的人生，是充满着血泪又充满了各种美好事物的人生，以至于你会忘了它是一部小说，忘记了它是一个作家写出来的，忘记了它是作家精心编织的"锦缎"，忘记了你还要面对真实的生活。清朝就有人由于读《红楼梦》得了精神病，历史都有记载的。一个青年男子读完《红楼梦》，整天惦记林黛玉、晴雯、芳官等，得了精神疾患，于是家里人把《红楼梦》烧了，那人就呼天抢地的：为什么烧了我的林黛玉？为什么烧了我的晴雯？不吃不喝，最后死了。1977年发生过一件事，还不是直接关于《红楼梦》这部书，说的是越剧《红楼梦》。有一对青年男女的爱情不是很顺畅，但也没碰到太大的问题，看完越剧《红楼梦》后太难过了，想着天下有几个有情人能成眷属、有几个男女爱情能给人带来幸福、爱来爱去最后能得到什么，最后双双殉情。这是很极端的例子。这说明，《红楼梦》能够给人一种人生的悲凉感、荒谬感和罪恶感，曹雪芹就写到了这种程度！

鲁迅先生说《红楼梦》"悲凉之雾，遍被华林"，在一砖一瓦、一石一柱之上，在美丽的风景之中，处处透露着悲凉。《红楼梦》一开始就告诉读者，这一切都已经不存在了，都已经过去了，只剩下了大荒山无稽崖青埂峰，只剩下了一块石头，是这块石头上记载着这些往事。它先宣布那些人物已经死亡消失，再写那些人物，而且从头到尾，中间不断地提醒读者这种死亡和消失，生怕你会忘记这个人物已经死了。为什么老在玉上做文章？为什么老在一僧一道上做文章？就是要告诉读者这个现实世界是虚无的，是转瞬即逝的，一切的美貌都会消失，一切的青春都会流逝，一切的富贵荣华都会无影无踪，一切的一切都逃不过宿命。命运是那样残酷，那样令人无奈。

我想来想去，还是用"悲凉感"这个词来描述《红楼梦》。本来可以用"虚无感"这个词，但《红楼梦》又没有真正做到虚无，因为还有一块石头，石头上还有记载，记载中还有故事，而且仍然让人看了之后感觉到是那么悲哀。记得二十世纪五十年代我二十多岁的时候，一个在食堂做饭的师傅就告诉我说他不爱看《红楼梦》。他说不爱看，实际是对《红楼梦》的表扬，因为他说他看《红楼梦》看到荣国府被抄家那一段，实在看不下去，太痛苦了，太难过了，以至于饭都吃不下。

中国小说一般是教化性的，《红楼梦》里却充满着罪恶。贾宝玉就充满着罪恶。书中一开始就说他辜负了天恩祖德。他是公子哥儿，同茗烟闹书房的时候，那种强梁，那种不讲道理，见到一个稍微漂亮点儿的，不管是男性女性，表现出来的那种轻薄。还有回去的时候叫门，开门慢了点儿，开门的是袭人——袭人是对他最好的人，他既接受袭人的关爱，又接受袭人的引导，而且他同袭人还有试云雨情的关系——他照着袭人就是一个窝心脚。

再比如王夫人，似乎是无懈可击的，怎么看也不像个坏人，她做的一切都是为了维护封建道德，为了维护男女之大防。但她手底下又有多少条人命啊？金钏是被她迫害死的，司棋是被她迫害死的，晴雯是被她迫害死的……所有这些充斥着罪恶感。

至于《红楼梦》里的那些男人，那些下三烂的行径就更充满着罪恶。像贾雨村，刚开始还想搞廉政，但搞廉政这官就没法做了，于是经过手底下人对他的"教育"——"葫芦僧乱判葫芦案"，睁一只眼闭一只眼了。《红楼梦》能将罪恶感写到这种程度，正如柳湘莲所言："你们东府里除了那两个石头狮子干净，只怕连猫儿狗儿都不干净。"

还有就是《红楼梦》表现出来的荒谬感，什么都是事与愿违，特别是几件大事。一个就是为秦可卿办丧事，又是交钱捐了个官给秦可卿的丈夫贾蓉，又是北静王路祭，贾宝玉受到北静王的赏识……轰轰烈烈，将一场丧事变成了一场没落官僚的示威，真是荒谬绝伦。何况秦可卿的死还有诸多可疑之处。贾宝玉挨打也荒谬，贾政打得荒谬，非要把他打死不可。贾母一出来，她一句话就让贾政直挺挺地跪在地上——比他高一级的人出来了，贾政威风就没了。到了抄检大观园，就更加荒谬。为了追查一个所谓淫秽其实没有什么的工艺品搞抄家，闹得大观园杀气腾腾、鸡飞狗跳。这绣春囊到底是谁的？责任到底是谁的？没有人出来负责。王夫人做这件事的时候充满了一种道德责任感，好像维系家国的道德面貌就在此一举。

要是只有这一面还好说，我们可以认为《红楼梦》是一部颓废的作品，是一部悲哀的小说；但是不，《红楼梦》的问题是在充满着悲凉感、屈辱感、荒谬感、罪恶感的同时，又有爱恋感与亲和感。我想了半天，用什么词儿好呢？可以叫"依恋"，可以叫"眷恋"。我想《红楼梦》还是讲"爱恋"，因为不管讲多少"色即是空，空即是色"，其中心还是讲"情"。情在《红楼梦》里是难分难舍的，比生死还要强烈。对于文学家来说，情就是生命的价值，情就是生命的理由，情就是最终对悲凉荒谬虚无的战胜。贾宝玉是小说的中心人物，他不但对林黛玉充满了情，对其他姐妹也充满了情。这种情是真诚的，我无法用道德的观念去分析，说贾宝玉爱情应该专一。他对林黛玉是真情，以至于紫鹃的一句玩笑话引得他差点儿得了神经病。他对薛宝钗也有情，对史湘云也有情，对晴雯也有情，对袭人也有情，对芳官也有情，对金钏、玉钏也有情，他见一个"情"一个，是不是？都是为了性吗？我想不能这么理解。他对爸爸、妈妈、奶奶也有情，你能说这种情是假的、空虚的、荒谬的吗？不错，最后这些情都完了，都没有开出花结出果来，是没有结果的，但又是难分难舍、难以释怀、刻骨铭心的。"到底意难平"，即便最后贾宝玉变成石头了，整个贾府没了，整个世界灰飞烟灭了，《红楼梦》里的这种爱恋之情依然弥漫在天地间，弥漫在宇宙中。

　　虽然它抽象地说一切都是空的，一切都是虚幻的，一切都是泡影，一切都要毁灭，白茫茫一片大地真干净，但《红楼梦》会让你觉得是这么亲和，一进入具体的场面，一切又都是那么可爱：一块儿吃螃蟹，吃螃蟹不是空虚的，有没有螃蟹吃感觉是不一样的；一块儿作诗，一块儿说说笑笑。譬如芦雪庵联诗简直就是一次青年联欢节，也是一次诗歌节，即便是现在，倘若能够参加这么一次活动也是非常好的，既有美女，又有靓仔，又有美酒，又有烤鹿肉，外面天空飘着大雪，你一句我一句竞相联诗，才思敏捷，诗作得非常好……《红楼梦》充满了生活的魅力。你会觉得空虚，但又觉得这种空虚很值得，因为它不是一开始就空，不是从空到空，不是从无到无，而是无中生有，有再归于无。从无到有，从有到无，有就是无，有最后会变成无，这是中国哲学思想的妙处——无之前本来是有，如果压根儿没有过，无从何来？我们说某某某没了，走了，前提是他曾经有过，来过。谁能设想一个压根儿没有过的人的变无呢？"有"本身是非常可爱的，是值得我们为之付出一切的，是值得为之承担对"无"的种种焦虑和悲哀的——即使感到种种焦虑和悲哀，也能觉得到此世界上走这一趟是值得的。这正是中国哲学"无"的概念最高明的地方，它讲的是无非有，同时无非无，就是万物生于有，而有生于无。无包容了有又否定了有，大哉虚无！

　　《红楼梦》就是这样，一方面给人的感觉是很荒谬的很空虚的，另一方面又是很真实的很值得的。贾宝玉，一个年轻人，体验了那么多爱爱愁愁，享受了那么多女孩子对他的情谊，就是只活十几二十岁也是值得的，不一定非得活一百零八岁。还有贾母，刻画得很真实，栩栩如生，很容易为读者接受。

◎《红楼梦》的总体性

　　有很多好的小说最终只能算是行业小说。武侠小说是行业小说，《儒林外史》也是一部行业小说——只写当时读书人的事。再比如农村题材、商业题材、工业题材、环保题材小说等也都属于行业小说，凡是能够用题材划分的小说，一般都有行业小说的痕迹。而《红楼梦》是超行业的。不仅如此，《红楼梦》最大的总体性，在于它超越了中国文学自古以来以道德教化为剪裁标准的观念。在这里，善和恶、美和丑、兽性和人性乃至佛性，都是结合在一起的，没有回避任何东西。

　　1949 年以后，新红学侧重于从阶级斗争和社会发展的观念去看《红楼梦》，往往把人物分为两类：一类是反封建，另一类是封建的鹰犬。前一类是正面人物，如贾宝玉、林黛玉、晴雯等；后一类是维护封建道德和封建秩序的，如贾政、王熙凤、袭人等。同时我们细细看来，不管是林黛玉还是晴雯，不能说她们没有毛病，她们也有很讨厌的地方。整个贾府，整个大观园，美和丑糅合在一块儿。比如贾琏、贾蓉、薛蟠，他们有些做法就像野兽一样，但是古人还都挺喜欢薛蟠。其实现在也是这样，一个人粗俗是不怕的，假如自己承认粗俗，别人就能理解他原谅他，人性就是这样。其实刘姥姥也很粗俗，可刘姥姥的粗俗是贾府所需要的，尤其是贾母所需要的。因为贾母经常接触的都是一些上层人物，人五人六的、装模作样的接触得多了，就希望见识一个粗俗的人。即使是读者，读到薛蟠口中那些低级下流的语言的时候，也觉得很过瘾。本来，世界上有"子曰""诗云"的高雅，也有一张口什么都来的大荤大素。

《红楼梦》有一点尤其难得，在一部爱情小说里居然写了如此多的经世致用的东西，写了如此多的"政"。

《红楼梦》有两条线，一条是"情"（感情），一条是"政"（政治）。《红楼梦》具体表现的不是朝廷政治，而是家族政治，有那么多的人情世故。曹雪芹一再强调"事体情理"。自古以来中国都强调这些，《红楼梦》也说"世事洞明皆学问，人情练达即文章"。所以说，《红楼梦》是一部超题材的小说，它有爱情的主线，可政治家也喜欢读（有材料证明慈禧太后就喜欢读《红楼梦》，而且还有批语，只是批语已经找不到了）。这恰恰反映了文学的一个特点，文学的特色不在于开药方，不在于把生活和人生分成一条一条的，再给一条一条的生活和人生开出一条一条的药方。文学的力量在于把生活的状态、生命的状态揭示出来，"横看成岭侧成峰"，文学必定要揭示人生的本质，但提供给人的永远不是本质，文学要是纯粹本质化就变成哲学了。文学提供给人的，永远是剪不断理还乱，永远是纷繁的现象、形象、情感、色彩和声音。而中国的文学作品能够做到从总体上反映人生的，只有《红楼梦》。外国作品中，讲老实话，就我所读过的来讲（我虽然读过一些外国作品，但不算多，也不是专家），能够和《红楼梦》相并提的，不好找。托尔斯泰很伟大，著作比曹雪芹多得多，《安娜·卡列尼娜》《战争与和平》《复活》等卷卷是精品，但托尔斯泰在自己精致的天才的笔端有着过多的取舍，写舞会写一群贵妇人在说无聊的话，用法语对话很精致，但是不像《红楼梦》那样，滋味是如此的难以咂摸、难以拿捏、难以掌握。我个人愿意非常谨慎低调地说，到现在为止，《红楼梦》是唯一一部这样的小说：能从总体上逼近人生的一切方面，酸甜苦辣咸、美丑善恶、空无与实在、情与政、有趣与无聊、吃喝拉撒睡、生老病死、金木水火土、地水火风等，全都有。

◎《红楼梦》的开放性

《红楼梦》有一种活性，有一种开放性，给人一种动感。这本书是活的，让人觉得就像一棵树。看完了这本书，这棵树就种在心里了，种在脑子里了，然后慢慢长出枝杈，长出叶子，开出花来。一夜没见，又开出一朵花来；又一夜没见，又长出一个枝杈来。这样的书非常少。

《红楼梦》的一个最大特点，现在被各派专家普遍认定的，就是前八十回是曹雪芹的原作，后四十回是高鹗的续作。这是一个非常大的遗憾，因为人们找不到最后那四十回的原作了。但这遗憾又给《红楼梦》带来了很多开放性和活性。为什么呢？既然已考证出《红楼梦》的后四十回是高鹗的续作，不是原作，那么我们读者立刻就增强了信心，我们的专家立刻就增强了信心，指出后四十回这一点是不对的那一点是不对的、应该是这样的应该是那样的。1949 年以后，大家尤其指责他写到了"兰桂齐芳"。本来曹雪芹就已经讲了《红楼梦》的最后结果是为官的当不成官了，有家的家业凋零了，飞鸟各投林，落了个白茫茫大地真干净。哪像高鹗写的那样，荣国府被抄家以后，后来又还给他们了，贾政又恢复了原来的级别待遇。哪有这事儿？说他写得不对。俞平伯也分析过，说用调包之计（明明娶的是薛宝钗，偏要告诉贾宝玉是娶林黛玉，贾宝玉把盖头掀起来才知道不是林黛玉而是薛宝钗）写得也不对，不合理。

对后四十回有各种各样的推测、各种各样的说法，这种现象使我产生一种奇怪的想法：《红楼梦》压根儿就是无法结局的。因为前八十回实在是写得太生动了、太繁复了。它的层次太多了，方面太多了，可能性太多了。在这种情况下，你想把它收拢已经不可能了。曹雪芹也是没有办法控制了，怎么给它结束？怎么给它收拢？要想把它变成一部能收拢的书，前面的线索必须明确，必须有一种封闭式的结构。什么封闭式的结构？譬如一部侦探小说，一上来是一具女尸，中间有四五个人都不是凶手，但是你看着都像是，最后真凶出来了——从哪儿开始，到哪儿结束，它是封闭式的。再譬如奸臣陷害忠良，把忠臣搞得好不狼狈，但最后忠臣又翻过身来，原来是你砍我的脑袋，现在变成了我砍你的脑袋了。再或者是才子佳人，已经定了亲，小姐慧眼识英雄，但又有很多的坎坷，中间有很多的风波，最后仍然是成功了，男的做了大官，女的封了一品夫人，五男二女，子多孙多，这才结束。可《红楼梦》不行，写出来以后就结尾不了了。

　　世界上许多事都是这样。你看，《圣经》一上来就讲世界是怎么制造的。上帝说应有光，所以就出来太阳；上帝说应有水，就出来海河；上帝说应有陆地，就有了陆地；上帝说应有植物，就有了植物……基本上还是有条有理的，你觉得上帝造世的时候很有章法很有条理。但是上帝造出世界以后，上帝也管不了了。上帝造出了这么多的人，人越繁殖越多，人越活越聪明，还有各种的主义、各种的意识形态，而且人还会杀人——会用刀片杀人，会用毒药杀人，会活埋人，然后有了枪炮，有了导弹，有了原子弹，有了化学武器、大规模杀伤性武器。你说这时候上帝怎么办？他管得住谁？我从《红楼梦》里得到这么一种启示：它是一种开放性的结构，它各种矛盾、各种问题、各种任务、各种关系，都有无穷的可能性。尽管曹雪芹在开始的时候，通过金陵十二钗的判词对一些人物结局作了估计，但这个判词本身就是很玄妙的、模棱两可的，是无法让她们一步一步地走下去的。有时候我就想，是不是曹雪芹压根儿就没有把这后四十回写完？这是第一个问题。

　　第二个问题，如果我们现在真找出曹雪芹的后四十回来了，很多问题就都解决了。为什么史湘云也有个金麒麟？为什么王熙凤"一从二令三人木，哭向金陵事更哀"？都解决了。这是不是好事呢？这会不会反倒使《红楼梦》减少了一些魅力呢？当你一切都知道，既知道它从哪儿来，又知道它往哪儿去，而且知道它一步一步怎么走，那你对它的关切是不是反倒减少了呢？命运的吸引力就在于它的不可预知性。有人说命运就像下棋一样，说他能看好几步。有人看三步，有人看五步，有人能看到十几步，如果他一上来就把这一百二十步全看完了，那这棋还用下吗？就不用下了。人活一辈子也是这样，算卦也好，科学预见也好，计算机预测也好，假如一生下来某人就能把他一生的年表制定出来，看到哪一年生病，哪一年寿终正寝或死于非命，这就没有人生了，是不是？连人生都没有了，还要文学干什么？

所以，我们从这后四十回的不可靠，体会到《红楼梦》的开放性、不完整性乃至于神秘性。残缺并不是这本书的弱点。手稿的丢失完全是偶然的，也许可以说是不幸的，是一个遗憾；但是现在，它已经变成了一种文化现象，已经合乎天意了，已经是必然的了，已经是《红楼梦》魅力的一部分了。

还有一个奇怪的事，是我始终不得其解的。高鹗后四十回已经被读者接受了，已经被历代的读者接受了，后来是胡适、俞平伯这些人考证出来这是个续作，乃至是伪作，而不是原本。《红楼梦》能被续四十回，而且续得能被读者普遍接受，这是不合乎情理的，这是不合乎文学的基本常识的。当有人说要严格按照曹雪芹的原意拍电视剧，我听后相当紧张。因为就按照后四十回高鹗续作拍，它起码是个东西，有个小说续作作依据；而说按原意拍，原意在哪儿呢？你有没有办法请曹雪芹复活，给你这个电视剧当顾问？因此，所谓按原意，就是按你所理解的原意是不是？譬如说是张教授，就按张教授的原意拍；是李教授，就按李教授的原意拍……更可怕的，是按八个教授的原意拍，是不是张王马郑赵钱孙李八个教授都是专家，都洞彻曹雪芹的原意，都明白高鹗的糊涂呢？天知道！高鹗至少离曹雪芹还近一点。这八个教授加在一块儿重新拍《红楼梦》，我怎么觉得这么恐怖呢！我说还不如就按高鹗的拍。现在有人要改后四十回，要突出刘姥姥的作用。看到后来，刘姥姥一出来，我就感觉像抗日战争时期的贫农老大妈，遇到好人有难就出来照顾，那个味儿就不如高鹗的，高鹗的起码是当年清朝的味儿。

高鹗的续作，增加了《红楼梦》结构上的一种神秘感。我没有考据学的功夫，也没有做这方面的学问，我宁愿相信后四十回曹雪芹是有一些断稿残篇，而高鹗做了高级编辑的工作，这个比较能够让人相信。如果说这就是高鹗续作，而且完全违背了作者的原意，这是我的常识所不能接受的。有人做这方面的研究，把《红楼梦》的前八十回和后四十回作语言的定量分析，比如他喜欢用哪些语气词、喜欢主谓宾的结构怎样排列、喜欢用哪些定语和状语、有哪些和正常的语法相违背的，把这些输入计算机进行搜索，结果说是后四十回和前八十回没有差别。

所以，我觉得对《红楼梦》后四十回的猜想是一个特别有趣有魅力的问题，使你老惦记着，使你老不踏实。有时候我想，《红楼梦》就像是人生，对后四十回的讨论就像是对人生的关切、对亲人的关切、对一切人的下场的关切。不知道后四十回是什么，是好事；要是什么都知道，也就没有这种关切，没有这种惦念了！

◎《红楼梦》的本体性

《红楼梦》给人不一样的感觉，往往使人忘记了它是一本书，而是将它看作宇宙的本体、人生的本体。举个例子，托尔斯泰的《安娜·卡列尼娜》内容也很繁复，文字也很多，除了写安娜一家，写安娜和渥伦斯基的婚外情，还写了有作家自况在内的列文和吉提，写他们爱情的成功，等等。但从总体来说，《安娜·卡列尼娜》写的是一个爱情悲剧，是在宇宙和人生的本体上长出来的一棵树，这棵树的姿态、命运、形状能够引起读者无限的悲伤、忧思和沉重感，甚至是罪恶感，但这并不是本体本身。《红楼梦》不一样。《红楼梦》虽然写了贾宝玉和林黛玉的爱情，用的笔墨也很多，也为许多人所接受，特别是戏剧戏曲改编《红楼梦》都是突出爱情，但《红楼梦》更多的是表达人生本身。再譬如《三国演义》，写得也够全面的，里面人物众多、事件众多，但它只是人生的一个方面，就是所谓乱世出英雄，合久必分，分久必合，政治和军事的种种争斗是一个"景"，像拉洋片。但《红楼梦》给人的感觉就不同。怎么不同呢？从物质层面来说，宇宙也好，人生也好，它是由一些最基本的元素所构成的，中国最普遍的说法就是五行——金木水火土，印度的说法就是地水火风"四大"。《红楼梦》没有具体写金木水火土和地水火风，但是它写到了阴阳，写到了月盈则亏、水满则溢，写到了世界的消长变化，写到了世界的永久性与变异性。

　　《红楼梦》写到了生老病死、聚散离合、兴衰荣辱、吉凶祸福、是非功过、善恶曲直。人的一生，生老病死，是与生俱来的忧患痛苦。生也不容易，老了也很苦，生病不好，死亡更痛苦。《红楼梦》里的生老病死很多。探春的远嫁在《红楼梦》里是作为非常不幸的事情，这和当时的空间观念有关。《红楼梦》写到兴衰荣辱。贾家是名门之后、功臣之后，是贵族，是豪门，是特权阶层当中的人物，但又没有实权。他们最关心的事情，最担心的事情，而且往往又是无法避免的事情，就是终有衰败的那一天。吉凶祸福也是这样，《红楼梦》里还经常出现一些预兆，特别是到后四十回。现在古今中外再找不着一本书像《红楼梦》一样，能够写这么多的生老病死、聚散离合、兴衰荣辱、吉凶祸福。《红楼梦》并不着重进行道德价值的判定和道德上的歌颂与谴责，虽然里边也有一些比较激烈的话。比如，通过柳湘莲之口，说宁国府里非常肮脏，只有门口两个石头狮子是干净的。但这种谴责非常笼统，在写到具体人物时，作家的心情是非常复杂的。读《红楼梦》的时候，你会感到对人生命运的沧桑体验甚至超过了对实际生活的提示。《红楼梦》里有一种宿命论和报应论，这是中国人对命运最普遍的两种感受。这两种感受是并存的，又是对立的。宿命论认为盛极则衰，荣尽则辱，水满则溢，一切都是命，没有道理。贾家女儿被册封、元妃省亲等，所谓"鲜花着锦，烈火烹油"，忽然又出事了，被抄家了，这是命运，一切都是命中注定的，所谓"气数已尽"。与此同时，又有报应论，是说每一件坏事都有它的结果，贾家的衰败也并不是无计可施。锦衣军查抄荣国府的时候，说的那些问题，大部分和王熙凤所作所为有关。另外，管理混乱、道德败坏、仗势欺人、逼出人命……各种低级下流的事情贾府里都有。

所以《红楼梦》里既有宿命论又有报应论，既有宿命感又有罪恶感。说《红楼梦》有本体性，就是说它充满了人生的酸甜苦辣、喜怒哀乐，它写到了人性的各个方面。从情感上来说，甚至从审美的角度来说，人生的过程就是一个酸甜苦辣的过程，就是一个感受的过程。在《红楼梦》里大荤大素、大文大白、大粗大细都有。

那么，为什么说《红楼梦》好像是人生的本体一样，好像是宇宙的本体一样呢？我有一个观点，就是本体先于方法，本体产生方法；本体先于价值，本体产生价值。中国文学一直强调教化传统，所谓"不关风化体，纵好也枉然"。在道德上，文学作品体现的是一种二元对立的观念，一种是君子，一种是小人；一种是忠臣，一种是奸臣……分得是非常清楚的。《红楼梦》的可贵之处，就在于不急于作先验的价值判断，缺少二元对立的色彩，更多的是让你知道这样一个家庭这样一批人，他们是怎么生活的，他们的可爱之处在什么地方，他们的令人叹惜之处在什么地方，他们的窝囊无用之处在什么地方，他们的卑劣下作之处在什么地方。《红楼梦》是本体在前，在方法之前，在价值之前，本体先于方法与价值。

所以我有一种看法，我认为《红楼梦》有一种耐方法论性。文学有各种各样不同的方法、不同的流派，用这些方法、流派分析《红楼梦》都有收获，都行。如写实主义、现实主义讲典型人物、典型性格、典型环境，也是非常合适的。贾宝玉、林黛玉、薛宝钗、贾政、王熙凤、晴雯、探春都是典型，这是现实主义。魔幻现实主义在《红楼梦》里也有，有和尚、道士、太虚幻境、青埂峰无稽崖、神瑛侍者、绛珠草的故事。再说象征主义，《红楼梦》里的象征太多了。要在《红楼梦》里找象征，每个人的姓名都是一个象征，而且我们都已经接受了，不能改了。紫鹃只能叫紫鹃，绝对不能叫红鹃。包括吃的什么样的饭，提的什么样的灯，穿的什么样的衣服，似乎在日常生活的背后还有一种深层的意义，这就是象征主义。还有神秘主义，《红楼梦》有多少神秘？紫鹃拿贾宝玉开玩笑，说林黛玉很快就要被接走了，于是贾宝玉一下就乱了，脑子就昏了，等于是发了一次青春期的癔症。这是贾宝玉青春期的一种性意识，包括情感上的意识流。还有，虽然我对索隐派的说法和做法不敢苟同，但这也说明了一个问题，就是《红楼梦》具有一种符号的丰富性，这个符号的量太大了，而且可以解释。

　　还有就是耐价值论，耐价值判断。《红楼梦》同情女人、歌颂女人，好像有点儿女权主义的意思。儒释道在《红楼梦》里也都有所表现，对于儒家的东西如忠君、尊卑长幼有序等也是歌颂的。贾宝玉不喜欢读经，不喜欢做官，主要原因是任性。中国自古以来有两种人：一种人提倡性灵，就像魏晋时的文人；另一种人提倡仕途经济，要入世，要做官做事发财才对得起天恩祖德。为了性灵而忘记仕途经济，自古以来也是有的。《红楼梦》客观上有很多反封建的东西，却不能说《红楼梦》是有意识地反封建。还有，贾宝玉批判"文死谏，武死战"，也不是为了反封建。至于释、道的那些思想，确实是真有的虚无，一切归于虚无，所谓"色即是空，空即是色"。但是"色即是空，空即是色"又有一种悖论，因为在时间坐标上，最后色变成空；而如果把时间坐标放在色中，色就是缤纷灿烂的，色不是空的，色是充满吸引力的。色和空是互相背离的。所以在价值判断上，《红楼梦》能够容许你有多种的价值判断。

　　从清朝开始，喜欢林黛玉的人多把薛宝钗说成是奸佞小人，说成是诡诈虚伪的人。我想，一方面这和人们同情弱者有关系，再一点就是人们看书，特别是看闲书，喜欢性灵型的人，不喜欢一举一动都符合礼教符合社会规范的人。讨厌规范，喜欢性灵，这是看闲书的人的特色。所以《红楼梦》在价值判断上，在文学创作上，给我们的启发很大。所以，注重本体的作品，都是把方法和价值看作从本体延伸出来的东西。

永远的谜语

《红楼梦》给我们留下了动人的故事、深刻的印象，但它也留下了一些谜。比如说古往今来的读者和学者都在猜测研究秦可卿是怎么回事，史湘云的那个麒麟、薛宝钗的那个锁是怎么回事，还有王熙凤与贾蓉的关系、贾母与张道士的关系、妙玉的身世、贾元春之死等，都有人说三道四。而它一个最根本、最大的谜还是贾宝玉的那块玉到底是怎么回事。现在我们要讲的就跟这块玉有关系。

《红楼梦》的结构，是从大到小，从远到近，从天上说到地上人间，从高处瞭望到从具体处说事儿。它一上来先从空空道人、癞头和尚、甄士隐、贾雨村、冷子兴这些人说起，慢慢介入，它真正要讲的故事是在贾府，是在大观园。而真正故事的开始是林黛玉来到了贾府——用越剧唱词，就是"天上掉下个林妹妹"。掉下一个林妹妹，从此各种恩怨情仇、悲欢离合、刻骨铭心的故事就开始了。林妹妹是从苏州来的客人，跟贾府亲戚关系很近，是贾母的外孙女，但她对贾府，眼光是陌生的，是生人的眼光。书中用林黛玉的眼光先观察了贾府。对于林妹妹来说，贾府也是气象非凡、派头很大、又威风又豪华的。林黛玉刚到贾府，可以说是大气也不敢出的，这里比她原来在的林家不知道神气多少倍。在林黛玉到来这个事件上，还显现了贾府一些主要人物的形象、心态和地位。贾母不用说，是贾府金字塔顶尖上的人物，大家都围绕着她转，众星捧月。整个贾府的气派，对于林黛玉来说不同寻常。林黛玉也并不简单，书里交代了，她爸爸是林如海，林如海曾高祖往下四代本也是侯爵贵族，但到了他，因为已经是第五代，没了侯爵的身份。可以说他是原贵族、原侯爵，或者叫老贵族、老侯爵。一方面是骄、娇、倔、高、傲、自命不凡都有；一方面又不能不面对开始走下坡路的事实，而且人丁不旺，要不也不会托付一个其实八竿子打不着的私塾先生贾雨村来送黛玉。

一个不同寻常的视角、眼光、感受，林黛玉自远而近地看贾家也有一个并不简单的过程。

林黛玉进了贾府，里头有垂花门，有抄手游廊，有紫檀架子，有大理石屏风，还有鹦鹉在那儿报信——"来客人了"。这些都是林黛玉过去没有见过的，不仅黛玉不熟悉，大多数读者对这些玩意也不会多清楚多习惯；大富之家，高贵之家，熟不熟悉，光这些道具布景和名称已经把你唬住了。无怪乎孔子要搞"正名"，人是语言的动物，一堆新奇高雅的名称已经把你震慑住了，已经让你目瞪口呆，如果不说是垂涎三尺的话。

林黛玉一进来就感觉到这个气魄，跟家那儿不一样。林黛玉这时是小心翼翼的，她刚来，还没有多么任性，那些很情绪化的东西她还没有。从显见衰落的林家来到至少当时还挺热闹挺红火的贾家，当时的贾家叫作"鲜花着锦，烈火烹油"——鲜花够美的了吧，还要点缀上锦缎；烈火够热的了吧，还要浇上吃用的香油花生油。所以她有一种小心翼翼的心态。

贾母一上来对林黛玉非常宠爱，"肝啊肉啊"地搂着她哭。贾母有权充分表达自己的感受与情绪，封建社会谁地位高，谁的自由度就大。请设想一下，别人岂敢那样放肆地哀哭？再后边最突出的就是王熙凤的出现。

古往今来，很多人评论许许多多著名小说中的人物出场，像王熙凤这样出场得有声有色的，非常少，写得是极成功。她还没进来呢就在那儿喊叫起来了，说"我来迟了，不曾迎接远客"。请看她是多么重要，一个不重要人物根本不存在来早还是来迟的问题，不值一提，更不敢一喊。前边描写的是林黛玉见着贾母，周围的人都毕恭毕敬，因为贾母的地位高、辈分高、资格老。但王熙凤一出来，好像满不在乎，有点满不论的那劲儿，喊叫着就过来了，让人觉得很少有这样的人。

　　贾母对王熙凤的反应就更奇怪了。贾母一听到王熙凤的声音就告诉黛玉："她是我们这里有名的泼辣货，南京人叫'辣子'，你就叫她'凤辣子'就是了。"这种话本来不太好听——说一个女性，说一个二十多岁的女性是"泼辣货"——但在贾母的嘴里它变成了一个爱称、昵称，就像一个母亲说自己的爱子是"小坏蛋"，就像一个少女说自己的情人是"没良心的"，就像一个男人说自己的情人是"小妖精"一样。她跟王熙凤的关系特别近，她过得着她才能这样说话，如果换一个别人，王熙凤早就生气了。

　　比如说，贾母对很多人都有看法，但她没有当众说过别人任何不好听的话，就是跟她大儿子贾赦（他们之间过节最多了）也不说那样的话。她说王熙凤"泼辣货""凤辣子"，拿她开玩笑，这是什么意思呢？就是人和人关系太近了以后，有互相利益勾结的关系，有互相感情靠拢的关系，有互相表扬、互相抬举、互相吹捧的关系，也有一种互相数落的关系。这个就不能叫批评，"泼辣货"也不叫批评，这叫"数落"。"数落"是什么意思呢？极亲近的人，通过言语的游戏，似贬实褒，曲线夸奖，也可能略有恨铁不成钢的指点，但更多是亲近的戏谑。最多的是妻子对丈夫，一面数落一面表达心满意足；皇帝对宠臣对爱将，也可以数落几句，彼此开心。我们也许可以分析，人心里有一个略显黑暗的角落，他不可能天天说光明正大的话和主流主旋律的话，浩浩荡荡如在联合国大会上发表演讲；他还有一部分淘气的话、怪话、没脸没皮的话、要无赖的话、涉嫌不高尚不正确的话要说一说，要发泄发泄，只有与关系最好的人才能说这样的屁话、昏话、丑话、不负责任的话。所以你就已经感觉到王熙凤跟贾母的关系不一般。所以黛玉也很谨慎，贾母那儿可以说"这是泼辣货""这是凤辣子"，但是黛玉毕恭毕敬，只能叫"琏嫂子"，客客气气。她可不能跟着说"这就是那个泼辣货"，她是绝对不敢这样说的。

　　然后王熙凤说了一大堆话，一会儿高兴，一会儿又抹眼泪，像是独角戏，一个人什么都占全了。她简直是满场飞，占领了全部舞台、全部追光，吸引了全部注意，就像她是主角——你完全看不到凤姐有任何顾忌、任何收敛。用歌唱演员的行话，王熙凤算彻底抖搂开了、放开了、撒开了，如入无人之境了。黛玉在旁边只能很礼貌地跟她们对付，来应对每一个人。

然后黛玉说去看望贾赦。贾赦那儿很奇怪，说不用见了——一见到你，想起你妈来了，我挺难受的，不用见了，以后有机会再见——这个贾赦的脾气也有点儿与众不同，用北京话说就是"有点各"，他不随和。大老远来了一个亲戚，你好赖跟人家见一面，哪怕不说什么话……不，越是贾母那儿迎接得隆重，他越要表示一点儿并非和她们完全一致的态度，他硬是要与众人拉开距离，与贾母拉开距离。

拜见了邢夫人和贾赦，黛玉又来见王夫人。王夫人这儿说起宝玉，用词也特别逗，说宝玉是"孽根祸胎、混世魔王"。"孽根祸胎、混世魔王"这八个字非常难听。孽根，他从根上就是造孽造出来的；再有，我们这里的一切造孽的事、一切的不正常和不合适，他是根子。他是造孽的结果，更是造孽的根源。祸胎，他带来的是灾祸。混世，他对人生不是规规矩矩地办事，他不按规矩走，他没有责任也没有原则。魔王，我觉得有两个意思：一个是他像魔王一样，谁也惹不起他；一个是他有点儿疯魔，有点儿不正常不健康不着调——不听调遣，不接受调度，不听话，不听说。用现代语言说就是他的心理健康有问题。这也是非常奇怪的一件事情。贾宝玉是贾府的中心，是贾府宠爱的集中点，所有的大人、小人，所有的老人，尤其是所有的女孩，都把注意力集中在贾宝玉身上，贾宝玉承受着所有人的注视、关爱、宠爱、保护。而且贾宝玉是《红楼梦》最中心的人物，一切的一切是拿贾宝玉当圆心，写各种各样的人物。

但是《红楼梦》里，提到贾宝玉的时候常是难听话，什么对不起天恩祖德了，什么半生潦倒、一事无成了；这里又由他的亲娘给他批了八个字，叫"孽根祸胎、混世魔王"。一般来说，这种论评可以把一个十二三岁的少年给扼杀掉。这是一个扼杀少年的舆论，但曹雪芹恰恰把这样一个杀人之语献给了"核心美少年"贾宝玉。所以如鲁迅所说，自从有了《红楼梦》，很多写法都改变了。它里边写的，贾宝玉不是一个单面扁平的人物，他是一个立体的人物。很多人嘴里说的是他最不好的话，但又很爱他——这在佛家就叫作爱恋生嗔怨。正是他的亲娘王夫人太爱他了，对他无法满意，所以急得要死，越心疼越心焦，越抱希望越失望透顶。但他又从各方面显出可爱之处。

在这一点上，与贾母说王熙凤是一样的。嘴上说的是，你是泼辣货，是凤辣子……实际上贾母另有台词：王熙凤是一位干将，是精明强悍无比的一个女人，是我的依靠，是我的"爱卿"，是我的"重臣"，我什么事都得靠王熙凤。

王夫人这样说，说贾宝玉是"孽根祸胎、混世魔王"，她的潜台词是什么呢——他是我最宠爱的儿子，他太不一般了，他让你爱得、恨得、心疼得、急得、恼得不得了，我真拿他没办法，为了他我简直都快活不了了，他与我心连心、肉连肉，他的一举一动对于我都是牵肝动肺——实际上又表达了这样深的一种感情。

这样做了很多铺垫，终于，贾宝玉见到了林黛玉。

林黛玉见到了贾宝玉以后，第一个反应是什么呢？好生奇怪，倒像在哪里见过一般——林黛玉的反应是说：这个贾宝玉我是见过的，我怎么看着他这么眼熟？

什么叫熟？熟就是不生，没有陌生感，没有距离感，没有摸不清、抓不住的感觉。虽然这是一个男孩，我头一回跟他见着，但一见如故，一见如老相识，一见如上辈子就认识就有交情就相亲相爱过，我见着他丝毫不觉得陌生，而且觉着已经跟他亲近了很久、熟悉了很久。这可了不得呀！这叫爱情的先验性，就是没有理由、无须证明，绝对不需要像评剧《刘巧儿》里那样去表白："我爱他，身强力壮能劳动；我爱他，下地生产真是有本领；我爱他，能写能算他的文化好……"那就不是先验的爱情而是论证后的爱情，应该说更像是接受一个劳动组合的新成员，而不是接受一个情人。让林黛玉这样很孤独很高傲的一个女孩，看到一个男孩子突然感觉到"这不是见过吗""这不是老朋友吗"，是不可思议的事儿。这是雷电，这是天旋地转，这是一切的悲、一切的喜、一切的情、一切的恨、一切的痛苦的开始，这是《红楼梦》的开始，这是开天辟地！

林黛玉毕竟是女孩，即使她有这种感觉，她什么话都没说，她并没有说"二哥哥，我见过你"。她没说这个话，倒是谁说了这个话？是宝玉说了这个话。

宝玉见到黛玉的第一个反应，说我见过。贾母说，胡说，你怎么可能见过她呢？她一直在苏州，离我们这儿很远，你不可能见过她。然后贾宝玉解释说，虽然没有见过，但看着面善也等于见过。这是精神上见过、气质上见过、梦幻里见过、灵魂的火花撞击过。这不需要论证，这不是科学实验，这就是感觉；有这样的感觉的人就算没有白活一辈子，就算懂得了爱情的滋味。而有的人一辈子找不到这样的感觉，从不曾有，太可悲了！面善的意思，也就是看着熟悉、看着顺眼、看着舒服、看着合适。一个人一生中会碰到许多第一次见面的人，有的人见了找不着感觉，还不如看一片树叶或一只小鸟有感觉有反应。有的人一见就令人心烦，令人起戒心，令人赶紧转过脸去。有的异性可能浓妆艳抹，很性感，但是你一见这人，会赶紧躲避，觉得这人带那么几分邪恶，就像变了质的猪头肉一样叫你恶心。所以说看着面善，不是小事，不是偶然。贾宝玉第一个反应：我看着她这么熟悉、这么顺眼、这么能接受，我看了以后没有任何奇特或者别扭的感觉。有时候见一个生人会有点儿别扭，他太高了，你觉着别扭；他太低了，你觉着别扭；他太胖了，你觉着别扭；他一个眼睛大一个眼睛小，你觉得别扭，总而言之，会有别扭的感觉。但贾宝玉这儿没有。

接着贾宝玉就问林黛玉：你都看了些什么书？林黛玉没有正面回答，表示她也没有很正规地读什么书。这说明贾与林的问答只是为问答而问答、为艺术而艺术，问题本身的意义是零，问答本身就是放电，就是交心，就是亲近，就是幸福——这才是本质。然后贾宝玉又问：你名字叫黛玉，那你的表字呢？古人喜欢在名字之外再起一个表字，比如说苏轼字子瞻号东坡居士——他除了大名，还有其他第二位、第三位的名字。

林黛玉说：我没有表字。贾宝玉就说：我给你起个字，就叫"颦颦"吧。"颦颦"就是皱眉头，眉头有些皱，皱得还很美，微微地皱着眉头。

这个贾宝玉也太不拿自己当外人了，刚一见面超不过三分钟，就问这么两句话。如果单是这两句话，是几秒钟的事儿，这又有一种高度的亲近感。贾宝玉给林黛玉起"颦颦"这个名字，既是一种亲近感，也有一种贾宝玉的自我感觉良好在里面。中国古人喜欢给别人起名字改名字的都是那些自我感觉特别良好、觉得自个儿地位高的人。有的皇帝爱给人起名字，甚至给人改姓，而那个被改姓的人欢呼雀跃——我这姓是皇上赐给我的——把它看成一个很大的光荣。

到这时候，贾宝玉的自我感觉很好，林黛玉仍然是小心翼翼、礼貌周全的。千万不要以为林黛玉压根儿就是脾气不好、小性、爱生气、任性爱哭，不是的，林黛玉刚到这儿的时候根本不是这样，那么为什么后来是这样的呢？咱们往后再来探讨。

再往底下就更奇怪了，简直就是无法理解了。他问林黛玉：可有玉没有？你有玉吗？林黛玉表示：我哪有那稀罕物？我没有。贾宝玉就急了，"登时发作狂病……狠命摔去"——家里姐姐妹妹都没有，单我有，我说无趣；如今来了这神仙似的妹妹，也没有，可见不是什么好东西！又摔又哭又闹。

这是一个不通的故事，不合逻辑，不合情理，不合礼数，不合正路，胡打胡闹。

第一，这个贾宝玉有玉，本身就有点糊里糊涂，很多人接受不了这个，大名鼎鼎、学问非常高的胡适之先生他就接受不了这个。他在给高阳的信里说：这个贾宝玉怎么能够出生的时候嘴里含着玉呢？

我想，从全世界妇产科医院的病历里绝对找不到这么一份，说是某人嘴里含着东西出生。怀胎的时候不可能有，受精卵里不可能有，发育的过程中不可能有，子宫里不可能有，这很明显不合理。也就是说，这里头没有妇产科的常理，有的是文学的理、神学的理、疯狂的理、幻梦的理。

而贾宝玉问林黛玉有没有玉，林黛玉说没有，他就那么伤心，这是为什么？这真是个谜语。为这个谜语我想了不知多少年。我每一次看《红楼梦》看到这儿都伤心费神，都心中蓦然一惊，我觉得被逼入了死角。每一次看《红楼梦》看到这儿我都较劲儿——

贾宝玉嘴里头怎么会含着一块玉？而这块玉为什么又可能来来去去、亮亮昏昏、灾灾变变、神神道道？如果说贾宝玉是《红楼梦》中的第一核心人物，那么，此玉就是《红楼梦》中的第一核心物件。这个物件，其实比宝玉本人还长久，还永恒，还灵异，还疯魔！

贾宝玉嘴里怎么会含着一块玉？他怎么可能问初次见面、实际上相当生疏的林妹妹有没有玉？这不是胡说八道吗？我越读越觉得这个细节写得好，越读越觉得这个细节感人、催人泪下，越读越觉得这个故事还没有得到一个非常合理、令人满意的解释。别看"红学"这样发达，硬是没有谁能好好地解释一下宝玉问玉摔玉的事儿。为什么呢？贾宝玉见到林黛玉后，有一种高度的认同感、亲爱感、相通感、共鸣感、永结为伴感，就是《诗经》上说的"执子之手，与子偕老"的感觉：这个林黛玉是和我一样的人，是我最亲的人；林黛玉是将会或至少是我希望会永远和我在一起的人，因此她很多地方应该和我一样。她怎么能够跟我不一样呢？怎么能我有玉而她没有玉呢？

第二，从贾宝玉衔玉而生以后，家里已经制造了一个舆论，说这个玉是命根子，这个玉是与生命同在的，是最珍贵最可爱的东西。它是贾宝玉高贵地位的一个符号。正是由于这块玉象征了贾宝玉与众不同，与凡人不同，与俗人不同，连地位远远比他高的北静王对他的推誉也在这块玉上。在这个家，宝玉的地位跟谁都不一样，是全家关注的核心。那他对自己最珍贵宝爱的东西，对自己最要千方百计加以保护的东西，希望刚见面的这个林妹妹也有。他认定了林妹妹配有这样的玉，应该有这样的玉；相反，他怀疑他自己不配有这样的玉——这么珍贵、这么晶莹、这么可爱……

所以，这不是一个理性的推论，不是福尔摩斯在那儿推论，说我既然有玉，根据什么情况我看你手上的那个印或者看某一个动作断定你也会有玉，不是。这是一个感情的、直觉的认定，他就要问林妹妹

"你有玉吗",这里表现了什么样的期待、什么样的天真、什么样的轻信啊!这就是对于命运的轻信,这就是对于世界的轻信,这就是人的大可悲悯之处呀!他多么期待林黛玉说"我有,哥哥,我也有"。俩人一对玉,你说棒不棒、好不好、高兴不高兴?

结果林黛玉回答:我没有。我哪里可能有?我怎么会有?我当然没有……

贾宝玉太失望了,他就摔这个玉,恨不得把这个玉马上消灭掉。

直到《红楼梦》快要结束了,麝月一提摔玉砸玉的旧事,死而复生的宝玉立即心痛得昏死过去。这是多么强烈的震撼!

什么叫爱情?不同的人会有不同的回答。西方现在也有人干脆否定爱情,把爱情作为一个纯粹的生理现象,作为一个生理学范畴来看待。当然你还可以从法学的角度上来看爱情,因为爱情要发展到婚姻,要牵扯上财产、利益、权利义务上的许多问题。甚至你还可以运用厚黑学以爱情来达到私人的奇特的目的,甚至于还有色情间谍,还有性变态、性交易、性职业、性市场……但对贾宝玉来说,爱情就是他的神。对贾宝玉来说,爱情是一个神学的范畴,是比他的生命更崇高、更可爱、更激动人心的事情,为了它可以不要命,可以不要自己的一生。他动不动说自己当和尚去,他可以不要此生。

所以,贾宝玉对林黛玉的这个"有没有玉"的询问,表达了一个最大的悲哀,也是一个最大的梦想。这就是红楼之梦,这就是爱情之梦,这就是你和我(我贾宝玉和你林黛玉)不但心心相通,而且事事相通,在"有玉无玉"上也完全相通的这样一个梦。

但这样一个天真的梦,它破灭了。这样电光石火一样爆发出来的激情很快就淹没了,熄灭了,被玉的不平衡的存在质疑了。然后他们就永远说不清理不明一个问题,说"我有玉,你没玉""你有玉,我没玉"。我没有什么东西能够和你的玉相媲美,我没有什么东西可以和你的玉相比衬,悲哀的故事就这样开始了!

如果你还有点不明白,你还想不清楚,那么好办,请你设想是另一种情况:林黛玉恰巧也有一块玉呀什么的宝贝。宝玉问黛玉你有玉吗？黛玉说是啊，我有呀，我正好也有一块玉呀。万岁！太棒了！上帝永在！佛爷法力无边！天作之合，天生的奇珍异宝！宝玉有玉，黛玉无玉，这就是不平衡，这就是悲剧的预兆，这就是人生的悖论，这就叫有情人难成眷属，这就是老天不公、老天不长眼，这就是命运的折磨，这就是爱情悲剧的表征！呜呼此玉！呜呼宝玉！呜呼黛玉！呜呼人这一辈子净是事与愿违！苦啊，人生！而如果宝玉、黛玉都有玉，那就是老天长眼，那就是佛爷保佑，那就是心想事成，那就是一帆风顺，那就是团圆美满无缺！多么悲哀呀！这样的好事是这样少，而相反的痛苦是这样多。人生悲剧乎，呜呼哀哉！

万物皆备于我

自 1949 年以来，阅读、研究、改编，批判有关观点，借题发挥、胡乱拉扯，围绕《红楼梦》，高潮迭起，前后出了各种版本的上亿册的有关书籍，写了无数论文，做了许多讲演与系列讲座，一是盛况空前，一是令人絮烦。

在中国，《红楼梦》这部书有点儿与众不同。你说它是小说，但它引起的争论、兴趣、考据、猜测、推理更像是一桩大的历史公案，围绕它出现了一个又一个的包公或者福尔摩斯。它掀起了一波又一波的谈论与分析，像是一个时政话题。你可以很喜欢读《三国演义》或者《安娜·卡列尼娜》，你可以热衷于巴尔扎克或者陀思妥耶夫斯基、狄更斯、塞万提斯，但是对于它们和他们，你惊叹的是文学，是书写得真棒；你不会像对待《红楼梦》那样认真、钻牛角尖、耿耿于怀、牵肠挂肚、辗转反侧、面红耳赤。唯独《红楼梦》里的人物变成了你的亲人（至少是邻居），变成了你的知音、同党或者对手；《红楼梦》里的故事变成了你自身的（至少是你亲友的）活生生的经历，变成了你的所怒所悲所怨所爱。

《红楼梦》具有与人生同样的丰富性、立体性、可知与不可尽知性、可解与无解性、动情性、多元性、多义性、争议性、因果性、必然性、规律性、偶然性、或然性等。大体上说，人们对于人生诸事如恋爱、性欲、朝廷、官阶、政治、风气、家族、兴亡、盛衰、祸福、进退、生死、贫富、艺文、诗书、上下、主奴、忠奸、真伪等有多少感受有多少讨论，你对《红楼梦》此书也会有同样多的感受与讨论。你在现实社会中发现了什么"有趣"的故事，诸如弄权谋私、文人商人联手、短暂夺权、抄家打非、忘年嫉妒、拉帮结派、显勤进谗、巧言邀宠、东风西风、一面铺张浪费一面提倡节约……也都会在《红楼梦》中找到似曾相识的影子。

就是说，《红楼梦》富有一种罕见的人生与世界的质感，《红楼梦》富有一种与天地、与世界、与人生、与男男女女的悲欢离合、喜怒哀乐的同质性。

我没有讲文艺学者爱说的"真实性"一词，因为"真实性"的提法会强调什么本质的真实、艺术的真实、典型的真实，而《红楼梦》的真实是一种可以触摸、可以体贴、可以拥抱、可以绞压、可以与它白刀子进红刀子出的真实。就是说，我们常说的艺术作品的真实如同一张油画或彩照，它是供欣赏、供赞叹的真实；而《红楼梦》的真实是同床共枕、同爱共狂、同厮杀共纠缠的咬牙切齿而又若仙若死的真实。

因为它写得生动而又细致，因为它写得并不那么小说化尤其是不那么戏剧化，它常常写得不巧反拙，它有时像流水账，有时像絮絮叨叨，有时像是年华老去后的忏悔与自言自语。你读多了，连说话的语气与腔调都会受它的影响。读它，你是如闻其声、如见其人、如入其境、如介入其中、如与其悲其盛。迄今为止，好作品我遭遇得多了去了，我佩服巴尔扎克解剖刀式的雕刻与拆解，我赞美托尔斯泰的工笔勾勒与缤纷上色，我痛苦于陀思妥耶夫斯基疯狂的对于灵魂的拷问，我狂喜于李白的放达与天才，我沉迷于李商隐的悲哀的绝对的审美化，但这些都首先是对于文学的力量的震动，是对于文学天才与作家心灵的赞美。只有《红楼梦》，它常常让你忘却它是小说、它有作者、它是一个字一个字码出来的。不，它给你的是自己的一个完整与自足的世界。它就是宇宙，它就是荒山与巨石，它就是从无生命到了有而最后仍然是无的神秘的痛苦，它就是盛衰兴亡，它就是荣华富贵，它就是肮脏龌龊，它就是愚蠢蛮横与毁灭的天火霹雳，它就是风流缱绻，它就是疯魔一样的爱情与仇敌一样的嫉恨！

于是，《红楼梦》的档案意义、历史意义、文化学意义常常冲击了它的小说性。有德高望重的学者去考察不同的大观园原址，有情难自已的学者去设计曹雪芹或贾宝玉的晚境，有拥林派与拥薛派的互挥老拳，有一谈《红楼梦》就冒火冒烟的气势，有对于《红楼梦》的建筑、烹调、衣饰、医药、园林、奢侈品、诗词、灯谜等的专业研究。

《红楼梦》的不同还在于它的残缺性。作为文本，它只留下了三分之二。残缺性变成了对于读"红"爱"红"者的刺激与挑战。爱"红"者被点燃了热狂的求知与较真的精神火焰，非要查出个究竟、底细来不可。而这对于我来说是一个死结，因为我死死地认定，不但某甲为某乙续书是不可能的，某甲为自己续书也是根本不可能的。你可以让老王再续一段《青春万岁》或者《组织部来了个年轻人》，哪怕只写八百字吗？打死老王也做不到。高某为曹某做续，那么长时间居然没有被发现，这样的一对天才同时或前后脚出现的机会比出现一个能写出《红楼梦》的天才的机会还罕见一千倍。关于作者的资料就更少。传播呢？版本呢？"脂砚斋"这个似乎对文学知之甚少而对曹家知之甚多的刻舟求剑的自封的老大，偏偏插上一杠子，变成了事实上的"红学祖师爷"。区区如老王者也不是没有这样的哭笑不得的经验，一个决不把自己当外人的或沾亲或带故的爷或姑奶奶，到处散播你写的张三乃源自王五、你写的李四实源自赵六的观点。他说得板上钉钉，丝丝入扣。这是一种关切，这是一种友谊，这对小说写作人来说也确实是一大灾难。这是命定的小说的扫帚星，谁让小说家说出了那么多秘密，他或她理应得到口舌的报应。谁知道如脂评之属，带来的是资讯更多还是搅和干扰更多呢？

这些因素使得《红楼梦》从小说文本变成残缺不全的密档，使《红楼梦》的研究变成了情报档案学，遂注定了永无宁日。一方面我不能不感谢那些以有限的资料对于"曹学""版本学"作出了重大贡献的前贤，一方面不能不为《红楼梦》的残缺性而扼腕长叹。书上说的是"满纸荒唐言，一把辛酸泪"，我们呢，只能是"满纸热狂言，一笔糊涂账；学问都不小，仍难解真相"，要不就是"满纸相因言，一笔（车）轱辘账；胶柱鼓瑟罢，刻舟求剑忙"。

而由于无须赘言的种种原因，《红楼梦》写得那样含蓄，有时候是藏头露尾；有时候是回目上有而内容上找不到，如"贾琏戏熙凤"，如"伏白首双星"；有时候是通过诗词、画面、谜语、掣签来有所暗示。就是说，《红楼梦》确实或多或少地采用了几分密电码式的文体，而破译密电码是人类绝对拒绝不了的智力游戏的诱惑。既然并非密电码却又不无密电码的少许成分，既然是对于残缺部分的猜测与臆断，那么种种破译就既不能证实也不能证伪。无论你怎么说都不好完全不被允许，即使是被某些专家认为是分明的信口开河，也仍然不妨去姑妄听之，也就可以姑妄言之了。

然而《红楼梦》又明明不厌其烦地告诉你，它是虚构的小说，是"假作真时真亦假，无为有处有还无"。这两句话已经从方法论上宣布了对于脂砚斋思路的否决。当一部作品使用了虚构（假）的情节、人物以后，即使同时使用了比较有生活依据的有模特儿的人物原型与事件类型（真）做模子，这仍然只能算假，只能算是虚构作品而不是事实记录。不论是法院案例还是报纸新闻或是职工登记表，都绝对地不可以使用这样的文体，只有小说用之。当一部作品将本来不存在的人物、环境、事件（如贵妃省亲）当作确实存在的东西栩栩如生地写出来之后，即使你同时写下了更多的确实存在过的人与事，从整体上来说，读者应该与作者达成默契：这不是一部书写实有的东西的档案，而更应该看作说书人为警世感人、一吐块垒，也不排除卖弄文采为自己树一座"非人工的纪念碑"（语出普希金）而编撰的故事。尽管后四十回或为高氏续作，它一再叮嘱：此书是假语村言，不可刨根问底，否则便是刻舟求剑，便是胶柱鼓瑟。偏偏人们往往因了小说的真实感而忘记了它的虚构性，因了小说细节的真切与质感，因了传述的翔实与生动而"被真实"，被说服，被一切信以为真，被跟着对于小说写作其实不通的脂评的"自传说"走，反而看不出或小视起它的文学性来。这应了我喜欢说的一句话：最好的文学被非文学化了，最好的技巧被无技巧化了，最好的描写刻画被非描写非刻画化反而实录化了，最好的创作被非创作化了。你也许宁愿相信它原来是刻在青埂峰的大石头上的。

其实所有的文学作品都是作者的精神上的自传，又都不是纪实的自传，不是档案学、历史学意义上的自传。在自传上较劲，实在是犯傻、犯呆、犯死。

且不说无材补天的剩石化为宝玉、衔玉而生、神瑛侍者、绛珠仙子、太虚幻境、警幻仙子、一僧一道等"魔幻现实主义"，内行人都明白，一部巨制长篇小说最大的真实是细节，而最大的虚构是人物性格的鲜明化、氛围场面的强化或淡化、命运经历的沧桑化，还有语言的文学化。

认真地写过小说的人大概会明白，细节是真实性的基础，生活细节最难虚构。《红楼梦》中凡大富之家的饮食起居、吃喝玩乐、服装用具、礼数排场、建筑庭园、花草树木、鸟兽虫鱼、红白喜事、梳妆打扮、收入支出、迎来送往等，如果没有生活经验，至少是见过听过——没吃过猪肉至少也见过猪跑。没有一定的生活事实作根据，你是虚构不出来的，虚构出来也会捉襟见肘、破绽百出。

再者，情理逻辑是真实性的概括、真实性的纲，你的总体把握必须符合人生的、人性的与历史的、社会的逻辑。

而文学与非文学的最大不同往往首先在于人物性格的鲜明化。鲜明了才引人注目，才令人过目难忘，才令人一见倾心，才令读者击节赞赏，才令人回味不已，也才能令作者自己哭出来笑出来，把胸中的块垒吐出来。实际生活中，你很难找到那么纯、那么鲜、那么耀眼、那么与众不同的人物，如黛玉、宝钗、袭人、晴雯、宝玉、探春等。原因其实很简单，人都要生活，生活是立体的与杂沓的，常常是平凡的，你只有单一的鲜明，你根本活不下去。黛玉一味孤高，只能枕月乘风，根本不可能在大观园活命两个月。宝钗一味完满匀称，根本不可能像一个活人似的维持自己的脉搏、消化、排泄与内分泌，更不必说每月的例假了。实际生活的根本特点是平凡，你当了皇上或娘娘，自我感觉仍然会是难耐的平凡。而小说的要求是不平凡，这是文学与真实间的最大悖论。其次，所有的社会都有太多的共性要求、普适规范，所有的社会的政权、学堂、尊长、师表、家长、村镇、社区、教会、团体、社会舆论与新闻媒体都肯定是按社会的共识，按集体的意识与无意识，按人性的平均数，而不是按个性，更不是按个性的鲜明性来塑造一个人的。不要说是清代这种意识形态上了无新意的封建社会，就是整天把个人主义个性化挂在嘴上的欧美，它们的白领蓝领、成功人士与购彩票中特奖者、毒枭与杀人狂也做不到像《红楼梦》中的人物那样生气洋溢与个性鲜明。《红楼梦》人物描写的成功，显然表明的是曹雪芹的文学功力，他对于人性的深刻了解与无限困惑，而绝对不是曹雪芹的运气——独独他碰到了那么多个性非凡的人物尤其是少女。

环境与氛围的独特性也是"被真实"出来的。一名宝玉，几十名美少女（包括丫头），无怪乎索隐派会认为宝玉是顺治皇帝。其实顺治皇帝也没有这样的艳福，他一生面对多少军事政治的挑战威胁，哪有那么多宝玉式的闲心去欣赏受用少女的青春、美丽和钟情！不存在的贵妃省亲情节，也写得那样有声有色、有谱有派，那么那些吃酒听戏过生日的"鲜花着锦，烈火烹油"的场面岂不是"文学"出来的、移花接木过来的！

最明显的、最接近"穿帮"的人物描写是赵姨娘与贾环。在《红楼梦》中，所有的人物都是圆的立体的，而赵氏母子被写得那样扁平。曹氏对这两个人是抱着相当的厌恶来写的，当然赵姨娘的声口仍然生动泼辣、野中带荤。而最戏剧化的带有人为巧合色彩的情节是"二尤"的故事，它无疑经过了作者的大渲染大编织。

真真假假，有有无无，这就是文学，这就是文学的天才和魅力，这就叫创造，这就叫笔能通神，这就叫文学与人生竞赛。我相信上千万上亿的读者当中被感动被真实被猜谜的，仍然是启动于对小说创作文本的喜爱，而不是史学的郑重与推理的癖好。面对杰作《红楼梦》，我致力于体贴与穿透，要体贴作者，体贴人物，体贴写作。我不做意识形态的定性，也不给他们穿靴戴帽。例如宝玉一见黛玉就问黛玉有玉没有，及至知道黛玉无玉便摔玉砸玉，这是无法解释的，也很少有人解释。但是，如果你尽量去体贴少年乃至儿童的情意，体贴他对于黛玉的亲切感、认同感、无差别感、无距离感，那么他的天真纯洁轻信的"可有玉没有"的提问就催人泪下，感人至深。而有玉无玉的困扰，从此如影随形、如鬼附体一样地跟随上了宝黛，折磨上了宝黛，永无解释也永无缓释，令宝黛与亿万读者痛苦了一辈子又一辈子。同样的体贴也会让我们不再一味地为鸳鸯抗婚尤其是殉主喝彩，而是为鸳鸯的命运哀哭悲愤泣血洒泪。当然，同样的体贴使我们不可能以借名教杀人的封建刽子手的眼光去要求袭人为宝玉守节。说透了，就是说我们不可能"被真实"到了笃信不疑的程度，我们在为黛玉的眼泪与诗作感动不已的同时也会看到她对于刘姥姥的侮辱与蔑视，看到她的种种不妥，看到她与宝玉远远挂不上"反封建"的荣誉勋章。尤其是她与宝玉居然对于抄检大观园毫无反应，甚至比不上被一般认为是维护封建而进行强烈批判的探春。尤其是宝玉，对于那些为他献出了青春、劳作与真情的少女，没有向乃母与乃祖母说过一句辩诬维护的话。而晴雯的针尖麦芒、拔份好胜、才女兼美女的刺儿，同样令人不能不哀其不幸，怜其不智也不善……

某虽不才，愿意以一个真正在人生中翻过几个筋斗的人的身份，以一个当真爱过、苦过、做过牛马的人的身份，以一个写了一辈子小说的人的身份，作出对于《红楼梦》的真切发现，给亿万读者做证，与天才的杰作的作者再拥抱一回，顿足一回，哭喊一回……

呜呼红楼，再陪你走一遭儿吧！得其悲，得其乐，得其俗，得其雅，得其虚空，得其富贵，得其腐烂，得其高洁，它陪你，你陪它，一生又一世，一劫又一轮回，哭到眼枯又叹到气绝，恋到难分又舍到天外，世事洞明，人情练达，人生百味，情意千般，一梦又一梦，摇头又摆尾，这就是老王的只此一遭、别无找补的阳间"两辈子"。我们中国的读书人都有两辈子经验，一辈子是自己也许乏善可陈的一生，一辈子是贾宝玉与他的家人、情人的大欢喜大悲哀大痴迷的一生！

你活得怎么样？你到世上走了一遭却是做了些什么呢？除了自己那点儿鼻子尖底下的事，你要阅读与比照、体贴与穿透、证实与证伪那部地球上的又名叫"中国的人们"的《红楼梦》！

我要与你讲传统（代跋）

◎ 一　允许与禁止

十一年前，在斯洛伐克，一名华裔导游说："像我这样的人，在欧洲混了二十多年，走过十几个国家，我们的经验是，在 A 国，凡是法律上没有明文禁止的，都是允许的；在 B 国，凡是法律上没有明文允许的，都是禁止的。而在俄罗斯，不论法律上允许的还是禁止的，都是禁止的……"（这里所说的欧洲国家 A 与 B，一个是德国，一个是法国。导游小哥儿忘记了何者为德何者为法了，显然，他并非事事都有第一手材料，他的"宏论"带有某种道听途说的"段子"性质。）

我们笑了起来，因为我见到过这样的事，一个与我同访俄罗斯的伙伴，在我们所住的旅馆门口散步，被警察毫无道理地带走了。半小时后，得知他身上没有现款，无法缴纳罚金，便将他释放了。这使我想起契诃夫的小说《普里希别耶夫中士》，那位警察中士整天想着的就是惩罚，特别是课以罚金。

包袱还在后头，这位导游又说，在中国，"不论条文上是禁止的还是允许的，都可能允许，也都可能禁止"。

这使我一怔，但是我想起了在某些有着"禁止通行"字样的路口，人们侧身或者推着自行车蜂拥而过。而在设备完好的高铁火车上，锁住了相当部分公用厕所，无须说，为了节省清洁工的劳动。当人们提出意见时，列车长说："清洁工太累了。"

还有不少这样的例子：一件事，你做了，不行；他做了，行。一个要求，你提了，不行；他提了，行。原因是某某人为他说了话，而没有为你说。

二十年前，新加坡的某些教授告诉我他们在中国大陆旅行的一个经验：在机场，想找一个无烟区，非常困难，机场工作人员甚至可能在"禁止吸烟"的标示牌下吸烟。最后教授们找到的无烟区是挂着"吸烟室"木牌的房间。他们甚至说，全世界最"自由"的地方是中国。

当然，现在没有这样的事了，原因在于整个社会对于吸烟的管控。同时，二十年来，禁止与允许的界限渐渐清晰起来。类似的例子还有，也是在二十多年前，我的老家在河北省沧州市南皮县，从火车站到城关破天荒地修了一条柏油大路，乡亲们为表达享受现代化阳关大道带来的快乐，所有步行者都徜徉在大路正中，汽车在此路上难以开行。当然，现在没有这样的风景了。

一位美国汉学家著文讲过他与中美两国警察打交道的经验。在美国，他的太太光天化日之下被抢去了皮包，他与太太追逐抢包者，抢包者躲到一名警察身边，警察认为他们无权追逐与搜查他们认定的抢包者，而必须经过法庭审判判决才能满足他们拿回自己皮包的诉求。最后终于在法庭上，涉嫌抢包者承认了自己的抢包事实，同时因为其他更严重的违法罪行服了刑，但最后被抢者什么也没得到。

而在中国，此汉学家由于违反户籍管理规定被警告，同时警方认为为了维护中美人民友谊与文化交流的进行，可以对他免予追究，警察教育他今后注意遵守中方有关规定。汉学家说，在美国，警察是绝对不会这样谈话与处理问题的。

在改革开放迅猛发展的现代，昨天已经古老，但愿我说的某些情况逐渐具有"白头宫女在，闲坐说玄宗"的思古幽情意味。

◎二　文化立国与教化为先

孔夫子早就论述过，"道之以政，齐之以刑"，不若"道之以德，齐之以礼"。就是说，以行政手段引领、以惩罚手段规范，不如以道德教化引领、以礼貌文明规范。注意，孔子说话是有分寸的，他并没有否定政、法以及惩罚手段，只是将之放在第二位，而将更美好的道德教化、文明礼貌放在第一位。所以许多中国的人民警察对待说服教育都有一套功夫，他们都懂，惩办主义是吃不开的，多数情况下惩办的目的不在于打击，而在于教育。

道德、教化、礼貌、文明，比行政与惩罚易于接受得多、感人得多，同时也相对多了些柔性与弹性，多了些有法不依、执法不严的空子。

孔子强调仁政，孟子强调王道。孔子强调"君子中庸，小人反中庸"，强调"过犹不及"，孟子讲"不为已甚"。此外还有脍炙人口的成语"适可而止""留有余地""穷寇莫追""网开一面""情有可原""左右逢源"等。顺便说一下，"左右逢源"，语出孟子，是褒义，本义是"资之深，则取之左右逢其原"。是说功夫到了家，做什么、怎么做，都得心应手，英语干脆译成 always success。是后人赋予其类似"八面玲珑"的贬义。成语在传播过程中或者是由于望文生义，或者是由于用群众经验，补充修正了成语的原义，"左右逢源""朝三暮四""呆若木鸡""争先恐后"等成语都有这样的沿革。

民间在道德品行上极其欣赏"厚道"一词。《红楼梦》中多次用"厚道"一词褒扬为人的品性，而反对的是刻薄、严苛等恶德。基督教强调"宽恕"，包含着浓厚的宗教色彩，是以上帝的名义要求人爱敌人、恕罪人、不报复等。中国人的厚道主义中有一种人性的美善与世俗功利的概念，叫作"与人方便，自己方便"。中国还有一些特殊的词，如"通融"，常常是指由于私人情面而不按规矩办事。还有一种情况叫"高抬贵手""放他一马"等，法制不严，自古已然。当然，厚道主义也带来一种人情味，带来一种比较容易调整转圜的态势。中国民间还喜欢说一个词，叫作"变通"，语出《周易》："穷则变，变则通，通则久。"从哲学的意义上讲，此语精彩、简练、积极，有利于改革、发展、进步。但如果用在管理与执法上，则易出漏洞：变通的结果会是法纪松懈。举一个例子，拿一张莫名其妙的发票，去报销另一笔表面上有理可讲的开支，这样的事在中国并不罕见，而实际上这是违法行为。

◎ 三　无可无不可

孟子说："伯夷，圣之清者也；伊尹，圣之任者也；柳下惠，圣之和者也；孔子，圣之时者也。"而《论语》中，孔子本人也谈过同样的话题，他说的是"我则异于是，无可无不可"。就是说，他与伯夷、叔齐、虞仲、夷逸、朱张、柳下惠、少连等逸民、名人不同，不拘泥于一定的格式，不是非要怎样怎样，也不是非不能怎样怎样。而孟子还说孔子是集大成者，是"金声而玉振"的善始善终者。

中华文化强调性善论、为政以德论、教化第一论的结果，有法制上的不足，有人治与情面的泛滥，但也有一个优点，就是留下了不同情势下调整、适应与选择的空间。不论后世的评注者怎样强调孔子的"无可无不可"，都是必须以符合义（原则、理念）为前提的，这种文化的可化性、变通性强。庄子早就说了，世界万物都是与时俱化的。中华文化是尚德尚善的，又是尚化尚通的。"化"字与"变"字比较起来，更精神化、抽象化与本质化。我们说"潜移默化"，不能说"潜移默变"。化是更深层的概念。

美国汉学家费正清在二十世纪五十年代曾经提出，美国当时在争取新中国的好感方面只是"落后"于苏联，但最终会改善这种情况，原因在于对华关系取决于能否对中国实现现代化有所裨益，而不是意识形态。二十世纪后期，外国政要布热津斯基等，都看衰苏联与东欧的改革，却看好中国的改革。这不是偶然的。

当然，中华文化更有着杀身成仁、舍生取义、知其不可为而为之、士可杀不可辱、忠孝节义、朝闻道夕死可矣，以及富贵不能淫、贫贱不能移、威武不能屈……

◎四　通情达理，刚柔相济，舒卷自如

孔子说："宁武子，邦有道则知，邦无道则愚。其知可及也，其愚不可及也。"就是说邦国（诸侯国家）有章法有原则时，那个名叫宁武子的人就会聪明起来，参政议政；邦国乱了套了，没有章法了，他能傻出个样儿来，保住自身，不上贼船，不撞枪子儿。孔子认为，宁武子的聪明劲儿还是可以学到手的，而他那个该傻则傻的功力，连孔子也自愧弗如。结果"文革"中批孔的时候说是孔子认为劳动人民"愚不可及"，批孔者倒是真的做到了愚不可及。

孔子说："直哉史鱼！邦有道，如矢；邦无道，如矢。君子哉蘧伯玉！邦有道，则仕；邦无道，则可卷而怀之。"说是史鱼先生在任何政治环境下都正直尖锐如箭矢，这样的人坚守正义，坚守真实与真诚，值得尊敬。中国的"德"字与"直"字相关，有一种写法是"悳"。孔子还在另一处谈到以德报怨未免太过，能做到以直报怨也就恰当了。说明做到直并非易事，像史鱼那么直则更不容易。历史上声称曲线救国的汪精卫，最后得到的评价却是大汉奸。

至于蘧伯玉先生，政治环境走正道的时候他可以做官、做事，入阁戴乌纱帽；政治环境乱了套，他就收敛保守，藏而不露。他的路数比坚持直如矢圆熟一些。卷而怀之，或许本意是收敛锋芒、莫谈国是，但我更喜欢将之干脆解译成卷铺盖走人。卷而怀之，好个卷而怀之呀！

孔子说："可与言而不与之言，失人；不可与言而与之言，失言。

知者不失人，亦不失言。"很精明也很灵活，该说、能说的话就说，时机不成熟，就先不说。

可智可愚，可舒可卷，可进可退，可言可不言，刚柔相济，以柔克刚，这是中国人的本事。孔子也赞扬直如箭矢的史鱼，但更给人深刻印象的是他的"愚不可及也"与"卷而怀之"论，令人想起太极拳。太极拳是理念也是战略，以弱胜强，以少胜多，以退为进，以静制动，以无胜有，借力打力，后发制人。就是作为健身操练习，太极拳也很注意平衡、平稳、协调，不仅练肢体练肌肉，而且练神练气练意练吐纳练心理练注意力，眼观鼻、鼻问口、口问心，抱元守一，神全气贯，意淡心平。中国革命战争的胜利包含了中华太极思想的胜利。这些是军事思想，是哲学思想，也是养生思想，还是心理治疗、政治谋略。如果只以格斗招式的用途来衡量太极拳，那就降低了太极拳，也降低了中华文化，还降低了大众的文化辨识水准。

◎ 五　闲适

有一些追求超拔或者仕途上不甚得意的中国文人，渐渐创造了"闲适"一词。闲适，是一种诗词作品的风格，也是一种人生风格。闲适还常常包含离世入山、天人合一的意趣。

"采菊东篱下，悠然见南山。"陶渊明此二句诗有着开辟与引领的意义。"众鸟高飞尽，孤云独去闲。""问余何意栖碧山，笑而不答心自闲。"李白的闲适当中仍然保留着某种孤高自傲乃至自鸣得意。"用舍由时，行藏在我，袖手何妨闲处看。"苏轼此语源于孔子对宁武子、蘧伯玉的评论，却将孔子的待时而动、韬光养晦的隐蔽的积极态度，变成了袖手旁观的闲适美学。再往后范成大的"坐睡觉来无一事，满窗晴日看蚕生"，杨万里的"日长睡起无情思，闲看儿童捉柳花"，更给人以将闲适进行到底的感觉。此外"黄金难买一生闲""又得浮生半日闲""长爱街西风景闲""几时抛俗事，来共白云闲"，都闲适得很有福气也很美丽。一个相对停滞的封建社会中，玩味调门不高、无伤大雅、逍遥自在、与世无争的闲适美学，倒也不失清雅，其中有孔子的卷而怀之，有老子的道法自然、处厚不薄、处实不华，有庄子的心斋坐忘、虚静恬淡、无用之用，有现代人仍然爱讲的淡定、不惊、以不变应万变，当然也包含了鲁迅的遗憾——他说看中国书时，"总觉得就沉静下去，与实人生离开……"。

闲适云云也来到了民间。《红楼梦》中的贾母对刘姥姥说自己是"老废物"的时候，是她自我感觉最佳的时间点。北京高级市民四合院的规格是"天棚鱼缸石榴树，先生肥狗胖丫头"。还有这样的打油诗："万事不如牌在手，一年几见月当头。"闲适可能走向空虚、懒惰、自我枯萎、自我扼杀。

我也常常想起，中华戏曲连唱数天的连台本戏也只能服务于闲适者。

有时，闲适是乱世中的一种精神武器，也是入世的一个准备。例如日伪时期，梅兰芳蓄须明志，程砚秋乡居务农，等等。前面引的诗词里有不少闲适之句与闷头大睡有关，其实《三国演义》中诸葛亮的闲适诗——"大梦谁先觉？平生我自知。草堂春睡足，窗外日迟迟"——只是序曲，正经戏是从刘玄德三顾茅庐，诸葛亮后来当了丞相，"三顾频烦天下计，两朝开济老臣心"才算数的。

◎ 六　投鼠忌器

《红楼梦》中有许多小故事，比较耐读的有一个，就是第六十一回《投鼠忌器宝玉瞒赃，判冤决狱平儿行权》，说是王夫人的玫瑰露被贴身丫头彩云偷给贾环了，但是考虑到贾环同父同母的姐姐探春的情面，平儿找了宝玉顶缸，即使彩云良心发现愿意承认自己手脚不干净的事实，平儿仍然坚不采信。哪怕是一件小偷小摸的案子，也要从大局出发、从和谐出发去认定。

此事件的结局是这样的：

> 彩云道："我干的事为什么叫你应，死活我该去受。"平儿袭人忙道："不是这样说，你一应了，未免又叨登出赵姨奶奶来，那时三姑娘听了，岂不生气。竟不如宝二爷应了，大家无事……"彩云听了，低头想了一想，方依允。

这里表现了中华文化的为贤者讳，顾全大局，息事宁人，大事化小、小事化无，一团和气，退一步天高地阔、让三分心平气和，等等观念。此后王熙凤还要追究内部物品非法转移的一些事，也被平儿劝阻：

> 何苦来操这心！"得放手时须放手"，什么大不了的事，乐得不施恩呢。

包括我本人在内，自古以来各种读者读到这里都会点头称是，赞扬平儿协调关系、妥善处理方方面面事情的本领与态度。甚至林彪读到这里也深为叹赏，并表示要向平儿学习。

但是我常想，如果是一个德国读者看到这里，他也许急得能跳楼身亡——德国人打死也不会接受是贾宝玉偷了玫瑰露的结论。

究竟应该怎样看平儿的投鼠忌器、为贤者讳、息事宁人的作风呢？我们在追求美善的同时，是不是应该同样地追求实事求是、求真求实呢！

◎七 贾宝玉无材补天

《红楼梦》中更精彩的故事是关于贾宝玉的。作者匪夷所思地描写小说主人公贾宝玉原为一块仙石，被女娲将其与另外三万六千五百块石头一起调用补天，偏偏剩下此块石头多余，被弃一角，"因见众石俱得补天，独自己无材不堪入选，遂自怨自叹，日夜悲号惭愧"。

这可不是闲笔，它恰恰说明了中国士人的痛苦。中国士人对人生的选择空间有限，一部分人是通过科举进入体制，弄个一官半职，闹好了或能光宗耀祖，闹不好犯事抄家乃至被诛九族。而另一部分人呢，或成了孔乙己，像那块倒霉的石头一样，不堪入选，悲号惭愧；又或是成了范进，发疯出洋相。

此石悲号惭愧了一番，最后天知道怎么回事到了贾府。他最最反对的就是读书上进，修齐治平，成为禄蠹官迷，失去人生真性情。他九死未悔，坚持自己的反体制主义。

我总怀疑他的反叛性。他对北静王那样尊崇膜拜，他在府中的青春大镇压即抄检大观园中一个屁也没有放，都使人困惑。而他对亲朋好友的劝学的反应又有些"防卫过度"，天真美丽纯洁的史湘云劝了几句宝玉要留心"仕途经济"，便被宝玉斥责为"混账话"，令人不能不恰恰认为宝玉在仕途经济上受到的伤害太大，谈起这个话题来他是超常的煎熬痛苦，不能忍受。按常理说，一个无意仕途经济的阔少爷，一个生活在少女群中的天之骄子，应该潇洒风流、任性闲适得多；若真正对于仕途经济不在意，就应该对别人的此类劝诱视为耳旁风。过犹不及，谈读书上进则色变失常，只能说明他很在乎这个话题，很计较、很受伤。什么时候受挫受伤过呢？只可能是前生，是多余的石头、无材入选的经验给他带来的痛苦基因已经深刻在他的生命细胞与灵魂构成之中。我们今天或者可能以无材补天为笑谈，而在中国的封建时代，无材补天一语中包含了多少悲哀无奈、抓狂遗恨啊！

我常常想一个道理，如果你爱一个女子，虽然难成眷属，但你愿意为她写一部书两部书三部书，这都是可以理解的。如果你压根对她没有兴趣，你只消说一句话"我们二人不合适"，就足够了。而如果你为此写了三部书，就只能说明你已经为她销魂了。

过多的声辩、辩诬总会引起我的不解。比如说论证自己的与世无争，论证自己的不问政治，论证自己的素怀淡泊，等等。真正我行我素的素人是不需要喋喋不休地声辩的，辩多了，岂不是"荤"意盎然了吗?！

◎ 八　文化是一棵大树

　　我常常设想中华文化是一棵大树，一棵生命力极顽强、风景极可观、大难不死必有后福的老树。比如中华诗词，巨树参天，花果满枝，浓荫覆盖，鸟鸣蝉嘶，芬芳隽永。你读一首诗词的时候心中有十首百首诗词在共鸣，交响合唱。你真想匍匐在地，大哭一场。

　　你不要以为一首诗是你一个人写的，谁学诗能不先背诵千百首好诗？谁写诗词时脑子里没有李白、杜甫、王维、李商隐、苏东坡、辛弃疾、温庭筠、柳永？除了你本身要写出个性风格、真情实感以外，你还必须做到匹配于我们的中华诗词巨树，你要成为这棵巨树上的一片新叶、一粒蓓蕾。而如果你想充当一只栖息在枝头的大鸟，你想唱一支与众不同的咏叹调，殊非易事。写得太特立独行的话，从文字、音韵、取材、立意上让人承认它是中华诗词，也许会遭遇质疑与否定。而只有写得古色古香而又出于胸臆，才会成功。

　　要命的是确有一看就是没看全过《唐诗三百首》的人，自称写了诗。其实连中华诗词的基本常识都没有，还不如干脆写快板或者"三句半"。

　　而写新诗则少有这种感觉，你觉得是你在写你自己的诗。这也许恰恰说明了中国新体诗远远没有中华诗词那样的强大传统，没有那个体量也没有那个影响，没有那样深入人心，也没有那样成熟的程式与格局，它舸（hold）不住你。

　　中华文化是经历了数千年或者更多岁月而成长起来的，它屡遭磨难而生命长存。到现今二十一世纪，许多中华文化的赞美者、热爱者仍然没有能力将清它落种、萌芽、生枝、长叶的成长壮大过程，没有将清它遭虫蛀、雷劈、洪涝的曲折经历。它的危难与痛苦，它的强大与机遇，它的昨天、今天与明天，我们究竟能体贴凡几？歌颂一个存在，指评一个对象，思考一个活体，首先应该了解之、琢磨之、掂量之。何况像中华文化这样的范畴，既是我们的子宫，又是我们的圭臬，还是我们的基因，更是我们的生活与爱恋。但是我们究竟对它知道多少呢？一些张口闭口讲它的博大精深的朋友，说得清它是怎么个博大精深法吗？还是像我说的某教授那样，在国外，当听众请求他讲解为什么说中华文化博大精深的时候，他回答，因为太博大精深了，所以是不可说不可说的喽。

◎九　汉字文化

我常常会想到中国的语言文字，毕竟一个婴儿出生以后最早受到的"文"之"化"是听与学说话，后来是学语言的书写——文字。还有，思维是人脑对外部现实（外宇宙）加上自我现实（内宇宙）的认知、体察、感受与把握。语言则是实现思维的手段、标志与符号，是巩固、明确、发展、延伸、加工、修饰、校正和传达思维成果即思想的主要凭借手段。

马克思认为，语言是思维本身的要素，思想的生命表现的要素；语言是思想的直接现实。

而汉语尤其是汉字，太有趣了。汉字是目前仍然活着的世上唯一的表音、表义、表形、表关系十分发达与包容的文字。汉语字词不但能表现一个对象本身，而且能表现此对象与他对象的关系。比如说牛，表现的是一种动物，同时它分化出公牛、母牛、小牛、牛犊或犊牛、黄牛、水牛、牦牛、乳牛、耕牛、种公牛。它又延伸出牛奶、牛油、牛皮、牛肉、牛排、小牛肉、牛鼻子，派生出蜗牛、天牛、吹牛或吹牛皮等。而英语中只能用表达大牲畜的 cattle 来表达牛，用 bull 表达公牛，用 caw 表述母牛，用 beef 表述牛肉，用 milk 表述牛奶。维吾尔语则是 kala（牛）、bughuz（公牛）、siri 或 inak（母牛）、sut（牛奶）。从英语、维吾尔语中你看不到公牛母牛、牛肉牛奶与牛的关系，而汉语字词本身的结构已经对世界进行了高度的概括、综合、分析、考察。

汉字的综合性、概括性、关系性、视听性、结构性、直观性、整齐性无与伦比。

用这样的语言文字命名世界万物，用这样的语言文字思维、表述、积淀、发展，本身已经在相当程度上实现了世界、对象的中华文化化，尚一尚同，尚高、大、上。像"论万世"这样的提法，像"为天地立心，为生民立命，为往圣继绝学，为万世开太平"这样的使命感，像"物格而后知至，知至而后意诚，意诚而后心正，心正而后身修，身修而后家齐，家齐而后国治，国治而后天下平"这样的万丈高楼平地起的逻辑，像"知者乐（yào）水，仁者乐（yào）山；知者动，仁者静；知者乐（lè），仁者寿""不为良相便为良医"等在西方人眼里八竿子打不着的联系，还有老子的绕口令"知不知，尚矣；不知知，病也。圣人不病，以其病病。夫唯病病，是以不病"。不用汉语汉字，根本没有办法表达。

◎ 十　"道术未裂"与"心理攸同"

钱锺书的名言："东海西海，心理攸同；南学北学，道术未裂。"

黑格尔阅读《论语》后感到失望，他批评孔子没有思辨，只有说教，认为读孔子不如不读，不读还充满美好的憧憬。黑格尔是学者，孔子是圣人。孔子从来没有"学者"的概念，他追求的是经世致用、修齐治平，是玄圣素王，是万世师表，是王者师，是为民立极，是将社会从黑暗、野蛮、残暴、混乱中引出来走向仁义道德、文明礼貌。他不是也不想当专家，他主张君子不器。君子追求的是道，是德，是仁，是混沌的顶峰，是一通百通的万能大义。

伏尔泰则是从启蒙的角度，赞美孔子的非宗教的人间教化。伏尔泰说："没有任何立法者比孔夫子曾对世界宣布了更有用的真理。"他说：""己所不欲，勿施于人'是超过基督教义的最纯粹的道德。"

我很欣赏郭沫若《凤凰涅槃·凤凰更生歌》中"一切的一，更生了；一的一切，更生了""一切的一，芬芳；一的一切，芬芳"等句子。

当然，更早是《华严经》的说法，"一即一切，一切即一，圆融自在无碍成耳"。那么，就不仅是中华哲学，就连印度佛教也沉浸在关于世界万法万相的一与多的圆融思辨之中了。

美国旧金山渔人码头有一家大餐馆，它的名称便是"One is All"，可惜 2015 年我经过那里时它已经停业，没有办法更多地了解美国人的"一即一切"的说法的背景。

至于前面提到的《大学》，从格物致知到治国平天下的万丈高楼平地起的逻辑。费正清曾经批评中国古代不讲究逻辑，使得中国的科学技术发展不理想。其实在美国也有类似的说法，前总统奥巴马的竞选词就这样说："One voice can change a room. And if one voice can change a room，it can change a city. And if it can change a city ..."

他说的是一个声音可以改变一间房屋（里面的人的想法），一间房屋既然能改变，一座城市也会随之改变，然后一个州会随之改变，一个国家会随之改变，整个世界也会随之改变。他的逻辑与中华经典《大学》的逻辑是一样的。

伊拉克战争后，美国国防部长拉姆斯菲尔德 2003 年做了一次演讲，这个演讲获得了记者俱乐部的"文理不通奖"："As we know，there are known knows，there are things we know we know，we also know，there are known unknows，that is to say：we know there are something，we do not know，but there are unknown unknowns, the ones we don't know，we don't know."（恰如吾知，吾有知，吾知若干知之者，吾复知，知有若干吾不知者，即谓，吾知吾有未知者，并有若干不知所不知者，若干吾未知者，吾未知也。）

这样的表达，同样具有"知之为知之，不知为不知，是知也"（孔子）与"知不知，尚矣；不知知，病也"（老子）的绕口令魅力。不同之处在于，孔、老绕口的中心意思是万勿强不知以为知，拉姆斯菲尔德绕口的意思是强不知以为知是难免的；孔、老的用意是树立认识论的实事求是，而国防部长的用意是为自己的失误辩护。

◎ 十一 中国的宗教情怀与概念神

旧中国只有少数人识字，文字具有稀而为贵、繁复而为神、精英而为圣的功能。爱惜字纸，强调白纸黑字的严肃性，一直到以字避邪、测字占卜等，将文字的实力伸向终极，延伸到神学、信仰、崇拜范畴。

百姓崇拜万有，灶有灶神，延续香火有送子观音，生天花有花神，河有龙王，海有妈祖。而中国精英们，则喜欢对于字的崇拜，即寻找概念神。

《淮南子》讲"昔者仓颉作书，而天雨粟，鬼夜哭"，还有关于仓颉双瞳四目，"实有睿德，生而能书。于是穷天地之变，仰观奎星圆曲之势，俯察龟文鸟羽山川，指掌而创文字"的说法。

中国精英的文字神、概念神，首推"道"字。在老子那里，道是世界的本原与归宿，是世界万物的根本规律，是万物的本质与综合，是万物的主，而这个主与其他宗教中掌管一切的主不同，中国老、庄的"道主"的特点是"生而不有，为而不恃，长而不宰，是谓玄德"。其高妙值得我们终生体悟。

老子还告诉我们，道是一种玄德，一种深奥玄妙的规范、规律、品性、功能。老子还说，道是先天地生的，是寂寥质朴的，是吾不知其名、常无名可称的。然后老子勉强为无名之道起了一个本名即无名以外的字号，叫作"道"，强为这个道命名叫作"大"，大了就要消逝，消逝了就要长远，长远了就要返回。

如果你问："说了半天，'道'到底是什么？"太好了，你已经有了道悟、道感、道性了，你所说的"到底"，就是"道"，"道"即"到底"，"到底"即"道"。中华宗教的根本在一个"无"字，无是到底，无是玄德，无是大道，无是作为，无是哲学本体论、方法论的基础。以"无"为神，这才是中华无神论的正解。"无"是"有"的前提有的"母亲"，"有"一定会消逝、长远、返回为"无"，懂得了大、逝、远、返就是道性。而更重要的是，"无"中一定会生"有"。用数学语言表述，此岸的形而下的"有"是 n，"道"是 ∞，"无"是 0，n 如果被 ∞ 分割，就走向 0，0 经过 ∞ 的积累，实现了"无"的终极化，又必然成为"有"，成为 n。"有"的终极是"无"，"无"的终极是"有"，"无"化为"有"、"有"化为"无"就是"道"，就是"1"，汉字是"一"。又回到数学上来了。

"道"作为万有之根本的另一种表述是"天"。"天"是物质的存在，又是超然的总和。"天"的物性、神性在中华文化中是相通的。

到了孔子那里，"朝闻道，夕死可矣"，是终极价值。孟子主张性善，善是天性，善来自天。圣人君王，只有"为政以德"才符合天意，符合民心，得民心者得天下，否则便成了民间小说语言中的"无道昏君"。

中华文化的特色之一是打通有与无，打通心与物，打通名与实，打通宗教与人间，打通政治功利与道德文明礼貌。而在数学中，0 与 n、与 ∞、与 1 是相通的。电脑编码，有时只需要 0 与 1，然后全齐了。

◎ 十二　无为而治

其实，孔子也主张无为而治。他说："无为而治者，其舜也与？夫何为哉？恭己正南面而已矣。"

可以从几个不同的方面理解这句话，孔子主张的是为政以德，是从世道人心优化家国天下，世道人心好了，不必在治理管控上狠下功夫，治国的功夫只需下在道德垂范、有教无类、得民之心、不违农时、诗书礼乐、琴棋书画上。那么，国君虞舜正正经经往那里一坐，就万事大吉、太平盛世、"日月光华，旦复旦兮"啦。

老子主张的是百姓自然（自己办自己的事）、无争无欲、慈祥俭朴、不事超越，还有精兵简政、不扰民、不生事生乱生变，等等。

"不敢为天下先"说的是君王不提出天下百姓没有想到、想不明白也听不明白的事。老子不是强调反对创新，而是强调反对先锋主义、跨越主义、冒险主义。

从无上下功夫，理想性强，可操作性差，倒是对个人意义更大。每个人想一想，他们的一生中缘木求鱼、守株待兔、南辕北辙、揠苗助长……是不是做了许多无用之功、无效之努力，说了许多无结果的空话，跑了许多冤枉路，结交了许多无益之人，枉费了不知多少心机？如果早一点懂得无为而治的道理，人们的生存质量会不会更好一些或者好得多呢？

无为而治，还让我想起马克思、恩格斯的理想。到了共产主义社会，阶级消灭、国家消灭、政党消灭，社会只需要一些生产的统计人员。那也是一种人类最高理想的化境啊！

◎十三　金克木教授的名言

有一次聚会中，我听到了金克木教授的名言，他说封建旧中国的特点之一是"官场无政治，情场无爱情，文场无文学，商场无竞争"。

金老指的是哪些事情？我委实谈不上有什么了解或体会，再说，我至今没有发现有文字记载金老或旁人有过这样的说法。但是他说的仍然使我醍醐灌顶。

比如，一些官员见面，他们很少谈政纲、政策、政见，只谈上下、左右、大官二官小官的关系网与某某人升迁或败落的可能，这是否可以算作"官场无政治"的余毒呢？

爱情现在已经可以大谈特谈了，但是仍然有为数量而数量、为肉欲而肉欲的狗男女，有涉及男女之事的下流言语与观念，他们的所行所言，岂不是对"爱情"二字的糟蹋吗？

至于文场不谈文学的也不稀罕，一谈关系，二谈财务，三谈级别，四谈小道消息、猛料奇闻……总之不谈文学，甚至，还有以口舌代替笔墨键盘、诗歌小说的呢。

商场倒是闹不清了。

◎ 十四　叶名琛令人难忘

晚清重臣、名门之后、曾任两广总督的叶名琛，在英法联军入侵时，面对拿着洋枪洋炮的外国侵略军，被说成是"不战不和不守，不死不降不走"，似乎他对广州的防务未思一策、未做一事。他在广州失陷后被俘，送到加尔各答，吃完自带干粮后不食"夷粟"，绝食至死。据说，当时清军队伍中有一匹军马，此马也被俘，其后不食敌人草料，英勇牺牲，为人们传诵。但叶名琛的身后名声不如一马，被咸丰皇帝革职，被后人嘲笑詈骂。

有精神没有手段，有态度没有办法，有意愿没有决断，悲剧性的叶名琛变成了小丑无赖。当然，现代也有人同情他，指出他当时处于困境，确是一筹莫展。大清国运无望，叶某又能如何？

或谓叶某是一个颇自负、好大言者。可能，但也不能因此绝对否定叶某。我们早有"大言欺世"的贬语，对"失街亭"应该负责的马谡，也被《三国演义》说是"言过其实，终无大用"。但"大丈夫行事，论是非，不论利害；论顺逆，不论成败；论万世，不论一生"至今仍为人乐道。古今牛人言论中，已经很难找出比"论万世"更牛的话了。

我还佩服骆宾王代李敬业写的《讨武曌檄》：

　　……是用气愤风云，志安社稷。因天下之失望，顺宇内之推心，爰举义旗，以清妖孽。南连百越，北尽三河，铁骑成群，玉

　　轴相接。海陵红粟，仓储之积靡穷；江浦黄旗，匡复之功何远？
班声动而北风起，剑气冲而南斗平。喑呜则山岳崩颓，叱咤则风
云变色……

　　文章写得真好真牛，可惜他的政治生涯是失败的。而最妙的是，
我是 1959 年从苏联领导人赫鲁晓夫的庆祝中华人民共和国成立十周
年的讲话中第一次认真地读到"喑呜则山岳崩颓，叱咤则风云变色"
之语的。当时中苏关系已经极坏，但赫鲁晓夫还要称颂中国革命的胜
利，他的汉学家大秀才为他找出了骆宾王的名句，呜呼哀哉！

◎ 十五　儒释道三教合一

　　《史记》的作者司马迁的父亲，曾经评论过阴阳、儒、墨、名、
法、道六家，并援引《易·大传》上的话说："天下同归而殊途，一
致而百虑。"这是典型的中华式的一与多的观念打通：一而生多化多，
多而归一混一。

　　尤其是儒释道三教合一论，极其独特地反映了中华文化的一生
多、多归一，一即一切、一切即一的方法论。在北魏时期，由于佛教
的盛行，已经出现了儒释道三教合一的主张，到了唐代，这种主张被
许多人接受。合一混一的主张，一方面养成了学理上马马虎虎、不求
甚解、不讲求准确性严谨性的毛病；另一方面解放了接受某种主张的
信仰者的头脑，扩大了某种学派成员的选择空间，同时弱化了不同学
派乃至不同信仰、不同宗教间的价值争拗与文化冲突。

　　至于中国民间，这种类似"三教合一"的现象多有所见，显得天
真可爱，莫名其妙。陕西神木二郎山上的二郎庙中，诸神殿供奉着如
来佛、观音菩萨，也供奉着道教的最高神祇三清大神、玉皇大帝、王
母娘娘，还有南宋抗金名将韩世忠、梁红玉夫妇的神像。

　　二郎庙还供奉了在小说中大战孙悟空的二郎神杨戬。同样也有孙

悟空的神位。1995 年，人们在正殿下坡两侧修建了财神和（送子）娘娘庙，还有文殊和普贤菩萨及武圣关公殿、城隍殿，以及供奉宋太祖、宋太宗、宋真宗的三圣殿。

被联合国教科文组织列为世界文化遗产的重庆大足石刻，名为佛教浮雕，却加上了对于孝子的宣扬，显然受到了儒家孝道观念的影响。

江南有一些小型家庙中，供奉有《红楼梦》中的人物贾宝玉。宝玉后来随一僧一道离家，并被皇帝册封为"文妙真人"，与佛道二教一体。

山西悬空寺，明确是儒释道三教合一的寺庙。四川金花寺所说三教合一则是道教与藏传佛教、汉传佛教的合一。而少林寺的三教合一碑的碑文尤其精彩：

> 佛教见性，道教保命，儒教明伦，纲常是正。农流务本，墨流备世，名流责实，法流辅制，纵横应对，小说咨询，阴阳顺天，医流原人，杂流兼通，述而不作。

大意是，佛教的宗旨在于恢复自性，让人回归本觉本善；道教的宗旨在于养生保健，使人延年益寿；儒教重视伦常，对三纲（君臣、父子、夫妇）、五常（仁、义、礼、智、信）的遵行，是为正道。农流强调以农为本；墨流提倡兼爱世人；名流主张名实之辨；法流提倡严刑峻法；纵横流重视雄才辩论；小说流喜搜奇闻逸事；阴阳流教人随顺气候节令；医流帮助恢复人体原有的功能，以保持健康；杂流则是通晓上述各种流派，但述而不作。

这种合一混一的文化，直到后世，传播到民间，便成就了国人的"齐不齐，一把泥"与"难得糊涂"，成就了对于"混沌"的崇拜，成就了抹稀泥、捣糨糊的"差不多先生"。于是 1919 年五四运动后胡适写了《差不多先生传》，严厉抨击中国人的不科学、不认真、图凑合、大概其的作风。而毛泽东也强调："世界上怕就怕'认真'二字，共产党就最讲认真。"

郑板桥创造了一句名言："难得糊涂。"这里有玩世不恭的无可奈何；也有对于世界本来就是混沌一体，条分缕析的结果只能是使人类的认知更加靠不住的估计：它有一种特殊的魅力。想起太一、合一、混一、浑一来，你会沉醉于这个众妙之门里，同时你也会想到，我们长久的历史中没有取得科学的长足发展，说不定与这种混沌主义有点关系。

◎ 十六　海外花絮

1980 年在波士顿，我遇到了一位家庭主妇，她刚刚从中国旅游回来，我问她对中国大陆的印象，她回答说："Nothing works。"就是说"什么也不工作——什么也不灵"。她指的是当时的旅店设施。

1993 年我还是在波士顿，遇到另一位家庭主妇，她问我："中国有十二亿人，是真的吗？"

我答："是真的。"

她马上反应，十二亿人，"Everybody works"，人人都在工作，太可怕了！

我问，如果十二亿人，"No one works"，谁也不工作，是不是更可怕呢？

她说："这倒也是。我还没有想过。"

我想起香港的一位教授，据说他有一句名言：在美国，精英真精，百姓真傻；在中国，百姓其实很精，偏偏有的精英真傻。是这样的吗？

1982 年，在纽约圣约翰学院的一次研讨会上，一位靠与美国女子结婚取得美国公民身份的中国青年新移民突然来到会场上，大呼小叫地读了一纸"告中国作家书"，说是中国有许多政治问题。他质问道："请问中国作家们，你们到哪里去了？"会上所有的人看着我，我回答："中国作家在中国做自己应该做与可能做的事，那么请问，您这位中国青年才俊，您到哪里去了呢？您准备做些什么呢？"

人群中传出了笑声。

一位欧洲的朋友向我介绍国外将茶叶粉碎装入渗透纸袋的茶包，建议中国人今后这样饮茶，喝起来更方便。

确实方便，但是我怀疑国人是否会接受这个建议。中国人喝茶不仅是喝，也是选杯、抓茶、舀茶、泡水、观看、闻嗅。例如龙井的两叶一芽和银毫的叶叶直立，例如绿茶之绿与红茶之红，还有，即使是最理想的茶包纸，参与到浸泡过程中，它会带来什么样的气味呢？

十余年前我到不丹做过访问。不丹的狗崽全部公有，大街上躺得横七竖八，到处都是。它们极其和顺，从不乱咬乱叫。我过马路时小心翼翼，生怕踩了它们，但仍然不免踩到狗尾。踩上了，狗儿最多轻轻地叫一声苦，略作提醒，仍然闭目休息。我想起了中国对于狗的种种负面的说法，"狗仗人势""狗眼看人低""狗改不了吃屎""狼心狗肺""打落水狗"等，不由有所思索。

再说一件小事吧，国外乘汽车，对于系紧安全带极其重视。而国内，居然不止一个有地位有身份的人不愿意系安全带；不系也就罢了，居然还发明出各种作假的方法，往安全带的插口处置放一个什么卡子，以欺骗交通规则，为聪明伶俐得计。自欺欺人，视交规如儿戏，生命安全全不在乎，这究竟是哪儿来的思路呢？

◎十七　从游泳想到的

许多年前，在杂志上我读到小赫胥黎的文章《论舒适》，它告诉我们：

> 讲舒服这件事确是近代才有的，比发现蒸汽要晚……

然后讲到沙发与软椅，它们本来可能早出现上千年，出现得晚不是人类的能力问题，而是社会制度与意识形态决定的：

软椅子和沙发之所以存在是为了使人们可以懒洋洋地靠在上面……而这种姿势是既不足显示尊严又不能表达恭敬的……

他谈到洗澡，更是振聋发聩：

……现在都还有修道院学校，在那里面年轻的淑女受到一种教养使她们深信人体是一种不洁和猥琐的东西，不但看到别人的光身子是犯罪的，就连看自己的也是犯罪的。就是在准许她们洗澡时（在每两星期的星期六），也要求穿上一件长达膝下的衫。甚至要她们运用一种特殊的换衣服的技巧，以保证她们越少看见自己的身体越好……

我联想到我的父亲，他用一种悲情的、一种近乎歇斯底里的态度提倡洗澡与游泳，倒是没有提倡沙发，因为他未能保障子女的温饱，做梦也没有想到过家里会出现沙发类的奢侈品。常洗澡与游泳，是先父追求新文化唯一落到实处的两项，他甚至一天进两次澡堂子。

相信我的上一代人，凡是经过了五四运动的洗礼的，都比较重视游泳。显然，游泳运动中包含着某种新文化的精神：人文主义、解放身体、扑向大海、挑战风浪、追求更积极更健康的体魄与精神。毛泽东1915年在湖南第一师范时写过杂言诗《游泳启事》：

铁路之旁兮，水面汪洋。深浅合度兮，生命无妨。

凡我同志兮，携手同行。晚餐之后兮，游泳一场。

而毛泽东的提倡游泳，意在提倡在大风大浪里锻炼意志品质，相信大风大浪并不可怕，人类社会就是在大风大浪中发展起来的。毛泽东多次横渡长江，还在邕江冬泳过。

我受父辈的影响，同样将游泳视为最大最美最先进的锻炼与享受，但是近年碰到了一些稀奇古怪的现象：

在一个中外驰名的海滨游泳胜地，一天，我去一家西餐馆用餐，到的时间早了一些，正逢该餐厅领导召开员工大会。领导声色俱厉地训斥员工中竟有人胆大包天，下海游泳，扬言谁要想去游泳，先辞职，"辞了职淹死了也没有我们的责任嘛！"

我确实听傻了，不知道是活到宣统几年去了。

有一次我到一个部队干部的休养所，在门口公示黑板上看到赫然几个大字："严禁私自游泳。"

还有一次，我到一个武警医院，看到他们正大兴土木修游泳池，便问："海边上修游泳池做啥？"答："现在都是独生子女，得对他们的生命负责。"

更加骇人听闻的是，我被当地教育部门邀请在暑假快要结束的时候与当地高考成绩最出色的中学的高中优秀生座谈，我问同学们泳游得如何，他们嗫嗫嚅嚅不作声。后来教育局领导人告诉我，为了保证安全，这里是不准中学生游泳的。一句话说得我寻死的心都萌发出来了。

然后此风吹向我自己，一个我最喜爱也与我最亲密的海水浴场，去年通知我，为了消除不安全因素，今后禁止八十岁以上老同志下海。

好在此事后来顺利解决，我又可以在这个熟悉的海水浴场游泳了。但是几年前，因为这里出过事，就把本来较小的海水浴场用绳子左右前后一拉，只留了四分之一的海域供合法游泳之用。二十一世纪迅猛发展的中国，怎么会出现这样的滑稽戏？

我只好一面感谢我的老海水浴场并适当地去转悠转悠，同时找到了另一个更阔大得多的新的游泳的地方。中国毕竟还有辽阔的海域，谢天谢地。

我不由回忆起毛主席在世的日子。我甚至想到了某些现象可能造成新一代人的孱弱化，中华民族的孱弱化。至于这里是不是还有政策、对策，问责、免责的其他学问功夫可说，略。